"当代地理科学译丛"编委会

(按汉语拼音音序排列)

蔡运龙　柴彦威　樊　杰　顾朝林
胡天新　李　娟　李　平　李小建
李秀彬　梁进社　刘宝元　刘卫东
孟　锴　齐清文　汤茂林　唐晓峰
田文祝　王　铮　周尚意

当代地理科学译丛·大学教材系列

人口地理学
——工具和问题

（第四版）

〔加拿大〕K. 布鲁斯·纽伯德 著

朱宇 刘晔 刘涛 林李月 陈晨 译

商务印书馆
创于1897 The Commercial Press

K. Bruce Newbold

Population Geography: Tools and Issues

Fourth Edition

The Rowman & Littlefield Publishing Group, Inc. 2021

Published by agreement with the Rowman & Littlefield Publishing Group Inc. through the Chinese Connection Agency, a division of Beijing XinGuangCanLan ShuKan Distribution Company Ltd., a.k.a Sino-Star.

中文版经授权,根据 Rowman & Littlefield(Lanham·Boulder·New York·London)2021 年版译出。

"当代地理科学译丛"
序　　言

对国外学术名著的移译无疑是中国现代学术的源泉之一,说此事是为学的一种基本途径当不为过。地理学界也不例外,中国现代地理学直接就是通过译介西方地理学著作而发轫的,其发展也离不开国外地理学不断涌现的思想财富和学术营养。感谢商务印书馆,她有全国唯一的地理学专门编辑室,义不容辞地担当着这一重要任务,翻译出版的国外地理学名著已蔚为大观,并将继续弘扬这一光荣传统。但鉴于已往译本多以单行本印行,或纳入"汉译世界学术名著丛书"之类,难以自成体系,地理学界同仁呼吁建立一套相对独立的丛书,以便相得益彰,集其大成,利于全面、完整地研读查考;而商务印书馆也早就希望搭建一个这样的平台,双方一拍即合,这就成为这套丛书的缘起。

为什么定位在"当代"呢？可以说出很多理由,例如,当代著作与我们现在面临的问题关联最紧,当代地理学思想和实践既传承历史又日新月异,中国地理学者最需要了解国外最新学术动态,如此等等。至于如何界定"当代",我们则无意陷入史学断代的严格考证中,只是想尽量介绍"新颖""重要"者而已。编委会很郑重地讨论过这套丛书的宗旨和侧重点,当然不可避免见仁见智,主要有以下基本想法:兼顾人文地理学和自然地理学,优先介绍最重要的学科和流派,理论和应用皆得而兼,借助此丛书为搭建和完善中国地理学的理论体系助一臂之力。比较认同的宗旨是:选取有代表性的、高层次的、理论性强的学术著作,兼顾各分支学科的最新学术进展和实践应用,组成"学术专著系列";同时,推出若干在国外大学地理教学中影响较大、经久不衰且不断更新的教材,组成"大学教材系列",以为国内地理学界提供参考。

由于诸多限制,本译丛当然不可能把符合上述宗旨的国外地理学名著包揽无遗,也难于把已翻译出版者再版纳入。所以,真要做到"集其大成""自成体系",还必须触类旁通,与已有的中文版本和将有的其他译本联系起来。对此,这里很难有一个完整的清单,姑且择其大端聊作"引得"(index)。商务印书馆已出版的哈特向著《地理学性质的透视》、哈维著《地理学中的解释》、詹姆斯著《地理学思想史》、哈特向著《地理学的性质》、阿努钦著《地理学的理论问题》、邦奇著《理论地理学》、约翰斯顿著《地理学与地理学家》和《哲学与人文地理学》、威尔逊著《地理学与环境》、伊萨钦柯著《今日地理学》、索恰瓦著《地理系统学说导论》、阿尔曼德著《景观科学》、丽丝著《自然资源：分配、经济学与政策》、萨乌什金著《经济地理学》、约翰斯顿主编的《人文地理学词典》等，都可算"当代地理学"名著；国内其他出版社在这方面也颇有贡献，特别值得一提的是学苑出版社出版的《重新发现地理学：与科学和社会的新关联》。

当然，此类译著也会良莠不齐，还需读者判断。更重要的是国情不同，区域性最强的地理学最忌食洋不化，把龙种搞成跳蚤，学界同仁当知需"去粗取精，去伪存真，由此及彼，由表及里"。

说到这里，作为一套丛书的序言可以打住了，但还有些相关的话无处可说又不得不说，不妨借机一吐。

时下浮躁之风如瘟疫蔓延，学界亦概不能免。其表现之一是夜郎自大，"国际领先""世界一流""首先发现""独特创造""重大突破"之类的溢美之词过多，往往言过其实；如有一个参照系，此类评价当可以客观一些，适度一些，本译丛或许就提供了医治这种自闭症和自恋狂的一个参照。表现之二是狐假虎威，捡得一星半点儿洋货，自诩国际大师真传，于是"言必称希腊"，以致经常搞出一些不中不洋、不伦不类的概念来，正所谓"创新不够，新词来凑"；大家识别这种把戏的最好办法之一，也是此种食洋不化症患者自治的最好药方之一，就是多读国外名著，尤其是新著，本译丛无疑为此提供了方便。

时下搞翻译是一件苦差事，需要语言和专业的学养自不待言，那实在是要面寒窗坐冷板凳才行的。而且，既然浮躁风行，急功近利者众，凡稍微有点儿地位的学术机构，都不看重译事，既不看作科研成果，也不视为教学成果。译者的收获，看得见的大概只有一点儿稿费了，但以实惠的观点看，挣这种钱实在是捡了芝麻丢了西瓜。然而，依然有真学者愿付出这种牺牲，一个很简单的想法是：戒除浮躁之风，从我做起。为此，我们向参与本丛书的所有译者致敬。

蔡运龙
2003 年 8 月 27 日
于北大蓝旗营寓所

目　　录

图与表格

致谢

人口地理学：前言 1

　　人口地理学是什么？为什么要学习人口地理学？ 2

　　地理学的视角是什么？ 4

　　全书概览 6

　　聚焦：空间尺度的重要性 7

　　方法、测量和工具：人口地理学者的工具 9

第一章　世界人口 13

　　世界人口增长简史 13

　　人口转变 16

　　未来人口场景：谁得谁失？ 18

　　结论 24

　　思考题 25

　　聚焦：印度、德国和美国的人口增长模式 25

　　方法、测量和工具：图示法 27

　　方法、测量和工具：人口估计和预测 30

第二章　人口数据 36

　　人口是什么？ 37

　　数据类型 38

　　数据来源 38

　　数据质量 42

　　结论 43

思考题 ·· 44
聚焦：人口普查数据及美国社区调查 ··· 44
聚焦：生命过程 ·· 49
方法、测量和工具：数据使用 ·· 50

第三章　人口分布及结构 ··· 55

人口分布 ·· 55
人口结构 ·· 57
结论 ··· 65
思考题 ·· 66
聚焦：不断变化中的美国人口面貌 ··· 66
聚焦：中国人口老龄化 ·· 71
聚焦：回巢子女 ·· 72
方法、测量和工具：生命表 ·· 72

第四章　生育 ·· 79

生育模式 ·· 79
生育的决定因素 ·· 80
生育水平：太高还是太低？ ··· 84
非洲的生育转变？ ··· 88
女性生殖健康 ··· 90
结论 ··· 91
思考题 ·· 91
聚焦：北美、欧洲和乌干达的生育率和生育决策比较 ······························· 92
方法、测量和工具：测量生育率 ·· 95

第五章　死亡 ·· 101

死亡率转变 ··· 102
死亡率的群体差异 ··· 104
传染病和寄生虫病的威胁 ··· 109
结论：人口死亡展望 ··· 113
思考题 ·· 115
聚焦：死亡率的差异——美国、墨西哥、津巴布韦 ·································· 115

方法、测量和工具：测量死亡率 ········· 117

第六章　国内人口迁移 ········· 123
　　迁移的定义 ········· 124
　　人们为什么发生迁移？ ········· 126
　　国内人口迁移理论 ········· 130
　　迁移者的选择性和特征 ········· 135
　　迁移过程 ········· 137
　　结论 ········· 139
　　思考题 ········· 139
　　聚焦：美国当代国内人口迁移 ········· 140
　　方法、测量和工具：测量迁移 ········· 143

第七章　国际迁移流：移民和跨国迁移者 ········· 150
　　主要国际迁移流 ········· 151
　　移民理论 ········· 152
　　移民的影响 ········· 154
　　移民政策 ········· 157
　　结论 ········· 168
　　思考题 ········· 170
　　聚焦：民粹主义和移民 ········· 171
　　聚焦：《申根公约》和欧盟内部的人口流动 ········· 172
　　方法、测量和工具：统计流入移民、无证移民和外迁移民的人数 ········· 173

第八章　难民和境内流离失所者 ········· 179
　　难民的定义 ········· 180
　　难民的其他选择：艰辛的回家路 ········· 182
　　境内流离失所者 ········· 185
　　难民和境内流离失所者的未来 ········· 186
　　结论 ········· 189
　　思考题 ········· 189
　　聚焦：美国——欢迎难民？ ········· 190
　　聚焦：欧洲难民危机 ········· 194

聚焦：环境移民 ·· 195
方法、测量和工具：统计难民和境内流离失所者的人数 ············· 197

第九章 城市 ··· 202

定义城市、城镇和城镇化 ·· 203
城镇化简史 ·· 203
现代城市的增长 ·· 206
今日的城镇化 ·· 208
城镇化：前景与后果 ·· 211
结论 ··· 213
思考题 ··· 213
聚焦：城市空间增长的规划调控 ·· 214
方法、测量和工具："城镇"界定的国际比较 ····································· 216

第十章 人口政策 ··· 220

国际移民政策 ·· 221
国内迁移 ··· 222
生育政策 ··· 223
老龄化政策 ·· 228
作为人口政策的经济政策 ·· 229
国际社会的作用：矛盾的信息 ·· 230
结论 ··· 232
思考题 ··· 233
聚焦：若干地区的计划生育政策 ·· 234
方法、测量和工具：人口政策评估——成功还是失败？ ················· 238

第十一章 人口增长：与经济发展、资源匮乏和粮食安全的联系 ········· 243

托马斯·马尔萨斯及其《人口原理》 ·· 243
相关争议与当前观点 ·· 244
与经济发展、资源匮乏和粮食安全的关联 ··· 247
结论：冲突的潜在可能性？ ·· 253
思考题 ··· 254
聚焦：资源冲突 ·· 255

方法、测量和工具：地理学者在这场争论中有何贡献？ …………………… 257
结论：从事人口地理研究 …………………………………………………… 267
　　市场营销 ……………………………………………………………………… 268
　　人口预测：卫生保健、教育和交通 ………………………………………… 269
　　政治计划 ……………………………………………………………………… 270
　　地理信息科学 ………………………………………………………………… 270
　　结论 …………………………………………………………………………… 271
关键术语和缩略语词汇表 …………………………………………………… 273
人口网站 ……………………………………………………………………… 280
　　通用网站 ……………………………………………………………………… 280
　　人口统计资料 ………………………………………………………………… 281
　　联合国网站 …………………………………………………………………… 283
　　学术网站 ……………………………………………………………………… 284
　　精选期刊 ……………………………………………………………………… 285
索引 …………………………………………………………………………… 288
关于作者 ……………………………………………………………………… 300
译后记 ………………………………………………………………………… 301
附图

图与表格

图

图 0F.1	2018 年美国各州的家庭收入中位数	8
图 1.1	世界人口增长	14
图 1.2	人口转变理论	17
图 1.3	按主要区域划分的 2020 年世界人口分布	21
图 1MMT.1	2013—2017 年美国各县家庭收入中位数	28
图 1MMT.2	基于 2020 年各国人口总数绘制的世界地图	29
图 2.1	人口普查地理区域的层级结构	40
图 2F.1a	ACS 调查问卷	47
图 2F.1b	ACS 调查问卷	48
图 3.1	基于县域尺度的 2010 年美国人口密度	57
图 3.2	2010 年美国人口分布	58
图 3.3a	1900 年的美国人口金字塔	59
图 3.3b	1970 年的美国人口金字塔	59
图 3.3c	2000 年的美国人口金字塔	60
图 3.3d	2030 年(预测)的美国人口金字塔	60
图 3.4	2026 年(预测)的博茨瓦纳(Botswana)人口金字塔	61
图 3.5	基于县域尺度的 2014—2018 年美国年龄中位数	63
图 3F.1	1790—2010 年美国的人口重心变动轨迹	67
图 3F.2	1930—2010 年美国的人口平均年增长率	68
图 3F.3	2017—2018 年基于县域尺度的美国人口百分比变化率	69
图 4.1	各地女性小学完成率和生育率的关系	84
图 4F.1	美国分种族的总和生育率(1940—2017 年)	93

图 5.1	2020 年部分国家的女性预期寿命	103
图 5.2	2017 年的预期寿命与人均医疗保健支出(购买力平价)	103
图 5.3	1960—2019 年艾滋病对全球和撒哈拉以南的非洲地区各国出生预期寿命的影响	111
图 5F.1	2016 年美国、墨西哥和津巴布韦的女性年龄别死亡率	116
图 6.1	李的人口迁移模型	129
图 6.2	泽林斯基的人口移动转变模型	130
图 6.3	美国 2018—2019 年不同年龄段的迁移率	136
图 6F.1	美国 1950/1951 年—2018/2019 年不同迁移类型的人口迁移率	141
图 7.1	在美国圣地亚哥市圣伊西德罗区的美国—墨西哥边境标志	151
图 7.2	1820—2018 年获得美国合法永久居民身份的人数	160
图 7.3	"警告"(圣地亚哥的路边标志)	164
图 7.4	美墨边境	168
图 7.5	沿着美墨边境的美国边境巡逻队	169
图 7F.1	申根地区	173
图 8F.1	1980—2018 年美国接收难民情况	190
图 10F.1	2019 年中国的年龄金字塔	236
图 10F.2	1955—2020 年中国的总和生育率	236
图 10F.3	1926—2016 年加拿大魁北克省和安大略省的总和生育率	237

表格

表 0.1	地理学及相关学科的专业地理组织	3
表 1.1	2020 年世界各区域人口统计数据及未来预测	19
表 1.2	2020 年和 2050 年(预测)世界人口排名前十位的国家	21
表 1F.1	2020 年印度、德国和美国的人口增长	25
表 3.1	2020—2060 年的美国抚养比	65
表 3MMT.1	2016 年的美国女性生命表	73
表 4.1	各国领取公共养老金的资格年龄变化	87
表 5.1	2017 年美国 25~34 岁白人与黑人男性的主要死因	106
表 5.2	2018 年世界各地区艾滋病(HIV/AIDS)统计指标与特征	110

表 5F.1	2017年美国、墨西哥和津巴布韦的十大全年龄人口死亡原因	117
表 6.1	2018—2019年不同年龄段美国人的迁移原因(%)	126
表 6.2	2005—2006年和2018—2019年美国人的迁移原因(%)	127
表 6.3	美国2014—2015年不同人口统计特征的迁移率(%)	136
表 6F.1	2018—2019年美国16岁以上人口区域间迁移流(以千人计)	142
表 7.1	2018财年赴美合法移民的类别	162
表 7.2	2018财年被美国接收的移民数量居前十位的来源国	163
表 7.3	部分财年的年度边境巡逻队羁押人数	169
表 8.1	2018年年中难民和境内流离失所者的主要产生国	181
表 8.2	2018年接收重新安置难民最多的国家	183
表 8F.1	2018财年入境美国难民数量前十位的难民来源国	191
表 8F.2	2018财年按原国籍划分的获得美国庇护的人数前十名的情况	193
表 9.1	1950年和2018年规模最大的十座城市	210

致　　谢

感谢来自麦克马斯特大学地球、环境与社会学院的乔安·瓦里卡尼卡(Joann Varickanickal)对此研究的帮助,以及苏珊·麦克伊切恩(Susan McEachern)与罗曼和利特尔菲尔德出版社团队的持续支持。

人口地理学:前言

◎ 人口地理学是什么？为什么要学习人口地理学？
◎ 地理学的视角是什么？
◎ 全书概览
◎ 聚焦:空间尺度的重要性
◎ 方法、测量和工具:人口地理学者的工具

在人类历史长河的大部分时间里,世界人口规模小,增长速度慢。据估计,在17世纪初,也就是在世界人口快速增长的前夕,人口规模大约仅为5亿。其后,随着医学的进步,公共卫生以及营养条件的改善,世界人口规模快速增大。到1900年,世界人口规模约为20亿,到2020年已增长到77.3亿以上[1]。近期大部分的人口增长源于发展中国家[2],尤其是非洲以及亚洲的大部分地区。此外,由于发展中国家的出生率较高、死亡率降低和人口结构年轻化,预计未来世界大部分的人口增长仍将发生在发展中国家。

想要完整地理解包括生育、死亡和人口迁移流动在内的人口过程,我们还必须要了解当今社会面临的许多问题,例如冲突、资源利用、环境退化以及国家和人民之间的关系等。人口过程及其特征刻画或塑造了不同的社会。我们可以通过如死亡和生育过程的差异来表征人群和区域。例如,婴儿死亡率(infant mortality rate,IMR)指每一千名婴儿出生后不满周岁死亡的人数,2020年发达国家的婴儿死亡率为4,而同期世界的平均值为31。出生时预期寿命是指同一批出生的人口平均一生可生活的年数,发达国家的平均预期寿命为79岁,但最不发达国家的平均预期寿命却只有65岁。在非洲中部,有一些预期寿命较短的国家,如中非共和国的出生时预期寿命仅54岁,南苏丹共和国的出生时预期寿命也仅有56岁[3]。在很多情况下,预期寿命短和死亡率高体现了医疗卫生条件贫乏或不足,政府未能提供必需品,冲突,女性处于劣势地位所导致的教育差异。

国家或地区也因人口移动而联系在一起。人口移动包括由住房需求的变化而发生的地方性居住空间的变动(即居住迁移),由就业机会或舒适物(amenities)驱动的国内迁移,以及国

际迁移。地方性或国内迁移很少受到控制，但大多数国家严格控制国际迁移，通常只有在特定计划下符合条件的人才能入境。由于人口流动和迁移通常具有年龄和技能的遴选性，因此谁发生了迁移流动，他们来自哪里，迁往何处，均具有重要意义。大多数发达国家通常倾向于积极引进投资型移民，或具备发达国家所需的教育或技能资格的个人。

战争、难民流动和跨越空间的简单地理互动使不良的健康状况和疾病长期存在。虽然合法移民的流动并非无关紧要，但不可否认的是，无证移民（也称为非法移民）和难民在国际移民中占据着主导地位。对于试图在其他地方寻求更好生活的人们来说，非法移民可能是一种绝望但同时也是唯一的选择。发生在叙利亚、阿富汗和索马里的事件表明，难民和流离失所者已成为一个日益显见的问题。根据联合国的定义，难民是指受种族、宗教、国籍、身为某一特定社会或政治团体的成员等因素影响，畏惧遭受迫害只得身处其国籍所在国之外且无法返回的人员。2019年，全球难民的主要来源国为阿拉伯叙利亚共和国、阿富汗伊斯兰共和国和南苏丹共和国。据联合国难民事务高级专员办事处（the United Nations High Commissioner on Refugees，UNHCR，也称联合国难民署）估计，在2020年初全球约有7 080万人被迫流离失所，达到历史新高，其中在UNHCR保护下的难民约有2 040万[4]。

由于生育、死亡和人口迁移流动在认识与人口相关的多重联系上的重要性，人口是当今世界面临的包括资源和环境等问题在内的许多问题的基础。理解人口过程的一个必不可少的能力是理解并能解释它们是如何被度量的。本书的最主要目的是为读者提供一套测量或描述人口数据、人口过程和人口结构的实用工具，用于学习人口地理学，并与生育、死亡及移民等人口问题联系起来。虽然人口研究的领域是跨学科的，但地理学的视角有其独到之处，即它强调空间和地方、区位、区域差异和扩散的作用，并且具有提供见解以及将不同问题联系在一起的能力。其次，这本书的另一目的是了解人口过程。换句话说，除了介绍人口研究，本书还通过与经济、政治和资源问题的联系，向读者提供一个关于当下和未来各种与人口密切相关的问题的综览。

人口地理学是什么？为什么要学习人口地理学？

人口地理学是研究人口规模、结构、空间分布以及人口如何随时间变化的学科。人口变动由生育（fertility）或出生（births）、死亡（mortality 或 deaths）、迁移（migration，人口在空间上的移动）三个过程组成，本书后续章节将更详细地探讨这些主题。与其他对人口话题感兴趣的人们一样，人口地理学者试图了解他们周围的社会和人口结构，以及人口如何通过出生、死亡和迁移而发生变化。这种研究兴趣体现在许多的专业组织中，包括美国地理学家协会（the

American Association of Geographers，AAG）及其人口地理专业小组（Population Geography Specialty Group），加拿大地理学家协会（the Canadian Association of Geographers，CAG），和英国皇家地理学会—英国地理学家协会（the United Kingdom's Royal Geographical Society-Institute of British Geographers，RGS-IBG）。在地理学之外，美国人口学会（the Population Association of America，PAA）也是人口地理学者的一个重要组织（表0.1）。

表0.1 地理学及相关学科的专业地理组织

地理学会	
美国地理学家协会（AAG）	www.aag.org
加拿大地理学家协会（CAG）	www.cag-acg.ca
英国皇家地理学会-英国地理学家协会（RGS-IBG）	http://www.rgs.org/HomePage.htm
其他组织	
美国人口学会（PAA）	http://www.populationassociation.org/
美国人口咨询局（Population Reference Bureau，PRB）	www.prb.org
联合国人口司（UN Population Division）	www.un.org/esa/population/

注：更完整的网站资源列表，包括数据源，请参阅本书后面的网站部分。

人口研究借鉴了许多学科和研究传统，具有多学科特性，并且这种多学科性反映在各种各样的头衔中。例如，经济学家、地理学者、社会学家、规划者和人类学家经常对人口研究做出贡献，他们的方法、观点和发现丰富了彼此学科的视角。更确切地说，**人口学**（Demography）根植于对生育率和死亡率的统计分析，是对人口的统计分析，而**人口研究**（Population Studies）经常被用来描述考察人口问题的其他路径，包括非统计学的方法。**人口地理学**（Population Geography）是对人口的地理研究，强调位置和空间过程。

虽然人口地理学作为一个正式的研究领域只能追溯到20世纪50年代，是一门相对较新的学科[5]，但它在地理学学科中已经扮演了重要角色。有趣的是，虽然有一些地理学者关注到生育率和死亡率的空间差异，但人口地理学者的研究却聚焦在人口迁移流动上。也许正是人口迁移流动的性质与结果能够迅速改变一个地区的人口结构和特征，才使其引起地理学者们如此的关注。也就是说，人口的迁移流动天生具有空间性，连接着本土和国际上的任何地方。例如，关于人口在美国城市间迁移的研究，向人们展示了美国东北部"铁锈地带"（Rust Belt）人口迁出带来的影响，以及在过去几十年人们为了寻求就业机会、温暖的气候以及其他舒适物而引发的流动，由此造成的美国南部和西南部人口的惊人增长。退休人员的向南迁移进一步加强上述的迁移流。同样地，英国北部受到人口迁移的影响而人口减少，伦敦和英国东南部长期以来对移民具有吸引力。同时,人口地理学者还分析了国际迁移对经济、社会和政治的影响,另一些人口地理学者则关注发展中国家之间的劳动力迁移。在上述研究中,学者们引入了性别研究、政治经济学理论、马克思主义理论以及效用最大化理论等,用以解释其所研究的问题,凸显了这一领域及其研究的多样性。人口地理学者也探究种族和民族、生育选择、死亡以及其他与人口相关的问题。

人口受各种自然规律支配——我们诞生,历经岁月,并最终死亡。在从出生到死亡的旅程中,我们可能会经历上大学、结婚、生子、更换工作和职业,以及迁移流动。了解我们周围的人口及其内在的转变非常重要。例如,各级政府都对其人口结构感兴趣:65 岁以上人口占比是多少?可以投票的人口比例是多少?15 岁以下人口占比是多少?一年内有多少人发生了迁移流动行为?什么样的群体在一年里发生了国内或国际迁移,或改变了居住地?一个地区的民族或种族构成如何?人口的健康状况如何?政府可根据这些信息来指导项目的实施,确保满足民众的需求。因此,了解人口结构、分布及其随时间变化的特征,对于制定规划和对私营企业与公共部门都具有十分重要的意义。例如,学校董事会和大学需要确定招生或入学人数规模;服务组织希望了解老年人口或移民的规模、年龄结构和空间分布,以便提供有针对性的服务。同样,零售商也希望了解与人口有关的信息,以便制定针对特定群体的销售方案,或更多地了解特定群体的购买力或消费需求。

在国际尺度上,各国政府和联合国以及联合国难民事务高级办事处等其他国际机构,也都对人口增长、生育和人口迁移流动等人口问题感兴趣。他们对人口问题的关注涉及合法移民、非法移民、难民和境内流离失所者,其关注的焦点在于这些人从何处来,去往何处,迁移流动的原因,以及迁移流动对个人、迁入社区和迁出社区造成的影响。很多国际移民迁移的主要动机是追求经济机会和更好的生活。

地理学的视角是什么?

正如戈伯(Gober)和泰纳(Tyner)在《21 世纪初的美国地理学》(*Geography in America at the Dawn of the Twenty-First Century*)一书中所指出的那样,"地理问题日益突出"[6]。合法移民和非法移民、新移民在移入国的同化和适应,人口迁移流动在经济、社会和政治上的反映,以及人口老龄化都是人口地理学者探究的课题。此外,这些不仅是"美国"的问题,也是全球普遍面临的问题。虽然人口研究领域是跨学科的,社会学家、经济学家和人类学家也都做出了相应的贡献,但地理学视角有其特殊的价值。地理学本质上是提供一个用以分析人口(或其他)问题的综合框架。地理学的学科关注点是空间、区域差异、扩散和地方,以及它们在人文和自然过程中所扮演的角色,这为研究人口问题提供了独一无二的分析框架。空间并不是地理学唯一的关注点,地理学者也并不只研究空间,但对诸如与小家庭或生育控制技术相关的思想的传播等空间过程的探究,确实是地理学者的研究兴趣所在。无论我们是否对与生育或移民有关的人口问题感兴趣,国家及其政府通过与诸如移民或家庭有关的政策来改变国家人口结构的进程同样蕴含着空间过程。同样地,经济系统将影响人们的生育行为;与污染、森林砍伐和水资源短缺有关的人口死亡和环境危机提供了区域间相互联系的案例。这些也都是动态的过程,会随着时间的推移和景观的变化而变化,而地理学为我们解释这些动态过程的过去、现在和未来的关系与模式提供了一种分析的方法或手段。

在1953年美国地理学家协会的年会上,格伦·T. 特里瓦萨(Glenn T. Trewartha)呼吁加强人口地理学研究,人口地理学开始作为地理学的分支学科之一而崭露头角[7]。特里瓦萨所展望的人口地理学是地理学中独立的分支学科之一,与自然地理学和文化地理学并列。其后,地理学通常被分为自然地理学和人文地理学,人口地理学则是后者的组成部分[8]。

人口地理学早期主要是研究各个地方的地理特征,满足于描述人口的位置及其特征,并解释这些数字背后的空间结构。威尔伯·泽林斯基(Wilbur Zelinsky)在其1966年出版的《人口地理学》(A Prologue to Population Geography)[9]一书中进一步确立了人口地理学的研究领域,包括对人口的描述、人口空间结构的解释和人口现象的地理分析。20世纪70年代至80年代,许多人口地理学者的研究借助于逻辑实证主义(经验研究与数学和科学探究相结合)、定量方法和大数据分析,这反映了人口地理学与形式人口学(formal demography)间的密切联系。此外,他们的计算能力也相应提高。台式计算机和统计软件的出现大大提高了研究人员工作的灵活性,增加了可供使用的统计工具,包括使用推理技术检验假设和应用更复杂的多元统计分析的能力。

自特里瓦萨发表演讲以来,人口地理学的重要性和研究范围均有了很大的发展,许多地理学家对这一领域的发展做出了重要贡献,该领域在发展中汲取了多种多样的研究方法和理论视角。定性方法提供了更详细的认识,地理信息系统(GIS)和空间分析技术也为揭示人口过程提供了新的见解。大多数学者和研究人员将人口置于更为广阔的背景下,充分认识地方的重要性,广泛汲取地理学和相关社会科学学科提供的各种各样的见解。地理学概念方法的多样性为观察复杂现象提供了一个分析框架。经济和文化地理学者对生育选择提出了自己的看法,认为生育选择反映了家庭的经济需求,包括在将儿童作为劳动力或"养老计划",与家庭提供教育或满足社会更大的文化期望的能力之间所做的权衡。相似地,政治、社会和文化地理学者通过在不同的问题间建立起联系,洞察产生冲突的潜在可能性,使得人们能在人口地理的研究领域里认识资源、环境、政治和政策之间的相互关系。

我们无法将人口地理学领域内的各种研究主题(或研究人员)全部列举出来,特别是正如奥格登(Ogden)所指出的那样[10],一些从事与人口相关工作的地理学者并不自称为"人口地理学者"。相反,他们可能用文化、种族或乡村地理学来描述自己的研究工作。一般来说,当前人口地理学的研究主题可以归纳为以下六类[11]:①国内迁移和居住迁移,②国际迁移和跨国主义,③移民的同化与适应以及族裔聚居飞地的出现,④区域人口变化,⑤社会理论和人口过程,⑥公共政策。

其中,国内迁移和居住迁移在很大程度上界定了人口地理学的范围。其研究主题涉及迁移与经济周期和结构调整间的关系,人口周期[如人口老龄化与"婴儿潮"(baby boom)]对迁移的影响,人口迁移流动的生命历程观点,以及迁移的民族志方法。与国际迁移和跨国主义、移民同化和适应以及族裔聚居飞地等相关的问题仍是人口地理学者主攻的研究领域,包括移民定居点和族裔聚居飞地的作用及其演变,居住扩散,循环迁移,关联性迁移,新移民经济融合等。评估区域人口变化的研究突出了人口老龄化差异、生育率、迁移倾向、死亡率和死亡等问题。长期以来,地理学者一直密切关注美国各州之间迁移率的显著差异,尤其是在退休移民、地方老龄化和贫困移民上的差异。当然,学者们也没有忽略其他人口过程,他们探究了各种人口中的生育率、残疾情况、死亡率和发病率的区域差异及其对公共政策的影响。

人口地理学者开始使用建立在空间人口地理学传统上的包括地理信息系统和空间分析技术在内的各种定量和定性技术手段[12]。这意味着人口地理学者已经把他们自己投身于传统的人口研究领域之外,研究工作拓展到了健康、交通和经济分析等领域。同时,新出现的主题和研究方向包含了与环境地理学间更活跃的联系。虽然如同在人类迁移与环境退化、社会和种族动乱或粮食安全之间的关系中那样,人口问题通常是环境问题的核心[13],但人们对共同研究议程的关注却相对较少,尽管现在这种情况正在发生改变[14]。实际上,包括霍默-狄克逊(Homer-Dixon)[15]在内的非地理学者已经较早地意识到人口与环境之间的联系,同时其他的一些非地理学者也注意到了人口与健康[16]、人口与经济增长之间的关系[17]。然而,这并不是说地理学者没有对这些论题的探究做出贡献,而是说进一步贡献地理洞察力还有很大的空间。同样,人口地理学者也需要进一步致力于考察人口与经济发展之间的关系。此外,人口地理学、地理信息系统和空间分析之间的联系正在增加,反映出这些工具与地理学间的整合不断加强。

全书概览

这本书的主要目的在于提出和讨论人口问题,如生育率、死亡率和移民,同时为读者提供一套用于研究人口地理学的实用工具,以测量或描述人口数据、过程和人口构成。书中的主要章节聚焦探究人口过程及其相关问题。每个主要章节中都会有"聚焦"和"方法、测量和工具"专栏,其目的是将每一章的整体讨论编织成更具体的例子,包括令人感兴趣的问题或领域,以及对人口地理研究是如何进行的讨论。虽然人口地理学经常使用的测量指标和工具在书中都做了介绍,但本书的目的不是提供完整的解释和描述,因为现有的软件程序、基本的统计分析软件包和网络线上资源都使得大多数的研究工具变得易于上手,且能快速自动运行。相反,本书的目的是提供对这些研究工具的理解,并用这些工具来解决实际问题。因此,"聚焦"专栏将提供现实世界的例子,以说明每章中讨论的概念以及这些概念的使用和解释。"方法、测量和工具"专栏将阐释人口地理学者常用的方法和测量指标。

聚焦:空间尺度的重要性

认识到空间现象(如人口迁移流动)并不仅仅发生在一个地理尺度上是很重要的。地理学者感兴趣的现象可能发生在各种从个人到国际的空间尺度上。例如,人们可能在邻近社区间、同一城市、全国或全球范围内移动,而在每个尺度上迁移流动的原因可能不尽相同。又如,对于在当地迁移的家庭来说,搬家可能是因为家庭规模改变使得对居住空间的需求发生变化,同时迁居者又不想离开原居住区域,因为在这里有其业已建立的友谊和熟悉的工作。对于发生了国内迁移的家庭来说,他们的迁移可能是因为开始了一份新工作或求学,或寻找就业机会,或退休后搬到更为便利舒适或离家人更近的地方。同样,生育选择可以反映一个地方的具体情况,如其民族或宗教构成,而在较大尺度上,这些细节可能在其所在的更大规模的人口中被"抹去"。

有鉴于此,我们必须意识到我们对空间尺度的选择对研究结果及其解释的影响。首先,分析尺度的改变通常意味着对同一个课题必须提出一组不同的问题(还可能使用一组不同的方法)。对于关注当地问题的研究者来说,研究可能更多地集中在社区和住户/家庭影响上,而经济和舒适便利方面的效应则可能是大尺度分析的主要内容。其次,空间尺度的变化往往会改变我们所能实际观察到的内容。尤其是对于迁移分析而言,这种情况尤为明显。众所周知,比起长距离迁移,人们更倾向于短距离迁移。这一结论最早可追溯到19世纪拉文斯坦(Ravenstein)的文章中[18]。一般而言,迁移人口的规模取决于研究区域的规模、形态、人口分布和人口特征(例如老年人的流动性通常低于年轻人[19])(图0F.1)。再次,研究尺度的变化可引起研究结果和研究结论的变化。可塑性面积单元问题(modifiable areal unit problem,

MAUP)一直是一个地理学者和制图学者共同关心的问题。MAUP 是一个潜在的误差来源,它会影响使用汇总数据源的研究,并且与生态谬误(即用基于群体或区域统计数据的分析推断个人行为时发生的错误)密切相关。为了呈现结果,地理数据往往被汇总并映射到人口普查地段之类的空间对象上,用以展示空间现象。然而,这些区域及其边界往往是由人口普查局等统计机构随意界定的。虽然对数据呈现来说,改变地理尺度(即由人口普查地段转移至计数区或县)同样有意义,但这种重新可视化可能提供同一信息的不同的呈现结果。例如,在一个空间尺度上的空间聚类可能在另一个空间尺度上就不存在了。此外,不同的过程也可能会对研究呈现出的结果产生影响。

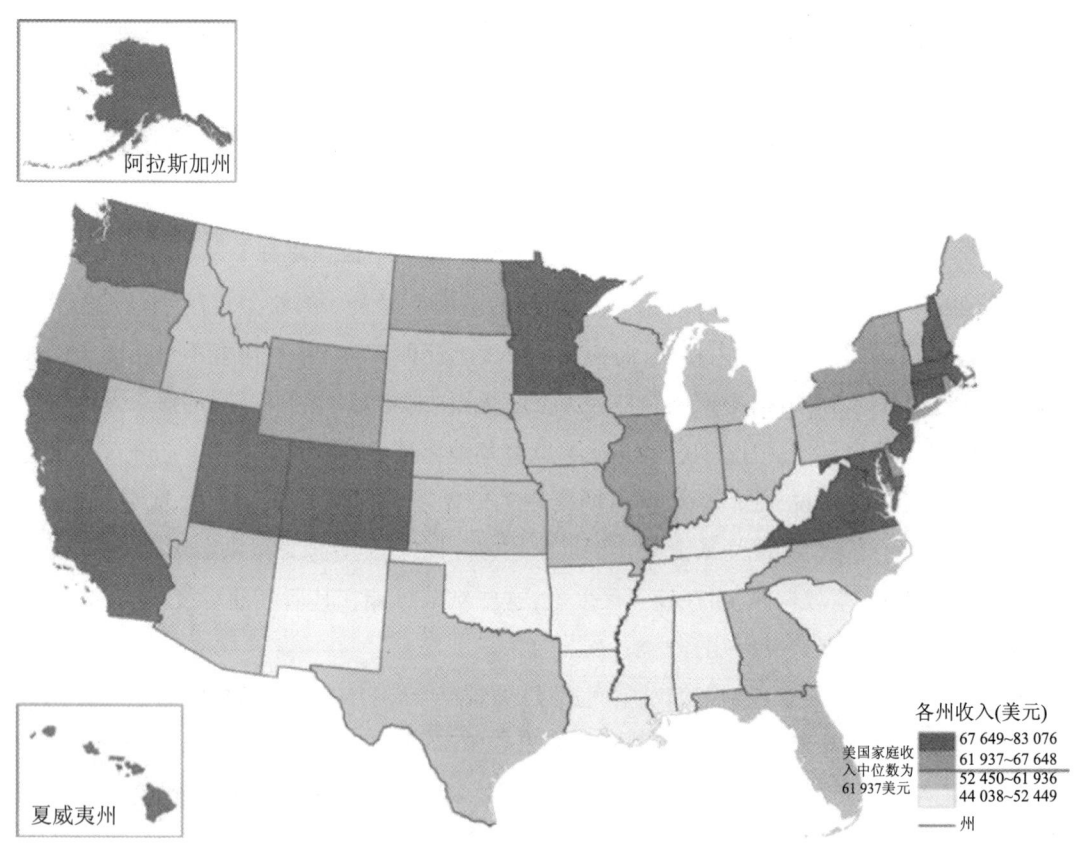

图 0F.1　2018 年美国各州的家庭收入中位数

注:图 1 MMT.1 是基于县级尺度的家庭收入中位数分布图,与其相比,这张图缺少了相应的细节。

资料来源:美国人口普查局。

显然，关乎空间尺度的问题之间并不相互排斥。然而，空间单元的选择必须谨慎，并优先使用尽可能最小、最有意义的空间尺度。但是，还应该注意的是，这种选择偏好只有在该尺度上的数据可靠，且在任何较小尺度上的进程是稳定的情况下才适用。如果上述任一方面达不到要求，分析人员就应该转向能够满足这些要求的空间尺度。当然，这并不是说应当回避空间尺度的影响，而且跨尺度的比较是不恰当的。事实上，我们通常会发现，基于不同空间尺度的分析结果之间是可以互补的，相互比较可以使我们对潜在的空间过程有更为清晰的认识，对一个尺度空间过程的理解也有助于分析另一个空间尺度的空间过程。

方法、测量和工具：人口地理学者的工具

人口地理学一般和人口学一样，传统上一直根植于经验主义和统计分析。人口地理学作为一个研究领域，却始终没有足以区别于其他研究领域的一套自己的分析工具，尽管 GIS 接近这一功能。相反，人口地理学者主要是借鉴其他相关学科的研究手段，这些学科包括制图学、人口学、经济学、人类学和社会学等。因此，人口地理学者依靠跨学科领域共享的各种工具和方法。这些工具可以大体上概括为数据、方法和呈现方式。

数据

显然，任何对人口过程的分析或洞悉都离不开数据的支持。例如，如果我们想要测量人口的生育率，我们就需要知道每个妇女生育的子女数、妇女的生育年龄以及育龄妇女的总量。在进行这些人口统计分析时，我们不把生育事件与男性，或年龄太小或太大而没有生育能力的女性相关联。同时我们还需要做出一些假定，包括大多数的生育行为发生在 15~49 岁的女性身上。虽然年龄较小或较大的女性也可能（确实）有生育行为，但这在所有生育行为中所占的比例较小，因此通常不被纳入正式的衡量标准中。

因此，数据是人口地理学者工具箱中的重要组成部分。研究人员经常依赖于大型的公开数据资源，如美国人口普查局或其他统计机构收集的数据。这些大型调查通常对总体人口有代表性，覆盖的地理范围广泛，涵盖了一个国家所有人在特定时间内的人口、经济和社会数据。此外，研究人员还可以自行调查和收集数据。这些调查通常是针对一些更专业的研究问题或特定的地理区域，其中也可包含定性的内容，从而获取在大型调查中无法获得的信息。

数据可以分为两大类：定性数据和定量数据。**定性数据**（qualitative data）由非数字信息组成，如文本、图像或口头描述。定性数据可通过案例研究、开放式访谈、小组讨论、参与者观察

或日记方法获取。**定量数据**(quantitative data)是数值数据,包括反映实验结果或问卷数据的计数、比率或量表。定量数据可用于统计分析,包括人口预测方法,例如队列要素模型、人口学中的生命表分析,以及包含回归分析在内的其他多元统计模型。这些方法通常提供统计显著性的检验指标,以判定是证明了假设还是拒绝了假设。

方法

方法也很重要,研究中具体使用的方法通常反映了数据来源和收集方法。定性和定量数据都有不同的假设,并且反映了分析中的不同理论方法和提出的不同人口问题。如何定义和测量人口过程可能会改变对其所做的经验测量和从中得出的结论。例如,如何使数据可操作化并加以解释? 应使用什么分析方法?

与这两大类数据相呼应,定性方法关注的是描述意义,而不是统计推断或概括。一方面,虽然定性方法(例如案例研究和访谈)缺乏普适性和可靠性,但它们能提供更为深入的分析,并为所研究的过程提供通常更为丰富的描述。一些计算机软件可用于定性分析,如 Nvivo(www.qsrint-ernational.com)。另一方面,定量方法专注于数字和频率而不是意义和经历。研究人员可运用描述性、推理性的方法和多变量统计技术(如回归分析)等,对所关注的研究问题进行解析和建模,并且可求助于许多可用的统计软件。常用的软件有 SAS(www.sas.com)、STATA(www.stata.com)、SPSS(www.spss.com)和 R(http://www.r-project.org)。虽然定量方法与科学和实验方法密切相关,但由于未能提供更为深入的描述而遭受批评。在使用诸如美国人口普查局所制作的大型数据库时,人们常借助于实证主义方法,其目的是证实(或证伪)经验观察,并构建可推广到各种模型和理论的规律[20]。

人口地理学者还可用其他度量方法来描述人口组成、生育率、死亡率和人口迁移流动。例如,总和生育率可以表示平均每个妇女在育龄期生育的孩子数,迁移率表示一个地区人口发生迁移的倾向或可能性。死亡率则勾勒出一个社会的死亡进程。上述指标的具体细节将在本书后续章节介绍。

包括人口普查资料在内的丰富的数据资源,使得人口地理学者和其他社会科学工作者能够了解人口趋势及其空间结果。事实上,如人口普查在内的数据的有效性,以及数据中包含的丰富细节,是这类数据得到广泛使用的主要原因。同时,学者逐渐强调在人口地理学中使用定性方法[21]。对经验分析的持续依赖使得一些研究人员对过于重视经验数据的问题提出了批评,因为这些数据影响了研究方法和研究路径的选择,导致错过与理论发展和事物间的联系相关的问题,或没有对其给予足够的重视。换句话说,在很多情况下,能做什么研究,甚至做什么样的研究一直受制于人口普查等数据的可获得性[22]。

呈现方式

数据和最终结果的呈现方式同样很重要。虽然表格或书面(报告)形式很常见,但数据数量及其地理性质意味着地图经常被用于简单方便地呈现信息。在过去 20 年里,地图工具和地理信息系统的出现和应用使大量地理数据的存储、可视化和分析成为可能。在第一章的"方法、测量和工具"栏目将更加深入地探讨这些内容。

注释

[1] *World Population Data Sheet* (Washington, DC: Population Reference Bureau, 2020),见 http://www.prb.org。如无特别说明,本书所有的人口统计数据均来自于此。

[2] 按照联合国的分类,发达国家包括欧洲国家、北美洲国家、澳大利亚、日本和新西兰。发展中国家或地区包括发达国家以外的所有国家和地区。

[3] https://www.census.gov/data-tools/demo/idb/informationGateway.php(2020 年 2 月 3 日查阅)。

[4] 请参见联合国难民事务高级专员办事处,http://www.unhcr.org(2020 年 2 月 3 日查阅)。

[5] 当然,在此之前,人们就已经在研究"人口地理"了,人口学也已存在很长时间。

[6] Patricia Gober and James A. Tyner, "Population Geography", In: *Geography in America at the Dawn of the Twenty-First Century*, ed. Gary L. Gaile and Cort J. Willmott (Oxford: Oxford University Press, 2005), 185-199.

[7] AAG (http://www.aag.org)是美国地理学家协会。每年召开学术会议,出版《美国地理学家协会会刊》(*The Annals of the AAG*)和《专业地理学家》(*The Professional Geographer*)。人口专业组位于 AAG 内,由一群对人口研究感兴趣的研究人员构成。特里瓦萨演讲的全文刊发于 Glen T. Trewartha, "A Case for Population Geography", *Annals of the Association of American Geographers* 43 (1953), 71-97。

[8] David A. Plane, "The Post-Trewartha Boom: The Rise of Demographics and Applied Population Geography", *Population, Space, and Place* 10 (2004), 285-288.

[9] Wilbur Zelinsky, *A Prologue to Population Geography* (Englewood Cliffs, NJ: Prentice-Hall, 1966).

[10] Peter E. Ogden, "Population Geography", *Progress in Human Geography* 22, no. 1 (1998), 352-354.

[11] Gober and Tyner, "Population Geography".

[12] 请参见 Barbara Entwisle, "Putting People into Place", *Demography* 44, no. 4 (2007), 687-703。

[13] Vaclav Smil, "How Many People Can the Earth Feed?", *Population and Development Review* 20, no. 2 (1994), 225-292.

[14] 例如,可参见 Hussein Amery and Aaron T. Wolf, *Water in the Middle East: A Geography of Conflict* (Austin: University of Texas Press, 2000)。

[15] Thomas Homer-Dixon, *Environment, Scarcity, and Violence* (Princeton, NJ: Princeton University Press, 1999).也可参见 Michael T. Coe and Jonathan A. Foley, "Human and Natural Impacts on the Water Resources of the Lake Chad Basin", *Journal of Geophysical Research* 106, no. D4 (2001), 3349-3356。

[16] Roger-Mark de Souza, John S. Williams, and Frederick A. B. Meyerson, "Critical Links: Population, Health,

and the Environment", *Population Bulletin* 58, no. 3 (September 2003).

[17] David Foot, *Boom, Bust, and Echo: How to Profit from the Coming Demographic Shift* (Toronto: Macfarlane Walter and Ross, 1996). 也可参见 Richard Florida, *The Rise of the Creative Class: And How It's Transforming Work, Leisure, Community and Everyday Life* (New York: Basic Books, 2002).

[18] Ernest George Ravenstein, "The Laws of Migration", *Journal of the Royal Statistical Society* 52 (1889), 241-301.

[19] Peter A. Rogerson, "Buffon's Needle and the Estimation of Migration Distances", *Mathematical Population Studies* 2 (1990), 229-238. 亦可参见 K. Bruce Newbold, "Spatial Scale, Return and Onward Migration, and the Long-Boertlein Index of Repeat Migration", *Papers in Regional Science* 84, no. 2 (2005), 281-290.

[20] Adrian Bailey, *Making Population Geography* (London: Hodden Arnold, 2005).

[21] 请参见 John H. McKendrick, "Multi-Method Research in Population Geography", *Professional Geographer* 51, no. 1 (1999), 40-50。

[22] 其他更加详细的讨论,请参见 K. Bruce Newbold, "Using Publicly Released Data Files to Study Immigration: Confessions of a Positivist", In: *Research Methods in Migration Studies: War Stories of Young Scholars* (New York: SSRC Press, 2007). Available online at http://www.ssrc.org/publications/view/researching-migration-stories-from-the-field/(2020年2月3日查阅)。

第一章　世界人口

◎ 世界人口增长简史
◎ 人口转变
◎ 未来人口场景：谁得谁失？
◎ 结论
◎ 思考题
◎ 聚焦：印度、德国和美国的人口增长模式
◎ 方法、测量和工具：图示法
◎ 方法、测量和工具：人口估计和预测

世界人口增长有多快？哪里的人口增长最快？我们如何根据死亡率和生育率从高到低的变化来描述世界人口增长和转变的特征？人口增长意味着什么？世界人口的最终规模是多少？本章首先简要回顾世界人口增长的历史，随后依次对上述问题展开讨论。"聚焦"栏目对比了美国、德国和印度的人口增长模式，"方法、测量和工具"栏目探讨了人口数据的图形可视化法和人口预测方法。

世界人口增长简史

在人类历史长河的大部分时间里，世界人口规模很小，人口增长缓慢（图1.1）。随着食物得到保障，人类从狩猎采集社会过渡到农业社会（约公元前8000年和公元前5000年），人口开始增长，但在公元1年左右，世界人口仅略微高于2亿。彼时，高出生率仍然被饥荒、战争和流行病造成的高死亡率抵消。例如据估算，在14世纪，黑死病使欧洲和中国人口减少了1/3到1/2[1]。即使到了1600年，世界人口估计也只有5亿，并不比现在的美国人口多多少。

17世纪中期开始，随着商业发展，粮食生产和安全，以及营养的改善，人类预期寿命缓慢提高，世界人口开始以比先前快得多的速度增长，到1800年，世界人口约10亿。19世纪，世

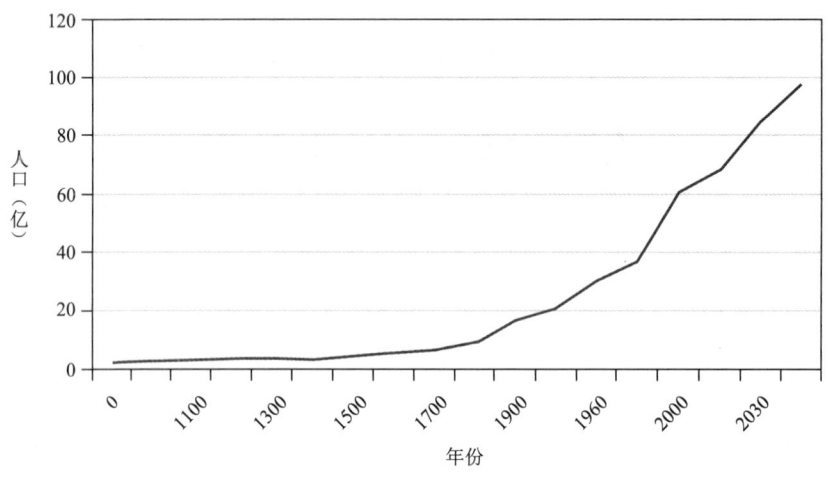

图 1.1　世界人口增长

资料来源:美国人口咨询局《2020 年世界人口数据一览表》。

界人口激增,尤其是欧洲,随着工业革命的推进,欧洲人口总量在 1800—1900 年间翻了一番。在欧洲移民的推动下,同期北美人口增长了 11 倍[2]。在此期间,虽然发展中国家的人口增长仍较为缓慢,但已占世界人口的大部分。

医疗和卫生条件的进步提高了存活率和预期寿命,促进了人口增长。1900 年世界人口约为 17 亿,到 1930 年已增至 20 亿。20 世纪中期,世界人口经历了空前绝后的增长,1960 年达到 30 亿,1974 年达到 40 亿。仅 12 年后,世界人口就达到 50 亿。2011 年,世界人口超过 70 亿,据美国人口咨询局的预测,2050 年世界人口有望达到 98.7 亿[3]。最新的世界和美国人口数据可在 www.census.gov/popclock/ 上找到。

然而,21 世纪末世界人口将会是什么样子,众说纷纭。美国人口咨询局预计,2050 年后世界人口仍将持续增长,且可能超过 110 亿;然而,最近一项基于复杂建模的研究表明,世界人口将在 2064 年达到 97.3 亿的峰值,到 2100 年将下降到 87.9 亿,且持续下降到下一世纪[4]。默里(Murry)及其同事们的研究与其他人口预测的关键区别在于,默里认为,由于避孕措施的普及以及女性劳动参与率和受教育程度的提高,全球生育率将继续下降。人口衰减和老龄化将产生重大影响,本书将在其他地方对其中的一些问题进行讨论,而对该模型的假设至今也还存在着争议。

虽然人口在 21 世纪后期可能减少,但在接下来的 40 年里世界人口仍将继续增长,特别是在发展中国家。1960—1998 年,世界人口翻了一番,从 30 亿增加到 60 亿。人口学家常论及假设未来人口增长率保持不变的情况下人口规模翻倍所需的时间。确定倍增时间的一个简单方法是：

$$倍增时间 = 70/r$$

其中 r 是年均增长百分率①。例如，埃及 2020 年的自然增长率为 1.8%，那么埃及的人口从 2020 年的 1.008 亿，到翻番就只需 39 年！2020 年美国的自然增长率仅为 0.3%，那么其人口倍增时间将超过 230 年。然而，这一推测的前提是假定增长率（r）在此期间不会因生育率和死亡率的变化而变化。

区域增长

我们在世界各地观察到的人口增长模式各不相同。我们大致可以将世界划分为三个大区域：发达国家、欠发达国家和最不发达国家。发达国家包括美国、加拿大、西欧国家、日本和澳大利亚。根据联合国的惯例，其他国家为欠发达国家，其中包括 50 个最不发达国家，它们大部分位于撒哈拉以南的非洲，其收入低、经济脆弱性高、人类发展指标低。世界上大部分的人口增长发生在欠发达国家，这些国家的人口占世界总人口的 83% 以上；世界总人口增长的 98% 亦发生在这些国家。换个角度看，2020 年欠发达国家出生的儿童人数超过 1.39 亿，而发达工业化国家出生的儿童人数仅约 1 320 万[5]。

然而，即使在欠发达国家的内部，其人口增长模式也存在巨大差异。中国是目前世界上人口最多的国家，其人口增长率仅为 0.3%，尽管人口继续增长，但由于其增速已较慢，正面临着人口减少和人口老龄化的问题。中国正在努力解决独生子女政策所导致的人口老龄化问题，这些问题将在第十章进一步探讨。中国的情况对人口统计也有重大影响。例如，在计算亚洲人口的总和生育率时，如果将中国纳入统计，那么亚洲人口的总和生育率只有 2.0；如果不包括中国，则亚洲人口的总和生育率为 2.3。因此，美国人口咨询局和其他机构定期提供包括和不包括中国的统计数据。

印度是世界第二人口大国，其人口自然增长率为 1.4%，总和生育率为 2.2。这意味着印度人口将持续快速扩张，并将在 2028 年超过中国成为世界第一人口大国，到 2050 年，印度人口将达到 16.6 亿。在其他欠发达国家，撒哈拉以南的非洲地区，其人口自然增长率超过 2.7%，总和生育率超过 4.8。概言之，这些区域的人口自然增长率仍然很高，人口长期增长的趋势仍将持续。虽然中美洲和加勒比海地区的人口自然增长率较上述区域来得低，但其总和生育率仍超过 2.1，意味着其人口增长趋势也仍将继续。

---

① 原文"where r is the annual percentage growth rate, expressed as a decimal."的表述有误。——译者注

在大多数发达国家,人口增长率低。美国的自然增长率仅为0.3%,其总和生育率为1.7,低于更替水平,即平均每位妇女生育1.7个孩子。然而,与西欧和东欧的一些国家相比,美国的人口增长仍相对较快,因为这些区域的国家的人口自然增长率要低得多。总体而言,2020年欧洲的人口自然增长率为-0.1%。由于许多国家的生育率低于更替水平,包括西班牙的在内的23个国家未来几十年人口将持续减少。一项基于西班牙的人口预测表明,2100年,西班牙人口将减少一半[6]。事实上,一些东欧国家,如匈牙利、罗马尼亚等,都已经出现了人口下降。包括法国在内的西欧国家的人口增长也几乎处于停滞状态。人口下降将对国家认同、政治力量和经济增长等带来多方面的影响,本章后文将进一步讨论这些问题。

城镇增长

随着世界人口爆炸式增长,城镇的面积和数量也随之激增。1975年,世界上只有33%的人口居住在城镇地区,其中大多数城镇人口居住在人口规模少于100万的城市里[7]。2020年,大约56%的世界人口居住在城镇。欠发达国家的城镇化率低于发达国家(二者分别为51%和79%),而最不发达国家的城镇化率却只有34%。然而,欠发达国家的城镇人口在未来几十年内将迅速增长,2050年,超过68%的世界人口将生活在城镇地区[8]。城镇增长也反映在其自身数量上,人口规模超过100万的城市将从2018年的548个增至2030年的706个[9]。超大城市(人口超过1 000万的城市)的数量从1990年的10个增加到2018年的33个,到2030年将增至43个[10]。这些新增的超大城市大多位于发展中国家,由人口自然增长[11]、乡城人口迁移、乡城类别的重新划分共同驱动。

人口转变

19世纪,西方国家的人口爆炸标志着人口开始由高死亡率、高生育率向低死亡率、低生育率转变,人口学家将这一转变过程称为人口转变,并由此提出了**人口转变理论**(demographic transition theory,DTT)(图1.2)。人口转变理论认为,在人口转变之前,出生率和死亡率都很高,出生率基本上被死亡率抵消,人口增长缓慢。随着社会的发展和现代化,死亡率开始下降,但生育率依然很高,人口快速增长。在人口转变结束时,出生率和死亡率再次相当,且均降至低水平,人口增长趋于稳定。

根据人口转变理论,人口增长最重要的决定因素是:①转变前的生育率;②死亡率和生育率下降之间的时间间隔。前者反映了生育率必须下降的幅度,因为高生育率反映了社会对儿童的巨大需求,而在高生育率社会,降低生育率通常需要更长的时间。后者(死亡率和生育率下降之间的时间间隔)指的是人口快速增长的时间长度,时间越长,人口迅速增长的时间也就越长。

虽然人口转变(即死亡率下降,随后生育率也下降)的变化模式基本上适用于所有国家,但是不同国家人口转变的时间、速度和诱发因素却各不相同。发达国家人口死亡率和生育率的变化大致发生在19世纪后半叶和20世纪初,是一个与工业革命的进展,和公共卫生条件的显著改善导致的婴儿死亡率降低、预期寿命延长相伴随的过程。生育率的变化相对缓慢,因为影响理想家庭规模的社会和行为的变化往往较慢。但在1900年以后,越来越多的孩子能够活到成年,婚姻模式发生变化,女性的劳动参与率提升,父母对孩子的教育更加重视等原因,使生育率开始迅速下降。美国的总和生育率从1900年的每个妇女平均生育4～5个小孩,下降到20世纪30年代的每个妇女大约生育2个小孩。加拿大和欧洲国家也基本上遵循着类似的变化模式。

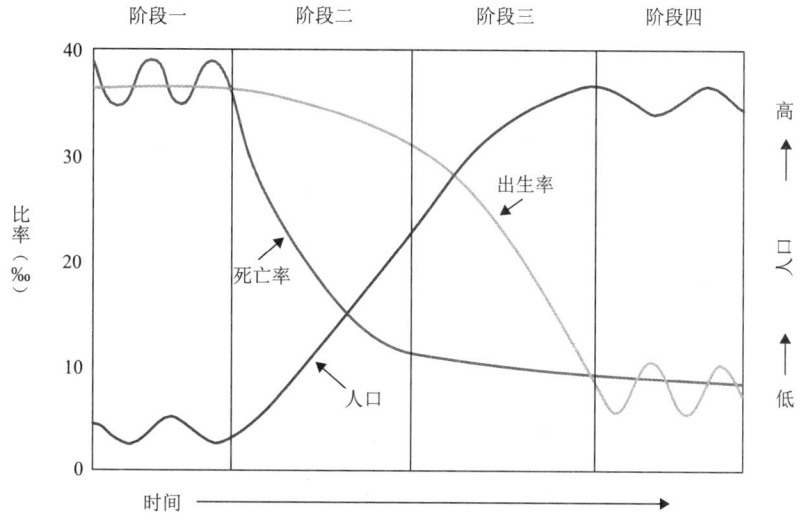

图 1.2 人口转变理论

注:当人口的出生超过死亡时(第二和第三阶段),人口迅速增长。总增长反映了这两个阶段发生的时间长度,以及最大出生率和死亡率(第一阶段)与最低出生率和死亡率(第四阶段)之间的差异。

资料来源:作者自绘。

在欠发达和最不发达国家,人口转变过程尚未结束,人口依然处于快速增长阶段。一方面,从20世纪50年代起,尤其是随着抗生素、免费疫苗接种的引入,以及医疗保健和营养健康水平的改善,欠发达国家的死亡率普遍迅速下降。另一方面,总和生育率在很大程度上仍高于更替水平。在欠发达国家,平均每名妇女生育2.5名子女(如果不包括中国,平均每名妇女生育2.8名子女)。最不发达国家的总和生育率甚至更高(4.1),尤其是撒哈拉以南的非洲大部分地区的总和生育率都很高。尽管发达国家的死亡率和生育率已经稳定下来,并且人口增长呈低位静止状态,但非洲、亚洲、加勒比海地区和中美洲的大部分地区的死亡率和生育率仍然处于较高水平。

当发达国家以外的其他国家开始进入人口转变时,其出生率和死亡率往往高于一个世纪前在发达国家所观察到的水平,许多国家的生育率仍然维持在平均每名妇女生育6名以上子女。生育率的下降速度也往往比发达国家慢(即死亡率下降和生育率下降之间的时间间隔更长),这是因为医学水平的提高和营养条件的改善,可使死亡率快速降低,但影响生育率的社会因素的转变却需要耗费更长的时间。不同国家在社会、文化和宗教信仰、识字率、妇女劳动参与率、家庭和经济条件,以及计划生育项目的可获得性和民众可接受度等诸多方面的不同,导致不同国家生育率变化的情况也各不相同。在许多欠发达国家,人口的自然增长率(即出生率减去死亡率)仍然很高。

虽然人口转变理论已经得到了广泛的应用,但由于其西方中心主义的偏见,也受到了广泛的批评。实际上,它仅为基于欧洲的人口经验所证实,但却假定其他国家都将走过相似的阶段。而在发达国家之外,导致生育率下降的因素并不相同(包括妇女受教育和就业的机会不同,妇女在社会中所起的作用各异)。人口转变理论也无法有效地解释发展中国家之间较高生育水平的差异,造成死亡率下降的不同因素,或其他社会文化问题[12]。

未来人口场景:谁得谁失?

21世纪初,有证据表明发展中国家正在从高生育率向低生育率转变,这一点可以从2020年的总和生育率(total fertility rate,TFR)降至2.5得到验证,这一数值比25年前观察到的结果要低得多[13]。在生育率将继续下降的预期下,一些分析人士认为人口增长的风险已大大降低,人口下降和人口老龄化的双重威胁成为新的关注点[14]。

虽然世界人口增长率已在20世纪60年代达到顶峰,并从那时起开始下降,但世界人口仍在迅速增长,并且预计将继续增长至21世纪中期,然后开始减少[15]。即使只是在短期内(30~40年)忽视世界人口的持续增长,都会给我们带来危险。即便当前欠发达国家的生育率已经转变到自然增长率为1.4%(如果不包括中国,这一数值为1.6%)的状态,但欠发达国家的人口翻一番(假设按目前的速度继续增长)所需的时间大约为50年;如果不包括中国,则只需40年。尽管亚洲、拉丁美洲和加勒比海地区的生育率已经有所下降,但最不发达国家的生育率仍然处于高位,2020年的总和生育率为4.1,这些地区的人口翻一番仅需27年。在撒哈拉以南的非洲地区,2020年的总和生育率为4.8。此外,即便在生育率迅速下降的国家,由于人口惯性,人口的年轻化结构也将使其人口在未来二三十年内仍维持快速增长的势头。世界上有很大一部分人口还未开始生育,换句话说,他们自己还是孩子。因此,到2025年,世界总人口达到80亿的前景难以避免。大多数的预测结果表明,到2050年,世界总人口将达到73亿~107亿,并且几乎所有的人口增长都发生在发达国家之外(表1.1)。因此,尽管世界人口增长确实在放缓,但我们仍然必须为不断增长的人口提供衣、食、住所需的物资。

表1.1 2020年世界各区域人口统计数据及未来预测

	2020年年中人口数(百万)	总和生育率	每年自然增长率(%)	倍增时间(年)	2035年预测人口数(百万)
世界	7 773	2.3	1.1	63.6	8 937
北美	368	1.7	0.3	233	406
中美	179	2.2	1.2	58.3	203
南美	429	2.0	0.9	77.7	476
加勒比海	43	2.1	0.8	87.5	45
大洋洲	43	2.3	1.0	70	53
北欧	106	1.6	0.2	250	112
西欧	195	1.7	0.0	—	201
东欧	292	1.5	-0.2	—	279
南欧	153	1.3	-0.2	—	153
亚洲(中国除外)	3 215[①]	2.3	1.3	53.8	3 680
亚洲(包括中国)	4 626	2.0	1.0	70	5 112
西亚	281	2.6	1.6	43.8	344
中亚	75	2.8	1.8	38.9	89
南亚	1 967	2.4	1.5	46.7	2 269
东南亚	662	2.2	1.1	63.6	749
东亚	1 641	1.5	0.3	233	1 662
撒哈拉以南的非洲	1 094	4.8	2.7	25.9	1 591
北非	244	3.0	1.8	36.8	306

① 根据已有数据,原文中的32 115为作者笔误,此处应为3215。——译者注

续表

	2020 年年中人口数(百万)	总和生育率	每年自然增长率(%)	倍增时间(年)	2035 年预测人口数(百万)
西非	401	5.2	2.7	25.9	587
东非	445	4.5	2.8	25	645
中非	180	5.8	3.3	22.6	281
南非	68	2.4	1.1	63.6	79

注："—"表示无数据或无适用数据。
资料来源：美国人口咨询局《2020年世界人口数据一览表》。

亚洲许多国家的总和生育率仍高于更替水平，而中国、中国台湾地区、韩国和泰国的总和生育率已经低于更替水平。事实上，在欠发达国家和最不发达国家生育率整体偏高的情况下，中国是一个例外。中国是世界第一人口大国，2020年其年中人口数为14.02亿，人口年增长率是0.3%。尽管在20世纪50年代中国人口的生育率一度超过7.0，但目前中国的总和生育率仅为1.5，已跌至更替水平以下。这一结果在很大程度上归因于独生子女政策，该政策人为地降低了生育水平。尽管中国已经取消了独生子女政策，但其生育率将保持在低水平。印度也尝试过执行计划生育政策，但收效甚微[16]。虽然当前印度人口总量不及中国，但印度的人口自然增长率为1.4%，预计在2028年将超过中国成为世界第一人口大国。亚洲其他国家的人口生育率几乎没什么变化，例如伊拉克和巴基斯坦。在非洲，人口正在向较低生育水平转变。在安哥拉、乍得、刚果民主共和国和索马里等国家，总和生育率仍然超过6.0，其生育率仍然没有任何下降的迹象。在非洲的大部分国家，婴儿死亡率仍然很高(49‰)，预期寿命很短(男性62岁，女性65岁)。与此相反，大多数发达国家的人口增长缓慢甚至呈负增长，人口的预期寿命长，婴儿死亡率低。

总体而言，发达国家的主要特点是人口增长缓慢、生育水平低和受控制的移民人口。发达国家每年的人口增长率为0.0%，人口处于稳定状态，不增也不减。然而，欧洲一些国家却正在经历人口负增长，这意味着人口总量正在减少。例如，据美国人口咨询局预测，由于极低的生育率，拉脱维亚目前190万的人口将在2050年降至150万。德国目前的人口规模为8 330万，预计到2050年将降至7 920万。有趣的是，由于受2015年和2016年"难民潮"的影响，德国人口下降速度有所放缓。若根据2015年难民危机爆发前的预测，2050年德国人口规模将缩减至7 640万。

这些人口变动趋势究竟意味着什么？将造成什么后果？下面我们将简要地探讨与人口增

长有关的问题。虽然许多内容在后面章节中将展开详细讨论,但本章的讨论将为世界人口增长提供一个整体背景。例如,许多欠发达国家的高生育率维系人口增长,而发达国家的低生育率则意味着人口下降。城市增长、人口老龄化和移民等问题也源于这些总体趋势。

人口的持续增长

从目前世界人口的分布(图 1.3)看,尽管自 20 世纪 60 年代以来世界人口的生育率不断下降,人口增速不断放缓,但因许多欠发达和最不发达国家仍然维持着高生育率,世界人口在未来一段时间内仍将继续增长,预计到 21 世纪晚些时候,世界总人口将达到 73 亿～107 亿。由于 20 世纪下半叶的人口快速增长,居住在发达国家以外的人口占世界总人口的比例已经从 68% 上升至 82%,根据联合国的预测,到 2050 年,这一比例将上升到 86%(表 1.2)。

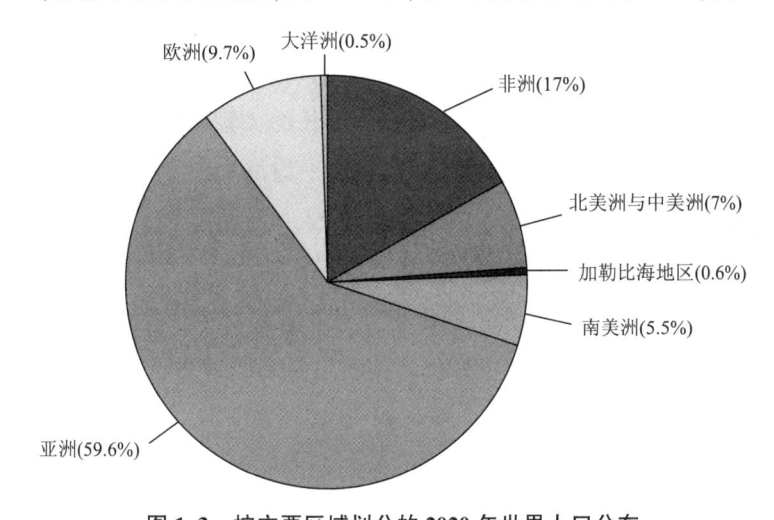

图 1.3 按主要区域划分的 2020 年世界人口分布

资料来源:美国人口咨询局《2020 年世界人口数据一览表》。

表 1.2 2020 年和 2050 年(预测)世界人口排名前十位的国家

2020 年		2050 年	
国家	人口(百万)	国家	人口(百万)
中国	1 402	印度	1 670
印度	1 400	中国	1 367
美国	329	尼日利亚	401
印度尼西亚	272	美国	388
巴基斯坦	221	巴基斯坦	369

续表

2020 年		2050 年	
国家	人口(百万)	国家	人口(百万)
巴西	212	印度尼西亚	331
尼日利亚	206	巴西	232
孟加拉国	170	埃塞俄比亚	205
俄罗斯	148	刚果民主共和国	195
墨西哥	128	孟加拉国	193

资料来源：美国人口咨询局《2020 年世界人口数据一览表》。

世界人口将持续增长主要是基于以下三个假设。第一，预期寿命的提高(死亡率降低)将有助于人口增长。预期寿命的延长会增加儿童在婴儿期和儿童期的存活率，并提高其完成繁衍的可能性。第二，人口年龄结构是决定未来人口增长的关键要素，无论生育率如何，处于生育年龄的人口数量越多，人口增长速度便越快。虽然平均每个妇女生育的子女数量比过去少，但生育孩子的妇女数量却在增加。除去中国(由于其人口年龄结构受独生子女政策的影响有所不同)，在发达国家以外的人口中，15 岁以下人口占比为 31%。在最不发达国家，这一比例更是高达 40%。最不发达国家人口的年轻化特征意味着仍将有大量的人口源源不断地进入生育年龄，因此即便生育率下降，人口惯性仍将使其维持着持续的人口增长。相比之下，在发达国家中，15 岁以下人口占比只有 16%，而且这一比例还在下降。

第三，大多数人口学家预测，生育率最终将达到更替水平以下，从而终结人口爆炸。然而，世界上许多地区的生育率仍然高于更替水平。虽然生育率下降已广为人知，但目前尚不清楚生育率是否会进一步下降。对孟加拉国和埃及的调查都表明，认为生育率将下降到人口更替水平以下的假设并不可靠。孟加拉国尽管在降低生育率方面取得了初步成就，生育率较之 20 世纪 70 年代初的每名妇女生育 6 名以上子女已经有所下降，但自 20 世纪 90 年代以来，该国的生育率一直保持不变。与此类似，埃及的生育率自 1993 年以来一直保持在 3.0 左右(2020 年的总和生育率为 2.9)。事实上，这一趋势并非个案。近 50 年来，阿根廷的总和生育率一直保持在 3.0，尽管 2020 年该值已降至 2.3[17]。

然而，同样值得重视的是，最新的预测表明世界人口将在 21 世纪 60 年代达到峰值 97.3 亿，而世界人口总和生育率在 21 世纪末将远低于更替水平[18]。由女性受教育程度和避孕措施可及性提高的驱动，生育率下降的速度要比通常预期的快得多。对大多数国家而言，人口自然增长将会停止，并且预计到 21 世纪末甚至更早，人口将出现负增长。与人口负增长相伴随的,是人口年龄结构将趋于老化。在一些国家人口增长放缓或下降,与另一些国家人口持续增长的综合影响下,人口老龄化和移民等相关问题接踵而至,下面将讨论这些问题。

人口老龄化与人口下降

相当矛盾的是,虽然我们在谈论全球人口持续增长,但是我们也观察到,一些区域或国家,人口老龄化和生育率下降已成为主要问题[19]。在全球范围内,65岁及以上人口占比已从1950年的5%上升到2020年的9%。虽然这看起来是一个很小的变化,但从许多方面来看,这只是冰山一角。例如,据美国人口咨询局估计,到2050年,亚洲人口中65岁及以上人口的占比约为18%。这一部分人口的增长很大程度上来源中国,而中国的独生子女政策加剧了这一进程。同样,到2050年,拉丁美洲和加勒比海地区65岁及以上人口的占比也将达到19%。

在许多发达国家,人口老龄化趋势进一步加剧。日本和欧洲大部分地区的老年人口(65岁及以上)占比已达到全球最高水平。2020年日本老年人口占比为29%,位居全球首位。美国、加拿大、澳大利亚和新西兰紧随其后,因为这些国家的"婴儿潮"一代已步入退休年龄,但生育率仍然很低。与此同时,爱沙尼亚、拉脱维亚、日本、德国和匈牙利等许多国家也已进入人口负增长阶段。其他国家的人口增长速度也在放缓(如加拿大,人口自然增长率为0.2)。

因此,对一些发达国家来说,人口赤字及其导致的经济和社会结果日益成为一个重要问题。评论家们公开对人口老龄化和人口下降带来的后果表示担忧[20]。尤其是,尽管人口老龄化将产生何种影响尚未清晰,但大多数评论家认为人口老龄化将带来国家国际政治影响力的下降,国家身份的丧失,以牺牲年轻群体为代价而有利于老年人口的政治议程改变,经济增长放缓,以及在劳动力和经济活动人口减少的同时对公共卫生和社会福利的需求增加等负面影响。同时,各国一直在寻求政策,以提高生育率和(或)增加移民来促进人口增长。

移民

综观历史,人口的流动性是固然存在的。2017年,联合国估计全球约有2.58亿人口居住在非出生国。同年,64%的国际移民居住在高收入国家[21]。这些迁移大多与经济机会密切相关,并受到全球化的推动,因为全球化将世界各地的经济和就业联系在一起,以利于在全球范围内使用低技能和低成本的工人。虽然现在大多数国家试图通过各种立法来控制入境,但移民仍然是导致人口变化的重要潜在要素之一。对于加拿大和美国等发达国家来说,大多数移民来自欠发达国家,移民政策通常是为了吸引"最优秀和最聪明"的移民。这些政策在为接收国带来好处的同时,也受到了谴责,因为接收国从需要这些人才的欠发达国家挖走了人才。

人口国际流动引起了许多国家的密切关注。不可否认,过去的移民政策有明显的种族歧视和排外性,但美国和加拿大历来都接受移民。在美国,这一历史传统正处于危机之中,"9·11"事件后移民和难民政策的收紧,以及特朗普政府最近对来自多个国家的移民施加了限制,都说明了这一点。反移民情绪影响了欧洲和美国的国家政治辩论和经济机会。直到最近,欧洲国家才从劳动力出口国转变为劳动力进口国,以致难以消化这种转变。然而,低生育率和人口老龄化的人口现实意味着欧洲国家面临着劳动力短缺的危机。虽然增加移民可能是满足就业需求的唯一选择,但这是一种带有重大政治、社会和文化问题的选择。大多数欧洲人仍然把移民和无技能的工作者和失业者联系在一起,最近还把他们与恐怖主义的导入联系在一起,迫使欧洲调整其移民政策并限制欧盟成员国内部的自由流动。此外,北美(尤其是美国)正在努力解决非法移民问题。一方面,非法移民给当地的公共服务供给带来了负担;另一方面,非法移民可以从事当地人无法忍受的条件下的低薪工作,从而维持经济的正常运行。在欧洲内部,大规模的"难民潮"颠覆了原本的移民政策,超出了其应对能力。

大多数发达国家政府都采取了控制移民的措施,对移民的类型(即家庭团聚和经济类型移民)、来源地和一年内允许入境的总人数作出限制。尽管在立法和边境执法上都做出了努力,但大多数国家发现控制移民入境变得越来越难,甚至还引发了移民危机,并反映在移民控制政策与其结果之间的"差距"上。现实情况是各国政府无法完全控制移民人数。全球化、劳动力和资本的流动、公民权利和自由主义的出现,以及国内对廉价劳动力的需求,都使得移民流动趋于合法化,从而导致非法移民流和合法移民流都难以得到控制。

移民也是欠发达国家劳动力的重要来源。例如,印度尼西亚、印度和巴基斯坦等国的劳工到波斯湾国家从事建筑业和石油工业的工作。这些移民寄回家的汇款成为他们家庭的重要收入来源,并被投资到新的住房或其他商品上。这些钱或汇款已成为家庭和国家的重要收入来源[22]。移民通常流入较富裕的欠发达国家从事临时工作,虽然入境经常不受控制,但现在越来越多的欠发达国家也开始收紧入境政策,提高本国的入境要求。人口变化的另一个来源是难民的跨国流动。

结论

尽管在接下来的几十年里世界人口仍将继续增长,但随着全球生育率降至更替水平以下,我们很可能会在21世纪后半期看到人口减少。然而,鉴于人口对地缘政治关系、粮食安全、资源获取等问题的影响,这并不意味着我们可以忽略另外增加的20亿人口。因此,这只是我们讨论的开始。例如,为什么生育率的下降相对较慢,而死亡率的下降则更早更快?死亡率的前景如何,尤其是在人口健康和预期寿命面临着各种新的威胁的情况下?移民如何从一个国家移动到另一个国家,或者如何在一个国家内部流动?人口增长对城市发展和扩张以及潜在冲突意味着什么?我们将在接下来的几页中就这些以及其他相关问题进行更为全面的探讨。

思考题

1. 许多人口预测模型都假定在整个预测期间人口增长率保持不变,这个假设的潜在问题是什么?

2. 分别讨论一个①发达国家、②欠发达国家、③最不发达国家的人口转变特征,并分别判断现在它们可能位于什么阶段?使用数据(即生育率、死亡率、被抚养人口)来支持你的观点。

3. 选取三个不同的国家,构建一张类似于表1F.1的表格,由这些国家的人口增长和人口结构,你能推出什么结论?

聚焦:印度、德国和美国的人口增长模式

不同的区域和国家,其人口增长模式不尽相同,有些人口增长迅速,有些则人口负增长。我们重点关注三个不同类型的国家:印度,是人口快速增长的国家;德国,是人口面临下降的国家;美国,是人口增长适中的国家(表1F.1)。

表1F.1 2020年印度、德国和美国的人口增长

	年中人口(百万)	增长率(%)[a]	总和生育率	人口预测(百万) 2035年年中	人口预测(百万) 2050年年中	2020—2050年人口变动预测(%)	各年龄人口占比(2020年,%) 小15岁	各年龄人口占比(2020年,%) 大于65岁
印度	1 400.1	1.4	2.2	1 576.3	1 663.0	18.7	27	6
德国	83.3	-0.2	1.6	82.2	79.2	-4.9	14	22
美国	329.9	0.3	1.7	361.8	385.7	16.9	18	16

资料来源:美国人口咨询局《2020年世界人口数据一览表》(http://www.prb)。

注:a. 来源于国际数据库(International Data Base, IDB),http://www.census.gov/data-tools/demo/idb/infomationGateway.php。

与其他欠发达国家一样，印度也在20世纪经历了人口爆炸式增长。从1900年到2000年，人口增长了三倍，从大约2.38亿增长到10亿[23]。2020年，印度人口总量为14亿，且正以每年1.4%的速度增长。在高总和生育率(2.2)、相对年轻的人口结构(15岁及以下人口占比为27%)和不断增长的预期寿命的共同推动下，预计到2050年，印度人口将增加至16.63亿，超过中国的人口。年轻的人口年龄结构将确保其人口由于生育惯性而继续增长，因为有许多育龄妇女将逐步进入生育年龄。虽然自20世纪60年代以来的生育率下降减缓了印度的人口增长，但印度北部和南部各州间的生育率差别巨大，其中北部各州的特点是出生率高，而南部各州的预期寿命则较长。与城镇地区相比，农村地区生育率高，但预期寿命短[24]。

德国的情况恰与印度相反，它已经完成人口转变的历程。2020年，德国人口总量仅为8 330万，人口增长率为-0.2%，人口正在下降。预计到2050年，德国的人口将减少到7 920万，到2100年将减少至6 000万[25]。低的总和生育率(1.6)加剧人口下降态势，自然增长不再是人口增长的来源。同时，人口年龄结构的变化意味着德国人口正在迅速老化。65岁及以上老年人口占比已达到22%，且仍将继续上升；相比之下，15岁以下人口占比仅为14%。德国的人口年龄结构大体与欧洲其他国家相似，这里关于人口趋势的争论聚焦在是增加移民规模还是提高生育率上[26]。由于通过鼓励生育而提高生育率的目标在短期内难以实现[27]，因此虽然德国并未将自己当作移民的目的国，但移民似乎成为一个解决燃眉之急的对策。有些政党(包括极右翼政党)以历史上的招聘外来工人计划(该计划为德国工厂引进工人[28])为例，认为大规模的移民会侵蚀德国文化和民族的纯粹性。尽管如此，德国还是在2015年向100多万难民敞开了大门，从而导致了人口的短期增长。

虽然美国已经完成了人口转变，但与其他发达国家相比，其人口增长相对较快。1915年美国人口只有1亿，1967年增加到2亿，2006年增加到3亿。截至2020年，美国人口为3.299亿，预计到2050年将增至3.857亿。美国的人口增长可部分归功于其高水平的移民(每年约有100万新移民)，预计到21世纪中叶，移民将成为美国人口增长的主要驱动力(即大于人口的自然增长)[29]。此外，尽管美国的总和生育率(1.7)已下降到更替水平以下，但仍然高于其他发达国家。事实上，在美国，少数族裔和外国出生人口(尤其是西班牙裔移民)的生育率略高于本国出生人口的生育率，推动了全国平均总和生育率的上升。例如，西班牙裔的生育率高于非西班牙裔白人。在经济衰退前(2008年)的几年时间里，西班牙裔白人的平均总和生育率约为2.7，而同期非西班牙裔白人的平均总和生育率为2.0。到2017年，西班牙裔白人的总和生育率降至2.0，而非西班牙裔白人的总和生育率为1.7[30]。即使在白人中，这个生育水平与其他发达国家相比也相对较高。在差异化生育率和西班牙裔移民的综合影响下，预计到2020年，非西班牙裔白种美国人的数量将开始减少，即未来美国的人口增长将更依赖于移民[31]。

虽然外国出生的西班牙裔人口的生育率高于本国出生的西班牙裔人口，但随着教育和收入的改善，第二代移民的生育率将急剧下降[32]。"婴儿潮"时期的人口已进入老龄化阶段，65岁及以上人口的占比亦正在增加，但在2020年这一比例仅为16%，明显低于其他发达国家。尽管持续增加的移民有助于人口增长，但预计到2100年，美国的人口将略微降至3.35亿。

方法、测量和工具：图示法

罗伯特·卡普兰（Robert Kaplan）在为《华尔街日报》撰写的文章中指出，"地图能够捕捉到历史、文化和自然资源的关键事实"[33]，能简洁地描述大量的信息。卡普兰提到使用地图来理解全球冲突，而人口地理学者经常需要展示大量数据。那么，描述人口统计的最好方法是什么？呈现人口信息最清晰的方式之一就是地图，这在很大程度上是由于地图的视觉效果和易于表达信息，以及识别和说明空间模式的能力。地图的应用范围极广，包括公共卫生（即疾病监测）、交通（即主要干线沿线的最佳车辆路径或污染分析）、商店和服务的选址、灾害规划等。在许多情况下，地图被用来强调空间关系的存在，然后通过建模和其他技术进一步探索这种关系。

地图类型

点图是表示人口分布的一种简单的图形化方法。这种地图的基本思想很简单：一个点用来表示研究个体（或一群人或其他物体）的位置。这种地图的早期应用是约翰·斯诺（John Snow）在1854年绘制的伦敦布洛德街（Broad Street）水泵附近霍乱流行的地图[34]。斯诺绘制了疫情暴发期间死亡人口家的位置，观察到大多数病例都位于水泵附近，进而发现水泵是污染源，并最终关闭水泵。尽管点密度图是显示特定数据发生位置的最有用的方法，但是使用时仍须谨慎，因为点位置并不总是能反映研究数据的精确位置。相反，它通常呈现的是发生在一定地理区域内（如人口普查地段、邮区或县）的数据。

地区分布图是地理学家使用的另一个工具，它提供了另一种表示方法，即通过区域着色的变化来反映研究对象的取值变化。虽然地区分布图使用率高，但是由于人为的边界（例如制图时使用的人口普查地段或县之间的边界），它具有一定的误导性。这些人为边界的固定地理位置造成了一个人为的数据安排。此外，在图示相同的现象时，随着组距选择（即标准差、百分位数、等间距，见图1MMT.1）和地图空间尺度的改变，会导致不同的解释（所谓的可塑性面积单位问题，见前言）。

统计地图是不维持各区域面积大小的地图(图 1MMT.2)。相反,区域会根据所显示数据的大小(而不是它们的真实大小)重新调整比例。例如可以用人口数量来代替区域面积,通过扭曲地图上的面积来传达信息[35]。最后,人口地理学家也经常使用流图,特别是在刻画从一个地区到另一个地区的迁移流时[36],其他用途包括表示交通流、信息交换和疾病传播的路径等。可以通过不同宽度的线来体现流的大小,用箭头表示流的方向。

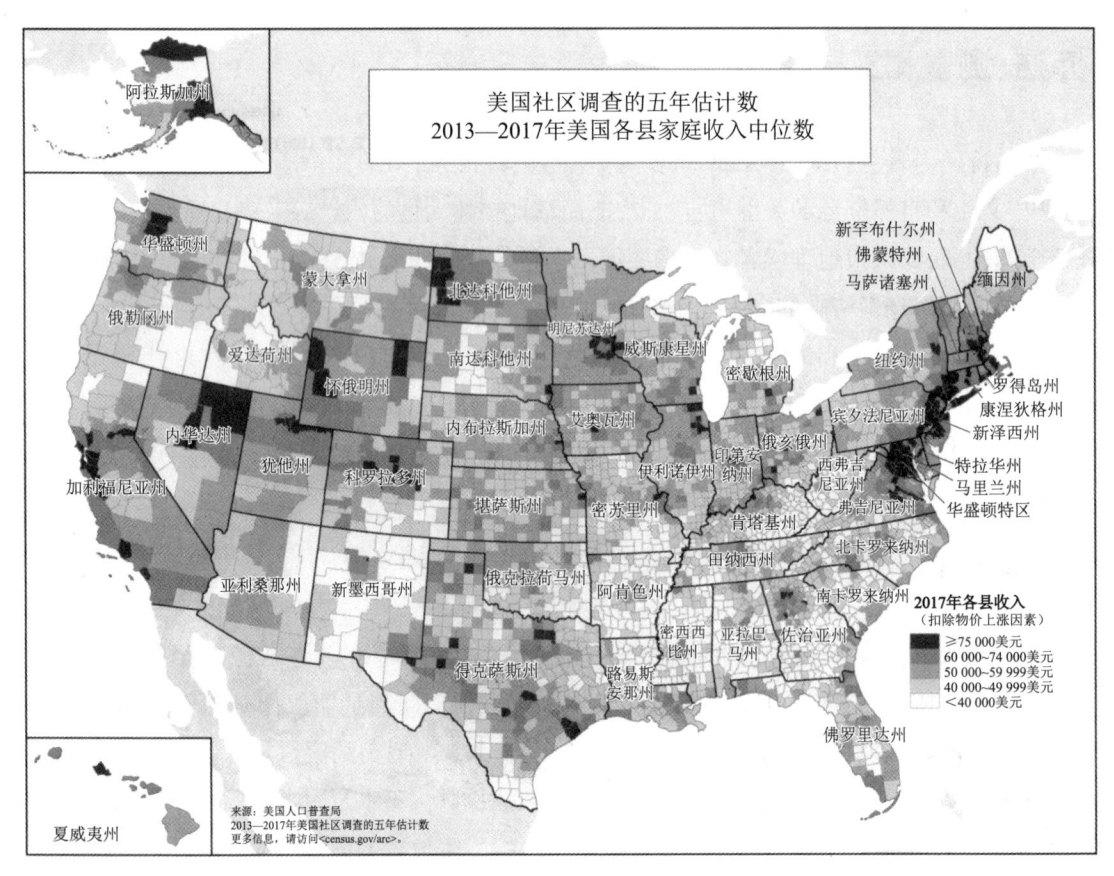

图 1MMT.1　2013—2017 年美国各县家庭收入中位数*

资料来源:美国人口普查局。

地理信息系统与制图

在过去十年中,数据显示、存储、管理和操作得益于地理信息系统(geographic information systems,GIS)的日益普及。利用数字地图和地理信息,GIS 能够存储、检索、显示和分析地理数

---

* 彩图请见本书附图。

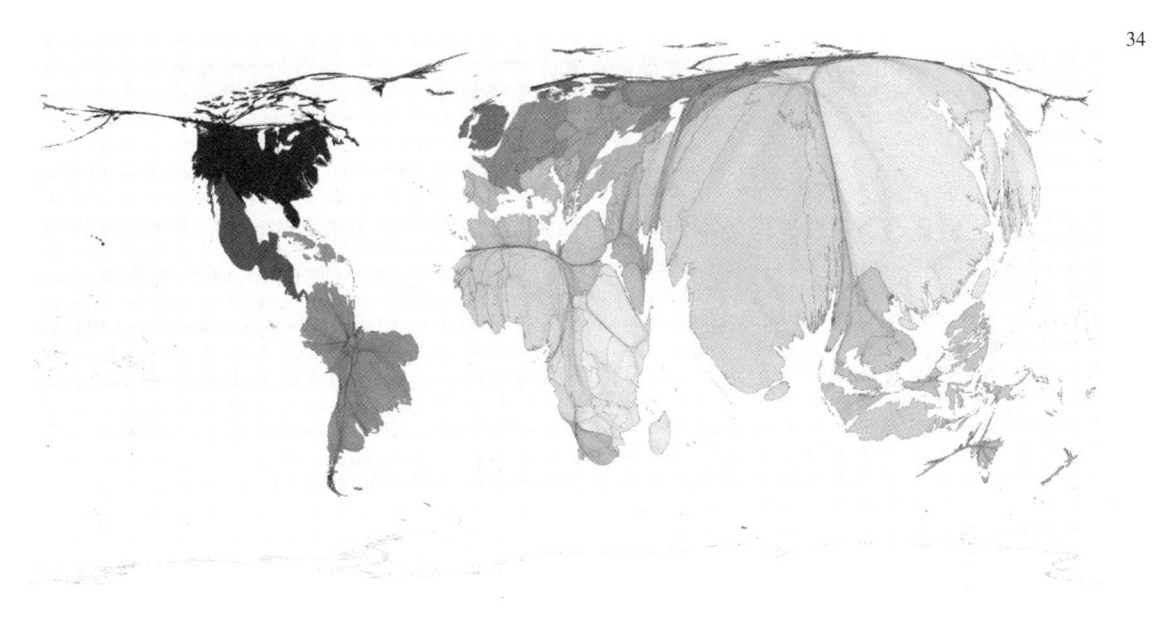

图 1MMT. 2　基于 2020 年各国人口总数绘制的世界地图

资料来源：经 Worldmapper. org 允许使用。

据。大多数地图和 GIS 软件包,如 MapInfo 和 ESRI 流行的 Arc 系列程序,为用户提供了快速的和相对自动化的地图创建和分析功能。然而,这里"垃圾进,垃圾出"的告诫同样有效,用户必须考虑如何才能最好地呈现数据,以及显示哪些数据。改变数据的呈现方式,例如用比例或人口比率取代人口绝对数,可能会使最后的结果及其解释发生改变。同样,看似平淡无奇的颜色和数据类别选择也可能导出不同的地图[37]。此外,人为界定各空间单元间的边界和空间单元大小的变化往往会产生某种人为的模式。事实上,已有大量地理文献对数据可视化的最佳方法进行了研究[38]。

作为制图的替代方法,核密度估计、空间移动平均线或克里格法等空间分析技术可提供更为稳妥的数据呈现方式,避开与边界相关的问题。所关注的值往往在边界发生突变,从而导致解释出现偏差,因此上述方法不再将数据的表达限制于特定的边界(如人口普查地段或县),而是通过对特定区域内的数据求平均值来实现其作用。这种处理方法可以在许多流行的 GIS 和制图软件以及更专业的空间分析软件中找到,比如 R、S-Plus、CrimeStat 和 GeoDa[39]。这些软件还能够执行更复杂的分析,以便理解并为潜在的地理趋势建模,并测试是否存在空间自相关或地理相关性。

方法、测量和工具:人口估计和预测

人口地理学家和人口学家经常被要求提供人口估计或预测[40]。虽然这两个术语经常交替使用,但它们在许多重要方面是不同的。例如,**人口估计**(population estimate)是对不同人口普查间的一年或本年度的人口规模的估算。人口估计通常是基于现有的人口普查数据、人口变化的组成部分(如迁移、生育率和死亡率),以及其他反映人口变化的信息(这些信息可能来自就业信息、邮政地址或税务记录)。**人口预测**(population projection)是对未来某个时间点的人口规模的计算[41]。关于过去、现在和未来的人口规模信息都可以被用来做人口预测。在这两种情况下,估计和预测工具的准确性都是基于所使用方法的规则和假设。

人口估计

我们可以考虑使用以下方法估计两次人口普查之间的人口数:

$$P_{t+x} = P_t + B_{t,t+x} - D_{t,t+x} + M_{t,t+x}$$

其中,P_{t+x}是在时间为$t+x$时的估计人口,P_t是初期人口,$B_{t,t+x}$是在t到$t+x$时间段内出生的人数,D是死亡人数,M是同一时期由于迁移(国际迁移和在预测国家以下区域尺度时的国内迁移)造成的人口变动。事实上,这个方程就是这本教材其他地方谈到的"残差法"(residual method)之一——人口规模在一段时间内的差异反映了其所发生的人口过程。然而,并不是所有的数据都可以获得,有些可能需要通过估计的方式获得。例如,由于大多数国家政府不收集迁出移民的统计数据,所以无法获得国际迁移净额(迁入总数减去迁出总数),因此需要对迁出移民情况做出估计。

也可以将已知两个年份值之间的简单平均数作为年中人口估计值:

$$P_e = P_1 + \frac{n}{N}(P_2 - P_1)$$

其中,P_e是估计的人口规模;P_1和P_2分别是已知的期初和期末人口规模;n是从P_1人口普查到估计日期的月数;N是P_1和P_2两次人口普查之间的月数。该方法假设两次人口普查周期之间的人口增长是恒定(线性)的,并且假设两次人口普查之间的时间间隔相对较小,就可以得到一个可接受的人口估计值。

第三种方法是将已知的(或估计的)人口增长率应用于某一人口,使得

$$P_e = P_2 - r[(P_2 - P_1)/t]$$

其中,t表示两次普查之间的年数,r为人口增长率,定义如下(式中ln指自然对数):

$$r = [\ln(P_2/P_1)]/t$$

这些方法虽然相对简单,但其固有的线性人口变化假设存在问题。事实上,考虑到人口流动经常与短期或长期的经济事件有关,"人口变化是平稳的"的这种假设在已有文献中没有得到支持。此外,有两方面使这种估计的准确性降低。第一,地理空间尺度越小,估计的准确性越低。因为小尺度的地理空间要么数据不太可靠,要么更容易受到短期人口变动的影响。第二,两次人口普查之间的间隔时间越长,人口估计的准确性越低。

人口预测

人口预测是利用过去和现在的人口普查数据来预测未来的人口规模。预测可以简单到将当前人口趋势外推到未来。例如,如果我们知道过去几次人口普查时期的人口,就可以粗略地拟合出一条曲线来预测未来的人口走势。一个类似方法是假定目前的人口增长率可以用于预测未来的人口发展,方法如下:

$$P_{t+10} = P_1 + rP_1$$

值得注意的是,刚才引用的方程假设增长率 r 是基于10年期(即 $n=10$),并由此预测未来10年的情况。当然,为了适应其他时间框架,预测的周期是可以调整的。还可以考虑非线性增长(即指数增长,人口增长呈向上弯曲的曲线之势),如:

$$P_{t+10} = P_1(1+r)^n$$

还有另外一种相关的人口预测技术便是使用回归分析。该方法的优点是可以在分析中使用多次人口普查数据,分析人员也可以对人口增长进行非线性表示。

虽然这些方法可能提供一种有用的"粗略方便"的短期预测,但它们没有参考人口过程,因此同样受到论及人口估计时所讨论的问题的影响,即增长率 r 在未来是有效的。在生育率或死亡率快速转变导致人口增长变化的情况下,"r 是定值"的假设是有问题的。

这些方法通常被用于预测某些国家或州的总人口,它们还可以应用于多个亚群体的人口预测,不过这可能会引发一个有趣的计数议题。例如,假设您被要求预测每个地区的未来人口数,并且已知全国人口总数,但是将预测得到的每个地区的人口数加起来所得到的全国人口数,很有可能与已知的全国人口总数不相等,这意味着预测得到的每个地区的人口数需要进行重新的调整与计算。这可以通过如分摊的方式实现。在这种情况下,预测的地区人口可以加总后乘已知(当前)的各地区人口比例。然而这未必是最合适的衡量标准,因为它的前提条件是假定人口比例分布不会随时间而改变。

总的来说,这些简单的预测方法仅利用有限的信息就可以预测一个地区的总人口。然而,它们确实也有缺点。首先,它们没有单独区分人口变化的组成部分,例如生育率、死亡率和迁移。其次，我们经常需要详细的人口年龄和性别结构信息，而这些预测分析方法得到的数据却无法提供这些详细信息。再次，这些人口预测方法的前提条件是假定过去的趋势将持续到未来，但是经济的短期和长期变化以及个人偏好的变化都会影响未来的人口结构。

队列要素模型

我们可以使用队列要素模型(cohort component models)，对刚才讨论的对预测方法的批评做出部分回应。队列要素模型通常将人口分解为不同年龄、性别的人群，对区域人口和总人口的估计也具有一致性。队列要素预测法有两个基本概念。首先，人口按个体间的相似性分为不同的年龄和性别队列。其次，队列要素模型聚焦人口变化的组成部分，每个队列的人口都受到生育率、死亡率和迁移过程的影响，这些过程推动着人口及其结构的变化。

首先假设是一个没有迁移的单区域队列要素模型，该模型可以用矩阵表示法定义为：

$$p(t+n) = G^n p(t)$$

其中，$p(t)$ 为 t 时刻人口中年龄—性别组的列向量，$p(t+n)$ 为 $t+n$ 时刻的预测人口，G 为包含出生率和从生命统计中获得的生存概率的"增长"矩阵。请注意，出生率只与生育年龄组有关，并且假定所有出生率在整个预测过程中保持不变。G 与 $p(t)$ 的乘积预测随时间向前变化的人口，从而通过外推预测"老化"和"存活"的人数。

多区域队列预测模型利用队列生存概念，刻画个体从一个年龄组到下一个年龄组的变化，同时引入区域间迁移扩展基本模型。例如，在一个双区域系统中，每个区域可通过迁移流相互连接，这样一个区域的迁出决定了另一个区域的迁入。与基本队列预测模型一样，多区域人口预测模型需要确定起始人口的年龄—区域分布，和过往时期多区域人口所经历的年龄别死亡率、生育率和迁移率。基于初期人口，预测过程与先前描述的相同，用初始的生育率、死亡率和迁移率预测未来的人口发展。

虽然矩阵方程与前面提出的方程保持不变，但是随着越来越多的区域加入，每个矩阵变得越来越复杂。例如，人口被细分为不同的年龄组，每个年龄组又按区域进一步细分。增长矩阵的结构也发生了变化，以同时对个体的年龄和所在位置进行建模。与在单区域模型中一样，增长矩阵被假定在整个预测周期内保持不变。通常，预测周期的长度与年龄组的宽度相等。如果迁移的间隔是 5 年(美国、加拿大和澳大利亚人口普查使用的间隔)，年龄组的定义间隔为 5 年，那么预测期也是如此。因此，目前 10~14 岁、在一定增长率下的人口决定了 5 年后 15~19 岁的人口。矩阵方程的重复乘法将预测更长时间的人口，未来 15 年($n=3$)[①]人口预测可以

[①] 原著中为"$n-3$"，但根据上下文的意思，此处应为"$n=3$"。——译者注

写成：

$$p(t+5n) = G^3 P(t)$$

虽然这些模型用于短期人口预测是有效的,但由于模型中的固有假设,它们在较长时间人口预测中的准确性值得怀疑。例如,大多数模型假设:①区域间迁移率不会随着时间的变化而变化;②不同人群是均质的整体,即每个个体受相同的概率控制;③这些概率适用于一个固定时间;④马尔可夫性质成立,即两个区域间的迁移率只受当前状态影响。

显然,这些假设大多是不现实的。首先,由于不同群体(即黑人和白人,移民和本土人士)有不同的迁移率,迁移率不太可能在预测期间保持稳定。此外,迁移率的大小应当体现经济机会或舒适物的变化,以及人口老龄化趋势。其次,马尔可夫特性假设迁移率只受当前区位的影响。换句话说,以前的状态和行为不会影响当前的迁移决策。虽然这简化了模型,但考虑到大多数个体的高流动性,马尔可夫假设也是有问题的。例如,人口回流文献[42]普遍认同,先前的迁移经验对回到"原籍地"有重要影响。尽管存在这样或那样的问题,但在目前人口学率指标(demographic rates)长期不变的前提条件下,使用这种方法可预知人口的未来走势。

注释

[1] Alene Gelbard, Carl Haub, and Mary M. Kent, "World Population beyond Six Billion", *Population Bulletin* 54, no. 1 (March 1999). 亦可参见 Lori S. Ashford, Carl Haub, Mary M. Kent, and Nancy V. Yinger, "Transitions in World Population", *Population Bulletin* 59, no. 1 (March 2004); Joseph A. McFalls Jr., "Population: A Lively Introduction", *Population Bulletin* 62, no. 1 (March 2007); and Massimo Livi-Bacci, *A Concise History of World Population*, 3rd ed. (Oxford: Blackwell, 2001)。

[2] Gelbard, Haub, and Kent, "World Population". 美国人口咨询局有很多关于人口问题的报告,其中大部分可以在 http://www.prb.org 网站上找到。

[3] https://www.prb.org/wp-content/uploads/2018/08/2018_WPDS.pdf(2020 年 2 月 3 日查阅)。

[4] Stein Emil Vollset, Emily Goren, Chun-Wei Yuan, et al. "Fertility, Mortality, Migration, and Population Scenarios for 195 Countries and Territories from 2017 to 2100: A Forecasting Analysis for the Global Burden of Disease Study", *Lancet*, 14 July 2020, https://doi.org/10.1016/S0140-6736(20)30677-2.(2020 年 2 月 3 日查阅)。

[5] International Data Base (IDB), https://www.census.gov/data-tools/demo/idb/informationGateway.php(2020 年 2 月 3 日查阅)。联合国定义的标准和国家名单参见 http://www.unohrlls.org/(2020 年 2 月 3 日查阅)。

[6] Vollset et al., "Fertility, Mortality, Migration, and Population Scenarios".

[7] Martin T. Brockerhoff, "An Urbanizing World", *Population Bulletin* 55, no. 3 (September 2000).

[8] United Nations, *World Urbanization Prospects: The 2018 Revision* (New York: United Nations, 2000), http://esa.un.org/unpd/wup/(2020 年 2 月 3 日查阅)。

[9] United Nations, Department of Economic and Social Affairs, Population Division (2018), *The World's Cities in 2018*—Data Booklet (ST/ESA/ SER.A/417).

[10] UN, *The World's Cities in 2018*.

[11] 虽然发展中国家城镇地区的人口生育率低于乡村地区，但在许多地方仍高于更替水平。

[12] John C. Caldwell, "Toward a Restatement of Demographic Transition Theory", In: *Perspectives on Population*, eds. Scott W. Menard and Elizabeth W. Moen (New York: Oxford University Press, 1987), 42-69.

[13] 中国经常被排除在统计范畴，因为中国的独生子女政策极大改变了其人口的未来，并使其有别于其他发展中国家。

[14] 请参见如 Darrell Bricker and John Ibbitson, *Empty Planet: The Shock of Global Population Decline* (Toronto: Signal, 2019)。也可参见 Phillip Longman, *The Empty Cradle: How Falling Birthrates Threaten World Prosperity* (New York: Basic Books, 2004)。

[15] Vollset et al., "Fertility, Mortality, Migration, and Population Scenarios".

[16] Carl Haub and O. P. Sharma, "India's Population Reality: Reconciling Change and Tradition", *Population Bulletin* 61, no. 3 (September 2006).

[17] 阿根廷生育率的下降可能是一种短期现象，它反映了该国 21 世纪初困难的经济状况，当时其政府几乎破产。其他关于稳定生育率的讨论参见 Carl Haub, "Flat Birth Rates in Bangladesh and Egypt Challenge Demographers' Projections", *Population Today* 28, no. 7 (October 2000), 4。

[18] Vollset et al., "Fertility, Mortality, Migration, and Population Scenarios".

[19] Warren Sanderson and Sergei Scherbov, "Rethinking Age and Aging", *Population Bulletin* 63, no. 4 (December 2008).

[20] Longman, *The Empty Cradle*.

[21] UN, "The International Immigration Report 2017", https://www.un.org/development/desa/publications/international-migration-report-2017.html（2020 年 2 月 3 日查阅）。

[22] 请参见 https://www.migrationpolicy.org/programs/data-hub/global-remittances-guide（2020 年 2 月 5 日查阅）。

[23] Haub and Sharma, "India's Population Reality".

[24] Haub and Sharma, "India's Population Reality".

[25] Vollset et al., "Fertility, Mortality, Migration, and Population Scenario".

[26] European Commission, "Childbearing Preferences and Family Issues in Europe", *Eurobarometer* 65, no. 1 (2006).

[27] 有关生育决定因素的其他讨论，请参见第四章。

[28] Philip L. Martin, "Germany: Reluctant Land of Immigration", In: *Controlling Immigration: A Global Perspective*, ed. Wayne A. Cornelius, Philip L. Martin, and James F. Hollifeld (Stanford, CA: Stanford University Press, 1992), 189-226.

[29] US Census Bureau, https://www.census.gov/programs-surveys/popproj.html（2020 年 2 月 7 日查阅）。

[30] T. J. Mathews and Brady E. Hamilton, "Total Fertility Rates by State and Race and Hispanic Origin: United States, 2017", *National Vital Statistics Report* 68, from the Centers for Disease Control and Prevention, National Center for Health Statistics, National Vital Statistics System, no. 10 (2019).

[31] Sandra L. Colby and Jennifer M. Ortman, "Projections of the Size and Composition of the U.S. Population:

［32］Laura E. Hill and Hans P. Johnson, *Understanding the Future of Californians' Fertility: The Role of Immigrants* (San Francisco: Public Policy Institute of California, 2002).

［33］Robert D. Kaplan, "Geography Strikes Back", *Wall Street Journal* (8 September 2012), C1.

［34］约翰·斯诺的网站请参见 http://www.ph.ucla.edu/epi/snow.html(2020 年 2 月 7 日查阅)。

［35］请参见 http://www.worldmapper.org(2020 年 2 月 7 日查阅)。

［36］Sandy Holland and David A. Plane, "Methods of Mapping Migration Flow Patterns", *Southeastern Geographer* 41 (2001), 89-104.

［37］有关彩色地图设计的详细讨论,请访问 http://colorbrewer2.org/#type=sequential&scheme=BuGn&n=3 (2020 年 2 月 7 日查阅)。

［38］Mark Monmonier, *How to Lie with Maps*, 3rd ed. (Chicago: University of Chicago Press, 2018).

［39］关于 GeoDa 的更多信息,请访问 https://geodacenter.github.io/。R 是一个基于免费软件的程序。有关 S-Plus 的更多信息,请访问 http://www.solutionmetrics.com.au/products/splus/default.html。其他资源,包括空间综合社会科学中心(Center for Spatially Integrated Social Sciences, CSISS),可访问 www.csiss.org,或 www.spatialanalysisonline.com(2020 年 2 月 7 日查阅)。

［40］美国人口普查局也使用人口估计和预测,读者请访问 https://www.census.gov/programs-surveys/popproj.html(2020 年 2 月 7 日查阅)。

［41］关于这些方法的完整讨论,请参见 Andrei Rogers, *Regional Population Projection Models* (Beverly Hills, CA: Sage, 1995)。

［42］K. Bruce Newbold and Martin Bell, "Return and Onwards Migration in Canada and Australia: Evidence from Fixed Interval Data", *International Migration Review* 35, no. 4 (2001), 1157-1184.

第二章　人口数据

◎ 人口是什么？
◎ 数据类型
◎ 数据来源
◎ 数据质量
◎ 结论
◎ 思考题
◎ 聚焦：人口普查数据及美国社区调查
◎ 聚焦：生命过程
◎ 方法、测量和工具：数据使用

数据是人口统计和分析的基础。高质量、公开发布的数据，如人口普查或其他人口统计和调查数据促成了研究工作，而这些数据的使用通常伴随着基于实证科学的理论视角，其目的是证实（或证伪）经验观察，并构建可以推广到各种模型和理论中的定律。然而，这些数据的使用也存在问题。在某种程度上，这些数据资料通常被认为是不完整的。例如，它们经常忽略迁移、移民和同化等人口过程的细节和动机，而依赖移动、文化适应、统计推断等实际中可量化的概念。即使在许多调查中对移民的概念进行了大致的界定，但仍然无法区分合法移民、无证入境者和难民。同样，很少有数据详细提供生育选择的动机。因此，持续使用公共数据资料和实证方法，作为洞察个人和社会层面人口问题的主要认识来源的状况受到种种质疑，或许就不足为奇了。

不同的数据在内容（数据的变量与结构）、质量（样本对总体的代表性）、及时性（它涵盖的时间段或与特定事件的相关性）、覆盖范围（地理区域和空间尺度）和可获得性（分析人员是否可以访问数据）上有所不同。鉴于上述这些都可能是影响数据分析和解释的重要问题，因此有必要花一些时间来讨论备选的数据来源。本章将介绍和讨论不同类型的数据。首先区分总体和样本，然后讨论定性和定量数据、数据来源、数据质量问题，以及每种数据的效益和成本。

"聚焦"栏目介绍了美国人口普查和美国社区调查(American Community Survey, ACS),"方法、测量和工具"栏目讨论了数据的使用。

人口是什么?

在继续深入之前,我们需要先对**人口**(population)的含义进行界定。人口是一个可以用来描述各种概念的词,生物学家的定义与人口地理学家的定义不同,后者通常用它来定义一群人。到目前为止,在本书中,用"人口"指世界、一个国家、一个城市或其他地理单元的人。人口同样可以用来描述一个班级的人们,校园里的大三学生,或者整个校园的人们。无论如何,人口都有边界,以确定包括了谁(同样重要的是,排除了谁)和(或)一些共同特征(如他们都是同一个班级的学生),因此这个定义要尽可能精确,以便将某种个人包括或排除在这个"人口"中。例如,如果我们要考察的是纽约的人口,还要详细说明"纽约"的涵义。因为如果没有对"纽约"的地理空间进行明确界定,那么纽约州、纽约市或纽约大都市区的人口都可以算是"纽约的人口",但显然不同地理空间下的结果差别非常大。同时,我们还要考虑研究的时段。例如,是对1900年、2020年、2050年、或是其他时间的纽约人口感兴趣。在"人口"的定义中考虑时间维度,可使"人口"变成一个动态或不断变化的概念。

虽然我们的目的在于仔细界定"人口"的含义,但要考察一个完整的"人口"往往是困难的或不现实的,尤其是在处理大如一个国家的人口时,这些人口的数字可能过于庞大,涉及的组织工作过于复杂,或者预算高得离谱,以至于无法由我们自己一一清点每一个人。想象一下,假如要清点纽约或其他大都市地区的每个人,而且要他们同时回答关于年龄、婚姻状况、家庭规模、教育、迁移流动等问题!美国人口普查局(US Census Bureau)每十年进行一次人口普查(见"聚焦"栏目),但这是一项庞大的、兴师动众的、耗资巨大的工作[1]。例如,2020年人口普查预计调查每个家庭的费用为151美元,而2010年为96美元,这将是有史以来最昂贵的一次人口普查![2]

作为替代方案,人口学家经常使用样本来替代总体。通过抽样调查获得的样本可用来代表所研究的人口,美国社区调查就是如此,它也是由美国人口普查局组织实施的一项调查。样本的构成通常要准确反映所考察人口的结构和组成(年龄、性别、收入、教育等),并可通过使用样本权重(即样本中的一个受访者所代表的被考察人口中的人数)对其进行放大,从而得出特定地理单元的实际人口规模。当然,样本也可能对总体不具代表性,或其具有特殊目的,例如,研究人员只抽取符合其研究需要的个体,像新移民、老年移民或来自特定族群的妇女。在这种情况下,研究结果不具有普适性而且不能推广到更大的群体中,因为它们只针对被研究的特定群体[3],但这可以满足研究人员的需求。

数据类型

数据类型有两大类。第一大类是**一手数据**(primary data),通常是研究人员在一定时间和特定的地理区域内收集的,反映特定问题的样本量相对较小的数据。虽然一手数据的收集和处理非常昂贵且耗时,但它们具有灵活性。因为研究人员可以根据特定的需求或研究问题来界定调查的问题和内容,以及抽样框和样本选取的标准。

另一大类是**二手数据**(secondray data)。二手数据指的是由某个特定的组织、政府部门或其他机构通过预设的问题、抽样框和地理空间收集到的数据。这些数据通常需要经过查准、核实和"清洗"后方可供大众使用。这类数据的优点是它们通常在全国尺度上具有代表性,通过详细、可靠的抽样方法来构建样本,因此能够确保数据使用者使用的是有代表性的样本,也就是说它准确地代表其来源人口。二手数据的来源包括但不限于正式的统计机构,如美国人口普查局、美国劳工统计局、其他国家或国际统计机构。加拿大统计局和美国人口普查局等统计机构还可提供人口普查、劳动力调查和健康调查等不同的数据来源。美国的二手数据库还包括人口普查、当前人口调查(Current Population Survey, CPS),以及纵向调查数据,如收入动态追踪调查(Panel Survey of Income Dynamics, PSID)、青年人口追踪调查(National Longitudinal Survey of Youth, NLSY)和美国社区调查,其中美国社区调查已经取代了十年一次人口普查中的"长表"。

一手和二手数据源都包括定性和定量数据。定性数据由非数值信息组成,可以通过案例研究、开放式访谈、小组讨论、参与式观察或日记法获得。例如,参与者可能会被要求口述他们的迁移历史,包括迁移的原因、目的地选择以及其他相关的问题。这些口述历史提供了对相关过程的丰富认识,但由于它们通常基于较小的样本量,因此将研究结论推广到样本或分析背景以外情况的能力受到限制。相比之下,定量数据是数值型的,包括各种统计数据,如特定地区按年龄和性别划分的人口数量、受教育程度、居住地和迁移流动数据,以及其他社会经济或社会人口统计细节。人们可以运用这些定量数据,使用统计方法计算比率、比例和其他指标,以刻画所研究的人口。

数据来源

地理学者常常对人口的结构和组成、交通、人口环境问题和人口健康等感兴趣。适当的数据对理解、讨论和提供解决这些问题的方案是很重要的。人口地理学者可在哪里找到这些数据？数据质量要有多"好"才能回答这些问题？我们可以考虑以下五种主要数据来源：人口普查、有代表性的抽样调查、生命/民事登记、间接来源和分析人员自己收集的原始数据[4]。

人口普查数据

人口普查或许是最广为人知、最常用的人口数据来源之一。它指的是收集特定时点和国家的人口、经济和社会数据。人口普查可对人口中的每一个个体进行清点或统计，从而提供特定时点的人口"快照"。大多数人口普查是将人口统计到他们的常住地（usual place of residence）。这些所谓的"基于法律的人口普查"（de jure censuses），不同于"基于事实的人口普查"（de facto censuses），后者将人们算到其在普查时的所在地。也就是说，如果一个人在伊利诺伊州芝加哥市工作，但住在印第安纳州加里市，在普查时是在工作地被登记的，在"基于事实的人口普查"中这个人是要被计入芝加哥人口，但在"基于法律的人口普查"中他（她）要被计入加里市人口。"基于法律的人口普查"更受欢迎，因为它可以很好地体现一个地区的常住人口。在许多情况下，人口普查还会收集每个人的人口学和社会特征，如年龄、性别、婚姻状况、家庭结构、教育程度和收入。此外，还可以收集其他家庭特征，如居住类型、职业和民族构成。大多数情况下，都是在常住地统计这些人口信息。

在2020年美国人口普查期间，何处计数的问题尤其突出。在普查日前，由于新冠疫情大流行，校园关闭，改成线上教学，全国各地的大学生都回到了父母家中。美国人口普查局指出，在普查时学生应统计在他们的常住地，或者是他们大部分时间居住和睡觉的地方，这就意味着学生应该统计在他们的大学所在地而不是他们父母的住址所在地[5]。就像更广泛的人口普查一样，学生统计在哪里之所以重要，是因为可反映出它与政府的资金分配、防灾规划、公共卫生以及其他各种项目和政策的密切关系。

普查数据和其他公共数据的广泛使用在很大程度上是由于它们的有效性，以及包含了详细的地理、社会和经济信息（图2.1）。此外，数据的增长还与计算能力的提高，以及人口研究中所使用的分析工具的完善和扩大（包括通过推理技术检验假设和洞察人口迁移流动的原因及后果的能力）有着密切关系。因此，人口普查是许多人口地理学家的主要数据来源就不足为奇了。在美国，人口普查自1790年开始，每十年进行一次（在以"0"结尾的年份开展）。英国自1801年起，每十年进行一次人口普查（在以"1"结尾的年份开展），加拿大每五年进行一次人口普查（在以"1"和"6"结尾的年份开展）。最早都是因管理需要而统计人口规模，随后逐渐发展到收集各种与人口特征相关的信息。其他国家大多也有人口普查，尽管数据质量和普查时间会有所不同。

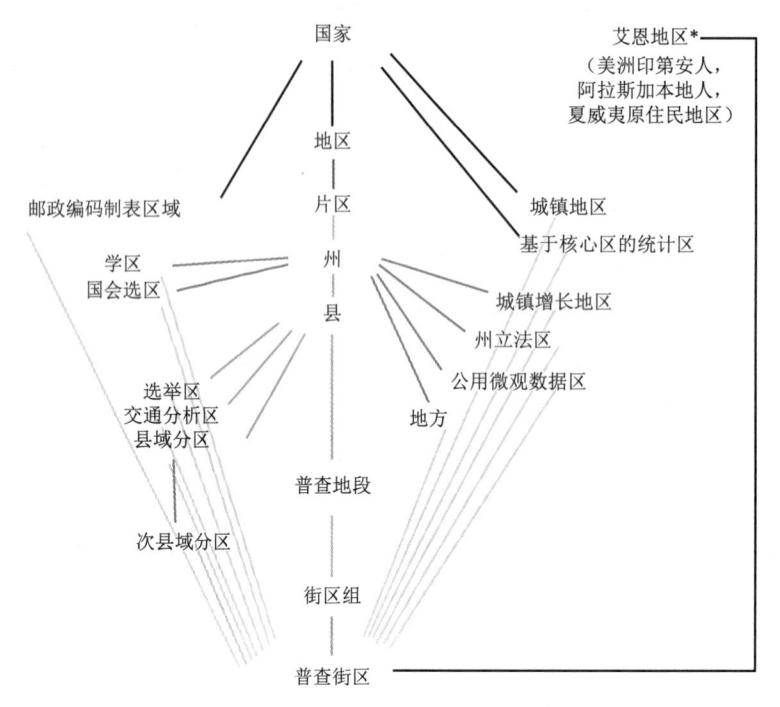

图 2.1　人口普查地理区域的层级结构

资料来源:美国人口普查局"附录 A:普查地理术语和概念",
https://www.census.gov/programs-surveys/geography/guidance/hierarchy.html。

代表性抽样调查

人口数据的另一个来源是有代表性的抽样调查,包括国家、区域、州(省)有代表性的抽样调查,主要收集个人和(或)家庭的人口信息。一个有代表性的数据来源能够让使用者得出可推广的结论。这些调查不仅限于关注人口方面的主题以提供有用的信息。例如,除了开展人口普查外,美国人口普查局和加拿大统计局还开展了一系列具有全国代表性的数据调查,包括健康、移民和青年人口调查。虽然不是人口统计,但这些数据来源也提供了包括年龄、区位、性别、收入、受教育程度和家庭结构等背景人口特征。人口地理学者经常使用的其他代表性数据还有来自美国人口普查局的数据,例如美国社区调查,它旨在取代"长表"数据(见"聚焦"栏目),和当前人口调查(CPS)。当前人口调查是美国进行的月度人口数据采集,是显示美国人口劳动力特征的首要信息来源。

生命登记

生命登记(vital registrations)或民事登记系统记录了包括出生、死亡(包括死亡原因)、结婚、离婚和人口迁移流动等人口事件,是另一个人口数据的来源。例如,死亡率统计数据可用于预测人口在未来一段时间内的存活率,而关于死亡原因的信息可用于社区健康服务。大多数国家的宪法都有法律条文以确保生命事件得以记录,但登记的信息类型却因国而异。在一些欧洲国家,生命登记系统的覆盖面更广(即不仅登记出生和死亡,还捕捉人口迁移流动的信息)。

其他二手数据

除了人口普查及其相关数据库外,还有许多其他的二手数据可供人口地理学家使用。例如,在美国,卫生部、教育部和劳工统计局(Bureau of Labor Statistics, BLS)等机构通常也会直接或间接收集、提供人口数据。美国国税局(Internal Revenue Service, IRS)根据报税人的地址发布迁移数据,这样就可以每年追踪纳税人的迁移流动[6]。移民统计数据(包括难民和政治避难者的数量)可从国土安全部(Department of Homeland Security)获得,国际比较数据可从综合公用微观数据(Integrated Public Use Microdata Series, IPUMS)、美国人口咨询局和各种联合国机构获得[7]。此外,其他机构或组织,如世界卫生组织(World Health Organization, WHO)、联合国和各国的统计机构也会收集、共享人口数据,国际地球科学信息网络中心(Center for International Earth Science Information Network, CIESIN)有如"卫星普查"这样有趣的数据应用[8]。

研究人员也可以通过一些非常规的二手数据库来获取人口资料。比如福克斯(Foulkes)和纽伯德(Newbold)就曾用当地学校董事会和公用事业公司的数据来度量小型农村社区人口的迁移流动[9]。这是因为美国人口普查局提供的数据或时效性不足,或无法在研究使用的分析尺度(小村庄)上提供数据。校董会的数据来自伊利诺伊州教育委员会的学校成绩单文件,它提供了该州每个学区和学校的学生迁移流动和贫困状况数据,根据这些数据中的学生迁入或迁出各个学校的记录可以计算学生迁移率。此外,由于污水处理账单记录了所有家庭的迁移流动(而不仅是那些有在学孩子的家庭),并且通过计费名称的变化可观察到流入和流出社区的变化,因此可以作为一个潜在的更具包容性的数据来源,从另一个角度来探究当地人口的迁移流动。虽然使用这些数据可以分析被当前文献和其他数据源忽视的一个亚群体(农村贫困迁移者)的人口迁移流动,但其中也暴露了使用这些间接数据源时存在的数据质量、可比性、可复制性、成本以及道德伦理等问题。

近年来,"大数据"日益为人口地理学家和其他学者"挖掘"新的数据来源提供了值得关注的机会。大数据是由超大数据集表示的数据,通过对这些数据集的计算分析可以揭示人类行为的模式、趋势和关联。

由于政府部门会定期收集个人和公司的数据,行政数据因此成为了一个越来越可获得的大数据源。例如,美国的社会保障、税收档案、美医疗保险/医疗补助数据。加拿大统计局的加拿大雇主—雇员动态数据库(Canada's Employer-Employee Dynamics Database,CEEDD),链接着税务文件、移民记录和就业信息记录。英国国家卫生服务中心的登记数据和患者记录,其中的大多数被以这样或那样的形式用于人口统计分析[10]。

除行政数据外,全球定位系统(GPS)、交通网络和相关的移动技术等也是大数据的来源。同样地,使用推特(Twitter)和脸书(Facebook)等社交媒体的数据内容,可以帮助人们理解社交关系在迁移或流动等其他问题中的作用。尽管大数据为人口数据来源带来了机遇,但在方法、计算能力、理论视角和收集数据的环境等方面仍存在许多挑战。也就是说,知道一个人在两点之间移动只是问题的一部分,而解析其背景和原因又是另一个问题[11]。

个性化数据集

在某些情况下,仅使用二手数据是不够的。因为数据可能已经过时(就像前面举的例子一样)。对于某些特定的人口群体,可能没有所需的数据,或存在数据的样本量不足,或已有数据的地理尺度不符合要求的情况。在以上任一情况下,研究人员不得不构建自己的数据集。这些"个性化"的数据集有许多优势:使研究人员能够选择抽样方案,确定地理范围和研究内容,并使定性和定量的成分都能被纳入研究工作中。当然,这种数据集也有缺点,大多数研究问题或访谈提纲都需要经过机构审查委员会的审查,并且研究人员还需要注意保密和隐私问题。这些都不是不可克服的问题,但如果他们要进行统计分析或将研究结论推广到更大的群体,研究人员还是要确保基于定量分析的样本量足够大或可推广。虽然定性研究的目的不是得出普遍性的结论,但定量和定性数据的收集、转录和编码也可能是昂贵和耗时的。当然了,就一个完全符合研究人员需求的数据集而言,其回报可能是巨大的。

数据质量

不是所有的数据都是相同的,它们在普遍性、质量、空间尺度、可推广性、效度、可靠性和可复制性方面都会有所不同。在任何数据集中,都可能因多种方式产生错误,包括数据收集过程本身。要使人口普查具有普适性,必须统计到每个人,但当一些个人或群体(如无家可归者)难以统计或者拒绝统计时,问题就出现了。尽管任何人口普查都难免会有一些遗漏,但1990

年美国人口普查后的调查却发现,大约有 400 万人被遗漏了。人口被低估的比例各不相同,其中无家可归者、贫困的少数族裔男性和美国原住民被低估的比例更高[12]。低估的问题在城市中表现尤为明显。国会席位的分配和立法区的重新划分也会受到这种低估的影响。由于低估了人口规模,联邦转移支付减少,一些地方政府要求(和接受了)人口重新计数。

受访者也可能在数据中引入错误信息,从而影响数据质量。有时受访者可能不会回答一个问题或一组问题,比如关于收入的问题往往回答得很差。在其他情况下,受访者可能试图欺骗调查者或提供他们认为符合社会规范的答案而非他们自己的情况。受访者提供的(错误)信息中最常见的是年龄,许多人倾向于提供比现实更小的年龄。同样,与过去事件相关的问题也会受到"回忆偏差"的影响,即事实、日期或事件不会被完全准确地回忆起来,而是取决于记忆。事实上,几乎所有的问题都可能受到某种回答偏差的影响,不过关于如何最好地构建和实施调查的文献已经很多了[13]。常见的问题还包括不正确地记录和转录信息,或不准确的问题措辞。最后,统计机构本身可能通过不发布某些数据来改变数据质量,尤其是那些人口少或空间小的区域的数据,出于机密性保护的目的,很有可能会被隐藏。例如,对于小尺度的地理单元,美国社区调查(见"聚焦"栏目)只发布基于五年滚动的平均数据。相比之下,较大尺度地理单元的数据则每年发布一次。

对于地理学家来说,**空间**(space)及其定义常具有关键意义。对于那些希望比较跨空间现象的人来说,有代表性的数据源或人口普查资料提供了一个实用的解决方案,因为通过专门调查而产生"空间"的耗时长且成本高!但是,如果分析人员对特定的地区或空间感兴趣,尤其是那些统计数据不充分或无法获得的地区或空间,一次性的个性化调查则是最好的。例如,对社区感兴趣的研究人员可能需要使用人口普查定义的人口普查地段来表征社区[14]。但是,考虑到人口普查地段的空间可变性,特别是在农村或人口密度较低的地区,以及人们对社区定义的变化,用人口普查地段来表征社区可能是完全不恰当的。

因此,尽管有各种各样的数据源,但"货已售概不退换"(caveat emptor)(买方当心)原则仍然适用。分析人员应该注意数据源是否具有全国或区域代表性。类似地,重要的生命登记系统能否捕获所有数据?例如,出生和死亡(尤其是婴儿死亡)可能会漏报,死亡原因可能张冠李戴,或不正确,或缺失。一般来说,在发达国家和阿根廷、智利和哥伦比亚等一些南美国家,以及中国、斯里兰卡、韩国和日本等亚洲国家,生命登记数据的完整性是相当高的。然而,大多数撒哈拉以南的非洲国家的生命登记系统则不能充分或完整地收集重要人口事件的信息。

结论

近年来,地理学家和其他社会科学家通过分析和使用丰富的二手数据,为了解和把握影响整个社会的人口发展趋势做出了重要的贡献。人口普查和其他公共数据之所以被广泛使用，在很大程度上是因为其有效性以及数据库中包含着丰富的地理、社会和经济等信息。随着计算能力的提高以及人口研究中所使用的分析工具的细化和拓展，数据的规模也随之扩大。此外，鉴于地理学家对空间和空间关系感兴趣，此种大数据的使用在一定意义上是符合实际需要的：由于样本量需要足够大才能捕捉到特定空间，或需要多次重复跨越空间以揭示空间差异，因此通过其他方式（例如单独的一次调查）来产生"空间"所需的成本（或时间）通常令人望而却步。当然，这并没有阻止研究人员构建自己的数据库或依赖定性数据来理解人口过程。事实上，这些不同的数据来源产生了对人口过程的不同研究方法和认识，其相互间应被视为是相互补充，而不是相互竞争的。

思考题

1. 一个国家或地区拥有年轻的人口年龄结构有什么好处？

2. 选择一个除自己国家以外的国家，确定并阐述可用于描述①生育率、②死亡率、③人口迁移过程和模式的数据。该国的数据质量与美国或其他发达国家的数据质量有何不同？

3. 人口地理学者经常使用统计数据和方法。请简述从事定性研究工作的地理学者是如何看待人口构成的？

聚焦：人口普查数据及美国社区调查

人口普查

人口普查是确定人口规模和人口构成的工具。许多国家依据人口普查的结果来分配政府官员席位、资金或其他资源。根据美国宪法的规定，美国于1790年进行了第一次人口普查，此后每十年进行一次。美国人口普查局收集的信息为国会议席和联邦资金分配，以及为各级地方政府的决策提供数据支撑[15]。

虽然美国的人口普查最初只是一个简单的人口规模统计，但经过这些年的发展，现在已经包含了除年龄、性别和地址以外的各种相关的人口问题。此外，还有大概1/6的美国居民需要填写所谓的"长表"。该表涵盖了详细的社会经济和社会人口学问题，包括受访者家庭所有成员的就学和教育、收入、住房类型、国籍、民族及种族属性。在长表取消后，由美国社区调查收集这些详细数据,数据以"公用微观数据"(PUMS)的形式发布。

使用像 PUMS 这样的数据库的主要优点在于这些数据库中嵌入了详细信息,以及易于生成人口统计数据,如各种空间尺度下的迁移者数量、流量和净迁移率。另一显著的优势在于其规模。PUMS 对整个美国人口具有代表性,因此基于这一数据库的定量分析结果具有普遍性、有效性、可靠性及可复制性。比如数据分析可以跨越时空局限,观察和跟踪人口结构或构成随时间的变化。对人口流动和迁移感兴趣的地理学者,PUMS(来自普查的长表和美国社区调查)有人口流动和前居住地的信息。1940 年的人口普查长表中第一次设置了"五年前的常住地",人们可通过对比现居住地和五年前的居住地来度量美国人口的迁移,这为了解人口迁移行为创设了机会。另一方面,美国社区调查询问了一年前的居住地。此外,人口普查还调查了移民或原住民的出生地,移民来到美国的时间,从而能够分析国外出生人口的迁移和经济特征。

尽管诸如 PUMS 的数据可以快速提供总体人口的概要信息,但二手数据还是有其局限性。一般来说,研究人员必须对数据中的相互关系、度量和定义做出重要假设后才能进行分析。由其性质所决定,对二手数据文件的分析通常会受到其中部分数据的限制。例如,虽然美国人口普查询问了移民身份,但却没有包含移民是否合法或正规的信息。因此,二手数据在定义变量或概念时通常缺乏灵活性[16]。其次,尽管可从美国公用微观数据平台获得自 1850 年以来的人口普查数据[17],但数据间的可比性差。如果研究者想要比较不同时期的人口,那么各种变量定义的变化(即城市名称或职业代码发生变化),或是调查问题的引入、删除、重新措辞,都可能使分析过程复杂化。近期,国家历史地理信息系统(National Historical Geographic Information System,NHGIS)[18]提供了 1790 年以来的人口普查数据,有助于克服数据的可比性问题。这一系统的最大价值在于包含了"历史地理信息系统"(historical GIS),可根据每次人口普查提供地理区域矢量文件,进而比较、分析不同时期的人口特征。

人口学者及其他社会科学研究人员长期以来依赖人口普查提供详细的人口和社会经济信息。然而,各国政府越来越不愿通过人口普查收集数据。考虑到预算上的问题,以及国会对人口普查长表调查存在侵犯个人隐私的担忧,从 2010 年开始,美国社区调查已经完全替代了长表[19]。加拿大仍在普查中继续使用长表,但 2011 年的普查是个例外,这一年加拿大政府选择对人口进行简单统计,并且用自愿的全国家庭调查(National Household Survey,NHS)替代长表[20]。由于这项调查是自愿的,NHS 无法与过往的普查数据相比,以致小空间尺度的人口、新移民以及低收入家庭等弱势人群被低估[21]。2016 年恢复了普查长表,但 2011 年普查中可靠数据的缺失已经影响了长期的人口分析。英国已经开始考虑用行政数据取代人口普查,人口普查局提出 2021 年的人口普查可能是其最后一次人口普查[22]。取而代之的是来自国家医疗服务体系(National Health Service)、选民名册、驾驶及牌照事务处、学龄儿童调查、出生和死亡登记、税务和海关等多部门的数据[23]。然而，由于行政数据的代表性、质量，以及将收集什么样的数据(包括谁来收集)等问题仍悬而未决，英国仍按计划在2021年进行人口普查，但是尚未明确在未来几十年是否还要进行人口普查。

美国社区调查

随着普查长表的弃用，美国较为详细的人口信息的获取渠道主要是美国社区调查(ACS)，这可能是最著名、最大规模的具有代表性的数据库之一。ACS可提供当前和最新的人口规模估计，以及不同空间尺度上美国人口的人口学、经济、社会和住房等方面特征的估计，进而取代普查长表[24]。虽然ACS的目的不在于统计人口规模，但通过每年的抽样调查能够估计人口数。每年大约抽样调查1/40的家庭，这些家庭的地址都是随机抽取的，代表着社区里其他地址的家庭(图2F.1)。

各州或大都市地区等地理大区每年都会发布人口估计数。考虑到样本大小，较小地理区域的人口估计值是基于滚动平均值。对于人口数量小于2万的地区，人口估计是基于五年的平均值；对于人口数量在2万~6.5万的地区，人口估计是基于三年的平均值[25]，这些滚动平均值每年更新一次。同样，人口特征也会影响人口评估数据的发布，迫使发布时间延长到五年一次。如在一些小的少数民族或种族地区，人口数量过少，无法每年都发布数据。

与普查的长表相比，ACS的优势十分明显，其中最为显著的优势便是数据的及时性。对于大都市区来说，ACS提供的人口数据是每年更新一次(规模较小的最多五年更新一次)，而人口普查的数据则是十年才更新一次。此外，人口迁移的情况是基于一年前的居住地来测量的，这样就可以持续准确地评估每年的人口迁移数据。相比之下，人口普查询问的是受访者五年前的居住地，这意味着实际的迁移行为可能发生在数据公布的前五年①。第二，ACS提供更多最新的与人口事件相关的人口特征信息。比如，十年一次的人口普查反映的是普查时点的社会人口学和社会经济学信息，但可能比迁移事件发生晚了五年，因此已经过时了。相比之下，ACS中人口迁移事件与人口学或经济学特征相互匹配得更为紧密，因而因教育而迁移的人能与迁移事件本身更加紧密地关联。第三，ACS消除了人口迁移数据中的空白。也就是说，人口普查只收集到两次普查间隔期中的后五年的迁移数据，漏掉了前五年的数据，而ACS则可以每年追踪人口迁移的信息。

---

① 原著中"前十年"有误，根据上下文意思，实际上此处应为"前五年"。——译者注

受访者1

受访者1是居住或暂住在这里的人,以他(她)的名义拥有、购买或出租房子或公寓。如果没有这样的人,从居住或暂居在这里的任何成年人的名字开始。

❶ 请问受访者1的姓名?
　姓(请用印刷体书写)　　名　　中间名

❷ 此人与受访者1的关系?
　☒ 受访者1

❸ 请问受访者1的性别?请在下面的一个格子中标记(×)
　□ 男性　□ 女性

❹ 请问受访者1的年龄与出生日期是什么?
　当婴儿的年龄不足1岁,请写为0岁。在格子中填入数字。
　年龄(岁)　月　日　出生年

→ 注意:请回答问题5(关于西班牙裔)和问题6(关于种族)。在这项调查中,西班牙裔不属于种族。

❺ 受访者1是否为美籍西班牙裔、拉丁裔或西班牙本土血统?
　□ 否,不是美籍西班牙裔、拉丁裔或西班牙本土血统
　□ 是,墨西哥人,墨西哥裔美国人,奇卡诺人
　□ 是,波多黎各人
　□ 是,古巴人
　□ 是,另一种美籍西班牙裔、拉丁裔或西班牙本土血统:用印刷体书写出身。比如,阿根廷人、哥伦比亚人、多米尼加人、萨尔瓦多人、西班牙人等

❻ 请问受访者1的种族?请在下面的一个格子中标记(×)
　□ 白种人
　□ 黑人或非裔美国人
　□ 美洲印第安人或阿拉斯加原住民:用印刷体书写登记部落或主要部落名称

　□ 亚洲印第安人　□ 日本人　□ 夏威夷原住民
　□ 中国人　□ 韩国人　□ 关岛人或查莫罗人
　□ 菲律宾人　□ 越南人　□ 萨摩亚人
　□ 其他的亚洲人:用印刷体书写种族,例如,苗族人、老挝人、泰国人、巴基斯坦人、柬埔寨人等
　□ 其他的太平洋岛民:用印刷体书写种族,例如,斐济群岛人、汤加人等

　□ 一些其他的种族:用印刷体书写种族。

受访者2

❶ 请问受访者2的姓名?
　姓(请用印刷体书写)　　名　　中间名

❷ 此人与受访者1的关系?请在下面的一个格子中标记(×)
　□ 丈夫或妻子　　　　□ 女婿或儿媳
　□ 亲生儿子或女儿　　□ 其他亲戚
　□ 收养的儿子或女儿　□ 房客或住宿生
　□ 继子或继女　　　　□ 室友
　□ 兄弟或姐妹　　　　□ 男朋友或女朋友
　□ 父亲或母亲　　　　□ 寄养儿童
　□ 孙子或孙女　　　　□ 其他非亲属
　□ 岳父或岳母,公公或婆婆

❸ 请问受访者1的性别?请在下面的一个格子中标记(×)
　□ 男性　□ 女性

❹ 请问受访者2的年龄与出生日期是什么?
　当婴儿的年龄不足1岁,请写为0岁。在格子中填入数字。
　年龄(岁)　月　日　出生年

→ 注意:请回答问题5(关于西班牙裔)和问题6(关于种族)。在这项调查中,西班牙裔不属于种族。

❺ 受访者2是否为美籍西班牙裔、拉丁裔或西班牙本土血统?
　□ 否,不是美籍西班牙裔、拉丁裔或西班牙本土血统
　□ 是,墨西哥人,墨西哥裔美国人,奇卡诺人
　□ 是,波多黎各人
　□ 是,古巴人
　□ 是,另一种美籍西班牙裔、拉丁裔或西班牙本土血统:用印刷体书写出身。比如,阿根廷人、哥伦比亚人、多米尼加人、萨尔瓦多人、西班牙人等

❻ 请问受访者2的种族?请在下面的一个格子中标记(×)
　□ 白种人
　□ 黑人或非裔美国人
　□ 美洲印第安人或阿拉斯加原住民:用印刷体书写登记部落或主要部落名称

　□ 亚洲印第安人　□ 日本人　□ 夏威夷原住民
　□ 中国人　□ 韩国人　□ 关岛人或查莫罗人
　□ 菲律宾人　□ 越南人　□ 萨摩亚人
　□ 其他的亚洲人:用印刷体书写种族,例如,苗族人、老挝人、泰国人、巴基斯坦人、柬埔寨人等
　□ 其他的太平洋岛民:用印刷体书写种族,例如,斐济群岛人、汤加人等

　□ 一些其他的种族:用印刷体书写种族。

图 2F.1a　ACS 调查问卷

资料来源:美国人口普查局。

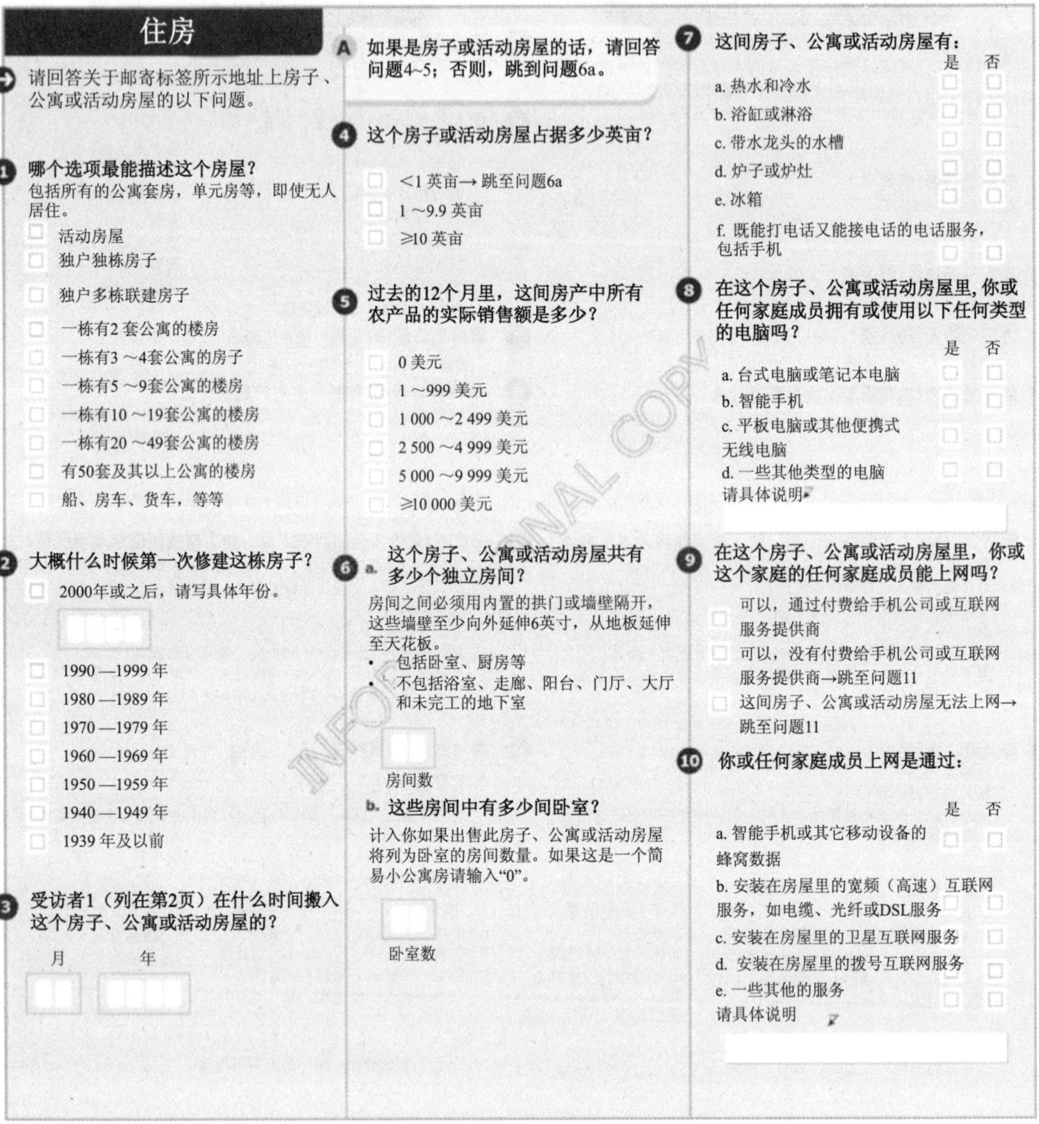

住房

请回答关于邮寄标签所示地址上房子、公寓或活动房屋的以下问题。

1 哪个选项最能描述这个房屋？
包括所有的公寓套房，单元房等，即使无人居住。
☐ 活动房屋
☐ 独户独栋房子
☐ 独户多栋联建房子
☐ 一栋有2套公寓的楼房
☐ 一栋有3～4套公寓的房子
☐ 一栋有5～9套公寓的楼房
☐ 一栋有10～19套公寓的楼房
☐ 一栋有20～49套公寓的楼房
☐ 有50套及以上公寓的楼房
☐ 船，房车，货车，等等

2 大概什么时候第一次修建这栋房子？
☐ 2000年或之后，请写具体年份。
　☐☐☐☐
☐ 1990—1999年
☐ 1980—1989年
☐ 1970—1979年
☐ 1960—1969年
☐ 1950—1959年
☐ 1940—1949年
☐ 1939年及以前

3 受访者1（列在第2页）在什么时间搬入这个房子、公寓或活动房屋的？
　月　　　年

A 如果是房子或活动房屋的话，请回答问题4～5；否则，跳到问题6a。

4 这个房子或活动房屋占据多少英亩？
☐ <1英亩→跳至问题6a
☐ 1～9.9英亩
☐ ≥10英亩

5 过去的12个月里，这间房产中所有农产品的实际销售额是多少？
☐ 0美元
☐ 1～999美元
☐ 1 000～2 499美元
☐ 2 500～4 999美元
☐ 5 000～9 999美元
☐ ≥10 000美元

6a 这个房子、公寓或活动房屋共有多少个独立房间？
房间之间必须用内置的拱门或墙壁隔开，这些墙壁至少向外延伸6英寸，从地板延伸至天花板。
• 包括卧室、厨房间
• 不包括浴室、走廊、阳台、门厅、大厅和未完工的地下室
　房间数

b 这些房间中有多少间卧室？
计入你如果出售此房子、公寓或活动房屋将列为卧室的房间数量。如果这是一个简易小公寓房请输入"0"。
　卧室数

7 这间房子、公寓或活动房屋有：
　　　　　　　　　　　　是　否
a. 热水和冷水　　　　　☐　☐
b. 浴缸或淋浴　　　　　☐　☐
c. 带水龙头的水槽　　　☐　☐
d. 炉子或炉灶　　　　　☐　☐
e. 冰箱　　　　　　　　☐　☐
f. 既能打电话又能接电话的电话服务，包括手机　　　☐　☐

8 在这个房子、公寓或活动房屋里，你或任何家庭成员拥有或使用以下任何类型的电脑吗？
　　　　　　　　　　　　是　否
a. 台式电脑或笔记本电脑　☐　☐
b. 智能手机　　　　　　☐　☐
c. 平板电脑或其他便携式无线电脑　　　　　　　☐　☐
d. 一些其他类型的电脑　☐　☐
请具体说明

9 在这个房子、公寓或活动房屋里，你或这个家庭的任何家庭成员能上网吗？
☐ 可以，通过付费给手机公司或互联网服务提供商
☐ 可以，没有付费给手机公司或互联网服务提供商→跳至问题11
☐ 这间房子、公寓或活动房屋无法上网→跳至问题11

10 你或任何家庭成员上网是通过：
　　　　　　　　　　　　是　否
a. 智能手机或其它移动设备的蜂窝数据　　　　　　☐　☐
b. 安装在房屋里的宽频（高速）互联网服务，如有电缆、光纤或DSL服务　☐　☐
c. 安装在房屋里的卫星互联网服务　　　　　　　　☐　☐
d. 安装在房屋里的拨号互联网服务　　　　　　　　☐　☐
e. 一些其他的服务　　　☐　☐
请具体说明

图 2F.1b　ACS 调查问卷

资料来源：美国人口普查局。

对于那些对人口迁移感兴趣的人口地理学者，ACS 对其提出了需要回答和解决的分析上的重要问题[26]。比如，过去的人口普查长表通过比较普查时的居住地和先前五年的居住地，对人口迁移提供了一个前后一致的定义和时间框架。但是，ACS 填写的是受访当天与前一年的居住地。这样，关于迁移的时间窗口就从五年缩短至一年，而且迁移时间在这个受访者与下一个受访者之间是可变的，即同一国家的两位受访者可能在同一年内的不同时间接受美国社会调查，两者迁移的相对时间可能反映了经济机会上的巨大差异。此外，对比两种不同来源的迁移总数是有问题的，因为以五年为间隔所统计到的迁移者数量比起每年统计一次所得数量的五倍要少得多[27]，且这两者间难以协调[28]。

聚焦：生命过程

人类从出生的那一刻起，便注定要走向死亡。尽管这是一种非常悲观的观点，但大多数人都会在走向死亡的过程中经历求学、寻找伴侣、买房、就业、退休等事件。一般来说，人们会按照年龄和事件的先后顺序遵循典型的行为模式。有鉴于此，人口地理学家和人口学家越来越重视这些生命节点，以期更好地理解人类的决策和动机。

生命过程（life course）方法本质上是研究个人与其周围社会变化之间的互动关系[29]。具体来说，生命历程可以定义为个人状况随时间变化的顺序，这些状况可以包括教育、婚姻状况、就业、为人父母或居住地（以及其他概念）。生命过程分析研究这些状况变化的频率和时间，而这些变化通过事件或转变来界定。诸如求学、就业、成家以及为人父母等一系列阶段组成的序列被称为人生轨迹，每一次转变的间隔时间即是某一种角色的持续时间。

尽管人生轨迹可能因性别而异，但它们常是同队列群体共享的经历，并被称之为文化脚本或社会路径。这种人生轨迹通常被周围的社会制度化，表现为人们对什么时候去上学，什么时候去找工作，什么时候开始领取退休工资的共同期待。但是我们也知道，制度是会随着时间而发生改变的。例如美国人的婚姻已经发生改变，现在女性的平均结婚年龄约是 27.4 岁（男性 29.5 岁），而在 20 世纪 50 年代，女性的平均结婚年龄约是 20 岁[30]。同样重要的是，婚姻不再是一种必须的规范，现在的生活安排更加多样化。在老年人口中，退休的意义和时间也发生了变化，越来越多的人在达到普遍退休年龄（65 岁）后仍在工作。

尽管如此，生命过程分析为研究人员提供了一种从纵向（时间）视角看待生活事件和历史的方法，使得过去的事件影响其或深刻影响当前的事件，该方法已成功应用于迁移分析中[31]。在前面引用文献的案例中，作者们考察了处于生命过程中不同阶段的群体的迁移情况，并发现迁移模式部分取决于生命过程状况。

方法、测量和工具：数据使用

好的研究始终是基于精心设计，针对文献中存在不足的研究问题，且以恰当的理论基石为指导。同时，理论视角、方法和数据也是良好研究的关键。虽然良好的数据能够影响结果，但却不能保证结果是"好"的。同样地，研究人员必须使用适当的方法来揭示数据的内涵。研究方法或工具的选择可以改变结果，甚至得到有偏结果和结论！简而言之，虽然我们可以用"垃圾输入等于垃圾输出"来做类比（将其中的"垃圾"替换成数据或方法），但如果我们没有恰当地使用数据或没有运用恰当的研究方法，即使有好的数据或方法，照样可能得到像垃圾一样的结果。

理论视角

不论要解决什么类型的问题，理论对于为阐释结果和界定方法提供一个背景是至关重要的。以迁移为例，每一位迁移者都有其迁移原因，或是为了摆脱贫穷、寻求工作机遇，又或是为了追求舒适和健康，而这些都有各种迁移理论来解释[32]。比如，人力资本理论认为迁移行为是个人选择，将迁移者看作理性的行动者，能够全面考虑各种选择，包括迁入地和迁出地、工资、工作稳定性等，当然也会考虑到迁移成本。而另一种结构性观点则从影响人们生活的社会、经济和政治结构的角度来解释人口迁移，从这一视角出发，迁移常常是被迫的[33]。

收集和使用数据

在阐明研究问题之后，接下来的首要任务是收集合适的数据，这一任务可能和数据的实际使用一样复杂。如果研究者想要对总人口中的某个特定群体进行研究，如刚刚毕业的年轻大学生，他可以轻而易举地从现有的数据（如人口普查）中获取数据，下载后确定合适的样本（如按年龄）。人口普查数据虽可以轻易获取，但人口普查数据的收集绝非易事。比如，2020年美国人口普查的前期准备工作早在人口普查日之前就开始了，2012—2014年进行了研究和测试，2015—2018年为运营开发和系统测试阶段，2019—2023年是启动前测试、调查实施和收尾阶段。这一系列工作的最终目的是以低于2010年普查的成本进行2020年的人口普查，同时还要提高普查质量。尽管早先的费用估算表明，2020年的人口普查是迄今为止最昂贵的一次[34]。为了实现这一目的，必须进行根本性的改变，如使用互联网收集信息，重新利用行政数据，重新设计软件以减少工作量等，以涵盖日益复杂多样的美国人口。

其他研究人员需要通过调查或访谈等方式收集一手数据。在这些调查中,先要确定样本,而后招募调查对象(哪些人将被招募来完成调查?其样本结构如何?是采用随机还是滚雪球的方式抽取样本?等等)[35],最后,完成访谈、调查或使用其他数据收集方法的过程。如果研究者想要得到普遍性的结果,那么通常样本必须是随机的且对所考察的目标人口具有代表性。有些时候研究者也可能人为地扩大某个社区或群体样本的规模,以保证获得充足的信息,此时随机性可能不是个问题。数据收集后就开始进行录入、转录数据和检查数据输入错误的工作。对定量数据,还需检查数据的代表性,通常的做法是将样本的年龄、性别、受教育程度、收入等基本特征与人口普查中的数据进行对比。

然后我们基本就可以使用数据了。如何将数据投入实际使用?怎样的分析方法是最好的?如果研究人口迁移,那么如何定义人口迁移就十分重要,它取决于研究问题以及数据本身。例如,国际移民文献资料将国际移民划分为暂时性移民(如短期的搬迁者)、跨国移民和永久性移民。同样地,关于国内迁移的文献也将国内迁移划分为季节性迁移(比如在冷暖气候期间的候鸟式季节性迁移)、本地迁移(如城市内迁移)、跨区域迁移(如县际迁移)或州际(省际)间的迁移。迁移的时间间隔(对研究暂时性迁移尤为重要)、迁入地和迁出地的规模、形状特征、样本人口构成等,也对数据分析产生影响。正因如此,研究人员必须明确界定其所研究的人口。

方法

研究人员需从各种不同的方法中确定和选择最适合他们数据的方法。比如,定性研究数据需要用到定性的分析技术,在恰当的理论背景下对数据中的共同主题及问题进行编码或解析[36]。比如,斯特劳斯(Strauss)和科尔宾(Corbin)建议使用开放性编码、主轴性编码和选择性编码[37]。开放性编码和主轴性编码涉及对数字的逐行编码(微观分析)。开放性编码是一个通读每行访谈记录并寻找主题和概念的过程,通过这种分析,产生初始的主题和概念。主轴性编码对开放性编码找出的主题和概念做进一步的分析,并找出它们之间的联系(即存在于两者内部和之间的网络构架和等级体系)。主轴性编码进一步拓展了开放性编码识别出的各种主题间的关系。在最后阶段,选择性编码对开放性编码和主轴性编码识别出的类别和次级类别进行总括和提炼,这就要求确定可以代表研究主旨的中心类别,即"一个中心类别可以把其他类别都结合起来形成一个解释性框架"[38]。这些中心范畴构成更大的理论框架。

定量地理学者也有一系列可供使用的方法。例如,均值、标准差或交叉列表等描述性统计方法可用于刻画数据的特征,并进行初步的探究。此类描述性分析可确保样本对所研究的人口有代表性。尽管这对于使用美国人口普查局或加拿大统计局的数据资料的研究人员来说不太重要(因为上述数据具有代表性),但在使用自己收集的调查数据时,这一阶段的数据处理便十分关键。在对数据进行初始描述后,分析人员可能会使用如推断性和多变量统计等其他的方法和技术。地理信息系统和空间分析技术,包括数据制图、趋势面分析,以及聚类或热点分析等也被广泛使用。这些方法为数据分析带来了统计意义,并让人们更好地理解数据。关于这些研究方法的许多内容在本节的其他地方也进行了讨论。

注释

[1] 在2000年的人口普查中,美国人口普查局雇用了86万临时工。2020年的人口普查在2015年和2016年进行了实地测试,并在2020年数据采集之前进行了额外的测试。请参见 http://www.census.gov/2020census(2020年2月25日查阅)。

[2] Frank A. Vitrano and Maryann M. Chapin, "Possible 2020 Census Designs and the Use of Administrative Records: What Is the Impact on Cost and Quality?" US Census Bureau, https://nces.ed.gov/FCSM/pdf/Chapin_2012FCSM_III-A.pdf(2020年2月25日查阅)。

[3] 大多数统计书籍都有抽样方法的讨论,详细介绍不同抽样方法的差异以及优缺点。例如,由地理学者编写的书目包括 J. Chapman McGrew Jr., Arthur J. Lembo, and Charles B. Monroe, *An Introduction to Statistical Problem Solving in Geography*, 3rd ed. (Long Grove, IL: Waveland Press, 2014)。还可参见 Peter A. Rogerson, *Statistical Methods for Geography: A Student's Guide*, 4th ed. (Thousand Oaks, CA: Sage, 2014),以及 James E. Burt, Gerald M. Barber, and David Rigby, *Elementary Statistics for Geographers*, 3rd ed. (New York: Guilford Press, 2009)。

[4] http://www.icpsr.org 是一个很好的可获取数据集的网站。此外,还可以参见本书中的"人口网站"资源,以获取指向数据源的其他链接。

[5] Linda A. Jacobsen and Mark Mather, "Coronavirus and the 2020 Census: Where Should College Students Be Counted", PRB, 23 March 2020, https://www.prb.org/covid-19-and-the-2020-census-where-should-college-students-be-counted/(2020年5月12日查阅)。

[6] 例如,请参见 David A. Plane, C. J. Henrie, and M. J. Perry, "Migration Up and Down the Urban Hierarchy and Across the Life Course", *Proceedings of the National Academy of Sciences* 102 (2005), 15313-15318。

[7] IPUMS, https://usa.ipums.org/usa/; Population Reference Bureau, http://www.prb.org(2020年2月25日查阅)。

[8] http://www.ciesin.org/index.html(2020年2月25日查阅)。

[9] Matthew Foulkes and K. Bruce Newbold, "Using Alternative Data Sources to Study Rural Migration: Examples from Illinois", *Population, Space, and Place* 14 (2008), 177-188.

[10] 请参见如 M. Thomas, M. Gould, and J. Stillwell, "Exploring the Potential of Microdata from a Large Commercial Survey for the Analysis of Demographic and Lifestyle Characteristics of Internal Migration in Great Britain", Department of Geography, University of Leeds, Working paper 12/03, 2012,以及 L. Einav and J. Levin, "Economics in the Age of Big Data", *Science* 346, no. 6210 (2014), 715-721。

[11] 关于大数据的地理应用,请参见 Wenjie Wu, Jianghao Wang, and Tianshi Dai, "The Geography of Cultural Ties and Human Mobility: Big Data in Urban Contexts", *Annals of the American Association of Geographers*

106, no. 3（2016），612-630；关于大数据利弊的讨论参见 K. Bruce Newbold and Mark Brown,"Human Capital Research in an Era of Big Data: Linking People with Firms, Cities and Regions", In: *Regional Research Frontiers*, ed. Randy Jackson and Peter Schaeffer (Cham: Springer, 2017), 317-328。

[12] US Census Bureau, http://www.census.gov（2020 年 2 月 25 日查阅）。

[13] 例如，请参见 Kristin G. Esterberg, *Qualitative Methods in Social Research* (Boston: McGraw-Hill, 2002), 和 Anselm Strauss and Juliet Corbin, *Basics of Qualitative Research: Techniques and Procedures for Developing Grounded Theory*, 4th ed. (London: Sage Publications, 2015)。

[14] 尽管将人口普查地段定义为社区可与数据源间建立了联系，但由于它们的统计基础与人们定义的社区几乎没有相似之处，如何更好地界定社区成为地理学家长期以来一直在努力解决的一个问题。

[15] 有关美国 2020 年人口普查的信息，读者可以访问 https://2020census.gov/en（2020 年 6 月 20 日查阅）。该页面包括人口普查的推介和测试，以及人口普查历史的链接。

[16] 关于进一步的讨论，请参考 Louis DeSipio, Manuel Garcia Y. Griego, and Sherri Kossoudji, eds., *Researching Migration: Stories from the Field* (New York: Social Science Research Council, 2007), http://www.ssrc.org/publications/view/researching-migration-stories-from-the-feld/（2020 年 2 月 25 日查阅）。

[17] 请参见 http://www.ipums.org（2020 年 2 月 20 日查阅）。

[18] 请参见 http://www.nhgis.org（2020 年 2 月 25 日查阅）。

[19] 关于美国社区调查的信息，请参见 https://www.census.gov/programs-surveys/acs/about.html（2020 年 2 月 26 日查阅）。

[20] Richard Shearmur, "The Death of the Canadian Census: A Call to Arms", *AAG Newsletter* 40 no. 2 (2011), 19.

[21] 请参见 http://www.stat.gouv.qc.ca/statistiques/nhs-information-note.pdf, 或 Statistics Canada (2014) Sampling and Weighting Technical Report, Catalogue # 99-002-X2011001。

[22] Danny Shaw, "UK's 2021 Census Could Be the Last, Statistics Chief Reveals", BBC News, 12 February 2020, https://www.bbc.com/news/uk-51468919（2020 年 2 月 26 日查阅）。

[23] Michael Thomas, Myles Gould, and John Stillwell, "Exploring the Potential of Microdata from a Large Commercial Survey for the Analysis of Demographic and Notes 289 Lifestyle Characteristics of Internal Migration in Great Britain", paper presented at "Innovative Perspectives on Population Mobility: Mobility, Immobility, and WellBeing", University of St. Andrews (2-3 July 2012).

[24] 感兴趣的读者可到 https://www.census.gov/programs-surveys/ 上了解 ACS 的最新讨论，以及数据手册、常见问题解答和相关信息（2020 年 2 月 20 日查阅）。

[25] Rachel S. Franklin and David A. Plane, "Pandora's Box: The Potential and Peril of Migration Data from the American Community Survey", *International Regional Science Review* 29, no. 3 (2006), 231-246. 这篇论文对 ACS 的潜力和面临的挑战进行了极好的概述。

[26] Andrei Rogers, James Raymer, and K. Bruce Newbold, "Reconciling and Translating Migration Data Collected over Time Intervals of Differing Widths", *Annals of Regional Science* 37 (2003), 581-601.

[27] K. Bruce Newbold, "Counting Migrants and Migrations: Comparing Lifetime and Fixed-Interval Return and Onward Migration", *Economic Geography* 77, no. 1 (2001), 23-40.

[28] Philip H. Rees, "The Measurement of Migration from Census Data and Other Sources", *Environment and*

Planning A 9 (1977), 247-272.

[29] Jan Kok. "Principles and Prospects of the Life Course Paradigm", *Annales de démographie historique* 1, no. 113, 203-230, https://www.cairn.info/revue-annales-de-demographie-historique-2007-1-page-203.htm#(2020年7月16日查阅)。

[30] US Census Bureau, "Median Age at First Marriage: 1890 to Present", https://www.census.gov/content/dam/Census/library/visualizations/time-series/demo/families-and-households/ms-2.pdf(2020年7月16日查阅)。

[31] 请参见如 Ronald L. Whisler, Brigitte S. Waldorf, Gordon F. Mulligan, and David A. Plane, "Quality of Life and the Migration of the College-Educated: A Life-Course Approach", *Growth and Change* 39, no. 1 (2008), 又如 David A. Plane and Frank Heins, "Age Articulation of U.S. Inter-metropolitan Migration Flows", *Annals of Regional Science* 37 (2003), 107-130。

[32] 另参见第六章对迁移理论的讨论。

[33] Caroline B. Brettell and James F. Hollifeld, *Migration Theory: Talking Across Disciplines*, 2nd ed. (New York: Routledge, 2007)。

[34] Vitrano and Chapin, "Possible 2020 Census Designs"。

[35] 许多统计学教科书中都含有对抽样方法的讨论。

[36] 例如, 请参考 Esterberg, *Qualitative Methods in Social Research*, 也可参考 Anselm Strauss and Juliet Corbin, *Basics of Qualitative Research: Techniques and Procedures for Developing Grounded Theory*, 2nd ed. (London: Sage Publications, 1998)。

[37] Strauss and Corbin, *Basics of Qualitative Research*.

[38] Strauss and Corbin, *Basics of Qualitative Research*, 146.

第三章 人口分布及结构

◎ 人口分布
◎ 人口结构
◎ 结论
◎ 思考题
◎ 聚焦:不断变化中的美国人口面貌
◎ 聚焦:中国人口老龄化
◎ 聚焦:回巢子女
◎ 方法、测量和工具:生命表

无论是按年龄、民族、种族还是人们的居住地来衡量,社会的分布和结构都存在巨大差异,而人口的构成在政府和其他服务决策中发挥着重要作用。不足为奇的是,人口地理学者经常需要描述与人口分布和组成相关的概念。**人口分布**(population distribution)是指人口所处区位的地理格局,涉及人口密度和人们的居住地,而**人口结构**(population composition)是指某一地区的人口特征[1]。本章探讨与人口分布与结构相关的问题。"聚焦"栏目着眼于不断变化中的美国人口面貌和中国的人口老龄化,而"方法、测量和工具"栏目介绍了"生命表",是一种描述人口状况和结构的数学方法。

人口分布

在全球乃至一国的范围内,人口分布都是不均衡的。全球大部分地区,包括南北两极和沙漠地区,人烟稀少,生活条件恶劣,人们在生计和生存方面几乎没有选择的余地。其他地区,包括富饶的农村地区和城镇地区,则是人口稠密区域。即使在美国,人口也主要集中在西部和东部沿海以及墨西哥湾沿岸,内陆平原的大部分地区人口稀少。

地理学者有许多工具可用来描述观察区域的人口分布。最常见的展示人口的方法是用一个特定地理区域(如伊利诺伊州)的人口规模,或居住在一个区域内的人口比例(如居住在伊利诺伊州的人口占总人口的比例)。重要的是,我们需要清楚地界定我们试图描述的人口和地区(见第二章)。最常见的情况是,人口被限定在一些行政单元内,例如人口普查地段、社区、城市、州或国家,以便获取在某个特定时间点上可靠且有意义的统计数据。我们也可能对某个特定的人口亚群体感兴趣,如一个特定地理区域内的非裔美国人或移民的数量。虽然简单的人口规模统计十分重要,但它无法呈现人口的地理分布或结构等信息。为了获得更多信息,我们需要使用其他办法。

人口密度

人口密度(population density)是度量人口分布的常用指标,表征人口在特定区域 j 内的聚集程度,其公式为:

$$D_j = P_j / A_j$$

式中,P_j 是 j 区域的人口数,A_j 是研究的地理范围,通常以平方英里或平方千米为单位来界定。例如,如果我们要计算加拿大的人口密度,将会得出加拿大的人口密度为每平方千米 3.9 人(基于 2016 年的人口普查),这使加拿大成为世界上人口密度最低的国家之一。然而,加拿大的人口密度区域差异明显,大部分人口居住在离美国边境大约 200 千米的范围内。加拿大最大的城市多伦多,部分地区的人口密度甚至超过每平方千米 4 000 人[2]。因此,对衡量人口分布来说,人口密度指标并非完美,它反映了人口受到资源的可获得性和气候的适宜性等自然因素,以及社会和经济资源等人文因素的影响。尽管如此,人口密度仍是比较不同国家或地区人口分布的常用指标。在全球范围内使用这一指标,可发现世界各国的人口密度存在显著差异。美国的人口密度(每平方千米 36 人)是加拿大的 10 倍以上(图 3.1);中国的人口密度为每平方千米 153 人,中国香港的人口密度为每平方千米 6 659 人[3]。人口密度指标的一个略微变化的形式是每平方千米耕地的人口数。在这种情况下,2019 年加拿大的人口密度是每平方千米耕地 85 人;美国的人口密度是每平方千米耕地 216 人;中国的人口密度是每平方千米耕地 1 176 人,而中国香港的人口密度高达每平方千米耕地 250 581 人![4]显然,用于计算人口密度的分母 A_j(面积)对结果和最终我们的解释有重大影响!

地图

除度量人口密度外,人们也经常用地图(包括点图和等值线图)来刻画人口分布。例如,点图可以用来表示人口的分布(图 3.2)。通常,一个点代表该地理空间上的一个人或一群人。分级统计图(图 3.1)则根据相应的人口密度(或其他人口属性),对州或县等区域进行分层设

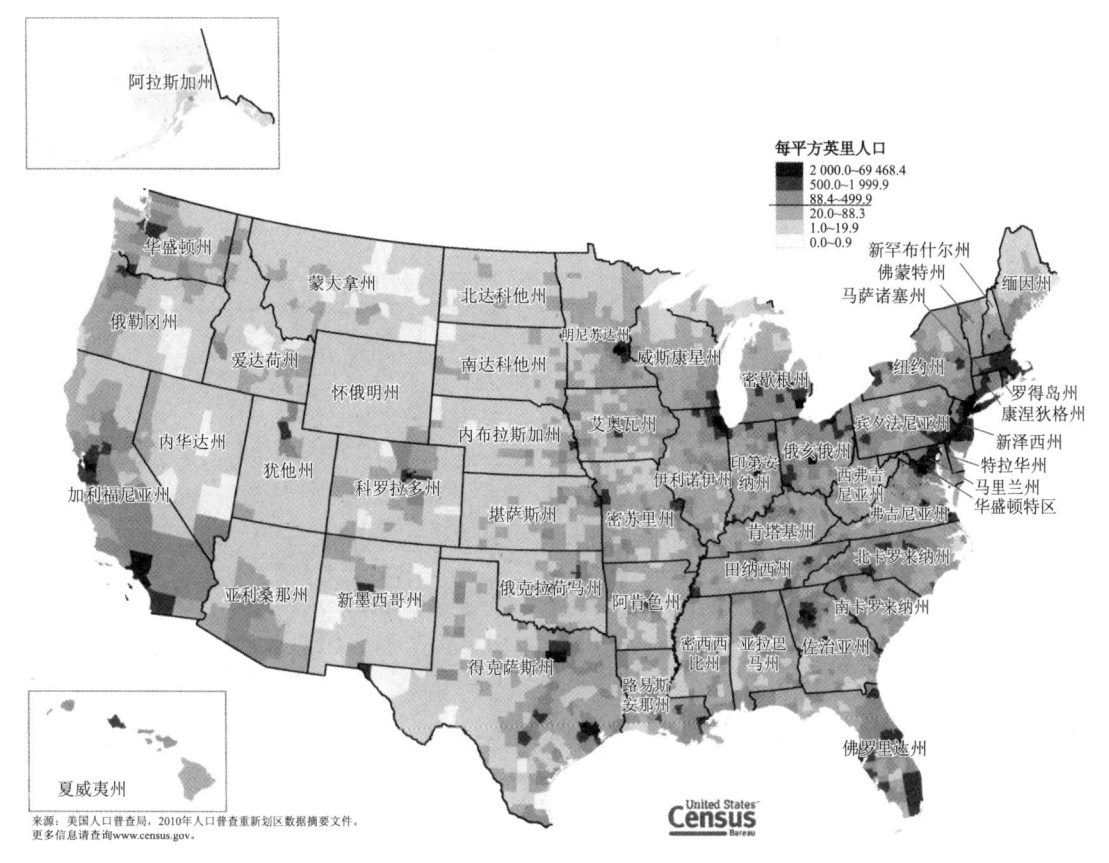

图 3.1 基于县域尺度的 2010 年美国人口密度*

资料来源：美国人口普查局。

色。在这两种地图中，比例尺、符号和其他设计问题，以及点的实际位置，都是在制图时需要考虑的重要因素[5]。

人口结构

全球人口年龄结构日益老化，20 岁以下人口占比越来越小，20~64 岁和 65 岁及以上的人口占比越来越大，这是全球尺度上较低的生育率和日益延长的平均预期寿命的体现。同样，我们可以推测（并验证）郊区的人口结构可能与中心城区的人口结构不同，不同郊区的人口结构也会有所不同。因此，人口结构与人口分布有着内在的联系，而后者取决于地理因素，故而人口地理学者也关注人口的结构或特征。下面将介绍一些可以判定人口结构的方法。

---

* 彩图请见本书附图。

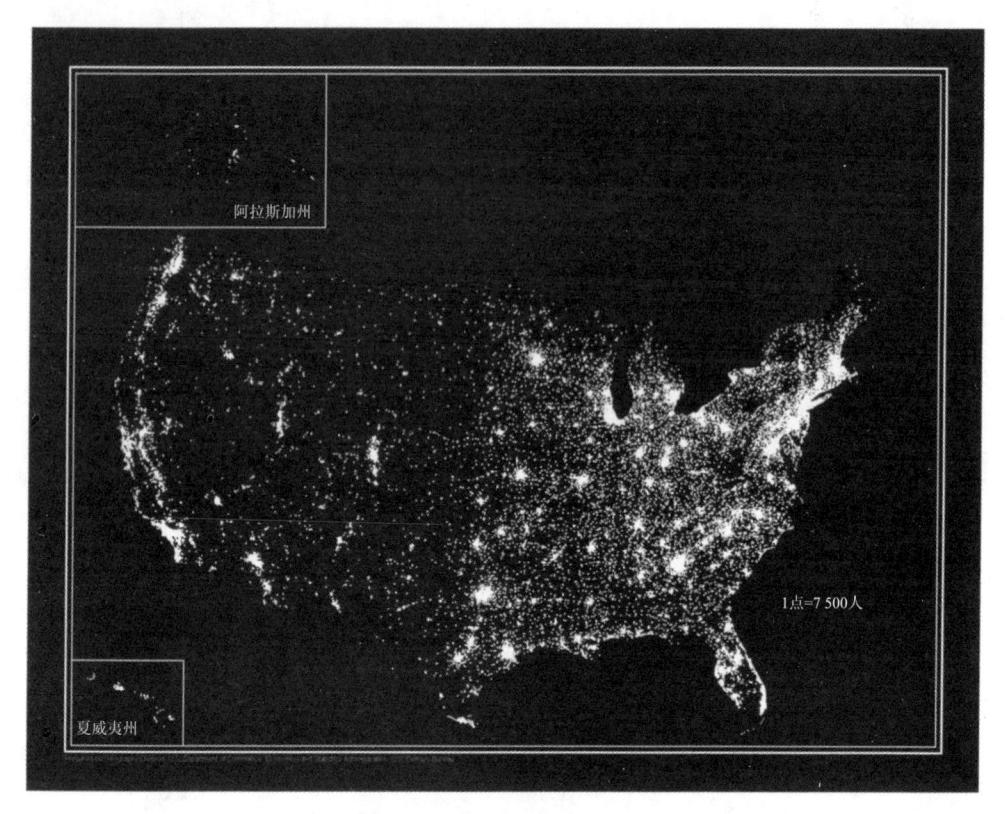

图 3.2　2010 年美国人口分布*

资料来源:美国人口普查局。

人口金字塔

人口金字塔(population pyramid)提供了一种描绘人口性别和年龄结构的图示方式。图形的画法是:纵坐标表示年龄,横坐标表示比例(或数量),男性通常画在左边,女性画在右边。在绘制过程中,年龄一般(但并非一定)被处理成每 5 岁划为一组,其中最老的年龄组通常没有设置上限值(如设置为 80 岁及以上)[6]。

人口金字塔可概括为三种类型:①扩张型或宝塔型,塔形下宽上尖,表明年轻人口占比大,生育率高,预期寿命短;②收缩型,塔形下窄,表明年轻人口占比小,生育率降低,从老年人口组向年轻人口组有规则地逐渐缩小;③稳定型,其特征是各年龄组人口占比大致相同,人口数量是稳定的,既不增加也不减少。

首先,人口金字塔能表明人口的许多特征现状,可反映一个国家所处的人口转变阶段。在

---

* 彩图请见本书附图。

人口转变的早期阶段,生育率和死亡率高,能生存至老年组的人口不多,导致形成宝塔型的人口结构。在人口转变的过程中,出生率仍然很高,但死亡率开始下降,这意味着有更多的人能存活到老年,人口增长迅速,因而形成了三角形结构的金字塔。在人口转变的后期,出生率和死亡率都很低,人口金字塔看起来更像矩形或坛状。

其次,人口金字塔底部的男性通常比女性多,反映了出生时人口性别比(见下一小节)。相反,金字塔的上半部分女性的比例往往高于男性,反映了男女两性在死亡率和预期寿命上的差异,即女性的预期寿命通常长于男性。

再次,通过对比不同时期的人口金字塔可以揭示人口结构的变化。例如,1900 年、1970 年、2000 年和 2030 年(预测)的美国人口金字塔揭示了美国人口年龄结构的演变趋势:从 1900 年几乎标准的金字塔型,到 2030 年更接近矩形的金字塔(图 3.3a～d)。此外,1970 年的金字

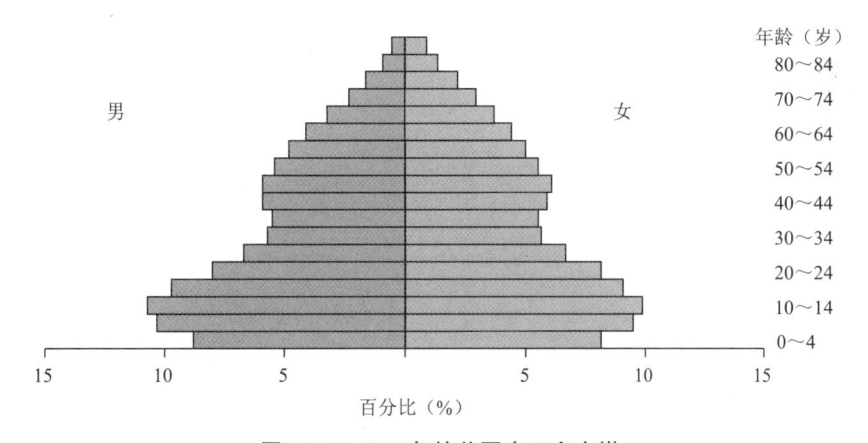

图 3.3a　1900 年的美国人口金字塔

资料来源:作者根据美国人口普查局数据自绘。

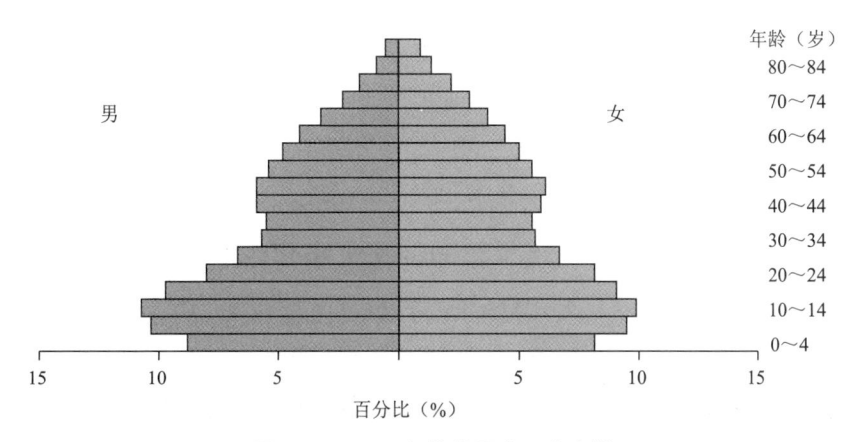

图 3.3b　1970 年的美国人口金字塔

资料来源:作者根据美国人口普查局数据自绘。

60 人口地理学——工具和问题

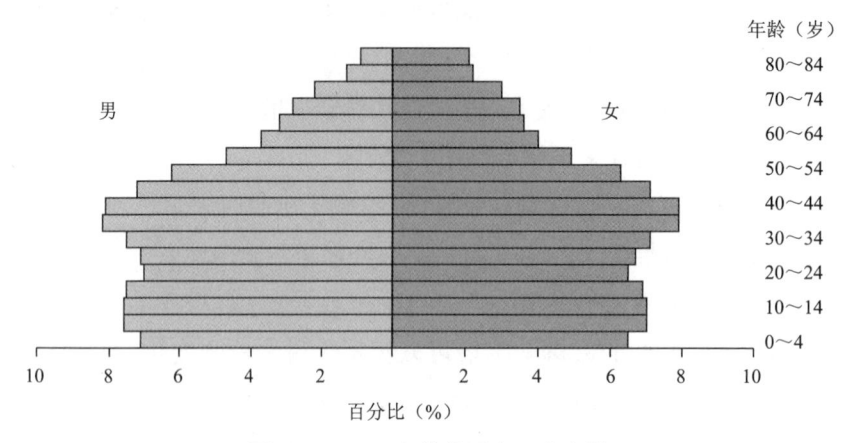

图 3.3c 2000 年的美国人口金字塔

资料来源:作者根据美国人口普查局数据自绘。

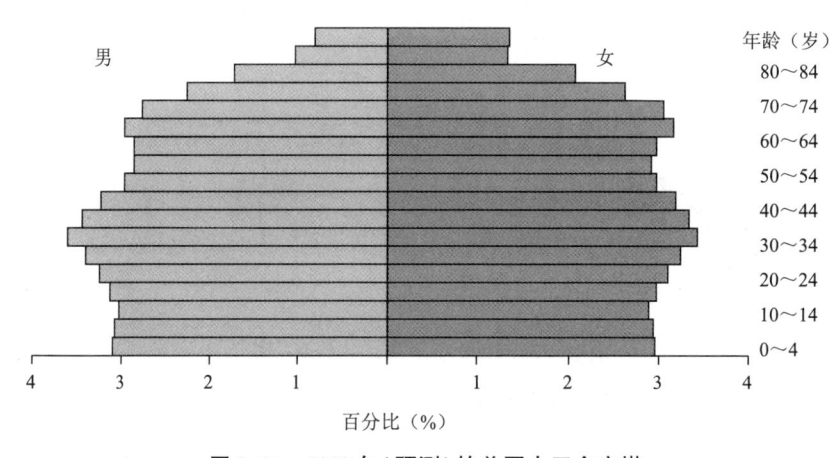

图 3.3d 2030 年(预测)的美国人口金字塔

资料来源:作者根据美国人口普查局数据自绘。

塔展示了美国的"婴儿潮"现象(1970 年为 5~9 岁①、10~14 岁、15~19 岁和 20~24 岁,且在 1946—1964 年出生的人口),以及在 20 世纪 30 年代和 40 年代初(经济大萧条和第二次世界大战期间)人口出生率低的事实。到 2000 年,"婴儿潮"一代已经长大,金字塔中最大的队列群体属于 35~39 岁、40~44 岁和 45~49 岁年龄组,而紧邻其后的更年轻的年龄组中则出现了"生育低谷"。金字塔中较年长的群体在增长,较年轻的群体在缩减,这反映了预期寿命的

---

① 此处原著有误,应加上 5~9 岁。——译者注

延长和生育率的降低。

最后,人口金字塔的形状也可以反映战争或疾病的影响。在撒哈拉以南的非洲的一些地区,由于艾滋病病毒/艾滋病的肆虐而造成预期寿命下降、死亡率上升,极大地改变了人口金字塔的形状。其结果是,在艾滋病患病率高的国家,底部宽且随年龄增长而逐渐变细的传统人口金字塔在艾滋病肆虐的高峰期被改造成了"烟囱"式的金字塔(图3.4)。艾滋病"掏空"了年轻的成年人口,因而儿童的比例变小,金字塔的底座变窄。由于达到并超过育龄期的妇女数量日益减少,其生育子女的数量也在下降。对人口年龄结构的变动产生最剧烈影响的是在青少年时期就感染了艾滋病病毒的年轻成年人口的死亡,这导致成年人口尤其是20多岁和30多岁人口的萎缩。

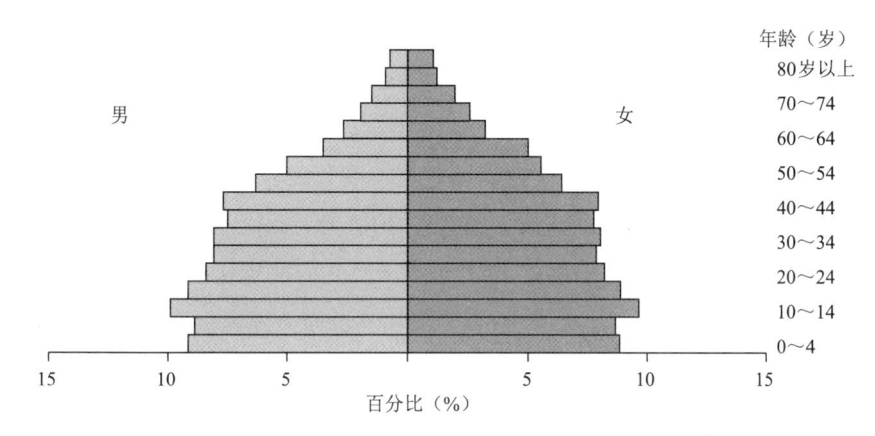

图3.4　2026年(预测)的博茨瓦纳(Botswana)人口金字塔

资料来源:作者根据博茨瓦纳国家统计局2011—2026年博茨瓦纳人口预测数据自绘。

性别比

人口性别比(sex ratio),是指每100名女性对应的男性数量。人口性别比的值大于100,说明男性比女性多;人口性别比的值小于100,则说明女性比男性多。全国范围内的人口性别比一般略低于100。然而,人口性别比存在明显的年龄差异。在人口出生时,男性的数量通常超过女性,性别比约为105(即每100名女孩对应105名男孩)。随着年龄的增长,这种差异很快就消失了,因为男性的预期寿命更短,尤其是在老年群体中女性的数量会明显多于男性,从而导致人口性别比低于100。根据2018年美国社区调查的资料显示,0~5岁儿童的性别比为105,而85岁及以上老年人口的性别比仅为55[7]。

在各年龄段人口性别比的影响因素上,除了自然生物学效应外,还有其他五种效应可能改变不同空间或时间的性别比。第一，在较小的地理尺度上，人口迁移可能对人口性别比产生重要影响，特别是当男性的迁移率高于女性时。这一情况可能降低人口迁出地（即男性迁出和女性留守的地方）的成年人口性别比，而增加人口迁入地的成年人口性别比。因此，资源禀赋优越和社会经济繁荣的城镇地区常常人口性别比较高。此外，历史上的移民模式，即男性先在迁入国站稳脚跟后再携带配偶和家人随迁的模式，也有利于提升迁入地的男性占比，进而影响人口性别比。第二，环境可能会影响出生人口性别比。暴露于包括内分泌干扰物在内的环境污染（这些污染物被发现存在于诸如多氯联苯、二噁英等化工产品中）中环境下，可能改变活产婴儿的出生性别比，或出生后存活下来的男女婴儿比例[8]，尽管就此人们还了解不够且存在争议。第三，出生性别比的变化还可能与遗传或生物方面的因素有关。例如，在排卵周期开始和结束时（自然流产的可能性最大），怀上男孩的可能性更大[9]。性别比也与母亲的年龄有关，年龄较大的女性更容易生女孩。由于女性晚婚晚育，可能会有更多的女孩出生[10]。第四，在有男孩偏好但家庭规模小的社会中，女性可能会选择超声波来确定孩子的性别，如果胎儿是女孩可能就会选择流产或者瞒报。在中国常见对这一现象的报道，因为此前其执行的是独生子女政策，即一个家庭只能生育一个孩子。虽然在2015年中国已经取消了独生子女政策，但在中国的一些地方，人口性别比仍然接近120，而活产婴儿的性别比约为135[11]。值得注意的是，亚洲文化中重男轻女的观念已经扩散到了美国和其他西方国家。在这些国家的中国裔、韩国裔和印度裔家庭中，如果生育的第一个孩子是女孩，那么二孩的性别比将上升到117（而不是通常的105）。如果生育的前两个孩子是女孩①，三孩的性别比则增至大约150[12]，表明这些家庭更喜欢男孩[13]。在加拿大也出现了类似的趋势，印度裔家庭的二孩和三孩的性别比分别为119和190，中国裔、韩国裔或越南裔家庭的三孩的性别比为139[14]。最后，性别比似乎独立于文化或经济因素而因纬度而异[15]。赤道附近地区的人口性别比更为均衡（非洲为101），欧洲和亚洲国家的比例往往稍高（105）。然而，在所有的这些因素中，要确定任何一个单一变量的贡献值都是极其困难的。

年龄中位数

人口地理学者和其他学者经常被要求描述一个地区的人口年龄结构，是属于年轻型还是年老型，那么如何更好地描述人口年龄结构？**年龄中位数**（median age）（即人口中一半较年轻，一半较年长），通常被用作衡量人口平均年龄的指标。2020年，美国人口的年龄中位数达到38.5岁[16]，为有史以来最高。2010—2020年，年龄中位数增长了近1.5岁，反映了1946—

---

① 原文中为"男孩"，但是根据上下文应该是女孩，故译为"女孩"。——译者注

1964 年出生的"婴儿潮"一代的人口老龄化。美国的年龄中位数仍将继续增长,预计到 2030 年将超过 40 岁[17]。从全国范围来看,人口年龄中位数的地区差异也很明显。美国犹他州人口最为年轻,年龄中位数为 31.0 岁;而缅因州的人口年龄中位数为 45.1 岁,和许多美国东北部的州一样,人口较老。人口年龄中位数较大的州反映了其年轻人口向外迁移的趋势,而南部和西部各州由于年轻人口的迁入,人口普遍较为年轻。有趣的是,佛罗里达州的人口相对较老(平均年龄为 42.2 岁),这反映了它作为退休目的地的特征[18]。同样,在县域尺度上可以更为精准地看到这种区域模式(图 3.5)。

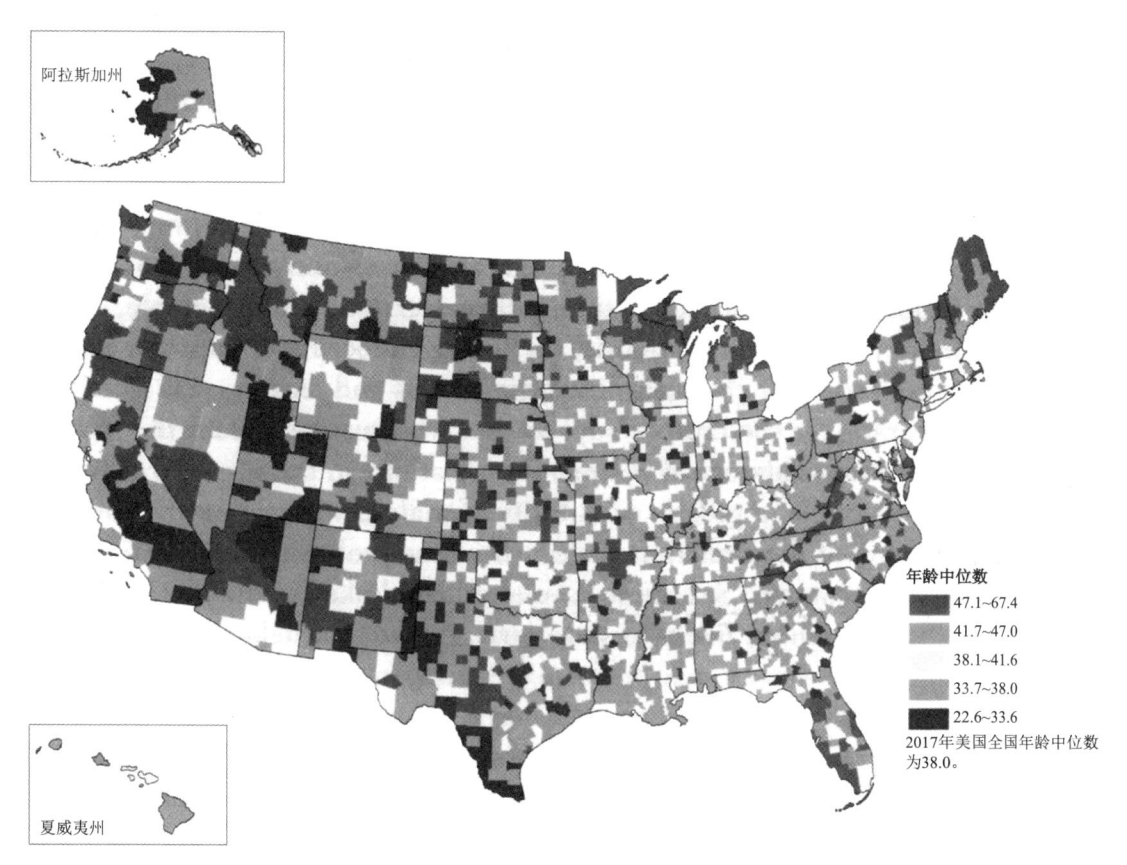

图 3.5　基于县域尺度的 2014—2018 年美国年龄中位数*

资料来源:美国人口普查局。

抚养比

除年龄中位数外,年轻人口或老年人口占比也经常被用来衡量人口结构,例如,被抚养人

---

* 彩图请见本书附图。

口（通常为14岁及以下）①占比，劳动年龄人口（15～64岁）占比，和老年人口（65岁及以上）占比。具体来说，**抚养比**（dependency ratio）可以表示不同年龄段人口与劳动年龄人口的比例结构信息。一般来说，是指年龄在0～14岁或65岁及以上的"被抚养人口"，与15～64岁"抚养人口"的比值。当劳动年龄人口的数量多于少年儿童和老年人口时，劳动年龄人口的抚养负担就会比较低，即在同样的收入和资产的情况下，需要抚养的人更少了。例如，父母为子女提供居住、穿衣和教育等在内的大部分经济支持。同时，劳动者缴纳的税款用以支持健康、社会福利项目和教育的发展，而这些正是少年儿童和老年人口所需要的项目。

常用的抚养比有三种。第一种是**少儿抚养比**（young dependency ratio，YDR），指少年儿童人口与劳动年龄人口的比值，其公式如下：

$$YDR = \frac{P_{0\sim14}}{P_{15\sim64}} \times 100$$

也可用0～14岁人口（少儿被抚养人口）除以15～64岁的人口（劳动年龄人口）。在美国，规定少儿被抚养人口的年龄为0～17岁，劳动年龄人口的年龄为18～64岁。

类似地，**老年抚养比**（old dependency ratio，ODR）的公式如下：

$$ODR = \frac{P_{65+}}{P_{15\sim64}} \times 100$$

总抚养比（total dependency ratio，TDR）的公式如下：

$$TDR = \frac{P_{0\sim14} + P_{65+}}{P_{15\sim64}} \times 100$$

在上述公式中，$P_{x\sim y}$指$x\sim y$岁年龄段（如0～14岁）的人口数量。

我们将以美国为例，来说明这一测量指标（表3.1）。尽管在未来的四十多年里，少儿抚养比将保持相对稳定（约为0.35），但由于人口老龄化以及"婴儿潮"一代步入退休年龄，劳动年龄人口数量下降，老年人口数量上升，老年抚养比预计将从2020年的0.25提高至2060年的0.41。

尽管抚养比得到广泛使用且其含义直观，但在它的实际应用中也遇到了一些问题，尤其是当与政策挂钩时。因为在大多数发达国家，15～19岁的年轻人口很少有全职工作，所以从某种程度上说，应该将少儿被抚养人口的年龄界定为0～19岁，劳动年龄界定为20～64岁，这样计算出来的结果才能更好地反映经济现实。实际上，许多发达国家确实使用0～19岁和20～64岁的年龄段来更好地计算少儿被抚养人口。与此类似，由于健康和社会福利计划是靠劳动

---

① 这一段原文"typically aged 15 years or less"和"aged either zero to 15"表述中的"15"均为笔误，应为14。——译者注

年龄人口的工资税款来支持的,老年抚养比的定义也意味着所有 65 岁及以上人口都在某种意义上依赖于劳动年龄人口。因此,老年抚养比的变化对政府财政支出和经济发展的影响更大。然而,"依赖"并不会随着年龄的增长而突然改变。事实上,现在许多年轻人在经济上依赖父母的时间比 20 世纪 80 年代要来得长,而且有日益增长的趋势(见本章"聚焦:回巢子女"栏目的讨论)。例如,越来越多的实证研究和经验观察发现,二十多岁的孩子仍然和父母住在一起的情况并不罕见,他们要么已经参加劳动,要么还在上学,反映出学生债务增加和毕业后就业机会减少等不断变化的经济现实。同样地,许多 65 岁及以上的人仍然活跃在劳动力市场,并做出了重要的经济贡献。与此同时,劳动年龄人口中也有一些人因为健康等问题退出了劳动力市场。因此,我们必须谨慎地解释抚养比[19]。

表 3.1　2020—2060 年美国的抚养比

	少儿(小于 15 岁)抚养比	老年(65 岁及以上)抚养比	总抚养比
2020 年	0.37	0.28	0.64
2030 年	0.37	0.35	0.72
2040 年	0.36	0.37	0.73
2050 年	0.35	0.38	0.73
2060 年	0.35	0.41	0.76

资料来源:美国人口普查局《国家人口预测表:主要系列》。

结论

人口的分布和结构往往是对人口进行描述性分析的核心问题,无论是在视觉上还是数字上,它反映了人口的年龄和性别结构。了解人口的年龄和性别结构是了解人口和提供服务的基础。例如,各国政府根据人口年龄来衡量服务的供给情况,以便老年人口占比较大的地区能有与之匹配的服务水平。地理信息系统和相关的空间分析技术的兴起也为研究人口分布提供了新的方式。事实上,地理信息系统和新的分析工具的普及意味着让更多的人理解为什么在人口问题上"地理因素很重要"[20]。

包括生育选择、迁移和死亡在内的多种过程,可以影响人口结构和组成。例如,死亡率的下降会使老年人口和女性的比例增加。生育率往往会对人口结构的变化产生重大影响,生育率下降与人口老龄化密切相关。由于迁移往往具有对性别和年龄的选择性,通常青壮年人口迁移的可能性更大且迁移在某些情况下具有性别偏好,因此迁移将导致人口及其特征的重新分布,并可能产生显著的短期影响。因此,分析人员需要意识到这些人口发展过程对人口的潜在影响,特别是在探究长期发展趋势时尤需如此。对这些影响的讨论将留到本书的其他部分。

思考题

1. 以某个具体的国家为例,绘制人口金字塔(相关数据可见 https://population.un.org/wpp/Download/Standard/Population/)。从人口金字塔中你可否判断该国的人口结构,以及这种人口结构对国家未来的影响?学生可参考"使用 Excel 绘制人口金字塔",见 http://www.cs.mun.ca/~n39smm/Excel/Population%20Pyramid.pdf。

2. 利用美国人口咨询局的数据或其他类似的数据源,从①发达国家和②发展中国家中各选出一个国家,描述其人口结构。

3. 利用美国人口普查局的数据,运用 GIS 绘制一张县域或州域尺度的某一个人口指标的分布图,并以此为基础展开讨论。

4. 在网站 http://www.who.int/gho/countries/en/ 的数据库中,选择任一个国家的"生命表"数据。使用年龄别死亡率(age-specific death rate, ASDR)计算:①x 岁与 $x+n$ 岁之间的死亡率;②在 x 岁时的存活人数;③x 岁与 $x+n$ 岁之间死亡的人数;④x 岁时的预期寿命(提示:所有答案都包含在数据中)。

聚焦:不断变化中的美国人口面貌[21]

美国人口的规模、结构和分布已经经历了巨大的历史变迁。在完成东部海岸的定居后,美国人口分布变化经历了向西部扩张和对一系列新领土的吞并,包括 1803 年购买路易斯安那州,1848 年墨西哥割让领土和 1845 年吞并得克萨斯。勘探、土地、资源和新边疆吸引了新移民和美国人到这些新领土定居,并慢慢地将人口分布向西转移,这一过程一直持续到今天。人口重心(population centroid,即人口分布的地理中心)的变化刻画了美国人口向西迁移的过程[22]。它始于 18 世纪末的东海岸,随后缓慢而稳定地向西和向南迁移。1890 年,它位于印第安纳州东南部,1990 年迁至密西西比河以西,2010 年迁至密苏里州的得克萨斯县(图 3F.1)。截至 2015 年,美国近一半的人口增长发生在三个州——加利福尼亚州、佛罗里达州和得克萨斯州,其人口增长是靠强大的经济实力吸引国内移民和国际移民来推动的[23]。这三个州的人口占全国总人口的 27%。

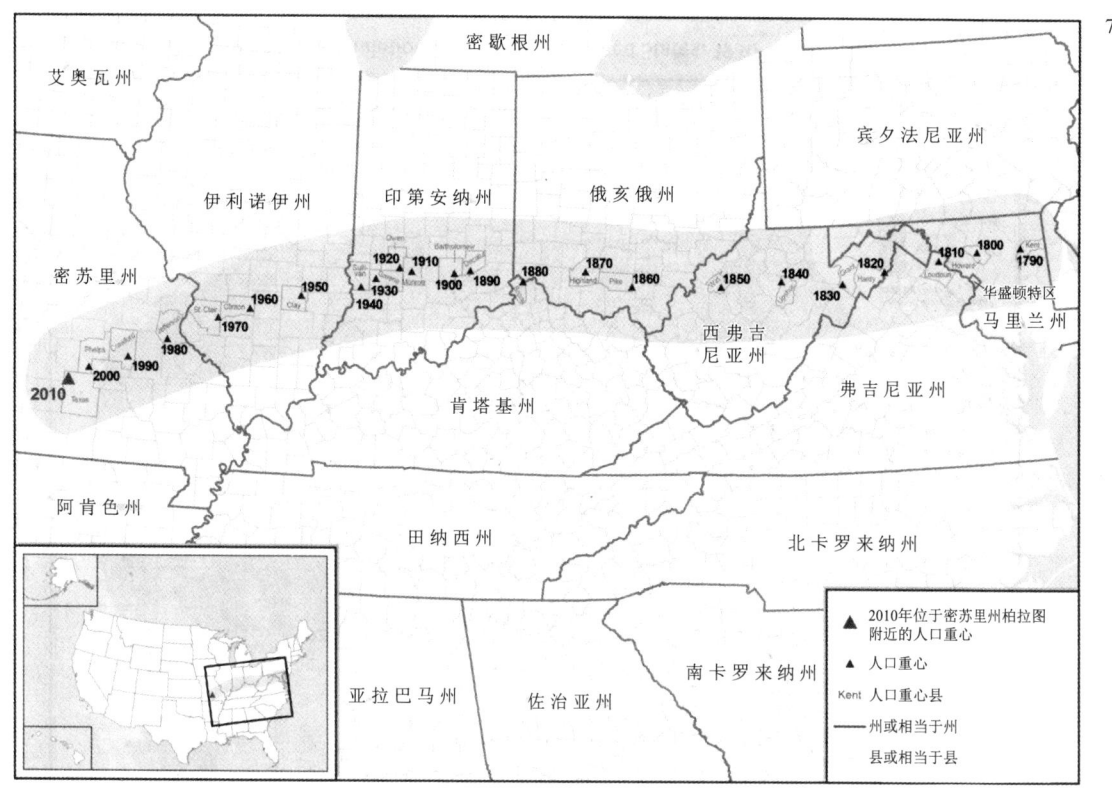

图 3F.1　1790—2010 年美国的人口重心变动轨迹*

资料来源：美国人口普查局。

从平均年增长率可窥探美国人口变化。图 3F.2 呈现的是县域尺度上美国人口的年均增长率。尽管时间跨度是 1930—2000 年，但仍然可以捕捉到人口分布发生的长期变化，包括大平原地区的人口流失以及南部和西南部人口的增长。通过人口密度也可以呈现出美国人口分布的变化情况。从历史上看，1790 年的人口密度仅为每平方千米 1.8 人，1900 年为每平方千米 8.3 人[24]。2010 年，人口密度已增至每平方千米 33.7 人[25]。哥伦比亚地区是人口最密集的地区，人口密度为每平方千米 3 806 人。怀俄明州是美国大陆人口密度最小的州，每平方千米只有 2.24 人。图 3F.3 呈现出的是县域尺度上人口密度的近期变化（2017—2018 年）。如图所示，沿海地区、佛罗里达和西部各县州仍是大赢家。进一步的分析可见，纳什维尔、亚特兰大、奥斯汀等大都市区也都是增长地区。

---

* 彩图请见本书附图。

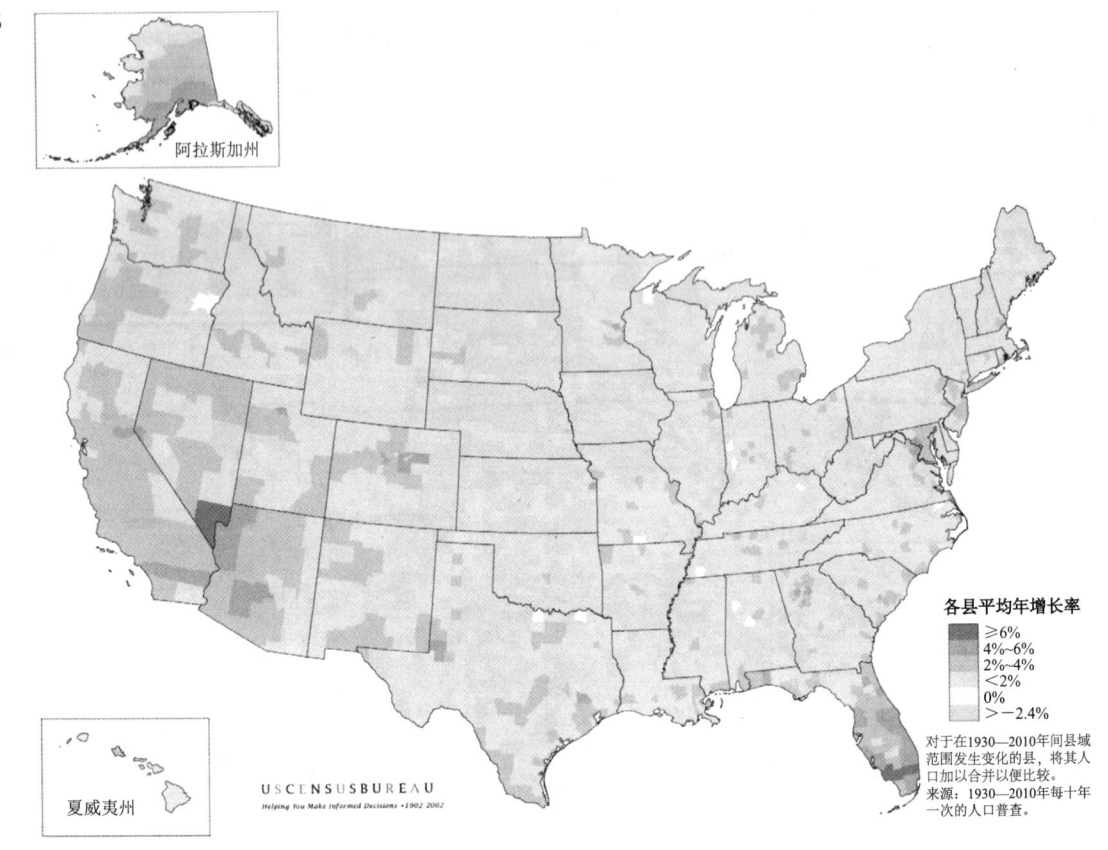

图 3F.2　1930—2010 年美国的人口平均年增长率*

资料来源：美国人口普查局。

各县平均年增长率
≥6%
4%~6%
2%~4%
<2%
0%
>-2.4%

对于在1930—2010年间县域范围发生变化的县，将其人口加以合并以便比较。
来源：1930—2010年每十年一次的人口普查。

　　一个国家人口结构的变化可以用其年龄状况的变化来衡量，这反映在年龄中位数、人口金字塔和抚养比这些指标上。根据 2013—2017 年的美国社区调查，美国人口的年龄中位数为 37.8 岁[26]，高于 2000 年的 35.3 岁。年龄中位数的增长在很大程度上反映了"婴儿潮"一代的人口老化和低生育率，尽管这一年龄段的人口老化尚未影响到抚养比。2000 年和 2018 年的少儿抚养比(0~17 岁)[27]和老年抚养比(65 岁及以上)相对一致(分别为 0.4 和 0.2)。也就是说，大约是 5 个劳动年龄人口抚养 1 个老年人口。然而，这与 1900 年老年抚养比为 0.07(反映了更短的预期寿命和更高的生育率)相比已有了很大的不同，而少儿抚养比则随着生育率的下降而不断下降[28]。随着"婴儿潮"一代逐渐步入退休年龄，老年抚养比将开始上升。

---

*　彩图请见本书附图。

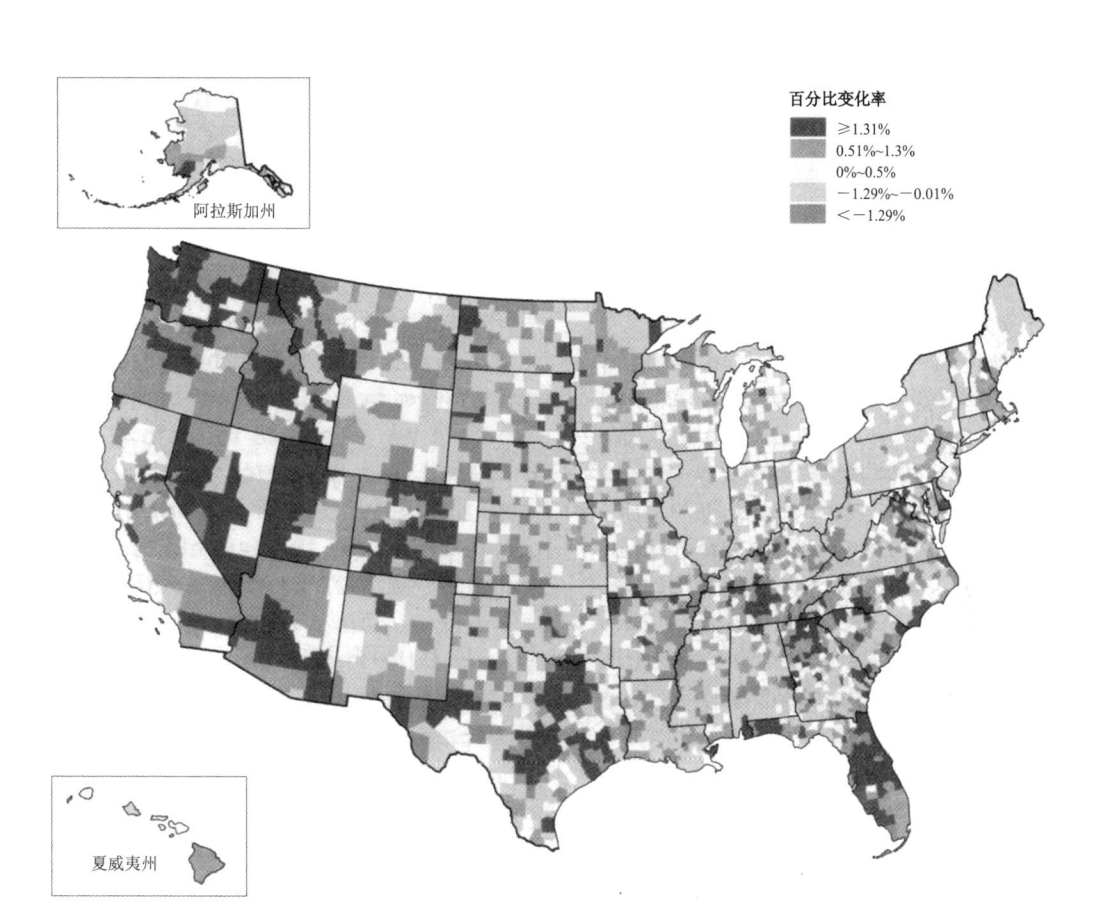

图 3F.3　2017—2018 年基于县域尺度的美国人口百分比变化率 *

资料来源：美国人口普查局。

到 2030 年，在"婴儿潮"时期出生的最后一批人口也将年满 65 岁，超过 20% 的美国人口将超 65 岁；而 2020 年这一比例仅为 16%[29]。

美国老年人口的分布具有明显的空间差异性[30]。其中，2020 年，佛罗里达州 65 岁及以上老年人口的占比最大(20.5%)，该州的人口年龄中位数为 41.8 岁，反映了佛罗里达州对退休人员的吸引力。美国中部平原和东北部的一些州，如罗得岛州、宾夕法尼亚州和西弗吉尼亚州，老年人口占比也相对较高。相比之下，西部和东南部许多州的老年人口占比相对较小。人口结构相对年轻的州有犹他州、科罗拉多州和得克萨斯州。

美国民族和种族结构的变化可能揭示了其正在发生的最根本和最深远的变化。历史上美国人口的种族结构受西欧移民和奴隶贸易的影响深远，长期以来一直由白人和黑人主导。然

---

* 彩图请见本书附图。

而,自20世纪60年代起,随着国家移民政策的自由化,这种情况开始发生改变,来自亚洲和其他"非传统"移民输出地区的移民逐渐增加。新移民的数量也在增加,21世纪初,美国每年新移民超过100万。在20世纪90年代和21世纪初,来自拉丁美洲特别是墨西哥的合法和无证移民,改变了美国的民族结构,少数民族人口成为加利福尼亚州和得克萨斯州人口的主体(相对于非西班牙裔白人)。

截至2017年,13.6%的美国人口属于外国出生人口[31]。尽管这一比例比历史上最高时期来得低(1890年为14.8%),但到2030年,外国出生人口的比例可能会超过历史最高水平,到2065年可能高达18%[32]。其中,最大的外国出生人口来源地是拉丁美洲(占比53.1%),尤其是墨西哥。亚洲人占30.5%,主要来源国包括中国、印度和巴基斯坦。欧洲人仅占11.1%[33],而在1960年这一比例为74.5%。美国人口种族结构的变化已不再局限于诸如纽约或洛杉矶等对移民吸引力高的城市。新移民已经渗透到美国各地,反映了其在美国的分布也正在发生变化[34]。

外国出生人口对美国人口结构的影响如此之大,以至于人口普查局预测,到21世纪40年代初,少数民族和种族人口将占美国人口的大多数。到那时,西班牙裔、黑人、亚裔、美洲印第安人、夏威夷原住民和太平洋岛民的美国人占比将超过非西班牙裔白人[35]。据预估,到2050年,非西班牙裔白人将只占美国人口的46%,低于2010年的64%。如在本书其他地方所指出的,主要原因是少数民族族裔人口更高的生育率和美国移民的增加。个人也在改变他们的自我身份认同,更多的人认为自己属于多族裔。简而言之,未来的美国人口将更加多样化。2011年,居住在洛杉矶的人口中,有48.1%被认定为西班牙裔或拉丁裔,比2000年增加了2.6个百分点。

最后,在本土出生的美国人和在外国出生的美国人在人口结构上有显著的不同。例如,2010年,在外国出生人口中,18~64岁人口占比超过80%,而在本土出生人口中,这一比例为60%。同样地,只有7%的外国出生人口年龄在18岁及以下,而在本土出生人口中,这一比例为27%。外国出生人口的金字塔形状类似于足球,较年轻和较年长年龄组的比例很小,而劳动年龄人口的比例很大。这在很大程度上体现了美国移民政策的影响,因为移民大都是劳动年龄人口。然而,如果我们从种族或民族,而不是移民或土生土长的人的角度看待美国人口,情况将再次发生变化。考虑到少数族裔群体的生育率往往高于非西班牙裔白人,这种差异正在塑造美国未来的种族和民族结构。例如,1990—2000年,18岁以下人口取得了自20世纪50年代以来最快的增长速度,其中少数民族人口占了大部分。自2000年以来,这一年龄段的人口则几乎没有什么增长[36]。

有预测表明,到2060年美国65岁及以上人口的数量将会翻番,人口老龄化将对美国的社会、人口、经济和政治产生深远影响[37]。在一份由美国国家科学院、工程院和医学院共同发布的出版物[38]中,来自全国各地的研究人员揭示了将影响美国的重要人口学趋势,包括预期寿命的增长停滞、健康和死亡率的巨大差异、美国老年人口在空间上的集中、超过65岁退休年龄的就业人员数量的增加,以及至少有一种残疾的老年人口数量的日益增加。

考虑到大多数针对老年人口的福利项目(包括社会保障和医疗保险),都依赖于劳动年龄人口的个人所得税,因此老年抚养比的上升令人担忧。例如,趋于下降的劳动力人口是否能够支撑不断增长的老年人口?据估计,到2037年,美国的社会保障信托基金(Social Security Trust Fund)将资不抵债;到2030年,由于越来越多的人使用医疗保险以及与医疗保健相关的服务,医疗保险费用增加,其支出预计将超过社会保障[39]。鉴于这些项目以目前的形式将不具有长期可持续性,政府已经开始重新考虑这些项目的申请资格(例如将享受社会保障福利的年龄从65岁提高到67岁),并普遍鼓励人们在达到传统的退休年龄65岁之后继续工作。除了使用正规的医疗保健设施外,许多人还依赖家庭支持,但"婴儿潮"一代的低生育率意味着可以照顾父母的孩子更少了,这也给美国的医疗保健服务体系带来了进一步的挑战。

聚焦:中国人口老龄化

长期以来,中国一直担心其人口增长过快,并在1978—2015年实行了独生子女政策,限制一对夫妻只能生育一个孩子(见第十章"中国的独生子女政策")。由生育率下降(现在是1.5)和预期寿命增加(男性75岁,女性79岁)导致人口迅速老龄化,人口年龄中位数从1970年的19.7岁上升到2020年的38.5岁。随着人口继续老化,劳动年龄人口比例将下降,65岁及以上老年人口抚养比将从2020年的13%增加到2050年的26%[40],这意味着中国也将与其他国家面临同样的人口挑战,但不同的是,中国将被迫在更短的时间内应对人口老龄化。

随着中国人口老龄化的推进,慢性疾病和残疾的患病率也在增加。中国政府已经开始实施一些健康倡议,包括促进健康和积极生活的政策、长期护理的战略,以及对慢性病的预防和控制[41]。但是,日益增加的老年人口的健康和长期护理需求,将导致保健成本飙升,而支付账单的劳动年龄人口却在减少。事实上,尽管过去几十年中国经济取得了快速增长,但支付未来的卫生保健支出对中国政府仍是一个挑战。中国是否能够负担得起人口老龄化带来的医疗成本?目前尚不清楚。此外,非正式卫生保健的提供使得中国卫生保健服务的情况趋于复杂化,这在传统上是妇女特别是儿媳的责任。然而,最近的趋势表明,中国女性劳动力参与率上升,人口性别比上升,这将对未来非正式的长期护理模式构成进一步的挑战[42]。

聚焦:回巢子女

北美的普通家庭结构在几十年来发生了巨大的变化。由于离婚和其他形式的家庭安排在社会上变得越发普遍,家庭结构逐渐由20世纪50年代和60年代占主导的核心家庭(丈夫、妻子和孩子)演变成比例和数量越来越大的单亲家庭。然而,在这些变化中,标准的期望是,随着孩子长大并完成学业,他们就会离开父母的家庭,搬入自己的住所,长大成年。但这种模式已经发生改变,越来越多的成年子女继续与父母同住,他们要么在离开父母后又回家("回巢"子女,"boomerang" children),要么一直留在父母家里("离巢失败","failure to launch")。

在美国,成年子女居住在父母家里的比例不仅显著增加,而且呈现出长期化的趋势。截至2016年,25~35岁的千禧一代中有15%住在父母家里,而在2000年,年龄相仿的X一代住在父母家里的比例为10%[43],说明居住在父母家里的子女比例在增加。欧洲和加拿大也出现了类似的趋势[44]。

离家和回家是个体生命过程的组成部分:离家去接受教育,在教育和就业之间的过渡期或就业困难时回家。但是其他因素也很重要,其中最重要的原因包括继续接受教育和保持单身[45]。虽然留在学校经常与住在家里联系在一起,但受教育程度低于高中的群体更有可能在离开后回家居住。经济和就业问题也是导致成年子女继续住在家里的关键要素,包括上大学的债务,青年失业率的不断上升,以及越来越多的以兼职或合同工岗位为特征的零工经济,这都意味着长期的收入稳定得不到保障。经济的持续不确定性也意味着"回巢子女"和"离巢失败"不太可能是暂时的现象,而是持续变化的生命历程中新的一部分。父母和家庭特征也很重要,如果父母结婚,则成年子女更可能返回或留在家里。研究人员提出,能够提供强有力的经济和情感支持的家庭更易于接受成年子女住在家里。家庭在某种程度上成为"企业孵化器",为他们的下一个挑战做好准备[46]。孩子们也将回家照顾生病的父母。

虽然住在家里对父母和成年子女都有好处,但相应也有代价。有些父母对回巢子女感到厌烦,他们本觉得子女已经永久地离家独立。也有报告显示成年子女住在家里会对父母的经济和情感产生影响[47]。相反,成年子女对父母强加于自身的要求和期望易感到沮丧。尽管与父母同住可能会影响成年子女的独立性,但也可以为他们提供经济和情感上的支持。

方法、测量和工具:生命表

生命表是人口学者用来计算人口死亡率和预期寿命的分析工具。本质上,生命表中的信息反映的是一批人随年龄增长的生存概率,以及年龄为 x 岁的一批人的预期寿命。表

3MMT.1 展示了 2016 年美国女性的基本生命表[48],它可以被理解为在时间 t 出生的一批人的死亡经历。这批人的初始规模为 l_0,即**基数**(radix),通常为 100 000 人。生命表有两个关键假设:①同一队列人员的年龄别死亡率一生不变;②随着队列人员年龄的增长,个体将按照指定的死亡率死亡。表中各个列的定义如下:

$_hM_x$:x 岁到 $x+h$ 岁个体的年龄别死亡率;

$_hq_x$:x 岁的个体在 $x+h$ 岁前的死亡概率;

l_x:存活到 x 岁时的人数;

$_hd_x$:x 岁到 $x+h$ 岁之间的死亡人数;

$_hL_x$:l_x 个体在 x 岁和 $x+h$ 岁之间存活的人年数;

T_x:该队列 x 岁过后存活的累计人年数;

e_x:存活到 x 岁的人的预期寿命(以年为单位)。

表 3MMT.1　2016 年的美国女性生命表

年龄	$_hM_x$	$_hq_x$	l_x	$_hd_x$	$_hL_x$	T_x	e_x
<1	0.005	0.005	100 000	545.391	99 491.08	8 098 361	81
1~4	0	0.005	99 454.61	82.191	397 616.6	7 998 870	80.4
5~9	0	0.001	99 372.41	54.908	496 717.5	7 601 253	76.5
10~14	0	0.001	99 317.51	62.455	496 445.8	7 104 536	71.5
15~19	0.001	0.002	99 255.05	149.496	495 947.7	6 608 090	66.6
20~24	0.001	0.003	99 105.56	255.667	494 926.6	6 112 142	61.7
25~29	0.001	0.004	98 849.9	358.604	493 391.6	5 617 216	56.8
30~34	0.001	0.005	98 491.3	483.811	491 305.5	5 123 824	52
35~39	0.001	0.007	98 007.48	642.393	488 519.6	4 632 519	47.3
40~44	0.002	0.008	97 365.09	822.148	484 913.6	4 143 999	42.6
45~49	0.003	0.013	96 542.95	1 209.543	479 911.2	3 659 085	37.9
50~54	0.004	0.019	95 333.41	1 864.636	472 333.5	3 179 174	33.3
55~59	0.006	0.029	93 486.77	2 726.709	460 966.9	2 706 841	29
60~64	0.008	0.041	90 760.06	3 684.694	445 131.9	2 245 874	24.7
65~69	0.012	0.06	87 075.37	5 220.86	423 164.2	1 800 742	20.7
70~74	0.019	0.093	81 854.51	7 595.101	391 457.8	1 377 577	16.8
75~79	0.03	0.144	74 259.41	10 715.01	346 157.7	986 119.6	13.3
80~84	0.052	0.233	63 544.39	14 778.05	282 640.4	639 961.9	10.1
≥85	0.136	1	48 766.34	48 766.34	357 321.5	357 321.5	7.3

资料来源:世界卫生组织成员生命表,http://apps.who.int/gho/data/view.main.61780?lang=en(2020 年 3 月 4 日查阅)。

假设每个队列的人口从出生开始就按照特定年龄别死亡率(age-specific mortality rate, ASMR, $_hM_x$)死亡。对于每个年龄组, q 的值由 M 导出, 然后再导出 d。

我们从年龄别死亡率的推导开始:

$$_hM_x = {_hD_x}/{_hP_x}$$

式中, $_hD_x$ 是指观察到的年龄别死亡人数; $_hP_x$ 是观察到的年龄别人口, 通常指的是年中人口数。这些死亡的比例可以用来计算死亡的概率 $_hq_x$, 其公式如下:

$$_hq_x = \frac{h \cdot {_hM_x} \cdot {_hP_x}}{{_hP_x} + (h/2) \cdot {_hM_x} \cdot {_hP_x}}$$

公式表明, 在 x 岁活着的那些人, 无法存活到 $x+h$ 岁的概率与该队列人口的死亡率有关。当然, 假设死亡是在整个时间段内平均分布。根据表 3MMT.1 中的数据, 一名 40 岁的美国女性无法存活到 45 岁的概率为 0.008。

在每个队列中, 总会有一定数量的个体死亡($_hd_x$), 因此存活到特定年龄 x 岁的个体数会随着队列年龄的增加而减少。死亡人数可以确定为:

$$_hd_x = l_x \cdot {_hq_x}$$

即达到 x 岁的人数(l_x)乘在年龄 $x+h$ 岁之前死亡的概率。那么, 存活到下一个年龄段($x+h$ 岁)的人数等于以下公式:

$$l_{x+h} = l_x - {_hd_x}$$

根据表 3MMT.1 中的数据, 40~44①岁中的死亡人数 $_hd_x$ 为 822.1。有 97 365.1 名妇女可以存活到 40 岁, 因此存活到 45 岁的妇女人数为 97 365.1-822.1=96 543。

某一队列人口在 h 年后活着的人年数定义如下:

$$L_x = \frac{h(l_x + l_{x+h})}{2}$$

即假设死亡在该年龄组中平均分布, L_x 是年龄组中活着的人数 $[(l_x+l_{x+h})/2]$ 和队列中的年数的函数。以 40~44 岁年龄组为例, 存活的人年数为 5×(97 365.1+96 543)/2=484 770.25。

接下来, 通过将 x 中的 $_hL_x$ 添加到最后一个组, 可以计算出该队列在超过 x 岁时的累计生存人数(T_x):

$$_hT_x = \sum_{i=x}^{z} {_hL_i}$$

式中, z 是生命表中年龄最大的队列。在该队列中, 45 岁以后仍然存活的人年数为 3 659 085。

最后, 目前年龄为 x 岁的个体的剩余预期寿命(e_x)的计算方式是将 x 岁后存活的人年数

---

① 原著写作45, 其应为44。以下另有两处原著写作"40~45 岁", 也应为"40~44 岁"。——译者注

除以达到 x 岁的人数,即:

$$e_x = \frac{_hT_x}{l_x}$$

据此,美国 45 岁女性剩下的预期寿命是 37.9 岁(3 659 085÷96 542.95),也就是说,该群体的预期寿命为 82.9 岁。

前面的计算过程有三个例外。第一,婴儿的死亡更有可能发生在其出生后第一年的上半年而不是下半年。因此,1 岁以下儿童的情况通常需在表格中单独列出。其中一种估计方法的定义如下:

$$L_0 = \frac{l_0 + l_1}{2}$$

接着,由于 0~1 岁年龄组已经估计,所以应该使用 $h-4$(而不是 $h-5$,假设年龄间隔为 5 岁)来计算 1~4 岁组的 L 值。

第二,最后一个年龄组无上限。在这种情况下,q 可以等于 1.0,因为每个达到这个年龄段的人都将在这个年龄段死亡,即:

$$d_z = l_z$$

第三,最大年龄组的寿命也需要调整。在这种情况下,人口学家假设最大年龄组群体的年龄别死亡率与理论"静止"人口中观察到的数值(m_z)相等,而静止人口是每年加入 l_0 的出生人口后得到的不变的人口。给定 $M_z = m_z$[①],我们可以推导如下:

$$L_z = \left(\frac{d_z}{M_z}\right)$$

生命表的应用

生命表不是一组抽象的计算,它常被应用到保险行业中用于设置保险费,而且经常根据年龄(如 1 岁组)和性别(因为女性的寿命通常长于男性)做进一步分解。生命表也可以用来计算生存率。例如,在美国 40~44 岁年龄组的妇女中,在 45 岁时仍存活人数的比例计算过程如下:

$$\frac{5l_{45}}{L_{40}} = \frac{(5 \times 96\ 542)}{484\ 913} = 0.995$$

注释

[1] 读者也可以参见 Arthur Haupt,Thomas T. Kane,and Carl Haub,*Population Handbook*,6th ed.,相关信息可

---

① 原著为"$M_z - m_z$",根据上下文意思,此处应为"$M_z = m_z$"。——译者注

在 http://www.prb.org 上找到。

[2] 2016 年多伦多的人口密度是每平方千米 4 334 人。见 Statistics Canada, Community Profile, https://www12.statcan.gc.ca/census-recensement/2016/dp-pd/prof/index.cfm?Lang=E(2020 年 3 月 2 日查阅)。

[3] US Census Bureau, International Data Base. Population density values are for 2018. https://www.census.gov/data-tools/demo/idb/informationGateway.php(2020 年 10 月 14 日查阅)。

[4] *World Population Data Sheet* (Washington, DC: Population Reference Bureau, 2020).

[5] Terry A. Slocum, Robert B. McMaster, Fritz C. Kessler, and Hugh H. Howard, *Thematic Cartography and Geographic Visualization*, 3rd ed. (New York: Prentice Hall, 2008). 也可参见 John Krygier and Denis Wood, *Making Maps*, *Third Edition: A Visual Guide to Map Design for GIS* (New York: Guilford Press, 2016)。

[6] 绘制人口金字塔的有用工具可以参见 http://www.cs.mun.ca/~n39smm/Excel/Population%20Pyramid.pdf (2020 年 3 月 2 日查阅)。

[7] United States Census Bureau, https://data.census.gov/cedsci/table?q=S0101&g=0100000US&hidePreview=true&table=S0101&tid=ACSST1Y2018.S0101&lastDisplayedRow=30&vintage=2018(2020 年 3 月 2 日查阅)。

[8] Marc G. Weisskopf, Henry A. Anderson, Lawrence P. Hanrahan, Marty S. Kanarek, Claire M. Falk, Dyan M. Steenport, Laurie A. Draheim, the Great Lakes Consortium, "Maternal Exposure to Great Lakes Sport-Caught Fish and Dischlorodiphenyl Dichloroethylene, but Not Polychlorinated Biphenyls, Is Associated with Reduced Birth Weight", *Environmental Research* 97, no. 2 (2005), 149-162. 也可参见 William H. James, "Was the Widespread Decline in Sex Ratios at Birth Caused by Reproductive Hazards?" *Human Reproduction* 13, no. 4 (1998), 1083-1084。

[9] Peter H. Jongbloet, "Over-Ripeness Ovopathy: A Challenging Hypothesis for Sex Ratio Modulation", *Human Reproduction* 19, no. 4 (2004), 769-774.

[10] Alfonso Gutierrez-Adan, Belen Pintado, and Jose de la Fuente, "Demographic and Behavioral Determinants of the Reduction of Male-to-Female Birth Ratio in Spain from 1981 to 1997", *Human Biology* 72, no. 5 (2000), 891-898.

[11] Ruoyu Chen, Lingxiang Zhang, "Imbalance in China's Sex Ratio at Birth: A Review", *Journal of Economic Surveys* 33, no. 3 (2019), 1050-1069. 亦可参见 Eric Baculinao, "China Grapples with Legacy of Its 'Missing Girls'", NBC News (14 September 2004), http://www.nbcnews.com/id/5953508/ns/world_news/t/china-grapples-legacy-its-missing-girls/#.XQpVmIhKiHs (2019 年 6 月 19 日查阅); Jeremy Hsu, "There Are More Boys than Girls in China and India", *Scientifc American* 4 (August 2008)。

[12] Lena Edlund and Douglas Almond, "Son-Biased Sex Ratios in the 2000 United States Census", *Proceedings of the National Academy of Sciences* 105 (2008), 5681-5682.

[13] F. X. Egan, W. A. Campbell, A. Chapman, A. A. Shamshirsaz, P. Gurram, and P. A. Benn, "Distortions of Sex Ratios at Birth in the United States: Evidence for Prenatal Gender Selection", *Prenatal Diagnoses* 31 (2011), 560-565, https://doi.org/10.1002/pd.274.

[14] Douglas Almond, Lena Edlund, and Kevin Milligan. "Son Preference and the Persistence of Culture: Evidence from Asian Immigrants to Canada", *Population and Development Review* 39, no. 1 (2013), 75-95. 亦可参见 Marcelo L. Urquia, Rahim Moineddin, Prabhat Jhal, Patricia J. O'Campo, Kwame McKenzie, Richard H. Glazier, David A. Henry, and Joel G. Ray, "Sex Ratios at Birth after Induced Abortion", *Journal of the Canadian Medical Association* 188, no. 9 (2016), E181-190。

[15] Kristen J. Navara, "Humans at Tropical Latitudes Produce More Females", *Biological Letters* (published on-

line, 1 April 2009), http://www.ncbi.nlm.nih.gov/pmc/articles/PMC2781905.

[16] CIA Factbook, https://www.cia.gov/library/publications/the-world-factbook/(2020 年 3 月 2 日查阅)。

[17] US Census Bureau, US Population Projections, table 3, "Projections of the Population by Age and Sex for the United States", https://www.census.gov/data/tables/2017/demo/popproj/2017-summary-tables.html(2020 年 3 月 2 日查阅)。

[18] 美国人口普查局按州划分的年龄中位数,可参见 https://data.census.gov/cedsci/。

[19] Kevin Kinsella and David R. Phillips. "Global Aging: The Challenge of Success", *Population Bulletin* 60, no. 1 (March 2005).

[20] Gary L. Gaile and Cort J. Willmott, eds., *Geography in America at the Dawn of the Twenty-first Century* (New York: Oxford University Press, 2003), 9.

[21] 在撰写第四版时,美国正在为 2020 年的人口普查做准备。遗憾的是,人口普查的结果在本书出版的截止日期前无法获得,故本书中所涉及的人口指标数据仍是基于 2010 年人口普查或美国社区调查的数据。对不断变化中的美国人口状况(包括住房和种族)的更广泛讨论,请参见 Brookings Institution, "State of Metropolitan America: On the Front Lines of Demographic Transformation" (2010), http://www.brookings.edu/~/media/Files/Programs/Metro/state_of_metro_america/metro_america_report.pdf, 也可参见 The Changing Demographic Profile of the United States, https://fas.org/sgp/crs/misc/RL32701.pdf, 以及 Linda A. Jacobsen, Mark Mather, and Genevieve Dupuis, *Household Change in the United States* (Washington, DC: Population Reference Bureau, 2012)。

[22] David A. Plane and Peter A. Rogerson, *The Geographical Analysis of Population with Applications to Planning and Business* (New York: Wiley, 1994).

[23] Mark Mather, "Three States Account for Nearly Half of U.S. Population Growth", Population Reference Bureau (December 2015), http://www.prb.org/Publications/Articles/2015/us-3-states-account.aspx(2020 年 3 月 2 日查阅)。

[24] 人口密度反映土地面积和土地面积数量随时间的变化,请参见 http://www.census.gov/population/census-data/table-2.pdf。

[25] 美国人口普查局 2010 年的居民人口数据,请参见 https://www.census.gov/data/tables/2010/dec/density-data-text.html。

[26] US Census Bureau, https://data.census.gov/cedsci/all?q=median%20age&hidePreview=false&tid=ACSST1Y2018.S0101&t=Age%20and%20Sex(2020 年 3 月 2 日查阅)。

[27] 请注意术语上的区别。美国人口咨询局计算的是 0～17 岁的少儿抚养比,而不是 0～15 岁的少儿抚养比。

[28] 美国人口普查局经常将少儿抚养比定义为 18 岁以下人口的数量与 18～64 岁人口数量的比值,因而不同于本书其他地方和本书以外使用的相关定义。历史上的数据来源于 Mary M. Kent and Mark Mather, "What Drives US Population Growth?", *Population Bulletin* 57, no. 4 (December 2002)。

[29] Population Reference Bureau, https://www.prb.org/usdata/indicator/age65/snapshot(2020 年 3 月 2 日查阅)。

[30] US Census Bureau, Age and Sex Distribution: 2010, http://www.census.gov/prod/cen2010/briefs/c2010br-03.pdf(2020 年 3 月 2 日查阅)。

[31] Jynnah Radford, "Key Findings about U.S. Immigrants", Pew Research Center, https://www.pewresearch.org/fact-tank/2019/06/17/key-findings-about-u-s-immigrants/(2020 年 3 月 2 日查阅)。

［32］Pew Research Center, "Modern Immigration Wave Brings 59 Million to U.S., Driving Population Growth and Change Through 2065: Views of Immigration's Impact on U.S. Society Mixed", Washington, DC, September 2015.

［33］US Census Bureau, Selected Social Characteristics in the United States, https://factfinder.census.gov/faces/tableservices/jsf/pages/productview.xhtml? pid=ACS_17_5YR_DP02&prodType=table（2020 年 3 月 2 日查阅）。

［34］Jill H. Wilson and Nicole Prchal Svajlenka, "Immigrants Continue to Disperse, with Fastest Growth in the Suburbs", *Brookings Institution*, *Immigration Facts Series*, no. 18（29 October 2014）. 亦可参见 Audrey Singer, Susan W. Hardwick, and Caroline B. Brettell, eds., *Twenty-First Century Gateways: Immigrant Incorporation in Suburban America*（Washington, DC: The Brookings Institution Press, 2008）。

［35］US Census Bureau, "An Older and More Diverse Nation by Midcentury", http://www.businesswire.com/news/home/20080813005071/en/Older-Diverse-Nation-Midcentury（2020 年 3 月 2 日查阅）。

［36］www.census.gov/prod/cen2010/briefs/c2010br-03.pdf（2020 年 3 月 2 日查阅）。

［37］Linda A. Jacobsen, Mary Kent, Marlene Lee, and Mark Mather, "America's Aging Population", *Population Bulletin* 66, no. 1（February 2011）.

［38］National Academies of Sciences, Engineering, and Medicine, "*Future Directions for the Demography of Aging: Proceedings of a Workshop*"（Washington, DC: The National Academies Press, 2018）, https://doi.org/10.17226/25064（2020 年 6 月 12 日查阅）。

［39］Mark Mather and Lillian Kilduff, "The U.S. Population Is Growing Older, and the Gender Gap in Life Expectancy Is Narrowing", Population Reference Bureau, 19 February 2020, https://www.prb.org/the-u-s-population-is-growing-older-and-the-gender-gap-in-life-expectancy-is-narrowing/（2020 年 6 月 12 日查阅）。

［40］*World Population Data Sheet*（Washington, DC: Population Reference Bureau, 2020）.

［41］Toshiko Kaneda, "China's Concern over Population and Health", https://www.prb.org/chinasconcernoverpopulationagingandhealth/（2020 年 3 月 2 日查阅）。

［42］Kaneda, "China's Concern over Population and Health".

［43］Richard Fry, "It's Becoming More Common for Young Adults to Live at Home—and for Longer Stretches", Pew Research Center, 5 May 2017, https://www.pewresearch.org/fact-tank/2017/05/05/its-becoming-more-common-for-young-adults-to-live-at-home-and-for-longer-stretches/（2020 年 3 月 2 日查阅）。

［44］Katherine Burn and Cassandra Szoeke, "Boomerang Families and Failure-to-Launch: Commentary on Adult Children Living at Home", *Maturitas* 83（2016）, 9-12.

［45］Burn and Szoeke, "Boomerang Families and Failure-to-Launch".

［46］Adam Davidson, "It's Offcial: The Boomerang Kids Won't Leave", *New York Times*（20 June 2014）, MM22.

［47］Burn and Szoeke, "Boomerang Families and Failure-to-Launch".

［48］世界卫生组织有其所有成员的生命表，请参见 http://apps.who.int/gho/data/node.main.692? lang=en（2016 年 5 月 3 日查阅）。

第四章　生育

◎ 生育模式
◎ 生育的决定因素
◎ 生育水平：太高还是太低？
◎ 非洲的生育转变？
◎ 女性生殖健康
◎ 结论
◎ 思考题
◎ 聚焦：北美、欧洲和乌干达的生育率和生育决策比较
◎ 方法、测量和工具：测量生育率

生育本质上反映了一个社会的人口再生能力，与死亡共同决定了人口的规模和增长。世界各国的生育率差异巨大：最高的在撒哈拉以南的非洲，最低的在东欧，其中一些国家甚至面临着人口萎缩[1]。显然，在生物和社会因素的共同影响下，人们的生育行为存在巨大差异。本章首先考察了生育的一般模式，而后讨论了人口生育及其演化的决定因素。在"聚焦"栏目比较了北美和乌干达的生育情况，"方法、测量和工具"栏目则探讨了生育的多种测量方法。

生育模式

过去两个世纪，全球生育模式经历了巨大的变化。需要回答的问题是：生育率的决定因素是什么？为何在有些地方发生了变化（下降），而在另一些地方却保持稳定？为何生育率的变化通常较慢？

人口转变理论常被用于刻画生育率和死亡率由高转低的一般模式，以及预期寿命提升和死亡率下降导致的人口爆炸。生育模式的这种改变广泛发生在19世纪至20世纪初的北美和欧洲。例如，北美地区的生育率在19世纪上半叶为5以上，在1900年已降至3.5的水平[2]。

到20世纪30年代,这些地区已普遍转向以人口平稳低速增长为特征的现代生育模式。而其他国家的人口转变则要晚得多,很多发展中国家直到20世纪50年代才出现生育率的下降,有些国家至今仍未出现生育率的明显降低。人口转变理论虽然提出了生育率下降的一般模式,却未解释其背后的原因。

在发达国家,近期人口发展历史上最重要的事件之一是"婴儿潮"。以相对较高的生育率为特征,这种短暂的生育率抬升是对长期下降趋势的一种背离。一般认为,"婴儿潮"出现在1946—1964年,对美国、加拿大等国家的影响最大,但也涉及参加第二次世界大战的很多其他国家。虽然"婴儿潮"的重要性主要体现在其人口学意义上,且高生育率只维持了相对较短的时间,但其对20世纪50年代和60年代的教育资源供给,以及随后成为劳动力大军人口的职业生涯和休闲活动,乃至今后十年中面临退休,相应的养老和社会福利系统以及卫生保健都有着长期的影响[3]。尽管如此,"婴儿潮"仍然只是生育水平暂时性提升的一个短期现象,而非生育行为巨变的体现。从长期来看,几十年前开始的生育率下降仍在持续。

生育的决定因素

像所有工业化前的社会一样,十月革命前的俄国生存也十分艰难,人们的预期寿命只有30多岁。在全部的活产婴儿中,婴儿死亡率可能超过30%,还有50%的儿童在5岁前夭折。面对如此高的死亡率,加之受传统文化习俗的影响,当时的俄国家庭规模很大,20岁以前就结婚的现象很普遍。任何形式的节育都被认为是犯罪[4],保持单身是一种耻辱,离婚则是一种罪恶等。在俄国革命后的40年间,俄国的生育率下降到了与大多数西方社会相当的水平。

在十月革命前的俄国,社会、经济与环境因素造成对多子女家庭的需求;而在北美,哈特教派(the Hutterites,一个发源于美国和加拿大的虔诚的宗教团体)信徒也推崇多子女家庭。根据相关记录,在1900年早期,哈特教家庭平均拥有11个孩子[5]。但即使是在哈特教派生育的最高峰时期,这一群体的生育率也远低于生物学上的**繁殖力**(fecundity),即个体能达到的理论最高生育水平。一些不那么显而易见的社会因素如经济问题,和政府或其他机构对生育行为的影响,也会使生育水平低于理论最大值。同样地,社会文化价值中对家庭规模、男女社会分工的认知,也对生育水平及其下降节点产生影响。例如,在许多非洲国家,女性初次性行为的年龄小且避孕措施的使用率低,平均每个家庭有六七个孩子,不过这一数字仍远低于生物学最大值。文化因素如母乳喂养、育后禁欲以及地方的生育控制技术等,也促使生育率低于理论最高水平。

我们可从哈特教派、俄国以及其他国家的经验总结出影响生育的决定因素。有学者提出

"远端"和"近端"决定因素的划分与识别[6],而人口学者约翰·邦格特(John Bongaarts)界定了可以解释几乎所有人口生育率水平变化的四个因素[7],包括结婚率或性行为发生率,避孕措施使用率,不孕妇女比例,以及堕胎率。

第一,在所有社会中,婚姻都明显是一种促进生育率的社会制度。女性等待进入性关系的时间越长,生育率越低。相反,女性结婚早的地方生育率更高,因为早婚意味着有更多的受孕机会,以及更长的可能怀孕时间段。在过去,步入婚姻与发生性行为的时间通常是一致的,但是现代避孕手段的发展以及人们对婚前性行为接受度的提高,意味着步入婚姻的时间与发生性行为的时间不再相同。独身与禁欲(自愿的或者非自愿的,比如阳痿),以及在一段关系中性交的频率,都将消除或者改变怀孕的风险。与性行为、非婚生子以及避孕措施有关的文化价值观和习俗也会对生育决策产生影响。

第二,避孕措施的使用以及堕胎是影响生育率的因素。以避孕药等有效的现代计生手段为标志的"生育革命"开启了更加容易避孕的时代。避孕措施可得性的增强及家庭规模控制的愿望助推了生育率的下降,并且,当发展中国家使用这些方法时,其生育率的下降速度比发达国家在生育率转变时期的下降速度快得多。尽管出现了生育革命,但避孕措施的使用情况及相应的生育水平在不同地区的差异都很大。例如,在美国和加拿大,处于生育年龄(15~49岁)、有性行为且选择避孕的女性中,70%选择现代避孕手段[8];而在欧洲,这一比例则相对较低,尤其是东欧地区现代避孕手段的使用比例只有54%,这反映出历史上较差的计生用品可得性与更高的堕胎率。

发展中国家避孕措施的使用率落后于世界其他地区,但计划生育项目已通过提升避孕意识以及避孕需求,对生育产生了巨大影响。在发展中国家,对生育率的调节还大多依赖于体外射精或禁欲等传统避孕方式,较低的避孕措施使用率则可归因于宗教信仰、社会价值观或现代计生物品的可得性,比如许多政府谴责使用生育控制方法是不节制的西方道德观入侵的体现。即使面对艾滋病病毒或艾滋病流行的境况,并且避孕套的使用能够明显降低这种传播风险,一些政府依旧鼓励人民拒绝使用现代生育控制措施[9]。各国生育控制的方式和时机也有差异。发达国家的女性倾向于在十几岁或者二十岁出头就开始进行生育控制以延迟生育的时间,或者在生育孩子后就开始控制,以实现预期的生育间隔。而在发展中国家,避孕措施的使用多是在人们已经生育了期望的子女数之后才开始。

第三,堕胎是世界上最常见的生育控制手段之一,并且被认为是多数发达国家低生育率的重要原因[10]。在大多数国家堕胎是合法的,包括加拿大、美国、多数欧洲国家、中国、印度以及俄罗斯等,堕胎率最高的国家则主要分布在加勒比海地区(2010—2014年的数据为59‰),紧随其后的是南美洲(48‰)[11]。东欧在历史上曾有着全球最高的堕胎率,但近年来堕胎率急剧下降,从 1990—1994 年的 88‰ 下降到 2010—2014 年的 42‰。不过东欧与西欧的堕胎率差别仍十分明显(西欧的堕胎率仅为 18‰)。不幸的是,堕胎也被用作挑选男孩的方式[12],这一主题将在第十章中进一步讨论。

最后,各种自愿的或非自愿的原因还会导致无法怀孕。例如,母乳喂养会降低(但不是消除)生育后 21 个月内的怀孕几率[13]。随着现代化的发展,母乳喂养逐渐减少,这一现象对于发展中国家来说可能特别值得关注,因为这些地区其他生育控制手段的缺乏或导致生育率的上升。绝育也提供了一种降低生育率的方式,它通常在发达国家更为流行,主要用于已达到预期生育子女数量的家庭避免再次怀孕。

总结来说,上述四个因素可以解释几乎所有的生育差异,而不同因素的相对重要性则取决于人口内部的文化、经济、健康及社会状况。在许多非洲社会,儿童会被母乳喂养至两三岁,且女性在生育后需要禁欲两年,这都会增加生育间隔。虽然邦格特对影响生育的关键因素提供了深刻的见解,但社会因素对生育决策的塑造依旧有许多未解谜题。例如,为什么结婚时间逐渐推迟?为什么避孕措施的使用越发普遍?与儿童相关的文化价值观如何改变?

为了回答这些问题,我们必须回到生育率时空转变的相关理论[14]。这些理论可大致区分为微观经济学解释和"扩散—创新"视角两种类型。前者以伊斯特林(Easterlin)的"供给—需求"理论框架为代表[15],后者可见于多位学者的工作[16]。这两个理论框架均源于人口转变理论(见第一章),这一理论将生育率的降低归因于工业化和城镇化带来的社会巨变。人口转变理论指出,伴随死亡率的下降和经济机会的改善,人们最终会意识到他们能生育并存活至生育年龄的孩子数量高于他们能负担的孩子数量,这种意识在现代生育控制方法产生之前便会导致生育率的降低。城镇化与工业化因此成为生育率降低的土壤,例如,在 20 世纪以前,欧洲与北美即出现了一种养育子女成本明显提高的生活方式[17]。子女不再被看作增加家庭收入的途径,而是通过教育等方式进行投资的对象。

然而,人口转变理论中城镇化、工业化与生育的联系(见第九章)也受到了批评,尤其是在发展中国家,因为这些地区发展与生育之间的联系较弱。许多亚洲国家(如孟加拉国)和拉美国家(如海地)依然很不发达,城镇化水平低,但生育率已经开始下降。换言之,发展与经济保障并非导致生育率下降的充分条件。在人口转变理论的基础上,新古典生育下降理论被建构出来。伊斯特林的经典"供给—需求"理论框架将生育决策看作是在文化背景与家庭预期的大环境下,对生育行为的成本与收益进行理性衡量后得出的结果。家庭在孩子的潜在供给量和对生存孩子数量的需求间尝试寻求平衡。在死亡率高的地方,高生育率保证了部分孩子能活到经济活动年龄,因此人们并没有控制生育的动机。在对高死亡率的这种响应策略中,儿童被视作一种保险与劳动力资源,或是一种对人口进行"补充"的需求,这自然也会形成重男轻女的偏好。实际上,儿童或许可被看作一种养老策略,有助于提高家庭生产力和收入,有助于未来对老人的照料,因此大家庭成为保障未来的必需与一种投资策略。

从另一方面来看,如果供过于求,生育调控的重要性就凸显出来了。既然越来越多的孩子能够出生并活到生育年龄,控制生育的决策就主要基于养育孩子的经济与社会成本的考虑。将生育行为投射为一种经济选择意味着孩子在很多意义上成为一种需要时间和投资的奢侈品。这种投资表现为直接成本,如教育、穿衣、饮食等的直接支出,以及放弃购买和投资其他物品的机会成本。于是父母就需要面对养育质量与数量的权衡。在发达国家,人们强调质量,资源集中投入在相对少的孩子身上,孩子并不被期待为家庭创造经济收益,或者在父母年老时提供支持。相反,他们代表着大量的在教育、穿衣、饮食等的直接成本,以及生儿育女导致的本可以用于其他消费品的机会成本和可以用于消遣的时间成本。

对生育行为的新古典决定因素的批评推动了社会科学家将生育行为的变化与理念的空间扩散联系起来[18]。同其他过程一样,社会规范或者新理念的传播会随着空间而变化,生育转变的时机取决于社会观念与新理念的传播,也包括节育技术。过去,对小家庭的偏好从城市地区率先扩散出来,从高收入人群扩散到低收入人群,从一个国家扩散到其他国家。这种空间扩散虽然重要,但并非总是顺畅。比如,在世界上交通或通信基础设施尤为薄弱的广大乡村、农业与贫穷地区,会形成阻碍新思想与新规范扩散的藩篱。宗教意识形态则具有一如既往的影响力,它鼓励高生育率,限制了计划生育项目与生育控制手段的普及。例如,以色列的总和生育率是3.0,但一些宗教群体的生育水平则是全国平均水平的两倍[19]。文化习俗同样可能导致对避孕工具的抵触,比如在某些文化中人们认为避孕套是性行为过程中的一种干扰。

对新观念或新规范的接纳也与个体有关。要接受控制生育这样的新观念,人们首先必须认可他们有对其生命事件的控制力[20]。在女性难以控制个人命运的社会里,生育率一般会比较高。因此,控制生育的关键在于推进男女平等,包括对教育、职业与收入等方面的改善。教育水平和收入的提升能够降低生育率,女性受教育水平的提升和生育率降低的关联几乎是一个普世规律。相较于受教育程度低的女性,受教育程度较高的女性有更强的计划生育意愿,更长的生育间隔以及倾向于在更小的年龄停止生育。相较于未受过教育的女性,即使是受过中等教育的女性,其生育子女的数量也会减少大概1/3到1/2。图4.1显示了小学教育完成率和生育率之间的关系。非洲的小学教育完成率低,生育率相应就很高;而亚洲、欧洲、北美地区等教育完成率较高的地区,生育率较低[21]。

女性更多的受教育机会与较低的生育率水平关系密切,同时,女性更高的受教育程度也往往与后代更好的健康和营养状况联系在一起,这种联系又进一步推进了生育率的降低,最终增强了人们对全球人口将在21世纪60年代中期达到峰值的预期[22]。虽然确切的关系仍不清

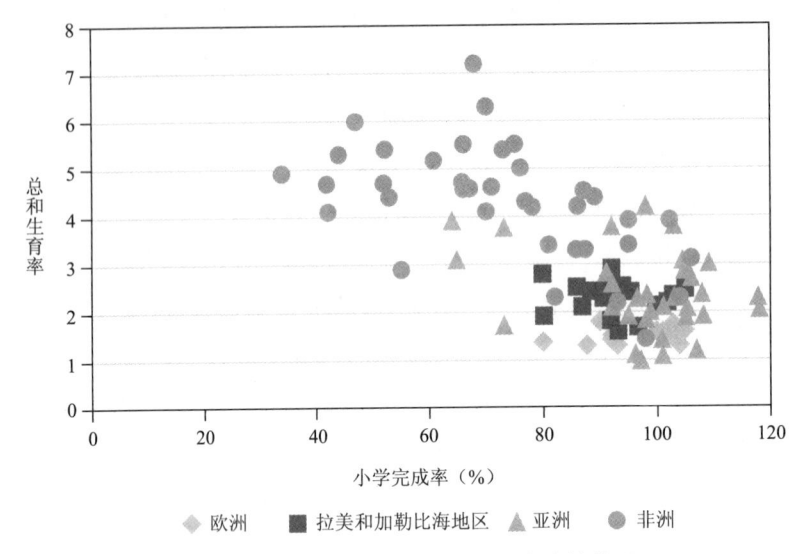

图 4.1 各地女性小学完成率和生育率的关系

注：根据小学毕业人数和入学人数之比计算的小学完成率可能高于100%。谷歌提供了本图及相关图件的交互式版本，可见 http://www.google.com/publicdata/directory?hl=en_US&dl=en_US（2020年3月23日查阅）。可选数据包括教育、健康、环境等，也有时间和国家的相应选项，以跟踪指标间关系随时间的变化情况。

数据来源：世界银行，http://data.worldbank.org/（2020年3月23日查阅）。

楚，但完成教育可延迟女性步入婚姻的时间，拓宽职业选择，增加女性收入并提升女性的自主权。就业也会让女性有更多机会受到家庭之外新观念与新行为带来的新影响。然而，就业中的男女平权十分关键：如果就业没有转换为女性的影响力，并且没有赋予女性在卫生健康、避孕以及生育时间上的决定权，那么生育率就不一定会下降[23]。

生育水平：太高还是太低？

我们对生育水平的讨论通常聚焦于生育率及"更替水平生育率"（replacement fertility），因为这有助于我们了解随着时间的推移能否实现人口的自我更替。人口学家将2.1视为总和生育率的"更替水平"，或者说是在考虑成年前死亡风险的情况下，能够替代父母一代所需要的子女数量。但是，这样计算出的平均值往往会掩盖生育率的地区差异，比如美国的西班牙裔与非西班牙裔、加拿大的法语区魁北克省与其他地区的差异。此外，更替水平生育率在不同地区也并非完全一致，比如在发展中国家，由于较高的死亡率，更替所需的总和生育率通常在

2.5~3.3[24]。值得注意的是,人口的增长和下降并不遥远。以总和生育率2.1作为更替水平,超过2.1就会带来人口增长,低于2.1就会带来人口下降。而无论增长还是下降,均会带来一些相应的问题。

高生育率的影响

高生育率的影响可以说是不言自明的。生育率超过更替水平意味着人口的增加,并且在可预见的未来,世界人口将会持续增长。持续的人口增长在许多国家会导致诸多严重问题,尤其是在那些财政紧张、政府羸弱、卫生与教育系统薄弱的国家。在某些案例中,由于政府无力维持在医疗卫生等公共基础设施领域的投入,人口增长的压力已经显现了出来。在许多情况下,人口的高速增长会侵蚀经济增长,加深贫困,阻碍社会进步[25]。人口增长及其长期形成的庞大人口规模将持续对社会与政府提出挑战,例如日益缺乏的土地资源和水资源增加了社会冲突的风险。

低生育率的影响

虽然世界上大部分地区的生育率依旧很高,但也有越来越多的国家面临着生育率低于更替水平的问题[26]。并且,一旦跌破了自然更替水平,生育率会倾向于长期保持在低水平,甚至出现持续下降[27]。虽然低生育率和人口增长的放缓甚至下降会引发一系列问题,但也存在一定的正面效应。例如,对老龄人口的继续教育与再培训的支出可能会提升,不过人口平均年龄较大往往也意味着更高的储蓄率、更多的专业知识和技能、更低的失业率以及更高的创新性。类似地,低的乃至负的人口增长并不会影响技术革新、消费与投资,虽然这种影响在地区间或年龄组间并不均衡,比如在医疗上的花费[28]。

虽然低生育率和人口数量减少的优点是明确的,包括对环境保护、气候变化以及粮食生产的正向作用,但美国人口咨询局的结论是:低生育率是很严重的问题,其危害远大于好处,并且会导致一种政治上不可持续的状态[29]。从人口学的角度看,低生育率会导致老龄人口(65岁及以上)比例的上升,同时伴随着儿童和青年比例的下降,这也就意味着劳动力、经济增长以及社会福利保障供给的减少。1951年,加拿大65岁及以上的老龄人口只占总人口的7.8%,这一比例在2020年升至18%,近期预测将在2036年上升至26%左右[30],导致人口年龄结构从典型的以青壮年为主的金字塔型转变为老龄人口比例更高的矩形。美国虽然在西方社会中有着较高的总和生育率(1.7),但也观察到了类似的老龄人口比例增长——1900年只有4.1%的老龄人口,2020年达到16%,预计在2030年将达到20%[31]。欧盟的老龄人口比例已经超过了21%,并仍在稳定增长。

经济学家倾向于假设市场会对人口变化作出反应。如果儿童减少,他们就会变得更有价值,市场系统会进行自我修正,要么寻找儿童的替代品(这不太可能!),要么通过各种激励手段赋予儿童更高的价值。然而,2008—2009 年的经济衰退证明情况并非如此,经济状况才是生育的真正驱动因素。在美国,有证据表明经济衰退降低了生育率,因为许多家庭在经济上遇到困难或感到前景不明而推迟了生育[32]。类似地,在 2020 年暴发的新冠疫情也不会带来生育率的显著提升。虽然部分人推测新冠疫情会带来"婴儿潮",因为隔离与社交减少让伴侣们有更多的相处时间,并最终带来怀孕的结果,然而更有可能的情况是,生育率要么保持原样,要么受新冠疫情影响而下降。在经济停滞时期,人们会作出推迟生育的决定,就像 2008 年经济危机时的情况一样。由新冠疫情引发的不确定性甚至更大,因为没有人能确切地知道社会何时能重新恢复正常运转。并且,夫妻(尤其是女性)可能会害怕怀孕期间在寻求医疗支持时新冠病毒感染风险的提升。事实上,已有充分的证据表明,不仅仅是女性,许多人在疫情期间都因害怕进入医疗区域而推迟了寻求治疗和健康咨询的计划。这已给一些人带来了悲剧性的后果,我们已观察到了相较于历史数据更高的"额外"死亡人数,而这些死亡与感染新冠病毒无关。第三,疫情期间孕妇以及新手父母能得到的支持减少了。儿童看护及其他的社会支持,和对新家庭有所帮助的交流都受到了疫情的限制。

人口的缓慢乃至负增长带来的经济后果同样不明晰[33]。丹麦经济学家埃斯特·博塞拉普(Ester Boserup)认为人口增长会促进经济增长[34]。从长期来看,人口持续增长的国家确实比人口稳定或下降的国家更容易取得强劲的经济增长。人们通常持有这一假设:人口增长会刺激经济——增加的人口创造了更多的商品和服务需求,消费驱动经济增长;相反,人口增长下降意味着消费减少、储蓄增加并导致经济增长放缓,这是许多发达国家的共识。我们可以用房地产市场做一个简单的类比:如果已知人口下降、市场萎缩,买家减少并因此导致房价下跌,未来人们为什么还要在房产上投资?相类似的是,2008—2009 年经济衰退的加剧很大程度上是失业率飙升导致人们不愿意买房。

老龄化程度的加剧会导致更少的劳动力要服务更多的老龄人口。这种伴随着人口放缓或减少的负面经济影响可能会加剧社会内部的不平等。毫无疑问,老龄化程度高的国家将面临更重的养老负担,由此加重社会福利系统的压力。拥有较低生育率的国家将以更少的劳动力负担更多的老龄人口,且可能会面临劳动力短缺的问题,这一问题将威胁到经济活力与国家稳定[35]。最近关于美国社会保障危机(与改革)的辩论强调,不断改变的人口年龄结构对老年人的收入保障、住房、交通以及其他服务构成了威胁。卫生保健的供给格外需要关注,因为老年人,尤其是 75 岁以上的老年人,消耗了不成比例的医疗服务份额。与此同时,由于资金被挪用于填补老龄人口的需求,儿童的福利受到了损害。

发达国家与发展中国家均开始为应对老龄化作出反应。一些国家,包括加拿大、美国、英国和澳大利亚,提高了个人享受国家资助的养老金的年龄资格,其他国家则废除了强制退休年龄。还有一些国家也开始修改其医疗和养老金制度,通过提高享受养老金的年龄应对人口老龄化(表4.1),尽管2008年经济衰退后持续的经济疲软延缓了这一进程[36]。

表 4.1　各国领取公共养老金的资格年龄变化

国家	资格年龄变化	过渡阶段
澳大利亚	从65岁到67岁	2017—2023年
英国	女性从60岁到65岁,以实现男女一致	2016—2018年
	再从65岁到66岁	2018—2020年
	从66岁到67岁	2034—2036年
	从67岁到68岁	2044—2046年
加拿大	从65岁到67岁	2023—2029年
丹麦	从65岁到67岁	2019—2022年
法国	从65岁到67岁	2016—2022年
德国	从65岁到67岁	2012—2029年
爱尔兰	从65岁到66岁	2014年之前
	从66岁到67岁	2021年之前
	从67岁到68岁	2028年之前
日本	从60岁到65岁	2001—2013年(男性)
		2006—2018年(女性)
西班牙	从65岁到67岁	2013—2027年
美国	从65岁到66岁	2012—2020年
	从66岁到67岁	2022—2027年

资料来源:《环球邮报》(*The Globe and Mail*,2016年8月10日),A13。

事实上,人口低速增长或负增长的负面影响不仅限于经济领域,还包括对政治的冲击[37]。从国内情况来看,随着政治经济上的关切越来越多地代表老龄人口的诉求而牺牲年轻一代的利益,国家可能会面临"政治老龄化"。老龄人口在选民中的主导地位在2016年英国脱欧公投事件中体现得非常明显。并不意外的是,投票比例随着年龄增长而提高,这种不同年龄人群间的差异十分普遍。然而有趣的是,年轻人绝大多数都希望留在欧盟,18~24岁和25~30岁的群体分别有73%和62%投了留欧票;相反,65岁及以上人群中60%投了脱欧票[38]。另外,尽管国际移民能够抵消生育率的下降，英国脱欧决议本身在某种程度上就是反国际移民的一种表现，体现了英国对独立制定移民政策的需求，而这一点恰恰主要是老年人所强调的[39]。从国际情况来看，人口萎缩与人口边缘化息息相关。"人口坍缩"（population implosion）可能从根本上侵害国家之根基，各国政府也担忧人口的下降将威胁到国家的自卫能力，甚至连国家地位也要受到威胁，因为国家的影响力取决于人口的活力与规模。

随着许多国家出现了生育水平的下降，人们在所谓"**人口红利**"（demographic dividend）上作出了许多努力。人口红利是指在人口年龄结构逐渐成熟的过程中经济增长加速的现象。"人口红利"的出现需要投资教育、健康、政府管理以及制定新的经济政策。为实现人口红利，生育率需要低到一定程度以拉高劳动年龄人口相对于被抚养人口的数量，从而降低对儿童保育的投资和社会抚养比[40]。除了经济增长，许多国家还能体验到儿童存活率上升、受教育水平提升以及政治稳定的好处，也就是所谓的四类人口红利[41]。

在某种程度上，人口红利常用于解释"亚洲四小龙"（中国香港、新加坡、韩国与中国台湾）20世纪60、70年代的经济高速增长，以及近期南美洲许多国家的经济增长。人们还希望人口红利现象会在撒哈拉以南的非洲地区出现。但人口红利并非在人口变化中必然且自动发生的现象。相反，必须出台相应的社会经济政策以最大程度获得人口红利释放带来的好处。因此，如果不增加对计划生育、医疗保障与教育的投资，上述对撒哈拉以南的非洲地区的预测实现的可能性是有限的[42]。

非洲的生育转变？

从20世纪50年代发展中国家的人口爆炸开始，人口学家和各国政府一直在寻找发展中国家典型高生育率的下降迹象。虽然大多数国家确如预期地出现了生育率的下降，但另一些国家依旧保持了高水平的生育率。与人口惯性增长相关联的年轻型人口年龄结构，不断提高的预期寿命，以及高于更替水平的生育率，共同导致人口将在未来几十年持续增长。与生育下降相关的多重因素在国家与国际政策的作用下变得更加复杂，因此很难确定是否所有国家都会完成某种形式的生育转变。在中国，一部分人口想要二孩的愿望和快速的老龄化所带来的问题，也使中国放松了生育政策。在许多别的地区，生育率持续高于更替水平。尽管孟加拉国在降低生育率上取得了初步成功，总和生育率从20世纪70年代的6.0降为2020年的2.3，但该国的生育率在过去的20年里几乎保持不变。埃及的生育率在20世纪八九十年代就出现下降，但随着其计划生育工作趋于弱化而社会更加传统化，生育率的下降趋势出现了停滞（2020年为2.9）[43]。

在观察过亚洲与拉丁美洲的生育转变后，全世界的目光都开始聚焦非洲，这里的生育率居高不下，并且几乎所有的非洲国家（撒哈拉以南的非洲尤其典型）在生育转变上几无进展[44]。简言之，大多数的非洲国家仍在生育转变的早期阶段。可以说非洲面临着最严峻的生育问题：在发展中国家的死亡率已经大幅下降50多年后，非洲的总和生育率依旧高达4.5，撒哈拉以南的非洲甚至高于5.0。如此高的生育率催生了人口的迅速增长，年增长率高约2.5%。据预测其总人口数将从2020年的10.94亿上升至21世纪50年代中期的21.92亿[45]。在撒哈拉以南的非洲，只有14个国家有进入生育转变的表现，主要体现为较高的避孕措施使用率、更长的预期寿命以及开始下降的生育率。降低生育对于大多数撒哈拉以南的非洲国家来说依旧是个遥远的目标。

虽然大多数的观察者们都预测非洲国家的生育率最终会下降并在21世纪后期降至自然更替水平以下，但依旧存疑的是大规模的下降何时会出现，会下降多少，以及需要多久来达成显著下降的目标。一如对生育下降的解释，这些问题的答案也是多维度的。

第一，虽然避孕措施的使用率在上升，但这更像是为了控制生育间隔[46]，或者在达到生育预期子女数量后的行为，而非为了限制家庭规模的生育控制方式。在许多非洲国家，只有32%的已婚妇女采用一些形式的现代生育控制，而北美的使用率为70%。一项针对三个西非法语国家的研究发现，这里有更高的避孕意识，但是已婚妇女的避孕率依旧较低，并且低于有性行为的未婚妇女[47]。第二，许多非洲国家的儿童死亡率依旧很高。我们已经注意到了非洲死亡率的下降，但这或许依旧不足以带来生育率的下降。一般规律是出生时的预期寿命必须高于50岁才能带动生育率下降，而近期这一规律只在某些非洲国家实现。第三，艾滋病病毒或艾滋病危机影响了许多撒哈拉以南的非洲国家的预期寿命（见第五章关于艾滋病病毒或艾滋病对人口影响的讨论）。虽然并没有证据证明生育决策也受到了艾滋病危机的影响，但其对预期寿命降低的影响是显著的。比如，据估计，20世纪90年代至21世纪早期，津巴布韦的预期寿命受艾滋病的影响下降了21岁（见第五章）[48]。第四，在许多社会，实现性别平等仍遥遥无期。女性依旧被边缘化，识字率依旧很低，20世纪末快速的人口增长和经济危机使得许多国家无法为更多的新增人口提供足够的教育机会，结果往往导致糟糕的生殖健康状况。卫生健康体系也成为人口高速增长和经济停滞的受害者，因为这限制了对发展、现代化及基本卫生保健的投资。许多系统或是资金短缺，或是陷入瘫痪，难以满足母亲和儿童最基本的医疗卫生服务需求。

在过去，通过政策来降低非洲生育率的希望十分渺茫[49]，从20世纪50年代就致力于人口增长问题的联合国与其他国际团体的经验证实了这一点。但这并不意味着降低生育率的进程已不可能，仅是说明要成功实施计划生育项目极具挑战性，亟需通过提供计划生育，提倡性别平等，提升教育与经济水平来满足那些底层的和乡村地区的人们的特定需求。通常来说，相较于没有投资于卫生健康以及计划生育的国家，有相关投资的国家有更平缓的人口增速以及更快的经济发展。许多非洲国家政府已经意识到人口与发展之间的紧密联系,并开始推动降低生育率的项目,但他们常常缺乏完成项目的经济能力。另一种情况是,政府并未充分调动能改变影响生育决策的社会、政治与经济等所有利益相关方,如宗教领袖和男性群体。总的来说,实现非洲生育率下降的目标依旧道阻且长。

女性生殖健康

许多生育决策的基础,以及生育决策的最终后果都会落在女性的生殖健康上,它包含了孕产安全、艾滋病病毒或艾滋病、青少年生殖健康以及计划生育等内容。显然,虽然这些情况经常出现在发展中国家,但它们并非孤立存在的。举例来说,产妇死亡率最高地区的是在非洲(每十万名活产婴儿伴随着542名孕妇的死亡),在塞拉利昂这一数字甚至会超过1 000。相比之下,加拿大的每十万名产妇死亡率仅为10,美国是19,西欧是7[50]。伴随着恶劣生殖状况出现的还有突出的患病率[51]。

可以预料的是,产妇死亡率与妊娠前、中、后期的医疗保障缺失息息相关。比如,在大多数撒哈拉以南的非洲国家,妇女分娩都没有熟练的卫生人员照顾,产妇们常常缺少产检的机会,并且只在可能有问题的情况下才寻求产检[52]。问题同样严重的是人们缺乏对于孕期医疗保健重要性和必要性的认知。特定社会中的性别角色和社会与经济情况进一步加剧了孕产死亡问题。例如,费用与可得性问题可能会限制生殖保健的作用,尤其是在缺乏训练有素的卫生人员的乡村地区,且获取相关信息十分有限或十分艰难,人们通常也没有经济能力负担保健支出[53]。类似的是,女性可能会倾向于寻找女性保健服务的提供者,但一方面这些提供者并不容易找到,另一方面是否寻求这种保健服务往往取决于她们的丈夫。因此,男性必须也被纳入生殖健康的讨论中。非法与不安全堕胎造成的并发症也是孕产妇死亡和发病的一个重要原因,这在安全堕胎受限或认为堕胎非法的地区尤其普遍。在尼加拉瓜,不安全堕胎的并发症已被认定为是女性住院的一个主要原因,并且超过8%的孕产妇死亡可能与不安全堕胎的并发症存在关联[54]。

鉴于青少年更容易暴露于潜在的性病、意外怀孕、妊娠和分娩的并发症风险,他们面临着最大的生殖健康相关风险[55]。在全球范围内,与怀孕相关的原因导致的少女死亡比任何其他原因的都多,并且17岁以下少女产妇的死亡率是整体水平的四倍之多。某种程度上,青少年不良的生殖健康状况反映了社会无力处理青少年生殖健康需求与早婚问题,并且缺乏计划生育相关的知识或经验。女性割礼,即部分或者全部切除少女的外生殖器,依旧是某些非洲和中东国家一个主要的生殖健康问题,并且会导致不孕和若干并发症[56]。

在很大程度上,女性生殖健康的提升表明妇女更有可能获取有效的妇幼保健服务与教育机会,包括通过有效减少意外怀孕来促进母婴健康的计划生育项目。正如本章前面提到的,对避孕工具的使用在不同地区存在很大差异。不过,计划生育项目的推行与人们进行某些形式的计划生育行为之间确有关联,不论是通过使用避孕工具或其他方式来限制怀孕,或改变生育间隔。伊朗在20世纪80年代开始推行计划生育政策,57%的已婚妇女采取了现代计生行为。相应地,在计划生育项目推行较晚或推行受限的国家,计生行为的参与率也较低。同时,在对避孕副作用的恐惧、丈夫与家庭的反对、宗教限制以及计生用品获取困难等因素的影响下,妇女对避孕用具的需求并不能得到满足,这也限制了计划生育的成功推行。这种无法满足避孕用具需求的情况通常在贫困和未受教育的女性群体中最为常见[57]。

结论

生育率虽然总体上呈下降趋势,但其在全球和地方尺度上仍有明显的空间差异。虽说人们普遍希望以低生育率实现人口低速增长或负增长,但人们对于"理想的人口增长率是多少"这一问题并无统一意见。仅仅实现人口代际更替是否就已经足够?低于更替水平生育率的社会能否实现政治存续和经济增长?低于更替水平生育率的政治、经济及社会影响是什么?为促进生育,此类国家政府可能会推行鼓励生育的政策,比较典型的是为夫妻提供经济激励。不过,既然从其他人口充足的地区向发达国家输送国际移民即可增加后者的人口,这些国家政府还需要积极提高本国的生育率吗?在其他地区,人口快速增长的国家将试图减少生育并且减缓人口增长,最广为人知的是中国的生育控制经验(见第十章"聚焦"栏目)。

思考题

1. 概述政府想要控制生育的原因。
2. 多年来,许多国家推出政策来控制(促进或抑制)生育,选择一个国家并讨论其生育项目或政策。
3. 运用美国国家生命统计系统(US National Vital Statistics Sytstem)的出生数据(http://www.cdc.gov/nchs/nvss/births.htm),按照种族和年份绘制生育率图表,观察其差异。
4. 运用联合国数据(https://population.un.org/wpp/Download/Standard/Fertility/),选择一个发达国家与一个发展中国家绘制二者生育率随时间变化的趋势图。你能发现什么模式?生育率随时间是如何变化的?

5. 运用美国国家生命统计系统的出生数据（http://www.cdc.gov/nchs/nvss/births.htm），分州绘制生育率图表，各州的生育率是否存在差异？这些差异产生的可能原因有哪些？

聚焦：北美、欧洲和乌干达的生育率和生育决策比较

当我们将发达国家与发展中国家的生育决策与生育率进行比较时，双方的巨大差异通常显见[58]。通过观察北美（美国与加拿大）、欧洲与乌干达的案例，这种对比将更加明显。

北美的经历

虽然北美（美国与加拿大）的生育率在20世纪有所波动，但是总体来说是下降的。在1900年，生育率接近3.5。20世纪30年代的经济大萧条与后续的第二次世界大战导致了北美生育率的下跌。战后的"婴儿潮"极大改变了生育率的走向：1957年，美国的总和生育率从战后的2.19冲上了峰值3.58；在20世纪60年代中期，生育率一度再次跌至"婴儿潮"前的水平并继续缓慢下滑；70年代的总和生育率稳定在1.7左右；80年代与90年代，生育率又上浮至约2.0；2001年达到2.1，使得美国成为了发达国家中总和生育率最高的国家之一。最近，在经济衰退的影响下，美国的生育率从2007年的2.12，下滑至2009年的2.01，2012年的1.9，以及2020年的1.7，这同其他与经济周期相联系的生育率的类似波动相呼应[59]。根据预测，美国与加拿大的生育率将在未来数十年里继续下降[60]。

加拿大与美国有着类似的人口结构与历史，加拿大也经历过从1900年到经济大萧条、战争带来的生育率下降过程，以及战后的"婴儿潮"。在加拿大，总和生育率的峰值略高（3.9），出现的时间也略晚（1959年），而其总和生育率在1972年降至更替水平2.1以下。令人惊奇的是，加拿大的生育率下降始于法语区魁北克省，而人们通常认为天主教会在该地的重要地位会促使其维持高生育率。在近些年，加拿大的生育率与美国开始有所不同，例如在2020年，加拿大的总和生育率是1.5，比美国的更低。尽管经历了类似的社会变迁，如结婚率下降、结婚平均年龄上升和受教育水平提高，加拿大生育率的变化趋势却与欧洲的更为相似，保持在更替水平以下[61]。造成这种差异的主要原因或许是加拿大的移民政策更偏向于接受受教育水平高的移民，相应地导致更低的生育率。

在美国和加拿大，"婴儿潮"都反映出经济大萧条和第二次世界大战时被压抑的生育需求，同时伴随着收入和对生活期待的提高以及婚龄的提前。类似地，两国生育率的下降也都与一些共同因素相关[62]。第一，随着女性对教育和个人事业的重视超过对家庭发展的重视，情

侣结婚时间推后。这也与收入潜力密切相关,更高的受教育水平意味着更多的收入机会,照顾家庭就意味着放弃收入。第二,20世纪60年代的标志性事件包括性革命、计生用品的可得性提高与对避孕的接受度提高,尤其是避孕药的问世。这些条件共同使得对怀孕和生育间隔的计划与控制更加容易,或者保证了不会怀孕。第三,考虑到"婴儿潮"导致的"人口挤压"(demographic squeeze)现象,经济学的解释也被用于理解生育率下降。随着"婴儿潮"一代进入劳动市场,越来越多的女性参与就业,一方面是为弥补男性收入下降的需要,另一方面是出于对个人的职业兴趣以及对获取教育的追求,最终导致结婚组建家庭的行为被延迟。

正如前文所述,美国的生育率比大多数发达国家都要高,甚至高于某些发展中国家。这种差异可归咎于几个方面[63]。在很大程度上,相对较高的生育率可归因于美国的民族多样性,少数族裔比本地白人的生育率更高(图4F.1)[64]。例如,2017年非西班牙裔白人的总和生育率是1.66,而非裔美国人的总和生育率是1.82,西班牙裔的总和生育率是2.01[65]。西班牙裔生育率高的原因在于受教育程度低,且文化与宗教因素也促使他们追求更大的家庭规模。美国以外出生的第一代西班牙裔移民生育率通常比本土出生的西班牙裔要高许多,这也意味着美国西班牙裔的生育率很可能会随着代际演替而下降,趋近于美国本土水平[66]。第二,养育子女上的花费差异也会产生影响,通常来说,在房产或者其他物价更高的地区(比如欧洲),养育成本会增加并降低生育率。

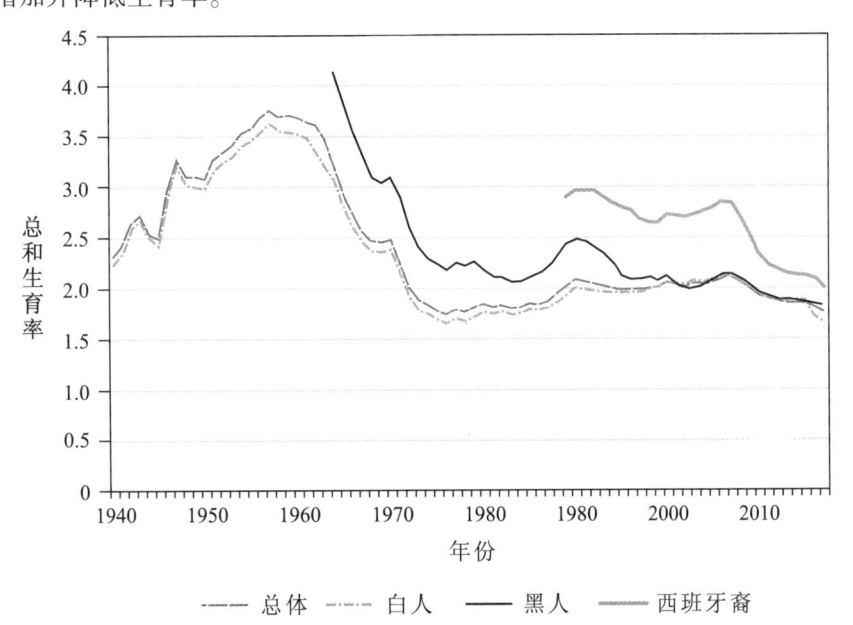

图 4F.1 美国分种族的总和生育率(1940—2017年)

资料来源:作者自绘,数据来源于美国疾病控制和预防中心的全国生命统计报告。

欧洲

欧洲有着不同于北美的生育转变历程,这种区别可部分归因于宗教价值观念,比如天主教长期提倡大家庭,因此有相对较高的生育率。与北美类似,自工业革命以来,欧洲经历了生育率的显著降低,孩子们的角色从传统的老年父母赡养者转变为大量投资的需求者。有趣的是,虽然欧洲各国的经济社会状况存在显著差别,但生育率的下降(即生育转变的开始)几乎在整个欧洲同时出现,这反映了低生育理念在欧洲的传播是相当迅速的[67]。后来,尽管第二世界大战后北美出现了"婴儿潮",欧洲的生育率却没有显著增长。相反,欧洲的生育率始终维持着总体下降的趋势,2020年欧洲的生育率为1.5,远低于更替水平。如同北美,欧洲的生育率预计将一直保持在低水平。

乌干达的经历

虽然乌干达的生育率预计在21世纪末将远低于更替水平,但如今乌干达仍是非洲生育率水平最高的地区之一(2020年的总和生育率为5.0),其人口也在迅速增长。相较于美国与欧洲,乌干达截然不同的情况反映出它处于不同的人口转变阶段。在过去的50年里,乌干达的生育率几乎没有变化,并且在20世纪70年代至80年代还有轻微的上浮[68]。这一高生育率的结果就是,该国的人口年龄结构非常年轻,15岁以下人口占比达到了惊人的47%。这些年轻人口尚未步入他们的生育年龄,这意味着乌干达的人口数量仍将持续增长。根据预测,乌干达的人口将从2020年年中的4570万上升至2035年年中的6950万[69],并且生育率仍将居高不下[70]。

很大程度上,乌干达的高生育率反映了其社会趋势的延续,以及通过增加子女数量以实现家庭收入多元化并辅助家庭的需求。简而言之,在预期寿命增长和死亡率下降的影响下,生育率并未出现相应的改变。战争、政治与经济动荡也帮助维持了乌干达的高生育率。同时,美国人口咨询局的报告指出,乌干达巨大的避孕需求并未得到满足,这表明当地人渴望以避孕或更合适的生育间隔来降低生育水平[71]。也就是说,人们有避孕的需求,但是计生用品总体上难以获得或难以负担。事实上,只有42%的处于15~49岁的已婚妇女使用了避孕措施,仅有36%使用了现代避孕手段。美国人口咨询局估计,35%的15~49岁已婚育龄期妇女希望避孕却无法获取相应用具。另外,这种需求无法满足的状况或许也折射出乌干达社会对现代避孕技术的认识不足,社会和文化藩篱对女性控制生育决策的能力的限制,人们对避孕副作用的恐惧,和将使用避孕措施视作滥交的标志的社会认识[72]。

方法、测量和工具：测量生育率

测量生育率的基本目的是理解生育决策如何影响人口规模。人口生育率可用很多方法来衡量，这里将介绍最常见的方法。生育指标可大致分为两类：一是**时期数据**（period data），指某个特定时间段（即日历年或者其他的时间段），一般是某个特定时间点的生育率截面数据；二是**队列数据**（cohort data），持续跟踪女性群体一段时间，描述其生育决策与生育行为随时间的变化。测度生育率的数据来源多样，通常来说，政府会搜集出生数据，并将其与其他人口统计数据进行汇编。虽然年龄标准化方法有助于提升各地生育率的可比性，但这种比较仍然较为复杂，因为其受到数据质量和数量差异的影响，数据质量越高，结论就越精准。

2018 年美国共登记了 3 861 000 名新生儿，粗出生率（crude birth rate, CBR）为 12，总和生育率为 1.8[73]。虽然我们已经讨论了总和生育率的含义，我们是否有其他方式衡量生育率呢？或许最基本的生育率测量方法就是粗出生率：

$$CBR = 1\,000 \left(\frac{B}{P}\right)$$

其中，B 为每年出生的婴儿数量，P 为年中总人口。粗出生率虽然计算简易并提供了快速衡量生育对人口改变贡献的方法，但其并未考虑人口年龄和性别结构的影响，因此无法用于跨人群或跨地区的比较。也就是说，由于年龄结构的地区差异，有着相同粗生率的不同地区的女性可能有着非常不同的生育倾向。因此，分年龄组生育率（age-specific fertility rate, ASFR, $_hF_x$）被普遍使用。其定义为：

$$_hF_x = 1\,000 \left(\frac{_hB_x}{P_x^f}\right)$$

其中，$_hB_x$ 表示年龄在 x 至 $x+h$ 岁的女性当年的生育数目，P_x^f 表示年中年龄在 x 至 $x+h$ 岁的女性总数，h 表示年龄组跨度，一般为五年，以匹配常用易得的人口数据，例如人口普查数据。

总和生育率衡量的是一个女性在整个生育期能生育的所有子女数目，它有两个基本假设：一是假设女性能够活过整个育龄期，二是女性按照每个年龄组的生育率（ASFR）完成全育龄期的生育活动。这种衡量方法通常用于描述生育模式以及对比不同区域的生育率，并且它比粗出生率能够更好地描述生育，因为它独立于人口的年龄结构。它的定义为：

$$TFR = h \sum_x {_hF_x}$$

即总和生育率是将各年龄组的生育率 $_hF_x$ 求和后乘年龄组间隔 h。

总和生育率可以通过生育水平来衡量人口是增长还是下降。粗人口再生产率（gross reproduction rate, GRR)则可以计算出每名妇女预期生育的女婴数量,它同样假设女性能够活过整个育龄期,并且女性在不同年龄的生育水平与该年龄的分年龄生育率相对应。通过这种方式,粗人口再生产率计算总和生育率与新生儿女婴占比的乘积,提供了另一种衡量人口自我更替水平的方法。如果 GRR 的值接近 1,说明每个女性都生育了一个女婴,刚好来替代自己的生育职能,因此人口增长率将接近于 0。如果 GRR 的值小于 1,意味着下一代女性难以替代上一代的生育职能,而大于 1 则意味着当前这一代女性将提升生育职能。

最后,净人口再生产率(net reproduction rate, NRR)是衡量人口是否会随着时间增长或者下降的更加精确的指标,其计算考虑了并非所有女性都能活到育龄期这一事实,但粗人口再生产率则假设所有女性都能活到育龄期。净人口再生产率定义了一个女性在某一年在当期分年龄组生育率和死亡率的水平下能生育的女婴数量。净人口再生产率用以下公式定义:

$$NRR = \frac{W}{l_0} \sum_x {}_hF_x \times {}_hL_x \quad ①$$

本质上来说,NRR 的数值是以 GRR 乘能够活到该年龄区间中值的女婴比例,该比例能在生命表中得到。如果 NRR 等于 1,每一代女性都刚好能替代上一代的生育职能;如果大于 1,人口将增长;如果小于 1,人口将萎缩。等于 0 意味着当前的生育职能未能延续。

分年龄组生育测量指标包括终身生育率,这代表了一队列女性总的生育数量。此外,生育意愿估计了一位女性期望在育龄期间生育的子女数目。然而,生育意愿会由于偏好或者经济条件的改变而改变,这会增加或者减少想要生育子女的数目。

注释

[1] 2020 年,非洲的总和生育率高达 4.4,其中非洲中部和撒哈拉以南的非洲分别为 5.8 和 4.8。美国人口咨询局预计,拉脱维亚的人口将由 2020 年的 190 万降至 2035 年的 170 万,同期德国人口也将从 2020 年的 8 330 万降至 2035 年的 8 220 万;东欧国家 2020 年的总和生育率仅为 1.5。

[2] U.S. Census Bureau, *Historical Statistics of the United States* (Washington, DC: Government Printing Office, 1975).

[3] 请参见如 David Foot, *Boom, Bust, and Echo* (Toronto: McFarlane, Walters, and Ross, 1996);Doug Owram, *Born at the Right Time: A History of the Baby Boom Generation* (Toronto: University of Toronto Press, 1996)。

[4] Sergi Maksudov, "Some Causes of Rising Mortality in the USSR", In: *Perspectives on Population*, ed. Scott W. Menard and Elizabeth H. Moen (New York: Oxford University Press, 1987), 156-174.

[5] John R. Weeks, *Population: An Introduction to Concepts and Issues*, 7th ed. (Belmont, CA: Wadsworth, 1999).

[6] Kingsley Davis and Judith Blake, "Social Structure and Fertility: An Analytical Framework", *Economic Deve-*

---

① 式中,${}_hF_x$ 是 x 岁到 $x+h$ 岁个体的年龄别生育率,${}_hL_x$ 是生存到 x 岁时的个体在 x 和 $x+y$ 岁之间存活的人年数,l_0 是人口规模基数,W 是活产婴儿中女婴的比例。——译者注

lopment and Cultural Change 4, no. 3（1956）: 211-235; S. Philip Morgan and Miles G. Taylor, "Low Fertility at the Turn of the Twenty-First Century", *Annual Review of Sociology* 32（2006）: 375-399.

［7］John Bongaarts, "A Framework for Analyzing the Proximate Determinants of Fertility", *Economic Development and Cultural Change* 4（1978）: 211-235.

［8］*World Population Data Sheet*（Washington, DC: Population Reference Bureau, 2020）.

［9］Peter Gould, *The Slow Plague: A Geography of the AIDS Pandemic*（Oxford: Blackwell, 1993）.

［10］Weeks, *Population*.

［11］Guttmacher Institute, "Induced Abortion Worldwide"（2016）, World Health Organization, Department of Reproductive Health and Research. 见 https://www.guttmacher.org/fact-sheet/facts-induced-abortion-worldwide（2020年3月18日查阅）.

［12］Kate Gilles and Charlotte Feldman-Jacobs, "When Technology and Tradition Collide: From Fender Bias to Sex Selection", Population Reference Bureau, Policy Brief, September 2012.

［13］Weeks, *Population*.

［14］Karen Oppenheim Mason, "Explaining Fertility Transitions", *Demography* 34, no. 4（November 1997）: 443-454.

［15］Richard A. Easterlin, "An Economic Framework for Fertility Analysis", *Studies in Family Planning* 6（1975）: 54-63. 亦可见 Richard A. Easterlin and Eileen M. Crimmins, *The Fertility Revolution: A Supply-Demand Analysis*（Chicago: University of Chicago Press, 1985）.

［16］Weeks, *Population*.

［17］尽管这将在之后进行讨论,欧洲生育率在马尔萨斯写作的时候就已经开始下降了(主要是在上层阶级)。如果他能预见生育率的下降是所有阶层都存在的,他的著作或许就不会那么黯淡了。

［18］John Cleland and Christopher Wilson, "Demand Theories of the Fertility Transition: An Iconoclastic View", *Population Studies* 41（1987）: 5-30.

［19］Sergio DellaPergola, John F. May, and Allyson C. Lynch, "Israel's Demography Has a Unique History", Population Reference Bureau（January 2014）, http://www.prb.org/Publications/Articles/2014/israel-demography.aspxn（2020年3月18日查阅）.

［20］Nancy E. Riley, "Gender, Power, and Population Change", *Population Bulletin* 52, no. 1（May 1997）.

［21］Joseph A. McFalls Jr., "Population: A Lively Introduction, 4th ed.", *Population Bulletin* 58, no. 4（December 2003）.

［22］Stein Emil Vollset, Emily Goren, Chun-Wei Yuan, et al., "Fertility, Mortality, Migration, and Population Scenarios for 195 Countries and Territories from 2017 to 2100: A Forecasting Analysis for the Global Burden of Disease Study", *Lancet*（14 July 2020）, https://doi.org/10.1016/S0140-6736(20)30677-2.

［23］Alene Gelbard, Carl Haub, and Mary M. Kent, "World Population beyond Six Billion", *Population Bulletin* 54, no. 1（March 1999）.

［24］Thomas J. Espenshade, Juan C. Guzman, and Charles F. Westoff, "The Surprising Global Variation in Replacement Fertility", *Population Research and Policy Review* 9（2003）: 575-583.

［25］Wairagala Wakabi, "Population Growth Continues to Drive Up Poverty in Uganda", *Lancet* 367, no. 9510（2006）: 558.

[26] Morgan and Taylor, "Low Fertility at the Turn of the Twenty-First Century".

[27] Darrell Bricker and John Ibbitson, *Empty Planet: The Shock of Global Population Decline* (Toronto: Signal, 2019).

[28] Benoit Guerin, Stijn Hoorens, Dmitry Khodyakov, and Ohid Yaqub, "A Growing and Aging Population Global Societal Trends to 2030: Thematic Report 1" (Santa Monica, CA: RAND Corporation, 2015), http://www.rand.org/pubs/research_reports/RR920z1.html(2020年3月18日查阅);也可参见 David E. Bloom, Axel Boersch-Supan, Patrick McGee, and Atsushi Seike, "Population Aging: Facts, Challenges, and Responses", May 2011, PGDA Working Paper No. 71, https://www.hsph.harvard.edu/pgda/working/(2020年3月18日查阅)。

[29] Statistics Canada, "Population Projections: Canada, the Provinces and Territories", Statistics Canada (2009), http://www.statcan.gc.ca/daily-quotidien/100526/dq100526b-eng.htm(2020年3月18日查阅),也可参见 Peter McDonald, "Low Fertility Not Politically Sustainable", *Population Today* (August/September 2001)。

[30] Statistics Canada, https://www150.statcan.gc.ca/n1/pub/91-520-x/2010001/aftertoc-aprestdm1-eng.htm(2020年3月18日查阅)。

[31] Jennifer M. Ortman, Victoria A. Velkoff, and Howard Hogan, "An Aging Nation: The Older Population in the United States", Current Population Reports, U.S. Census Bureau (May 2016).

[32] Daniel Schneider, "The Great Recession, Fertility, and Uncertainty: Evidence from the United States", *Journal of Marriage and Family* 77 (2015), 1144-1156.

[33] Fred R. Harris, ed., *The Baby Bust: Who Will Do the Work? Who Will Pay the Taxes?* (Lanham, MD: Rowman & Littlefield, 2005).

[34] Ester Boserup, *Population and Technological Change: A Study of Long-Term Trends* (Chicago: University of Chicago Press, 1981); Ester Boserup, *The Conditions of Agricultural Growth* (Chicago: Aldine, 1965).

[35] 请参见如 Moore and Rosenberg, *Growing Old*,也可参见 Victor W. Marshall, *Aging in Canada*, 2nd ed. (Markham, ON: Fitzhenry and Whiteside, 1987);Judith Treas, "Older Americans in the 1905 and Beyond", *Population Bulletin* 50, no. 2(1995): 1-48。

[36] 在加拿大,联邦政府宣布将养老金的领取年龄重新定为65岁(之前曾将提升至67岁定为政策目标)。

[37] Geoffrey McNicoll, "Economic Growth with Below-Replacement Fertility", *Population and Development Review* 12 (1986): 217-237;也可参见 Kingsley Davis, "Low Fertility in Evolutionary Perspective", *Population and Development Review* 12 (1986): 397-417。

[38] "EU Referendum: The Result in Maps and Charts", BBC News, 24 June 2016, http://www.bbc.com/news/uk-politics-36616028(2020年3月18日查阅)。

[39] Mark Mackinnon, "People Want to Go Backward", *The Globe and Mail* (18 June 2016), F1.

[40] John F. May, "The Demographic Dividend, Revisited", Population Reference Bureau (March 2014), http://www.prb.org/Publications/Articles/2014/demographic-dividend-revisited.aspx(2020年6月11日查阅)。

[41] 一个对"人口红利"很好的解释,详请参见 Jessica Kali and Elizabeth Madson, "The Four Dividends: How Age Structure Change Can Benefit Development," PRB, 7 February 2018, https://www.prb.org/the-four-dividends-how-age-structure-change-can-benefit-development/(2020年6月11日查阅)。

[42] James Gribble and Jason Bremner, "The Challenge of Attaining the Demographic Dividend", Population Reference Bureau (September 2012), http://www.prb.org/pdf12/demographic-dividend.pdf(2020年6月11日查阅).

[43] Carl Haub, "Recent Surveys Fill in Gaps in Our Knowledge of Fertility", Population Reference Bureau (December 2014), http://www.prb.org/Publications/Articles/2014/dhs-mics-results-2014.aspx(2020年3月18日查阅).也可参见 Carl Haub, "Flat Birth Rates in Bangladesh and Egypt Challenge Demographers' Projections", Population Today 28, no. 7 (October 2000), 4.

[44] John Bongaarts and John Casterline, "Fertility Transition: Is Sub-Saharan Africa Different?" Population Development Review 38, no. 1 (2013), 153-168. 可参见 David Shapiro and Tesfayi Gebreselassie, "Fertility Transition in Sub-Saharan Africa: Falling and Stalling", African Population Studies 23, no. 1 (2008), 3-23.

[45] Bongaarts and Casterline, "Fertility Transition".

[46] 生育间隔在幼儿营养状况中也有着举足轻重的地位,生育间隔过短(短于两年)会增加发育不良与体重不足的风险,参见 James N. Gribble, Nancy Murray, and Elaine P. Menotti, "Reconsidering Childhood Under Nutrition: Can Birth Spacing Make a Difference? An Analysis of the 2002-2003 El Salvador National Family Health Survey", Maternal and Child Nutrition 5, no. 1 (2008).

[47] Grace Dann, "Sexual Behavior and Contraceptive Use among Youth in West Africa", Population Reference Bureau, (February 2009).

[48] 艾滋病病毒或艾滋病每日更新数据来自 www.unaids.org/en/dataanalysis/knowyourepidemic/(2020年6月11日查阅).

[49] Thomas J. Goliber, "Population and Reproductive Health in Sub-Saharan Africa", Population Bulletin 42, no. 4 (December 1997).

[50] "Trends in Maternal Mortality 2000 to 2017: Estimates by WHO, UNICEF, UNFPA, World Bank Group and the United Nations Population Division" (Geneva: World Health Organization, 2019), Lience: CC BY-NC-SA 3.0 IGO,参请见 http://www.who.int/topics/reproductive_health/en/,和 http://www.unfpa.org/(2020年3月18日查阅).期刊《生殖健康问题》(Reproductive Health Matters)也是有用的资料来源。这里的讨论并不意味着妇女生殖健康在发达国家就不是一个重要议题。与此相对,发达国家中对妇女生殖健康的关注更多集中于医药市场、避孕选择以及不孕的治疗,而不是在产妇死亡等问题上。同时,美国、加拿大等地对于堕胎权的争论、对于限制妇女堕胎的尝试等,可能促使妇女生育的直接健康后果这一问题重新浮现。

[51] Farzaneh Roudi-Fahimi, "Women's Reproductive Health in the Middle East and North Africa" (Washington, DC: Population Reference Bureau, 2003).

[52] Ranjita Biswas, "Maternal Care in India Reveals Gaps between Urban and Rural, Rich and Poor" (Washington, DC: Population Reference Bureau, 2005).

[53] Heathe Luz McNaughton, Marta Maria Blandon, and Ligia Altamirano, "Should Therapeutic Abortion Be Legal in Nicaragua: The Response of Nicaraguan Obstetrician-Gynaecologists", Reproductive Health Matters 10, no. 19 (2002), 111-119.

[54] Liz C. Creel and Rebecca J. Perry, "Improving the Quality of Reproductive Health Care for Young People" (Washington, DC: Population Reference Bureau, 2003).

[55] Linda Morison, Caroline Scherf, Gloria Ekpo, Katie Paine, Beryl West, Rosalind Coleman, and Gijs Wal-

raven, "The Long-Term Reproductive Health Consequences of Female Genital Cutting in Rural Gambia: A Community-Based Survey", *Tropical Medicine and International Health* 6, no. 8 (2001), 643-653.

[56] Lori S. Ashford, "Good Health Still Eludes the Poorest Women and Children" (Washington, DC: Population Reference Bureau, 2005). 另参见 Lori S. Ashford, "Unmet Need for Family Planning: Recent Trends and Their Implications for Programs" (Washington, DC: Population Reference Bureau, 2003)。

[57] Lori Ashford, "Good Health".

[58] 对生育率以及相关指标更全面的测算, 详请参见 *World Fertility Patterns*, United Nations (2015)。

[59] Daniel Schneider, "The Great Recession, Fertility, and Uncertainty: Evidence from the United States", *Journal of Marriage and Family* 77 (2015), 1144-1156.

[60] Vollset et al., "Fertility, Mortality, Migration, and Population Scenarios".

[61] Alain Belanger and Genevieve Ouellet, "A Comparative Study of Recent Trends in Canadian and American Fertility, 1980-1999", In: *Report on the Demographic Situation in Canada* 2001 (Ottawa: Statistics Canada, 2002).

[62] Carl Haub, "A Post-Recession Update on U.S. Social and Economic Trends", Population Reference Bureau, 2011. 另参见 Mary M. Kent and Mark Mather, "What Drives U.S. Population Growth?", *Population Bulletin* 57, no. 4 (December 2002)。

[63] Kent and Mather, "What Drives U.S. Population Growth?"

[64] Kent and Mather, "What Drives U.S. Population Growth?"

[65] Matthews and Hamilton, "Total Fertility Rates by State and Race and Hispanic Origin: United States, 2017". *National Vital Statistics Reports* 68, no. 1 (January 2019).

[66] Laura E. Hill and Hans P. Johnson, *Understanding the Future of Californians' Fertility: The Role of Immigrants* (San Francisco: Public Policy Institute of California, 2002).

[67] Timothy W. Guinnane, Barbara S. Okun, and James Trussell, "What Do We Know About the Timing of Fertility Transitions in Europe?" *Demography* 31, no. 1 (1994), 1-20.

[68] John Blacker, Collins Opiyo, Momodou Jasseh, Andy Sloggett, and John Sekamatte-Sebuliba, "Fertility in Kenya and Uganda: A Comparative Study of Trends and Determinants", *Population Studies* 59, no. 3 (2005): 355-373.

[69] *World Population Data Sheet.*

[70] US Census Bureau, International Data Base, http://www.census.gov/population/international/data/idb/informationGateway.php(2020 年 3 月 18 日查阅)。

[71] Ashford, *Unmet Need.*

[72] Ashford, *Unmet Need.*

[73] US Census Bureau, https://www.census.gov/data-tools/demo/idb/region.php?N=%20Results%20&T=13&A=separate&RT=0&Y=2018&R=-1&C=US.

第五章　死亡

◎ 死亡率转变
◎ 死亡率的群体差异
◎ 传染病和寄生虫病的威胁
◎ 结论：人口死亡展望
◎ 思考题
◎ 聚焦：死亡率的差异——美国、墨西哥、津巴布韦
◎ 方法、测量和工具：测量死亡率

人口转变始于死亡率从历史高位的下降。在工业革命爆发后，欧美大部分地区的死亡率有了显著下降。随着现代化水平的提高、公共卫生的改进和营养水平的提升，人类生存和寿命延长的条件得到改善，人口数量快速增长，如欧洲在1800年至1900年间人口的增长超过一倍[1]。在20世纪前半叶，发达国家已基本完成了以预期寿命延长、婴儿死亡率下降和人口增速趋缓为特征的死亡率转变。第二次世界大战结束后，发展中国家的死亡率也开始下降，并导致这些国家的人口在20世纪后半叶快速增长。发展中国家死亡率转变的剧烈程度远远高于发达国家，原因在于现代药物、医疗保健和疫苗注射的推广，以及营养和公共卫生条件的改善。

本章探讨了死亡率和发病率的群组差异等话题。首先，介绍了死亡率转变（或死亡率下降），以及流行病学转变的概念及相关议题。而后通过美国白人和黑人群体之间的死亡率与死因差异，俄罗斯死亡率的上升，以及阿片类药物对死亡率的影响等一系列不同的案例，探究死亡率的变异，包括近期一些预期寿命下降的现象。此外，我们还讨论了传染病与寄生虫病（infectious and parasitic diseases，IPDs）的重要性及其再次流行的现象。在"聚焦"栏目，我们对比了美国、津巴布韦和墨西哥三个国家的死亡率转变过程。在"方法、测量和工具"栏目，我们介绍了常用的死亡率测度指标。

死亡率转变

在人类漫长的历史进程中，人类的平均预期寿命曾长期维持在一个很低的水平，只有20~30岁。营养匮乏与杀婴行为使得婴儿死亡率（infant mortality rates, IMRs）居高不下，甚至将近一半的孩童活不过五岁。随着农业的进步和动物的驯化，人类得以建立可供全年栖息的定居点。尽管农业革命保证了人类获得稳定的食物供应，但一些传染性疾病[如"黑死病"（bubonic plague）]在人类的聚居区找到了新的落脚处，成为那个时期常见的死亡原因。较高的人口密度和低劣的卫生条件为传染病提供了滋生的土壤，而聚居区之间的贸易和人员往来导致了传染病的扩散[2]。19世纪到20世纪，随着居住和卫生条件的改善以及营养和医疗水平的提升，欧美国家的死亡率开始迅速下降，人均预期寿命也提高到了40岁上下。

在工业革命时期，美国、加拿大与英国城市中糟糕的健康水平与生活条件引发了新的公共卫生改良运动（public health initiatives）。这场运动由社会精英牵头，他们是出于对自身健康的担忧而非出于仁慈，也许更重要的是，他们的利润收益与贫困工人的健康状况息息相关[3]。包括肺结核、支气管炎、肺炎、流行性感冒和麻疹在内的传染病是当时主要的死因，尽管它们在医疗干预得到广泛传播之前就存在已久，但随着生活条件等环境因素的改善，这些疾病的发病率开始下降[4]。然而，一些传染性疾病如白喉，直到疫苗大规模投入使用后才得到完全控制，在此之前其传染性并没有随着社会进步而有所减弱。实际上，直到20世纪50年代，人口死亡率的下降（尤其是老年人口死亡率的下降）才开始与低成本公共卫生项目的实施有关。自那时起，医学与生命科学的进步逐渐取代经济和公共卫生条件的改善，成为发达国家国民预期寿命增长的主要原因。死亡率转变也导致了发生死亡的主要年龄层的变化。处于死亡率转型初期阶段的国家，其年龄较小的人群死亡风险更大，因为幼儿更容易感染众多传染性疾病。

尽管在过去50年间，全人类的预期寿命不断上升，婴儿死亡率不断下降，但从出生时的女性预期寿命就可以看出（图5.1），各国之间的预期寿命仍存在着广泛差异，这一现象即便在发达国家也十分明显。在某种程度上，各个国家相关指标的差异可以归因于婴儿死亡率的下降与医疗保健开支的增加。一般来说，预期寿命的延长与医疗保健支出的增加存在关联[5]。也就是说，一个国家人均医疗保健支出越多，其预期寿命就越高（图5.2）。在2020年，发达国家的平均预期寿命为79岁，其中女性的预期寿命（82岁）高于男性（77岁）。欠发达国家（包括中国）的平均预期寿命较低，为71岁，而最不发达国家的平均预期寿命仅为65岁[6]。撒哈拉以南的非洲国家的预期寿命的提高速度低于全球其他地区[7]，其平均预期寿命只有62岁，而北美地区、拉丁美洲与加勒比海地区和亚洲地区的预期寿命分别为79岁、76岁和73岁。此

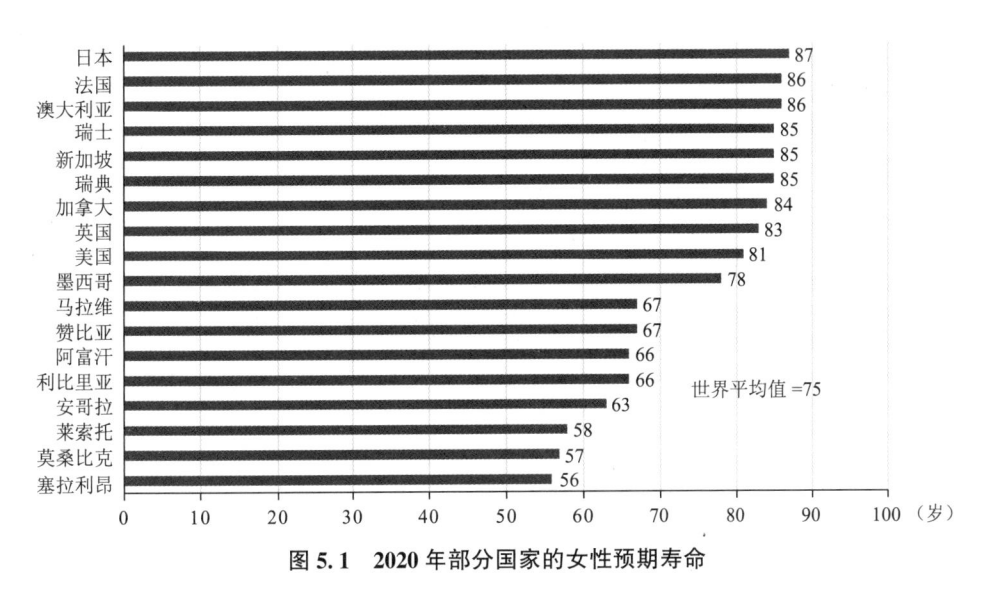

图 5.1　2020 年部分国家的女性预期寿命

资料来源：美国人口咨询局《2020 年世界人口数据一览表》。

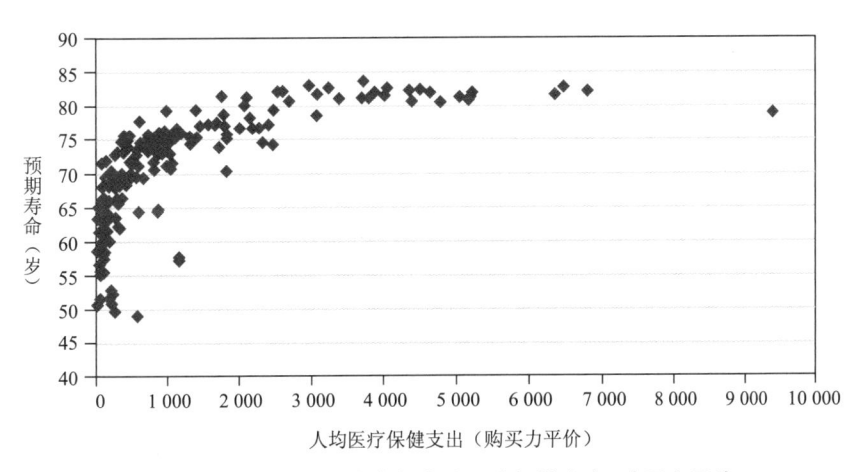

图 5.2　2017 年的预期寿命与人均医疗保健支出（购买力平价）

资料来源：作者根据世界银行数据（http://databank.worldbank.org/data/home.aspx）自绘。

外，撒哈拉以南的非洲的婴儿死亡率居高不下，高达 53‰。相比之下，发达国家的婴儿死亡率仅为 4‰。

奥木兰的流行病学转变理论

阿卜杜勒·奥木兰（Abdel Omran）的流行病学转变理论（epidemiological transition）为研究

死亡率在历史上的变化趋势提供了一个有用的解释框架[8],呼应了人口转变理论中阐述的死亡率下降。流行病学转变理论认为,现代化进程不仅带来寿命的总体延长和死亡率整体水平的下降,还使主要的死因从传染性和感染性疾病(infectious and contagious diseases)转变为慢性与退行性疾病(chronic, degenerative disorders)。直到18世纪中叶,结核病、霍乱、腹泻和肺炎、流感仍然是全世界人口死亡的主要原因。在20世纪下半叶的大部分时期里,全世界开始集中力量控制传染病和寄生虫病,以至于到20世纪90年代末,只有肺炎和流感两种传染病仍然是发达国家十大过早死亡的原因之二,而癌症、糖尿病与肝病、心血管疾病和神经系统疾病等慢性与退行性疾病则上升为发达国家的主要死因。由于发病率和过早死亡率的下降,人们的预期寿命越来越长。

世界各国在流行病学转变进程中处于不同阶段,转变进展的速度也不尽一致。在发达国家,社会经济进步导致的死亡率下降历时几十年;而与发达国家不同,发展中国家大多受益于现代公共卫生知识、医疗技术与药物的推广,从而有更快的流行病学转变速度。这意味着,发展中国家相较发达国家而言,死亡率下降的速度更快。

死亡率的群体差异

在过去100年里,全球人口的预期寿命在不断延长,婴儿死亡率在不断下降。当发展中国家拥有了治疗或根除疟疾、天花和黄热病等传染病的能力,并在人类基本健康状况的改善方法产生了立竿见影的效果时,其死亡率的降低尤其显著。在全球范围内,尽管预期寿命、婴儿死亡率等指标在整体上有所改进,但死亡率因年龄、性别、社会人口状况、种族、民族和区位的不同而出现差异,发达国家的死亡率低于其他地区。死亡率的群体差异分析往往基于两个基本的假定:第一,随着医学的进步和健康生活方式的普及(如坚持运动和不吸烟),预期寿命理应不断延长,健康指标理应持续地改善;第二,只有发展中国家的健康指标才不尽如人意,因为发达国家有着发达且可及的卫生医疗系统,从而确保了其人口健康。然而,正如以下两个例子所示,这两个假定并非与现实情况一致。现实中的健康与死亡率的群体差异,并不是因为某些国家的某些人群需要却无法获得医疗保障服务,而是有其他的原因。也就是说,在大规模的医疗保健基础设施存在的情况下,部分人群仍然存在较高的死亡率。这似乎是一个悖论,但这种现象较为普遍。

种族与民族:以美国为例

美国拥有世界上最先进的医疗服务体系,美国人在医疗保健方面的花费占国内生产总值

(gross domestic product,GDP)的比例居高不下,领先大多数发达国家[9]。人们可能会因此认为美国拥有全世界最低的婴儿死亡率和最长的预期寿命。然而,美国在健康指标上的表现如按西方国家的标准事实上很差,其2020年的婴儿死亡率高达5.7‰[10],预期寿命仅为78.5岁。在某些情况下,美国的健康指标水平更接近发展中国家而不是发达国家,如其婴儿死亡率高于古巴和匈牙利等数十个国家,这使得美国的指标水平更接近发达国家排行的底部,而不是顶部。

在很大程度上,美国死亡率指标表现不佳,反映了美国少数族裔人口的健康状况较差,死亡率较高[11],且各种族和民族之间的差异也较大[12]。少数族裔的婴儿死亡率通常相对较高,而白人和亚裔、太平洋岛民、中南美洲人、墨西哥裔和古巴裔的婴儿死亡率最低。非裔美国人和非西班牙裔白人之间的死亡率差异尤其明显。2017年非西班牙裔白人的婴儿死亡率为4.6‰[13],相比之下,黑人的婴儿死亡率高达11.45‰。从某种程度上讲,早产儿较多、与早产相关的死亡率增加是美国婴儿死亡率较高的主要原因。

近年来,美国在提高预期寿命和死亡率指标均等化方面已经取得了实质性进展。例如,美国黑人和白人的预期寿命差距正在缩小[14]。尽管1900年以来黑人的预期寿命有了显著提高(从33岁左右提高到了2017年的74.9岁)[15],但黑人的预期寿命仍然低于白人(78.5岁)[16],这一差距在过去的50年中越来越大。除了最高的年龄段,在其他任一年龄段,不管死因是什么,非裔美国人的死亡率都高于白人,特别是由艾滋病和谋杀带来的死亡[17]。年轻的非裔美国男性的死亡风险更高,他们的主要死因是谋杀,而白人男性更可能死于意外事故(表5.1)。年轻黑人死于艾滋病的概率也比年轻白人高几倍。

以美国伊利诺伊州为例,在较小的地理范围内也存在着类似的种族差异。在美国,黑人的婴儿死亡率是白人的两倍多,其中南部一些州的婴儿死亡率最高[18]。在伊利诺伊州,2017年的婴儿死亡率为6.1‰,略低于全国平均水平[19]。然而,这个数值的背后,是不同族群婴儿死亡率的巨大差异:2017年,白人婴儿死亡率仅为4.3‰,非裔美国人的婴儿死亡率则高达13.2‰[20],比阿塞拜疆的婴儿死亡率(11‰)还要高!在更小的地理范围内,如伊利诺伊州芝加哥市的库克县,2005—2007年非裔美国人的婴儿死亡率超过了14‰,而同期非西班牙裔白人的婴儿死亡率仅为5.5‰[21]。

虽然美国黑人和白人在死亡率上的差异令人震惊,但它反映了美国黑人和白人在收入上的巨大差异[22],以及黑人在美国社会中的持续边缘化(表现为教育机会、经济地位和职业方面的不平等)。尽管自20世纪30年代以来,美国黑人整体的经济和社会地位有所改善,其与白人之间的社会和经济鸿沟也通过立法缩小了[23],但两者的差距仍然很大。例如,2018年美国全国的家庭收入中位数为63 179美元,而黑人家庭收入中位数仅为41 361美元[24]。少数族裔的儿童(18岁以下)更多遭受贫困之苦,2017年,黑人儿童的贫困率显著高于白人儿童,分别为 29% 和 10.9%[25]。即使将收入和教育水平相近的个体进行比较,种族间的死亡率仍然存在显著差别。

表 5.1 2017 年美国 25～34 岁白人与黑人男性的主要死因

黑人男性				白人男性			
排名	死亡原因 a	人数	千分比(‰)	排名	死亡原因	人数	千分比(‰)
—	所有原因	8 552	267.5	—	所有原因	25 360	194.9
1	袭击(谋杀)	2 865	89.6	1	意外(非故意性伤害)	13 281	102.1
2	意外(非故意性伤害)	2 271	71.0	2	故意自我伤害(自杀)	4 527	34.8
3	心脏病	673	21.1	3	心脏病	1 273	9.8
4	故意自我伤害(自杀)	652	20.4	4	恶性肿瘤	949	7.3
5	恶性肿瘤	294	9.2	5	袭击(谋杀)	849	6.5
6	艾滋病病毒疾病	231	7.2	6	慢性肝病和肝硬化	340	2.6
7	糖尿病	141	4.4	7	糖尿病	234	1.8
8	慢性下呼吸道疾病	80	2.5	8	先天性畸形、变形和染色体异常	177	1.4
9	贫血症	70	2.2	9	脑血管疾病	171	1.3
10	脑血管疾病	67	2.1	10	流感与肺炎	117	0.9
—	其他原因	1 208	37.8	—	其他原因	3 442	26.5

资料来源:United States, *National Vital Statistics Report* 68, no. 6 (2019)。27 页为 25～34 岁白人男性数据;35 页为 25～34 岁黑人男性数据。

注:a.基于国际疾病分类(第十次修订版)。

死亡率方面普遍不佳的表现也与美国医疗保健系统的结构有关。黑人较低的社会经济地位使他们负担得起私人医疗保险的可能性更低。尽管美国有针对穷人或老年人的国家医疗保险制度(Medicare)或医疗补助制度(Medicaid),但这些项目的帮助有限且依经济状况而定。对于那些没有公共医疗保险或医疗补助的人来说,支付私人健康保险的费用往往过于昂贵。就在 2010 年,大约有 4 860 万美国人没有医疗保险。2014 年,奥巴马推出"平价医疗法案"(Affordable Care Act),即"奥巴马医改"(Obamacare),未参保人数随之开始下降,到 2016 年降低至 2 800 万人[26],但是在特朗普政府开始削减保健项目的经费后,2018 年,未参保人数又上升至 3 100 万人[27]。同时,各种族和民族的参保人数也有所差异:2018 年,西班牙裔、非裔、非西班牙裔白人以及成年亚裔(18～64 周岁)的未参保人数分别占其族裔人口的 26.7%、15.2%、9.0%以及 8.1%[28]。针对移民来说,分别有 23%和 45%的合法移民和非法移民没有医保[29]。不管怎么说,对于个人而言,没有医疗保险就意味着放弃医疗,只能依靠社会服务机构的援助或急诊室治疗,而后者的医疗费用十分昂贵[30]。

拥有医疗保健设施的机会也具有空间差异,医疗系统在贫困地区建造的诊所与提供的医疗服务较少[31]。医生、诊所和医院都位于经济回报率较高的地区,这意味着内城区的医疗服务通常较少,也很难招到医生,它们经常需要依赖联邦政府的项目,如1970年成立的为市中心社区提供基本医疗服务的国家卫生服务队。因此,毫不奇怪的是,人们的居住地与其健康水平息息相关,这回应了健康地理学文献中关于"背景—构成"(context-composition)的讨论[32]。

死亡率改善效果的减弱

尽管在过去一个世纪中,人类整体的死亡率在不断地下降,但在某些特定人群和地区,死亡率回升(或预期寿命下降)的现象并不罕见。尽管如此,死亡率的上升仍然会让人感到不安。

以俄罗斯为例[33],就在1900年,接近30%的婴儿死亡率与高达50%的儿童死亡率将俄罗斯的预期寿命拉低到仅略高于30岁的水平[34]。在相对较短的时间内,苏联成功地把死亡率控制在较低的水平,并延长了人口的预期寿命,使苏联在20世纪60年代初的死亡率与美国和其他发达国家相当。

尽管苏联的国民健康状况在后革命时期有了明显改善,但从20世纪60年代起,苏联国民基本健康状况的提升速度无法与西方国家同步。在西方的预期寿命持续提高和婴儿死亡率持续下降的时候,苏联的预期寿命和婴儿死亡率情况开始恶化。到20世纪90年代,研究俄罗斯人口状况的人员发现,其男性预期寿命竟然从1987年的65岁降至1994年的57岁。即使在2019年,与西方标准相比,俄罗斯的男性预期寿命也相对较短——只有68岁。同样,女性预期寿命在1987年和1994年之间下降了3岁多,平均为71岁,在2019年上升到78岁[35]。尽管在死亡率恶化的原因上有所争议,但大部分学者认为是1989年的苏联解体和相应的经济社会动荡,以及当时医疗服务的不足,处方药物的缺乏,还有酗酒吸烟等不良健康行为的流行。

俄罗斯死亡率反弹的趋势与预期相反,表明死亡率下降和流行病学转变并非单向的。虽然俄罗斯人健康状况恶化的确切原因尚不清楚并存在争议,这种死亡率反弹的原因可以追溯到30多年前的苏联时代。尽管苏联的婴儿死亡率一直处于相对较高的水平,但戴维斯(Davis)和费什巴赫(Feshbach)在20世纪70年代的研究中指出,苏联的婴儿死亡率水平与西方国家差距越来越大[36]。当西方国家的婴儿死亡率持续下降的时候,苏联的婴儿死亡率稳定在25‰左右,而后在70年代中期回升到30‰以上。戴维斯和费什巴赫将婴儿死亡率的上升归结于社会、经济和医疗方面的原因,包括母亲群体吸烟率和过量饮酒率的上升,孕期营养和健康状况不佳,孕期保健不足以及医院卫生条件下降。他们还注意到死亡率有着巨大的区域差异,在包括乌兹别克斯坦和哈萨克斯坦的中亚共和国,以及以高加索共和国(包含格鲁吉亚和亚美尼亚)为首的国家,婴儿死亡率有所上升。自70年代以来,俄罗斯的婴儿死亡率开始下降(2020年降至16‰),但仍高于观察到的欧洲平均水平(4.0‰)。

20世纪90年代,俄罗斯男性预期寿命也存在下降的趋势,而且早在20世纪70年代,苏联的男性预期寿命指数相对于西方发达国家而言在不断地恶化。而在80年代,由于时任总统米哈伊尔·戈尔巴乔夫(Mikhail Gorbachev)发起了一场声势浩大的反酗酒运动,苏联人的预期寿命水平出现了短暂的改善。但在90年代,苏联与西方发达国家在预期寿命上的差距继续扩大。与婴儿死亡率一样,差距扩大的部分原因是西方发达国家国民预期寿命的延长。但这一差距也反映出苏联内部更深层次的体制问题,包括公共卫生服务水平的下降和医疗保健体系的不健全。酗酒率上升、心血管疾病发病率上升和意外伤亡率上升也导致了俄罗斯人均预期寿命的下降。

死亡率反弹的例子并不限于正在经历社会、政治或经济动荡的国家。在美国,最近的研究发现,成年白人的死亡率趋于稳定甚至有轻微上升的趋势,这一现象与其他发达国家观察到的情况相反。特别的是,白人和适龄工作的人死亡率上升,非大学毕业生的死亡率上升尤为显著,而大学毕业生的死亡率有所下降[37]。此外,尽管美国的人均医疗保健支出居世界第一[38],但在全国的各个种族以及族裔群体中,都观察到了适龄工作人群预期寿命的下降(或者说是死亡率的提高)。尽管我们得到的不全是坏消息,即青少年和老年人(65岁及以上人口)的死亡率有所下降,预期寿命有所上升,但作为最具经济生产力的群体,中年人在很大程度上负担着照顾和养育家庭成员的责任,而中年人死亡率的上升恰恰对其产生巨大冲击。

在美国,死亡率的上升可以归结于吸毒、酗酒、糖尿病、心血管疾病以及自杀等原因,这些原因曾被一些作家描述为"绝望之死"(deaths of despair),这是一个多维度的概念,包括失业、收入停滞、缺乏归属感、婚姻破裂、愈演愈烈的不公正现象,以及幸福感的降低,这些因素对受教育水平较低的美国人的影响更大[39]。为了对付或消除停滞不前的社会经济地位给自己带来的消极影响,很多美国人开始饮酒或吸毒,导致酗酒、药物上瘾甚至是自杀。与此同时,心血管疾病患者也随着美国人的肥胖问题和体力活动减少而逐渐增多。死亡率变化的空间格局也发人深省。例如,死亡率和预期寿命变化最大的地区在俄亥俄山谷、阿巴拉契亚以及新英格兰的部分地区,这些地区长期遭受经济下行和投资减少的打击,并且最近又受到阿片类药物流行的负面影响。此外,受教育水平较低的成年人和生活在社会与经济机会较少的贫穷农村地区的美国人的中年死亡率同样增幅最高。而在更小一点的地理尺度上,相比大都市地区,县域的死亡率增幅更大,但是当考虑到种族、民族、性别和年龄等因素时,死亡率的空间分布格局则复杂得多。例如,在大城市的郊区,因药物成瘾而死亡的人数增长最多。而在白人中,因自杀而死亡的人数也是在郊区增长最多。与此同时,死亡率模式虽也存在性别差异,但那些生活在大城市的人,他们的预期寿命增幅最大。

尽管美国最为严重,但其他发达国家的死亡率也略有上升。在某种程度上,其他发达国家表现得更好是因为它们有更为普遍的医保系统以及强有力的社会福利计划。例如,苏格兰的预期寿命虽然在国家尺度上保持着稳定,但在更小的尺度(地方政府层面),一些地区的预期寿命已经开始下降。虽然这些变化都是以天或星期为单位,变化幅度很微小,但这种变化仍然值得高度重视。而与那些较为富裕的地区相比,相对贫困地区的预期寿命下降幅度更大。其中,苏格兰最富有和最贫困地区之间男性的预期寿命差距为13年(女性为10年)[40]。

传染病和寄生虫病的威胁

在历史的长河中,人类一直受到各种传染病和寄生虫病的困扰,如霍乱、疟疾和结核病。然而,随着20世纪中期强力抗生素的发明和推广,科学界和医学界认为许多传染病与寄生虫病已经实现可防可控,并最终在人类主要死因的列表中被删除。这当中最引人注目的是根除天花——一种死亡率超过30%,曾是19世纪欧洲人主要死因之一的传染病。20世纪70年代,天花病毒通过全球免疫计划被成功消灭了。这似乎证实了传染病可以通过大规模的公共卫生运动加以控制。另一个典型的案例是历史上一直困扰人类的一种传染病——疟疾。人们通过使用杀虫剂二氯二苯基三氯乙烷(dichlorodiphenyltrichloroethane,DDT)和排干沼泽地的水来控制传播疟疾的"媒介"——蚊子,从而大幅度减少了新增病例的数量。近几十年来现代医学对麻疹、腮腺炎、脊髓灰质炎和其他常见儿童疾病的控制,进一步巩固了现代医学将攻克几个世纪以来一直困扰人类的疾病的印象。

事实证明,消灭疟疾等传染性疾病的成功是暂时的。过去40年来,传染病与寄生虫病的多次爆发仍是全人类健康与福祉的主要威胁。1963年以后,随着抗击疟疾项目力度的减弱,疟疾病毒卷土重来,甚至比以前更猖狂。DDT农药的长期使用导致具有DDT抗体的蚊子出现,更别说DDT本身也会造成环境污染和诱发癌症等问题。与此同时,治疗方式的不完善、药物供应的不足和药物的滥用也导致了具有抗药性的疟疾病毒的增加,全球疟疾感染率日益上升。与之相似的是,尽管可以获得安全且简便的疫苗,但麻疹仍然是5岁以下儿童的主要死因之一。随着不愿意接种疫苗的人越来越多,麻疹在2018年造成了全球约14万例儿童的死亡(请注意,这是可预防的!)。急性呼吸道感染和疟疾同样也是5岁以下儿童的主要死因,仅在2017年就分别导致了65.3万例和26.3万例儿童的死亡。

疟疾的再度流行应被视为一个警告——人类在对抗传染病和寄生虫病的斗争中绝对不能骄傲自满。需要清楚地认识到,致病微生物本身是可以进化的,它们可能变异出更具传染性的形态,或进化出新的传播途径,从而导致病毒卷土重来。包括埃博拉病毒(尚无治愈方法)、寨卡病毒、新型霍乱以及新型冠状病毒等在内的新传染疾病的出现,对世界各地的卫生组织发起了挑战。已被科学界认为得到控制的耐多药结核病、疟疾和脑膜炎死灰复燃,是对科学界的警告。威胁到人类预期寿命的最重要因素之一是人类免疫缺陷病毒(human immunodeficiency virus, HIV)的出现。该病毒诱发了艾滋病,即获得性免疫缺陷综合征(acquired immunodeficiency syndrome, AIDS),改变了全球的死亡率模式和预期寿命。也许艾滋病最能说明新型传染病和寄生虫病出现的可能性及其对人类带来的破坏性影响。自从艾滋病流行以来,约有3 200万人死于艾滋病及其相关疾病[41]。幸运的是,抗逆转录病毒药物的使用削弱了HIV的传播速度和负面影响,并缩小了艾滋病人的规模:新感染人数下降(自2000年以来HIV新增感染率已经下降了35%),携带者的艾滋病病毒存活人数增加,且因艾滋病而死亡的人数有所减少(与艾滋病有关的死亡率自2004年以来下降了56%,自2010年以来下降了33%)。尽管情况有所好转,但艾滋病的流行远未结束。疾病控制和预防中心(Centers for Disease Control and Prevention, CDC)曾指出,艾滋病感染仍然对全人类构成威胁。虽然世界各国一直致力于减少艾滋病新感染人数,但这一数量下降的进程已经放缓,2018年,在所有年龄段中,约有170万人新感染了HIV(表5.2)。在美国,每年大约诊断出4万例新病例(这一数量与西欧的病例数相近),其中非裔美国人被感染的概率更高。在全球,女性比男性更容易被感染。此外,注射吸毒者、男同性恋者、性工作者以及变性者的HIV感染风险一直较高。艾滋病的流行同时也对预期寿命产生了显著的负面影响,特别是在撒哈拉以南的非洲地区,出生预期寿命在艾滋病广泛流行的高峰期显现出降低(图5.3)。

表5.2 2018年世界各地区艾滋病(HIV/AIDS)统计指标与特征

地区	开始流行时间	2018年艾滋病病毒携带者存活数(人)	2018年新增感染数(人)
西非和中非地区	20世纪80年代后期	5 000 000	280 000
北非和中东地区	20世纪80年代后期	240 000	20 000
亚太地区	20世纪80年代后期	5 900 000	310 000
东非和南非地区	20世纪80年代后期	20 600 000	800 000
拉丁美洲和加勒比海地区	20世纪70年代后期至20世纪80年代早期	2 240 000	116 000
东欧和中亚地区	20世纪90年代早期	1 700 000	150 000
西欧、中欧和北美地区	20世纪70年代后期至20世纪80年代早期	2 200 000	68 000
全球	—	37 900 000	1 700 000

资料来源:基于联合国艾滋病规划署数据,https://www.unaids.org。

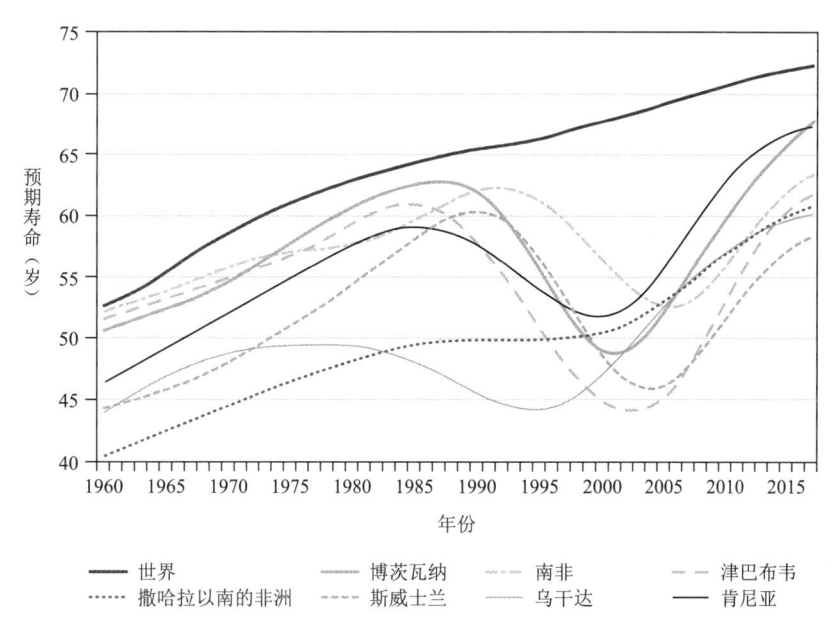

图 5.3　1960—2019 年艾滋病对全球和撒哈拉以南的非洲地区各国出生预期寿命的影响

资料来源：作者基于世界银行数据自绘。

尽管科技进步和公众教育已经有效地控制了艾滋病在全世界范围内的迅速传播，其他新的传染病和寄生虫病则开始出现并威胁着人类。由新型冠状病毒引起肺炎就是一个例子。直到 2020 年 10 月[42]，新冠疫情仍在世界范围内大流行，这一病毒导致了全球超过 100 万人死亡[43]。流行病学专家曾估计新冠疫情的死亡率会在 1.5% 至 3% 以上（作为对比，流感的死亡率大约为 0.1%）。尽管各国政府设法缓解新冠病毒导致的经济损失，但在 2020 年的春季，全球绝大多数国家出现了经济停滞。

新冠疫情危机仅是众多新型危险传染病当中的一个最近的例子。2014 年至 2016 年，西非典型的致命出血性病毒——埃博拉病毒，以及在巴西暴发的寨卡病毒引起了全世界的广泛关注。受到广泛关注的原因有二：第一，这些病毒导致了感染者的高死亡率（根据疾病控制和预防中心的数据，2014 年至 2016 年间埃博拉病毒导致了超过 11 000 人死亡[44]），对感染者的健康带来长期的损害；第二，这些病毒的疫情暴发非常突然，并且在国家间的扩散速度很快。2015 年，寨卡病毒的出现成为全球健康的新威胁[45]。尽管寨卡病毒早在 1947 年便于乌干达被发现并在 1952 年首次被人类甄别，但 2015 年在巴西暴发的寨卡病毒仍然让公共卫生官员措手不及，尤其是因为以往的暴发一直局限于地理上接近赤道的一小片区域，包括非洲部分地区、东南亚、太平洋岛屿，且在人群中的传播相对有限。寨卡病毒主要通过受感染的伊蚊

(Aedes mosquito)叮咬传播(虽然也出现了性传播的报道),而在巴西的暴发表明,全球贸易和旅行使携带病毒的蚊子在全球范围内扩散,从而导致该病毒迅速传播。对于大多数感染寨卡病毒的成年人而言,症状并不算特别严重(除了有可能损害感染者的神经系统)。然而,如果孕妇感了寨卡病毒,有可能导致新生儿出现小头畸形和大脑缺陷等问题。由于寨卡病毒的传播媒介是蚊子,这种病毒的潜在范围难以确定。在2016年,鉴于波多黎各和美属维尔京群岛广泛报道了寨卡病毒与载体伊蚊的存在,疾病控制和预防中心开始担心这种病毒有可能在美国南部各州暴发。

由于伊蚊分布广泛,寨卡病毒很容易在较广的地域范围传播开来。更广泛地说,各种因素都可导致传染病与寄生虫病的重新出现。人口学因素是传染病在撒哈拉以南的非洲造成大量人口死亡的一个重要原因。尽管许多传染病与寄生虫病可以通过免疫,使用安全饮用水,进行恰当的食品储存、安全性行为和注意个人卫生来预防,但家庭贫困、营养不良和公共卫生条件较差导致了发展中国家感染者的较高死亡率。自然环境的改变也是某些传染病与寄生虫病卷土重来的原因。人为干预可能引起生物体或传播疾病的媒介发生遗传变化(如产生抗DDT的蚊子)。此外,抗生素滥用促进了抗药性的疟疾和结核病的增加,而艾滋病病毒的传播又导致结核病和肺炎感染人数的增加。农业生产方式影响微生物生存和传播的环境,社会、经济和政治条件促成了它们的回归和传播,而国家和地区间的人口流动和贸易历来是疾病传播的重要途径。黑死病从亚洲传到欧洲,欧洲探险家把天花带到北美和大洋洲,导致了对这种疾病没有抵抗力的土著居民的毁灭,这都是历史上重要的例子。定居和城市化使人口聚集的程度越来越高,过去在小区域或短期内流行的疾病得以持续存在。在农村地区几乎不存在的霍乱,随着城市化的推进和人群的聚集,在肮脏拥挤的条件下,传染的风险不断上升,从而发展到流行病的规模。如今,发展中国家的快速城市化促使乡城移民在拥挤脏乱的条件下聚居,并不断带来新的传染病风险。

21世纪,人类对传染病与寄生虫病的控制仍然面临着新的挑战。例如,国家内乱破坏了所需药品和生活物资的流通,导致公共卫生供应服务中断,带来更多的传染病风险。某些发展中国家存在过度城市化的问题,政府无力为城市中的所有人提供基本的医疗卫生服务和诸如干净安全饮用水等基础设施。更为令人忧虑的是,如今疾病可以轻而易举地快速传播,例如,航空业的快速发展为疾病的传播提供了一个高效的途径,对传染病与寄生虫病的控制提出了新的挑战。如果某个国家某个城市的人得了某种传染病,这种病有可能通过国际航班在几小时内传播到世界各地。

此外,越来越多人抵制疫苗也成为当今公共卫生领域的一大挑战。在北美和其他发达国家,某些人可能听信了某些谣言而拒绝接种疫苗(如有谣传说接种麻疹疫苗会导致儿童孤独症)[46]。在发展中国家,宗教原因导致许多儿童没有接种疫苗,从而未能保护他们免受可预防的传染病与寄生虫病的侵害。例如,在尼日利亚,北部卡诺州的政府于2004年停止为儿童接种脊髓灰质炎疫苗,原因是宗教领袖声称接种疫苗会导致女孩不孕,虽然此后该地区已根除了小儿麻痹症[47]。小儿麻痹症(即脊髓灰质炎)是一种在每两百人中就有一人因此瘫痪甚至死亡的疾病。世界卫生组织付出了长期的努力来遏制该病毒的传播,到2019年,全球只有阿富汗和巴基斯坦的边境地区还存在小儿麻痹症的零星报道[48]。

结论:人口死亡展望

人口死亡率的变化是20世纪最重要的事件之一。与20世纪不同,21世纪发达国家的预期寿命可能不会出现剧烈变化。同样地,发展中国家的预期寿命可能会出现一些变化,但变化的程度和方向难以估计。

让我们展望未来的几十年,全球人口的死亡率和发病率可能出现以下四个趋势。首先,20世纪见证了人类预期寿命的显著提高,65岁以上老年人的预期寿命也随之增长。尽管医学技术的进步意味着越来越多的人能活到老年,但"高龄老人"群体(即超过75岁、80岁甚至85岁的群体)的发病率增长幅度也最大。虽然人们的寿命越来越长,预期无伤残和自评健康状况良好的时间也在延长,这意味着伤残发生时间已向老年转移,同样转移的还有相关的健康成本。然而,健康预期寿命,即一个人可以健康生活的预期年数(要综合考虑发病率、健康状况和年龄别死亡率等多个参数)并没有与预期寿命同步增长。换句话说,人们在一生中有更长的时间处于不健康或者亚健康的状态。这里出现了一个值得思考的问题:人均预期寿命的提高是一把双刃剑吗?例如,考虑到发病率的提高以及为老年人口提供的服务和支持的增加,西方社会老龄化意味着什么?寿命的提高是否以发病年数的增加为代价?横在全人类面前的一道挑战是,如何在控制医疗保健支出的同时确保人民群众的身体健康。

第二,新的健康问题可能使许多城市居民在未来死亡率的变化中处于不利地位。由于城市地区整体的健康水平较高,人们往往忽视了城市贫穷与富裕阶层之间巨大的健康鸿沟,特别是在发展中国家。孟加拉国的一项研究表明,城市地区的婴儿死亡率在9.5%至15.2%之间,比城市中产阶级地区(3.2%)和农村地区都要高[49]。持续的乡城迁移和城市人口密度的增加可能会导致城市地区死亡率和发病率的提升。许多发展中国家城市的基础设施建设跟不上其人口增长速度,导致很大一部分人无法使用干净卫生的饮用水和卫生设施,使得与贫困有关的疾病在城市地区蔓延。然而,我们也不必专门去发展中国家观察这种差异,前文对美国伊利伊州婴儿死亡率的讨论就已经提到了这一差异。在加拿大安大略省的汉密尔顿,社区之间的人口预期寿命差异高达21年,其中很大一部分是贫穷和低收入造成的[50]。人们因贫富差距而产生的死亡率和健康的差异也扩展到了类似急诊室使用、心脏病以及癌症等方面[51]。在发达国家的大多数城市,都能观察到类似的差异和模式。

第三,传染病和寄生虫病仍然威胁着人类健康。在发达国家,有必要采取行动来避免疾病入境导致的疾病流行。尽管某些发达国家设计了防止疾病入境的疾控系统,如对移民开展健康筛查,但该系统并非万无一失,传染病仍能快速传播,新冠肺炎就是最新的例证。如果想要避免疾病的流行与传播,就必须建立一套完整的疾控系统和程序。发展中国家则面临着其特有的一系列问题,尤其在许多发展中国家,快速城市化和贫困导致生活条件欠佳,这为疾病的滋生和传播创造了理想的条件。

第四,我们已经知道了肥胖与日益增多的心血管疾病、糖尿病以及其他健康并发症密切相关。同时,我们也确立了社会化的减少以及失业等因素与不良的健康状况之间的联系。总而言之,预期寿命不一定会随着时间的推移而不断延长,与之相反的是,日益提高的肥胖率和"绝望之死"不但抑制了预期寿命的延长,还有可能导致预期寿命的下降[52]。

尽管有学者[53]从医学的角度呼吁,通过研发新疫苗、抗生素和改进实验室等手段来应对传染病和寄生虫病及其他健康问题的威胁,但这些手段花费巨大,需要多年的研发投入。此外,发达国家的制药公司往往垄断药物和疫苗的研发与生产,限制了发展中国家普及新疫苗和新抗生素。如果昂贵的医疗计划和干预措施不能保障基本的人口健康,就必须寻求其他途径。作为出发点,我们必须致力于公共卫生计划、基本医疗保健以及更加广泛的社会因素来提高人类预期寿命[54],从而防治传染病和寄生虫病,解决孕产妇健康问题及其他健康关切。

提供基本医疗保健服务以满足人口需求只是应对健康问题的手段之一,其本身并不足以改善或根除发病率与死亡率在人群间的不平等。相反,越来越多的学者认识到,决定健康的社会因素其实更为广泛,教育水平、卫生和营养状况、生活方式(如抽烟、喝酒和吸毒行为)、住房条件和个人权力等,都直接影响健康和死亡率水平。健康的决定因素反映了生活和工作条件,包括收入分配、教育水平和权力,而不是个人行为风险因素或遗传因素(它们仅影响患病的风险)。在美国,疾病控制和预防中心将健康的社会决定因素定义为"延长寿命的资源,如食品供应、住房、经济和社会关系、交通、教育与医疗保健,这些资源的分配决定了生命的长度和生活的质量"[55]。这些资源的分配往往受到公共政策的影响,如有关促进更公平地获得医疗保健服务或有关重新分配收入的政策。

我们已经观察到,死亡率存在性别间的差异,也有充分的证据表明,健康存在其他方面的人群差异。例如,美国的健康不平等与社会经济条件有关,从1981年到2000年,受教育程度较高的人预期寿命有所增加,而受教育程度较低的人预期寿命几乎没有变化[56]。预期寿命存在着贫富差异,即收入的增加与预期寿命的延长有关。就业对健康也有显著影响,有偿工作可以增进社会交往、认同感和使命感[57]。社会环境和社会交往也很重要,社会交往频率越高,死亡率越低。相反,有限的情感支持(来自朋友或家人)和较低的社会参与程度都与死亡率增加有关。种族也是一个重要因素,美国黑人和白人的预期寿命差距越来越大。尽管加拿大实行全民医疗保健制度,但与收入较高的加拿大人相比,低收入的加拿大人无论年龄、性别、种族或居住地如何,都比高收入的加拿大人更容易早逝,患病风险也更大。

尽管上述因素对健康起到关键的影响,但全球各国政府并不总是在这些领域投入公共财政。用于提供清洁饮用水、卫生设施、住房、公共教育或其他公共基础设施项目的财政投入有限,更不用说在发展中国家内部提供基本医疗保健服务。预算不足和资源紧缺制约了政府在更广泛层面改善人民健康状况和降低死亡率的努力。人口增长分摊了资源,政治纷争影响经济援助,这些因素进一步制约了政府在延长人口预期寿命和提高生活质量方面的努力。在低收入国家,人口增长往往导致年轻型人口对教育、社会和健康服务的巨大需求,从而使政府提升人民健康的施政目标愈加难以完成。解决上述问题任重道远且耗资巨大。

思考题

1. 选择一个欠发达国家,辨别其十大主要死亡原因。这个国家在流行病学转变中处于什么位置? 和某个最不发达国家比较,结果如何?

2. 使用美国国家生命统计系统(http://www.cdc.gov/nchs/nvss/deaths.htm)的死亡率数据,按种族与年龄制作死亡率图表。你能够观察到什么样的模式?

3. 本章强调了在不同地理空间尺度上的死亡率与预期寿命的差异。请以你自己的家乡(国家/省/市)为例,在不同的地理空间尺度以及具有不同特征的人群之间,死亡率和预期寿命的特征是否类似? 请查找数据来支撑你的结论。

4. 参照图 5F.1,使用 http://www.who.int/countries/en/#M 的数据,选择一个国家,绘制其年龄别死亡率的图表。这个图表揭示了什么? 请注意选择"生命表"并按时间绘制。

聚焦:死亡率的差异——美国、墨西哥、津巴布韦

尽管人生在世难免一死,但在很多地方,由于不同的原因,死亡率存在着差异。死亡率的转变可以通过比较各国的死亡率数据来阐明。在此,我们将对比墨西哥、津巴布韦和美国的女

性年龄别死亡率。在绘制的女性年龄别死亡率图中(图 5F.1)①,可以看到"J"形函数是所有国家和人口都存在的特征。标准年龄模式的特点是男女相异,死亡率在出生第一年相对较高,在儿童期和青春期下降,最后在老年期上升。对于女性,从出生起死亡率就较低。这种性别差异通常在年轻人中表现得最大,其中 15~24 岁男性的死亡率大约是同一年龄组女性的 3 倍。这个差异很大程度上来自艾滋病、自杀、事故或他杀的风险增加。此外,尽管在过去的 30 年中,预期寿命总体上是提高的,但实际上 15~24 岁男性的死亡率有所上升[58],虽然这一群体中的大多数死亡事件是可以避免的。

图 5F.1　2016 年美国、墨西哥和津巴布韦的女性年龄别死亡率

资料来源:世界卫生组织数据,http://www.who.int/countries/en/#M。

津巴布韦的女性年龄别死亡率超过了墨西哥和美国,其中美国的死亡率低于墨西哥。各国特定原因死亡模式的差异见表 5F.1。在这三个国家中,美国已经完成了死亡率转变,主要死因是包括癌症(以肺癌和直肠癌为首)、心脏病、糖尿病和自杀在内的非传染性疾病。在津巴布韦,传染性疾病、孕产妇疾病、新生儿疾病和营养方面的疾病是位列前十的主要死因,而艾滋病居主要死因之首。与许多发展中国家一样,包括腹泻和结核病在内的传染病和寄生虫病居津巴布韦十大死亡原因之列。医疗保健供给的缺乏、财源枯竭的医保系统和战争都是高死亡率的原因。显然,这些死亡原因中有许多是很容易预防的。在经历了多年的经济衰退和医

---

① 原著的图 5F.1 没有展示三个国家的男性年龄别死亡率。——译者注

疗体系崩坏之后,津巴布韦在很多方面都比其他发展中国家更加糟糕。

墨西哥正处于流行病学转变的中期:死亡率在过去40年中有所下降,且心脏病、脑血管疾病以及糖尿病等非传染性疾病居十大死因的前列。然而,墨西哥的社会经济不平等导致居民基本卫生服务获取的不平等。较贫穷的南部各州的患病率与可预防原因的死亡率最高,这些地区同时也是农村人口和土著居民首要集中分布的地区。

虽然死亡率可以快速说明一个人的死亡风险,但人口统计学家更倾向于采用另两个死亡率测度指标——预期寿命(x岁以上人口的平均寿命)与婴儿死亡率(即小于1岁的婴儿的死亡人数除以出生人数)。这两项测度指标都描述了人口的死亡情况和社会的生活质量。2020年,美国的婴儿死亡率为5.7‰,人口预期寿命为79岁;在津巴布韦,婴儿死亡率是47‰,预期寿命为61岁;墨西哥的婴儿死亡率为11‰,预期寿命为75岁。

表 5F.1 2017年美国、墨西哥和津巴布韦的十大全年龄人口死亡原因

	美国	墨西哥	津巴布韦
1	心脏病	心脏病	艾滋病
2	癌症	肾脏疾病	下呼吸道感染
3	事故	糖尿病	结核病
4	慢性下呼吸道疾病	暴力事件	心脏病
5	中风	肝硬化	先天性疾病
6	阿尔茨海默病	中风	腹泻
7	糖尿病	阿尔茨海默病	中风
8	流感和肺炎	慢性阻塞性肺病	营养不良
9	肾炎	下呼吸道感染	糖尿病
10	自残(自杀)	道路伤害	道路伤害

资料来源:健康指标评估研究所(Institute for Health Metrics and Evaluation, IHME). Country profiles. Seattle: IHME, University of Washington, 2018. http://www.healthdata.org/results/country-profiles(2020年3月24日查阅)。

方法、测量和工具:测量死亡率

在2018年,美国的登记死亡人口为2 839 205人,也就是说,粗死亡率为每10万人中有867.8人死亡,经年龄调整后的死亡率为每10万人有731.9人死亡[59]。这些不同的测量指标

各意味着什么？哪一个指标可以更好地反映一个社会的死亡率水平？同生育率一样，有许多描述死亡率的方法，而现有信息的数量和质量决定了死亡率测度的精度和准确性。考虑到所获得信息的有限性和计算的简便性，最简单的测量方法是粗死亡率：

$$CDR = \left(\frac{D}{P}\right) \times 1\,000$$

其中，D 为一年内记录的死亡总人数，P 为有死亡风险的人口数（population at risk of dying）。通常，年中人口数量被当作分母（P）。

然而，与粗出生率一样，粗死亡率最大的问题在于没有考虑到人口的年龄和性别结构对死亡风险的影响。换言之，由于不同年龄和不同性别的人群存在死亡率的差异，使用粗死亡率对不同国家进行直接比较是有问题的。因此，如果我们对比两个相同规模的群体，发现其中一个群体的粗死亡率高于另一个群体，原因并不一定是第一个群体死亡风险更高，而有可能是第一个群体的老年人口比例更高。

因此，我们转向考虑了人口年龄和性别构成的年龄别死亡率：

$$ASDR = \left(\frac{D_{t,t+5}}{P_{t,t+5}}\right) \times 1\,000$$

年龄别死亡率测度方法是，特定年龄组的死亡人数（通常以 5 岁为年龄差值，即 t 到 $t+5$）除以同一年龄组的平均人数。这一衡量方法假定死亡是按年龄和性别记录的，同时能够获取按年龄和性别划分的精确人口信息。

婴儿死亡率通常用来描述婴儿出生后最初一年的死亡率。鉴于大量在出生后一年内的死亡与分娩有着直接联系，婴儿死亡率的定义如下：

$$IMR = \left(\frac{D}{B}\right) \times 1\,000$$

即 1 岁以下婴儿的死亡人数与每 1 000 名活产婴儿之比。正如本书其他部分所讨论的，世界各地的婴儿死亡率有相当大的差异。一个可在不同地区间比较的指标是儿童死亡率（child mortality rate，CMR）。这个指标被定义为 5 岁以下儿童的死亡人数与 5 岁及 5 岁以下存在死亡风险的人口数量之比，它反映了营养不良、战争或儿童早期疾病的影响。即使是现在，发展中国家约有 40% 的死亡是发生在 5 岁以下儿童群体中的。

标准化死亡率（standardized mortality rate，SMR）假设如果某个特定人群与标准人口的死亡率一致，计算在这个特定人群中观察到的死亡人数与预期死亡人数之比，而标准人口是研究者选定的（如特定时段或一个特定的地区）。标准化死亡率通常被用于比较两个或两个以上群体的死亡率水平。

原因别死亡率(cause-specific death rate)是分具体原因(如癌症、心脏病或中风)计算的死亡概率。与目前提出的测度标准一样,原因别死亡率将因具体原因(如肺癌)死亡的人数与存在死亡风险的人数进行对比,它们也应当根据年龄和性别差异进行调整。然而,在某些情况下,特别是在死亡原因没有被准确记录或确定的情况下,该指标的精确性可能是一个问题。

最后,我们有时可能用预期寿命,或者一个人在当前死亡率水平下在其年龄 x 岁之后的预期存活年数来表征死亡率的差异。预期寿命通常是从出生时开始计算的,但正如我们在第三章关于生命表的讨论中所看到的,它可以从任何年龄开始计算。"寿命"(lifespan)也指一个人可能存活的最长时间。

注释

[1] Alene Gelbard, Carl Haub, and Mary M. Kent, "World Population beyond Six Billion", *Population Bulletin* 54, no. 1 (March 1999).

[2] 新型冠状病毒的地理空间分布情况,请参见 https://www.theguardian.com/world/ng-interactive/2020/mar/16/coronavirus-map-how-covid-19-is-spreading-across-the-world(2020年3月21日查阅)。讨论疾病在地理空间上的扩散,请参见 Anders Schærström, "Disease Diffusion", In: *The Wiley Blackwell Encyclopedia of Health, Illness, Behavior, and Society*, ed. W. C. Cockerham, R. Dingwall, and S. Quah (Chicester, UK: Wiley, 2014), https://doi.org/10.1002/9781118410868.wbehibs252。亦可参见 Andrew Cliff and Peter Gould, *Atlas of Disease Distributions: Analytical Approaches to Disease Data* (Oxford: Blackwell, 1988); Peter Gould, *The Slow Plague: A Geography of the AIDS Pandemic* (Oxford: Blackwell, 1993)。

[3] Michael Bliss, *A Living Profit* (Toronto: McCelland and Stewart, 1974). 亦可参见 Terry Copp, *The Anatomy of Poverty* (Toronto: McCelland and Stewart, 1974)。

[4] Thomas McKeown, *The Role of Medicine: Dream, Mirage, or Nemesis* (Princeton, NJ: Princeton University Press, 1979).

[5] Elisabeta Jaba, Christiana Brigitte Balan, and Ioan-Bogdan Robu, "The Relationship between Life Expectancy at Birth and Health Expenditures Estimated by a Cross-Country and Time-Series Analysis", *Procedia Economics and Finance* 15 (2013), 108-114.

[6] *World Population Data Sheet* (Washington, DC: Population Reference Bureau, 2020).

[7] Thomas J. Goliber, "Population and Reproductive Health in Sub-Saharan Africa", *Population Bulletin* 52, no. 4 (December 1997).

[8] Abdel Omran, "The Epidemiological Transition: A Theory of the Epidemiology of Population Change", *Milbank Memorial Fund Quarterly* 49 (1971), 509-538.

[9] 例如,2014年美国国内生产总值(GDP)的17.1%用在了卫生保健上。请参见 http://www.who.int/countries/en/#C(2020年3月20日查阅)。

[10] *World Population Data Sheet*.

[11] 读者可参阅 Linda Pickles, Michael Mungiole, Gretchen K. Jones, and Andrew R. White, *Atlas of United States Mortality* (Hyattsville, MD: US Department of Health and Human Services, 1996);也可以参阅

Rogelio Saenz, *The Growing Color Divide in US Infant Mortality* (Washington, DC: Population Reference Bureau, 2008).

[12] Marian Macdorman and Tj Mathews, "Recent Trends in Infant Mortality in the United States", NCHS Data Brief 9, no. 1-8 (2018), https://doi.org/10.1037/e565122009-001.

[13] Kenneth D. Kochanek, Sherry L. Murphy, Jiaquan Xu, and Elizabeth Arias, "Deaths: Final Data for 2017", *National Vital Statistics Reports* 68, no. 9 (Hyattsville, MD: National Center for Health Statistics, 2019).

[14] "As Life Expectancy Rises in the United States, Gaps Between Whites and Blacks Are Decreasing", Population Reference Bureau, October 2014, http://www.prb.org/Publications/Articles/2014/wpds-2014-us-life-expectancy.aspx(2020年3月18日查阅)。

[15] Kochanek et al., "Deaths: Final Data for 2017".

[16] Toshiko Kaneda and Dia Adams, *Race, Ethnicity, and Where You Live Matters: Recent Findings on Health and Mortality of US Elderly* (Washington, DC: Population Reference Bureau, 2008).

[17] Kochanek et al., "Deaths: Final Data for 2017", table 8.

[18] MacDorman and Mathews, "Recent Trends in Infant Mortality".

[19] http://www.dph.illinois.gov/sites/default/files/IMR%20demographics%202015-2017.pdf(2020年3月18日查阅)。

[20] *World Population Data Sheet*. 亦请参见"Illinois Department of Public Health, Health Statistics", http://www.dph.illinois.gov/data-statistics/vital-statistics/infant-mortality-statistics(2020年3月20日查阅)。

[21] Cook County Department of Public Health, "Maternal Child Health", Community Health Status Report 2010, https://www.cookcountypublichealth.org/wp-content/uploads/2018/12/CHSA-Section-4.pdf(2020年3月20日查阅)。

[22] Raj Chetty, Michael Stepner, Sarah Abraham, Shelby Lin, Benjamin Scuderi, Nicholas Turner, Augustin Bergeron, and David Cutler, "The Association between Income and Life Expectancy in the United States, 2001–2014", *Journal of the American Medical Association*, published online 10 April 2016, http://www.equality-of-opportunity.org/assets/documents/healthineq_summary.pdf(2020年10月13日查阅)。

[23] Mark Mather and Beth Jarosz, "The Demography of Inequality in the United States", *Population Bulletin* 69, no. 2 (2014).

[24] US Census Bureau, "Income and Poverty in the United States: 2018", https://www.census.gov/data/tables/2019/demo/income-poverty/p60-266.html(2020年3月20日查阅);亦可参见 Carmen DeNavas-Walt, Bernadette D. Proctor, and Jessica Smith, *Income, Poverty, and Health Insurance Coverage in the United States: 2012* (Washington, DC: US Department of Commerce Economics and Statistics Administration, 2013), https://www.census.gov/prod/2013pubs/p60-245.pdf(2020年3月18日查阅)。

[25] Children in Poverty, https://www.childtrends.org/indicators/children-in-poverty(2020年3月20日查阅)。

[26] Jessica C. Barnett and Edward R. Berchick, "Current Population Reports, P60-260, Health Insurance Coverage in the United States: 2016" (Washington, DC: US Government Printing Office, 2017), https://www.census.gov/content/dam/Census/library/publications/2017/demo/p60-260.pdf(2020年3月18日查阅)。

[27] Centers for Disease Control and Prevention, https://www.cdc.gov/nchs/fastats/health-insurance.htm(2020年3月18日)。

[28] Robin A. Cohen, Emily P. Terlizzi, and Michael E. Martinez, "Health Insurance Coverage: Early Release of Estimates from the National Health Interview Survey, 2018", National Center for Health Statistics, May 2019, https://www.cdc.gov/nchs/nhis/releases.htm(2020年3月18日查阅)。

[29] "Health Coverage of Immigrants", Kaiser Family Foundation, 18 March 2020, https://www.kff.org/disparities-policy/fact-sheet/health-coverage-of-immigrants/(2020年3月18日查阅)。

[30] 为了更好地回顾"奥巴马医改"十周年的成就,请见 Abby Goodnough, Reed Abelson, Margot Sanger-Katz, and Sarah Kliff, "Obamacare Turns 10. Here's a Look at What Works and Doesn't", *New York Times*(23 March 2020), https://www.nytimes.com/2020/03/23/health/obamacare-aca-coverage-cost-history.html(2020年3月23日查阅)。

[31] Norman J. Waitzman and Ken R. Smith, "Separate but Lethal: The Effects of Economic Segregation on Mortality in Metropolitan America", *Milbank Quarterly* 76, no. 3(1998), 341-373.

[32] Sally Macintyre, Anne Ellaway, and Steve Cummins, "Place Effects on Health: How Can We Conceptualise, Operationalise, and Measure Them?", *Social Science and Medicine* 55(2002), 125-139. 亦请参见 Sally Macintyre and Anne Ellaway, "Neighbourhoods and Health: Overview", In: *Neighbourhoods and Health*, ed. I. Kawachi and L. Berkman(Oxford: Oxford University Press, 2003), 20-42。基于种族的例子请参见 Katherine Baicker, Amitabh Chandra, and Jonathan S. Skinner, "Geographic Variation in Health Care and the Problem of Measuring Racial Disparities", *Perspectives in Biology and Medicine* 48, no. 1(2005), S42-S53。

[33] 也请参见 Michael Marmot, *The Status Syndrome: How Social Standing Affects Our Health and Longevity*(New York: Times Books, 2004), 和 William Cockerham, *The Social Causes of Health and Disease*(Cambridge: Polity Press, 2007)。

[34] Sergei Maksudov, "Some Causes of Rising Mortality in the USSR", In: *Perspectives on Population*, ed. Scott W. Menard and Elizabeth W. Moen(New York: Oxford University Press, 1987), 156-174.

[35] 预期寿命的数据来自美国人口咨询局 *World Population Data Sheet*。也请参见 John Haaga, "High Death Rate among Russian Men Predates Soviet Union's Demise", *Population Today* 28, no. 3(April 2000), 1.

[36] Christopher Davis and Murray Feshbach, *Rising Infant Mortality in the USSR in the 1970s*, series P-95, no. 74(Washington, DC: US Census Bureau, 1980).

[37] Anne Case and Angus Deaton, "Rising Morbidity and Mortality in Midlife among White Non-Hispanic Americans in the 21st Century", *Proceedings of the National Academy of Sciences* 112, no. 49(2015), 15967-15083.

[38] Steven H. Woolf and Heidi Schoomaker, "Life Expectancy and Mortality Rates in the United States, 1959-2017", *Journal of the American Medical Association* 322 no. 20(2019), 1996–2016, https://jamanetwork.com/journals/jama/fullarticle/2756187(2020年3月18日查阅)。

[39] Anne Casse and Angus Deaton, *Deaths of Despair and the Future of Capitalism*(Princeton, NJ: Princeton University Press, 2020), https://deathsofdespair.princeton.edu/about-book(2020年3月18日查阅)。

[40] Scott MacNab, "Life Expectancy Going Backwards in 'Many Parts' of Scotland, Report Finds", *Scotsman*(11 December 2019), https://www.scotsman.com/health/life-expectancy-going-backwards-in-many-parts-of-scotland-report-finds-1-5060541(2020年3月18日查阅)。

[41] 统计数据更新至2018年年底。基于联合国艾滋病规划署的数据,见 http://unaids.org(2020年3月18

[42] 在当时,本书的很多修订都已完成!

[43] https://www.who.int/emergencies/diseases/novel-coronavirus-2019/situation-reports(2020年3月18日查阅)。

[44] http://www.cdc.gov/vhf/ebola/outbreaks/2014-west-africa/case-counts.html(2020年3月19日查阅)。

[45] http://www.cdc.gov/zika/(2020年3月19日查阅),疾病防治中心的网站也包括其发生率和可能传播的地图。

[46] Kreesten Meldgaard Madsen, Anders Hviid, Mogens Vestergaard, Diana Schendel, Jan Wohlfahrt, Poul Thorsen, Jørn Olsen, Mads Melbye, "A Population-Based Study of Measles, Mumps, and Rubella Vaccination and Autism", *New England Journal of Medicine* 347, no. 19 (2002), 1477-1482.

[47] WHO, https://www.who.int/news-room/fact-sheets/detail/poliomyelitis(2020年3月19日查阅)。

[48] WHO, https://www.who.int/news-room/fact-sheets/detail/poliomyelitis(2020年3月19日查阅)。

[49] Martin Brockerhoff, "An Urbanizing World", *Population Bulletin* 55, no. 3 (September 2000), 23.

[50] Patrick DeLuca and Pavlos Kanaroglou, "Code Red: Explaining Average Age of Death in the City of Hamilton", *AIMS Public Health* 2, no. 4 (2015), 730-745, https://doi.org/10.3934/publichealth.2015.4.730.

[51] Steve Buist, "Code Red: Ten Years Later", *Hamilton Spectator* (28 February 2019), https://www.thespec.com/news-story/9187352-code-red-10-years-later/(2020年3月21日查阅)。

[52] Steven A. Grover, Mohammed Kaouache, Philip Rempel, Lawrence Joseph, Martin Dawes, David C. W. Lau, and Ilka Lowensteyn, "Years of Life Lost and Healthy Life-Years Lost from Diabetes and Cardiovascular Disease in Overweight and Obese People: A Modelling Study", *Lancet Diabetes & Endocrinology* 3, no. 2 (2014), 114-122. 亦可参见 Cari M. Kitahara, Alan J. Flint, Amy Berrington de Gonzalez et al., "Association between Class III Obesity (BMI of 40-59 kg/m) and Mortality: A Pooled Analysis of 20 Prospective Studies", *PLOS Medicine* (July 2014), https://doi.org/10.1371/journal.pmed.1001673。

[53] S. J. Olsahansky, B. Carnes, R. G. Rogers, and L. Smith, "Infectious Diseases: New and Ancient Threats to World Health", *Population Bulletin* 52, no. 2 (1997), 1-52. PMID: 12292663.

[54] 请参见 https://www.who.int/social_determinants/en/(2020年3月20日查阅)。

[55] Laura K. Brennan Ramirez, Elizabeth A. Baker, and Marilyn Metzler, "Promoting Health Equity: A Resource to Help Communities Address Social Determinants of Health", United States Centers for Disease Control and Prevention, 2008.

[56] Lisa F. Berkmam, "Social Epidemiology: Social Determinants of Health in the United States: Are We Losing Ground?", *Annual Review of Public Health* 30 (2009), 27-41.

[57] 请参见 Public Health Agency of Canada, "What Makes Canadians Healthy or Unhealthy?", http://www.phac-aspc.gc.ca/ph-sp/determinants/determinants-eng.php#income(2020年3月20日查阅)。

[58] Joseph A. McFalls Jr., "Population: A Lively Introduction, 5th Edition", *Population Bulletin* 62, no. 1 (March 2007).

[59] Jiaquan Xu, Sherry L. Murphy, Kenneth D. Kochanek, and Elizabeth Arias, "Mortality in the United States, 2018", NCHS Data Brief, no. 355 (Hyattsville, MD: National Center for Health Statistics, 2020).

第六章　国内人口迁移

- ◎ 迁移的定义
- ◎ 人们为什么发生迁移？
- ◎ 国内人口迁移理论
- ◎ 迁移者的选择性和特征
- ◎ 迁移过程
- ◎ 结论
- ◎ 思考题
- ◎ 聚焦：美国当代国内人口迁移
- ◎ 方法、测量和工具：测量迁移

美国、澳大利亚、新西兰、加拿大的人口流动在世界上最为频繁。在这些国家中，每年大约有1/5的人改变居住地，几乎是许多欧洲国家所观察到的相应比例的2倍。形成这种高度人口流动性的原因有很多，包括移民先辈遗留的迁移传统、相对开放的土地性质以及这些国家的住房市场。北美洲的国内人口迁移与领土扩张（即加拿大和美国的西部扩张）、黄金的发现以及随之而来的"淘金热"（gold rushes）有关。近年来，人口流动与经济状况、舒适物的吸引力（如美国"阳光地带"或沿海地区的宜居环境）[1]和就业机会有关。

在所有人口学过程中，国内人口迁移和国际人口迁移（见第七章）最为地理学者所关注。这在很大程度上反映了人口流动的本质：人口从一个起点流动到某一终点，涉及空间的变换。为此，我们可以提出有关迁移动机、迁移对迁入地和迁出地的影响以及迁移选择性等问题。与此同时，测量和定义人口迁移比测量人口的出生率和死亡率要复杂得多，既涉及空间又涉及时间上的问题，我们将在后面进行讨论。本章关注人口迁移的定义、测量和迁移理论。"聚焦"栏目讨论了美国当代的国内人口迁移，而"方法、测量和工具"栏目介绍了各种迁移测量指标。

迁移的定义

与出生率和死亡率一样,研究人员试图量化和测度人口迁移水平。然而,人口迁移比出生和死亡更难统计。例如,死亡率是给定且可测的,出生率亦是如此,我们知道人口是何时出生,何时去世的。人口流动的测度相比之下显得有点棘手。达到什么样的条件才算发生迁移?当人们搬到同一条街上的新买的房子里、到附近的城市或者国内其他城市是否算迁移呢?同样地,发生常住地变化是否得是永久性的?临时性的迁移是否可以(如学生因上大学所发生的迁移)?如果是临时性的,在另一个地方待多久才算是迁移?

为了定义迁移事件,我们需要考虑空间范围大小(即边界和地理空间大小)和时间间隔长短的影响,并在我们量化迁移活动之前区分迁移者和迁移事件。我们首先要区分迁移者数量(number of migrants)和迁移次数(number of migrations)两个概念。"迁移者数量"是指在特定的时间间隔内进行一次或者多次迁移的人数,而"迁移次数"则是所记录的人口移动总次数。这种区分很重要,因为有些人在特定的时间间隔内迁移不止一次,因此迁移次数往往大于迁移者数量[2]。

地理与迁移

简单来说,迁移涉及个人、一个家庭或家族常住地的改变。然而,该定义没有考虑到空间尺度(即迁移的距离),因此基于迁移距离进行迁移类型的划分是有必要的。**居住迁移**(residential mobility)通常是指短距离(在城市内部或者劳动力市场内部)的住宅搬迁,它往往涉及住房偏好和住房需求的改变,并不一定涉及工作或劳动力市场的变动。**国内迁移**(internal migration)一般涉及跨越国内行政边界(如州界)的永久性移居,从而导致劳动力市场的变化[3]。最后,**国际迁移**(international migration)(见第七章)涉及跨越国界的行为,而这种行为通常受到各方面的制约。在过去的40年中,这些区别主导了人口迁移的研究。

与之类似,迁移活动所在的空间单元的大小、形状和特征会影响观察到的迁移者数量,也就是说,使用县、州、地区等不同的空间单位,会导致迁移者数量的变化(以及迁移原因的变化)。一般而言,迁移分析的空间单元越大,迁移者数量越小。基于此原因,与本地搬家相比,长距离迁移的次数会更少。例如,基于2018年和2019年的美国社区调查(ACS)数据,仅230万人在四个人口普查大区域(东北部、中西部、南部和西部)之间移动[4]。在同一时期,有接近470万人在各州之间移动。而地方尺度的人口移动量则更大,有1 880万人在同一县内移动,有660万人在同一个州的不同县之间移动[5]。

时间与迁移

迁移的时间和时长是迁移定义中不可分割的部分。在迁入地呆至少多长时间才能算迁移？例如，像学生、短期工人、季节性工人以求学或务工为目的的迁移是季节性或暂时性迁移，然而，如果把时间间隔定得太短，有可能把短期和临时性移居也统计上。虽然这些临时性的移居有其自身的重要性和研究价值，但会干扰人们研究永久性迁移。反之，如果把时间间隔定得太长，会低估移民的数量，尤其会忽略那些发生迁移后"回流"的人，以及发生二次移动，继续迁往其他地方的人[6]。美国社区调查和加拿大人口普查都只将永久改变常住地的个人视为迁移者。

许多地理学家和迁移研究人员（至少在美国、加拿大、澳大利亚和西欧是这种情况）基于人口普查数据来定义迁移和迁移者，开展人口迁移研究，而斯堪的纳维亚国家的人口地理学家更倾向于使用持续性追踪的个人和家庭登记系统数据。从1940年到2000年，当美国社区调查实施时，美国人口普查局就询问受访者在人口普查日时的常住地点和五年前的居住地点[7]。将这两个时间点的常住地进行比较便可定义此人是否为迁移者。也就是说，如果被调查者在人口普查日时的居住地和五年前的居住地点不同，且两个地点在不同的县，那么此人就被定义为**迁移者**（migrant）。在许多方面，这个"五年迁移问题"已经成为了定义移民的"标准"方法，加拿大、澳大利亚等其他国家也是用类似的方法来定义人口迁移[8]。

另一方面，很多国家的人口登记系统通常会对出生、死亡、婚姻以及国际出入境等重大事件进行登记。与人口普查不同，人口登记系统会在这些事件发生时持续收集数据，而非在特定的时间点收集。人口登记系统可以提供迁移事件发生的起点、终点、时间等准确信息，这些信息的质量都取决于所收集数据的准确性。

虽然在人口普查问卷中普遍出现的"五年迁移问题"可能是一个"标准"，但它并不准确。例如，根据它的定义，它衡量的是一个五年时间段内（比如1995年至2000年）的一次迁移，并未考虑到在这一时间段内发生多次迁移的可能性。由于美国人是世界上流动性最强的群体之一，在他们的一生中平均要迁移10次，所以迁移的持续时间是十分重要的。具体而言，仅用"五年迁移问题"甄别迁移者，可能会遗漏回返迁移行为（即个人重新返回迁出地）和再迁移行为（继续迁往另一个非迁出地）[9]。简而言之，"五年迁移问题"往往会低估一个人群的迁移率。人口普查也会遗漏每十年中前五年的迁移行为（即2000年的人口普查无法统计1990—1995年的迁移情况），而如果一些重要事件发生，改变了迁移行为的选择和规模，这将成为一个问题。不过，2010年美国人口普查向美国社区调查的过渡，能够有效地解决这个问题，因为美国社区调查询问了居民一年前的居住地的问题。

在进行迁移统计时,另一个需要考虑的因素是统计周期长度和时间。这个问题十分重要,我们不能简单地将一年内测量的迁移者数量乘五来当作五年内的迁移者数量,因为实际上五年内记录的迁移者数量会远少于一年内测量的迁移者数量的五倍[10]。美国社区调查带来了人口迁移定义和测度的新问题,因为这个调查统计的是以一年为时间间隔的迁移,测度了受访者填表当天居住地点与一年前的居住地点的变化(见第二章的"聚焦:人口普查数据及美国社区调查"栏目)。

人们为什么发生迁移?

人口地理学家不仅对迁移者的数量、迁移流和迁移方向感兴趣,也对迁移的动机感兴趣。毕竟迁移根本上讲是一种社会和经济现象,不同的人和家庭迁移的原因各不相同,这种原因还会随着时间的推移和地理区域的变化而有差异,这意味着发生当地迁居的原因会不同于发生长久性州际迁移的原因[11]。例如,一些人迁移是找到或为了找到新工作,一些人是为了解决住房问题,而另一些人则是出于寻求舒适、健康或者照护等原因。

我们可以从表6.1中了解迁移的原因。基于2018—2019年的当前人口调查(CPS)数据,住房问题是迁移的最重要原因,占全年迁移总数的1/3以上。其中,个人住房需求的变化十分重要,包括了新家庭的建立(占11.4%)、更换住宅的需要(占17%)以及其他家庭原因(占10.4%)。工作的改变也是一个重要因素,新工作或工作调动占所有迁移原因的12.1%。其他原因(包括与健康或教育需求相关)则显得没那么重要。然而,年龄与迁移原因显然也有密切关系。在20岁至24岁的年轻人中,接近16.3%的人认为"建立新家庭"是迁移的原因。对于65岁以上的老年人而言,"其他家庭原因"占所有迁移原因的14.7%。当然,其他住房问题,如购房成本和对新房子的需求也很重要。

表6.1 2018—2019年不同年龄段美国人的迁移原因(%)

迁移原因	总数	20~24岁	30~44岁	65岁以上
婚姻状况变化	5.0	4.4	5.6	4.1
建立新家庭	11.4	16.3	10.3	5.1
其他家庭原因	10.4	7.4	8.6	14.7
新工作或工作调动	12.1	11.0	15.1	2.5
找工作或失业	0.9	1.6	0.9	—
更接近工作地或更便于通勤	6.2	7.3	6.5	2.0

续表

迁移原因	总数	20~24岁	30~44岁	65岁以上
退休	1.0	—	0.4	7.3
其他与工作相关的原因	1.2	1.0	1.5	0.8
想要自己的房子(非出租)	6.3	4.2	7.9	5.6
想要新的或更好的房子或公寓	17.0	14.1	18.7	14.8
想要更好的邻居或更少的犯罪发生	3.0	2.7	3.2	0.8
想要更便宜的住房	6.7	7.6	5.3	6.5
住房止赎或受到驱逐	0.7	0.5	0.6	0.6
其他与住房相关的原因	6.7	5.1	6.2	10.5
上大学或毕业	2.6	9.4	0.7	0.5
气候变化	0.7	1.0	0.9	1.5
健康原因	2.3	0.7	1.5	15.5
自然灾害	0.6	0.3	0.3	2.5
其他原因	5.4	5.5	5.6	4.6

资料来源：基于2018—2019年美国人口普查局当前人口调查的地理移动数据。

虽然随着时间的推移，美国的老龄化人口会有不同的迁移原因，但事实上，至少在短期内，就迁移的最重要原因而言，这些原因是相对一致的。表6.2比较了2005—2006年和2018—2019年当前人口调查数据中的迁移原因。与人口老龄化一致，2018—2019年与退休或健康相关的迁移原因更为重要。此外，新工作或工作调动与更接近工作地的迁移原因在2018—2019年也更为重要。

表6.2　2005—2006年和2018—2019年美国人的迁移原因(%)

迁移原因	2005—2006年	2018—2019年
婚姻状况变化	6.0	5.0
建立新家庭	8.5	11.4
其他家庭原因	13.2	10.4
新工作或工作调动	8.7	12.1
找工作或失业	1.6	0.9
更接近工作地或更便于通勤	3.6	6.2

续表

迁移原因	2005—2006 年	2018—2019 年
退休	0.4	1.0
其他与工作相关的原因	4.0	1.2
想要自己的房子(非出租)	8.6	6.3
想要新的或更好的房子或公寓	17.8	17.0
想要更好的邻居或更少的犯罪发生	4.4	3.0
想要更便宜的住房	6.2	6.7
住房止赎或受到驱逐	—	0.7
其他与住房相关的原因	9.2	6.7
上大学或毕业	2.7	2.6
气候变化	0.4	0.7
健康原因	1.3	2.3
自然灾害	1.7	0.6
其他原因	1.7	5.4

资料来源：基于 2005—2006 年(和 2018—2019 年)美国人口普查局当前人口调查的地理移动数据。

大多数调查都没有询问受访个人或者家庭为什么会迁移,因此研究者需要做相关调查或根据统计数据分析人们发生迁移的原因。与迁出地和迁入地相关的信息,可以与人口普查或者其他数据中的相关信息(包括年龄、性别、就业状况、婚姻状况等,以及诸如劳动力市场或舒适物的影响等更广泛的测度)相结合。当信息和多元方法结合时,我们可以推断出人口迁移的原因。

上述推断式分析仍是不完全的,迁移必须基于相关的迁移理论进行观察和讨论,从而使我们能够解释和理解迁移的动机。现代迁移理论在很大程度上源于恩斯特·乔治·拉文斯坦(Ernest George Ravenstein)的研究工作[12],他首先提出了人口迁移的可能影响因素。拉文斯坦从个人对渴望自我完善的角度,描述了空间、人口和经济等迁移决定因素。其中更重要的是拉文斯坦得出结论,即迁移是以一种"循序渐进"的方式发生的(即从农场到小村庄、从小村庄到大村庄、从大村庄到城镇,并不断向人口更多的城市迁移);每一次迁移流通常都有一个补偿性的"逆流";大多数迁移是短距离迁移;经济是迁移的主要原因。这些常为人们所引用的结论经受了时间的考验,已经成为多年来科学讨论和理论发展的基础。

伊沃里特·李(Everet Lee)进一步发展了拉文斯坦的观点[13],他提出了一个著名的人口迁移分析框架,将迁入地的"拉力效应"、迁出地的"推力效应"、中间障碍因素和个人特征(图6.1)纳入其中。例如,迁出地的高失业率形成"推力",迁入地的高收入形成"拉力"来吸引迁移者。在每一个潜在的迁出地和迁入地之间是一系列中间障碍,其中最重要的是两地间的距离。这些中间障碍可以直接引导迁移者迁往另一个目的地,或者通过增加迁移成本来减少迁移的可能性。最后,年龄、受教育水平、婚姻状况和职业等一系列的个人因素也都会影响迁移。与拉文斯坦所做的工作一样,伊沃里特·李为人口迁移研究所提出的上述概念框架引发并影响了许多实证研究。

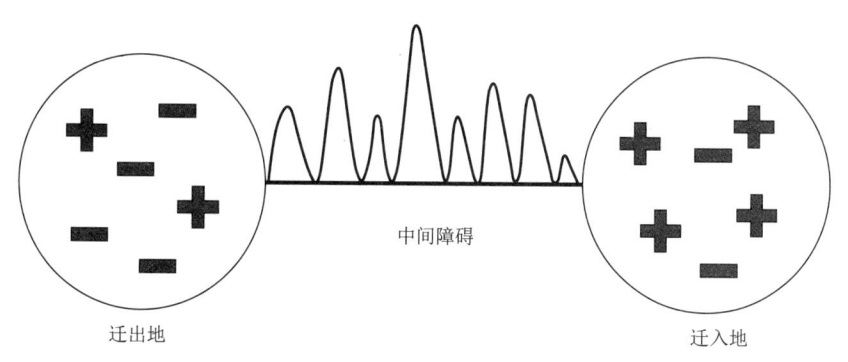

图 6.1 李的人口迁移模型

资料来源:Blake Newbold。

威尔伯·泽林斯基(Wilbur Zelinsky)提出了"人口移动转变"(mobility transition)的假设[14]。与人口转变理论相似,泽林斯基认为随着国家的发展,一个国家的国内移民会随着时间的推移而变化,由此导致的人口移动转变可分为四个阶段(图6.2)。

在第一阶段,前工业社会的自然增长率约为零,几乎没有人口迁移。在第二阶段(转变前期),人口迁移的特点是从农村地区向城市地区流动。在第三阶段(转变后期),特点则是从城市到城市的迁移增加,从农村到城市的迁移减少。同时,城市之间和非经济原因的迁移现象出现了。最后,在第四阶段(经济体系成熟的先进社会)主要发生的是从城市到城市、从城市到郊区和从城市到农村的迁移。

拉文斯坦、泽林斯基、李等人提出的理论对人口迁移研究带来了深远的影响。后来,经济学、社会学和地理学等领域的学者提出了更为规范的理论。当然,不同学科关注的重点不同,经济学家倾向于强调经济因素对迁移的影响,社会学家对经济理性和个人行为解释的正当性提出了批判,地理学家则更关注空间在整个迁移过程中扮演的角色。

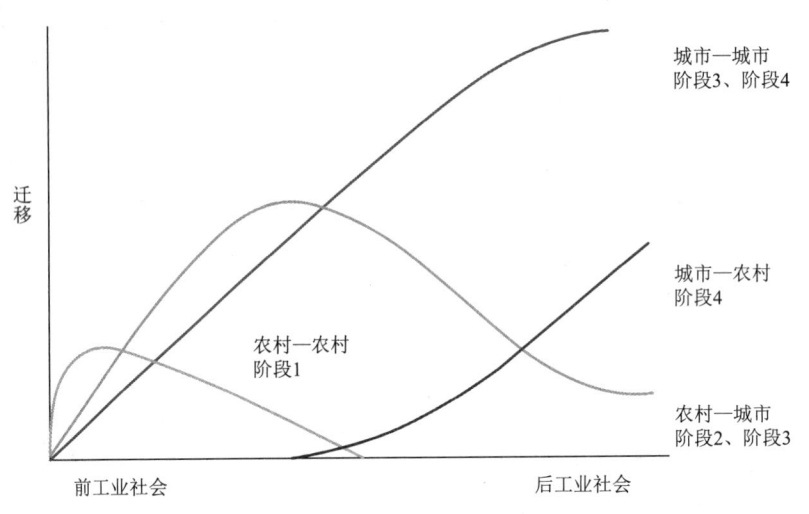

图 6.2 泽林斯基的人口移动转变模型

资料来源：Blake Newbold。

国内人口迁移理论

尽管上文已经提到了人口迁移的某些规律和原因，人口迁移研究还需要对迁移现象形成更为深入系统的理论认识。由于有关人口迁移的文献纷繁复杂，我们可以把迁移理论区分为宏观调控理论和微观行为理论，这种区分也决定了在涉及住房、劳动力市场和社会关系的作用时对迁移进行模型分析的方式。一方面，宏观调控理论着眼迁移流的分析和解释，侧重迁移行为与客观的宏观经济变量（如区域薪酬水平或就业情况）之间的关系。另一方面，微观行为理论关注广泛的话题，包括迁移的人力资本解释、居住迁移、返回迁出地和继续迁移，同时还考虑影响迁移发生和迁入地选择的因素。下文将更详细地探讨这两个方面。

人口迁移的宏观经济理论

正如宏观调控模型所描述的，长期以来区域间的人口迁移被认为是由两地间的工资差异造成的[15]。基于新古典经济学，宏观调控模型认为工资水平的区域差异引起了不同区域之间劳动力迁移，劳动力从低工资区域向高工资区域迁移[16]。因此，低工资地区的人口外迁导致劳动力供应减少，迫使工资上涨。另一方面，高工资地区由于劳动力供应增加，从而使得工资降低，直到各个地区的工资水平一样。实证结果表明，人们更倾向于选择工资水平高的地区作为迁入地[17]。

然而，宏观调控模型受到很多的批判。首先，矛盾的焦点是劳动力从低薪区域迁移到高薪区域，从而让工资水平在整个劳动力系统中实现均衡的这一假设。因为该理论假设的是两地间的迁移没有任何障碍，但这在实际上是不可能的。最简单的，距离仍然是迁移的一大障碍，随着迁移距离的增加，实际成本和心理成本（如家庭分离）都会相应增加。诸如工会、工人认可和认证要求、社会福利计划（包括失业保险在内）等市场条件都可能阻碍人口的迁移（或至少降低迁移意愿）。与此同时，潜在移民对信息掌握的不完全（如不知道所有可能替代的迁移方案），劳动力与工资市场的"黏性"（如工会和最低工资要求）也使个人的自由迁移更难实现[18]。

其次，虽然工资水平在推动人口迁移方面无疑是重要的，但尚不清楚区域间的工资水平是否会因为迁移发生而最终达到均衡。美国等高流动性国家长期的地区收入差距表明，迁移带来的结果与宏观调控模型中所述的区域均衡化是几乎无关的。且诸如工会或最低工资法等其他市场影响因素会在一定程度上让工资保持稳定。一些研究对迁移会带来区域平衡这一假设提出质疑，指出人口迁移反而导致了区域间的社会经济差异拉大，从而出现马太效应和累积因果现象[19]。

再次，宏观调控模型仅关注区域的工资水平，这过于简单化，影响迁移决策的因素不仅于此，还包括其他变量和个人因素。举例来说，在宏观调控模型中缺少考虑的一个重要变量是失业率，而这正是20世纪30年代经济大萧条时期的焦点问题。在此时期，尽管城市地区的工资水平远高于农村地区，但人们依然大规模地迁往农村地区，这是无法用地区间工资差异解释的。实际上，人们逃离城市是因为城市的失业率过高，这表明失业率对迁移决策具有重要影响。因此，有必要把失业率纳入到当前的人口迁移分析中，高失业率会导致地区人口外流，而地区迁入率与失业率呈负相关[20]。

最后，宏观调控模型往往使用净迁移量（net migration flows，一个区域迁入者的总量减去迁出者的总量）或净迁移率（net migration rate，由净迁移量除以地区总人口）两个指标。然而，净迁移量（率）的使用是有问题的，因为现实世界中并不存在"净迁移者"（net migrants）[21]。此外，净迁移率的计算方法有一定的缺陷，这是因为这个指标的分母并不是具有迁移"风险"的人口。这种错误定义混淆了流动倾向与相对人口存量水平，隐藏了迁移人口年龄结构的规律性，并产生了错误的解释变量。因此，宏观经济理论的模型应使用总迁移流量或总迁移率（即总迁入或总迁出量，或以真正具有"迁移风险"人口作为分母的迁移率）的指标。

宏观经济理论的拓展

为解决上述问题，宏观经济理论把影响迁移的各种可能的因素纳入分析模型中[22]。正如后工业时代美国"阳光地带"的人口迁入量增加所证明的,环境因素在迁移决策中起到了重要作用。舒适物的供应,诸如温暖的气候或具有娱乐(如滑雪、徒步)场所的风景区等,能够解释美国和加拿大西海岸(即加利福尼亚州、华盛顿州、俄勒冈州和不列颠哥伦比亚省)和一些内陆州(如亚利桑那州和科罗拉多州)对迁移者的吸引力。这些地区的情况反映了有钱人对优质居住环境需求的日益增长,企业在这些地区扎根能力的提高,以及交通通信技术进步带来的时空"压缩"。

语言、民族和种族差异等也对国内人口迁移的流量和流向带来重要影响。例如,在加拿大,法裔和英裔加拿大人的迁移倾向存在着显著差异,法裔加拿大人不太可能从魁北克省(加拿大法语区)迁出,并且相比于英裔加拿大人更容易回迁到魁北克。在美国,人们一直认为种族是影响迁移模式的重要决定因素,非裔美国人和美国白人的国内迁移模式不同[23]。此外,据研究观察,民族也会影响迁移模式,例如拉丁裔会大量离开颁布新的反非法移民法案的州(见第七章中关于美国无证工人的讨论)[24]。

微观行为范式

微观行为范式与前文介绍的宏观调控模型相比有三大差异。第一,微观行为范式采用新的观点分析迁移及其决策过程,以满足最低要求取代经济理性,认为人们在作出迁移决策时评估的仅是所有可能选择中的一部分。第二,微观行为往往使用迁居历史数据、公开的人口普查抽样数据或追踪调查数据,关注迁移者的迁移过程和决策;而宏观经济理论传统上(并非绝对)常用汇总迁移数据开展分析。第三,微观行为范式通常将以下三个问题区分开来,即"要不要迁移"的决策,"迁移到哪里"的选择,以及迁移者居住地变动和其他状况变动(如社会经济变动或住房变动)间的关系。

基于微观行为范式开展实证研究有两大优点。首先,它可以为具有某些特征的群体分类计算迁移指标(如失业人口群体的外迁率),这在一定程度上避免了基于汇总数据计算的类似指标(如高失业率地区的外迁率)的误导效果。例如,相比于宏观调控模型,微观行为模型更容易揭示失业率对人口迁出的推动作用。其次,在识别影响迁移行为关键因素(如教育水平)的时候,微观方法能够控制其他因素(如种族背景和年龄)的影响,因此模型结果的误差较小。

人力资本理论

在区域尺度下,人力资本理论将迁移定义为对人力资本的投资[25],或个人的技能和知识储备的改变,而迁移的成本将通过未来预期收益(以终身收益衡量)而得以平衡。也就是说,如果收益超过成本,人们将发生迁移,且往往选择迁移到收益最大的地方。收益和成本可以是货币上的(如迁移所需的资金支持),也可以是心理上的(如远离家人和朋友的心理成本)。因此,人力资本理论与工资差异理论相比有几大优势。首先也是最重要的一点,人力资本理论不把迁移视为纯粹的经济决策。人力资本理论认为,即使经济和收入机会在迁移决策中占突出位置,其他的非经济要素也会对迁移决策产生影响。其次,它简要解释了为什么迁移发生的概率会随着迁移者年龄的增长而降低,即迁移的心理成本会随着年龄的增长而增加。年轻人比老年人有更长的时间来获得迁移所带来的收益(即预期收入的增加)。再次,该理论考虑到空间因素,认为迁移成本与距离相关。最后,该理论既可以用于进行微观经济分析,又可以综合考察不同属性的人口迁移流。

尽管人力资本理论相比宏观经济理论有很多优势,并且在人口迁移的研究中也得到了广泛的应用和拓展,但它并不是完美无缺的。首先,人力资本理论基于潜在迁移者和建模者具有完备信息的假设,但这种假设是不切合实际的。事实上,信息获取情况与收集的时间和精力等成本相关,并且存在空间差异,这也意味着信息获取的质量和数量因人而异。其次,该理论假设潜在迁移者(或建模者)可以预估迁往不同目的地的终身收益,而这种预估无论从何种角度来看都是一项艰巨的任务。这一难点导致在建模时通常用当前收入替代终身收益,这在一定程度上降低了模型的吸引力和适用性。

工作搜寻模型

作为微观方法的替代模型,工作搜寻模型的关注点是劳动力的空间位移[26],该理论将投机性迁移和合同性迁移区分开来,前者是为了在目的地找到合适的就业机会而发生的迁移,后者是确定获得工作后再进行的迁移。对于求职者而言,潜在回报通常在城市劳动力市场中最高,这里强调的是人口向大城市的持续流动(从小城市向大城市、在城市体系中的向上流动)。合同性迁移可能是更为常见的形式,特别是对于远距离的迁移。人们先把工作找好了再迁移,以此最大程度地降低迁移的风险。

居住迁移与生命周期理论

微观行为模型在居住迁移分析中的应用在很大程度上是由于缺乏从整体分析中得出的特异性,而支撑居住迁移理论的核心理论问题之一反映了迁移动机和迁移目的地选择之间的区别。在这种背景下,迁移使调整居住以回应生命周期需求变化和其他需要成为可能。彼得·罗西(Peter Rossi)的生命周期理论[27]指出:如求学、求职、结婚、生育以及健康状况下降等生命周期的变化将改变住房需求(尤其是空间上的),并推动住房搬迁的决策,且生命周期中每个阶段的变化都有可能导致迁移的发生。人们一旦作出搬迁的决定,迁移目的地的搜索过程就开始了,它反映了个人需求、社会愿望、收入以及包括房地产中介和银行等机构的作用。因此,在小的空间尺度上,迁移行为与迁移者的住房情况相互影响[28]。此外,家庭特征(如年龄、性别、婚姻状况、家庭状况)、住房单元(即大小、结构、可得性),以及迁出地和迁入地的特征(如邻里结构、种族或民族构成、住房可得性)都会影响迁居决策。

然而,生命周期理论没办法解释所有的迁居行为。有学者认为,有相当比例(可能高达25%)的迁居是"被迫"而非"自愿"的[29]。各种制度施加的约束进一步限制了个人和家庭的迁移决策,包括种族主义或歧视、住宅权属选择(租赁或拥有)、住房供应以及特定代理人(如房地产中介)的作用,这些代理人可能将潜在买家引导到(或远离)特定地点,从而限制买家在住房上的选择。穷人的住房选择受到的限制更大,无论就住房的区位、质量和可得性,还是其价格而言均是如此。此外,相对于传统概念上的核心家庭,单亲家庭、双职工家庭、另类生活方式家庭、"空巢老人"(empty nesters)以及单身人士等非传统的家庭模式逐渐在整个社会结构中占主导地位(占所有家庭类型的50%以上),而属于这些家庭模式的人们有各自的房屋需求和偏好。我们不能假设整个社会是同质的,迁移原因是相同的。

行为理论和模型也被用于老年人口的迁移分析中。尽管每个老人在迁移动机和目的地选择上仍然存在区别,导致迁移的因素通常与上文讨论的理论中所考虑的有所不同。原因很简单:大多数老年人已经退休,他们对于劳动力市场的变化不那么敏感。因此,老年人的迁移决策在很大程度上受到一系列个人因素的影响,如个人的健康状况和收入状况[30]。较为健康的老年人更倾向于迁移到高舒适度的地区,而年龄更大(75岁及以上)的老年人依赖性更强,为了寻求家庭成员或者相关机构的帮助而向他们靠拢。同样地,老年人(65岁及以上)对迁移目的地的选择与其他人有很大不同,他们更倾向于迁往高舒适度地区,如加拿大的不列颠哥伦比亚省,美国的佛罗里达州或亚利桑那州等地区。对于需要照料的老年迁移者而言,选择的空间范围较其他年龄段人口而言更有限,通常会受到家庭或者照料方(如疗养院或长期护理院)所在地的限制。

替代模型

鉴于传统经济理论的不足和对人口普查等官方公开数据的持续依赖,学者们呼吁从理论、模型和数据源等方面改进现有的人口迁移研究[31]。例如,麦克休(McHugh)指出:迁移关乎人和多个地方的联系,是"生活在当下的人们反观自己的来源地和展望不确定的未来"[32]。因此,学者经常呼吁(并采取行动)在迁移的时空方面进行比以往更丰富的研究。例如,人口普查只记录了某个时间节点的人口状况,我们基于其中与人口迁移相关的一些问题就断言了时间、空间和个人之间的联系。然而,两个时间节点的居住地并不能反映人口迁移的复杂性,跨国移民文献[33]和麦克休关于亚利桑那州"季节性候鸟"(seasonal snowbirds)的研究[34]都指出了这个问题。

对迁移的重新认识意味着迁移不能仅被视为是理性"经济人"的经济现象,而是一种"在文化中生产、表达和产生影响"的现象[35]。因此,长期的流动可能反映了地方依恋的减少、迁移者的无根性或冒险性,而不是经济理性。迁移还反映了过去、现在和未来的状况,如当前收入、就业和家庭状况,或就业、收入、健康方面的预期变化。然而,这些认识在许多人口迁移的文献中是缺失的。因此,迁移的真正原因可能隐藏在迁移事件中,无法被仅仅使用截面数据、面板数据和计量经济学方法的研究者觉察到。在与迁移研究相关的许多领域都可以看到这种对迁移的重新认识,如亚历杭德罗·波特斯(Alejandro Portes)和他的同事[36]对移民社区及其居民和这些居民在美国社会的适应进行了民族志研究。此外,关于跨国移民的文献也通过民族志和田野调查技术探讨了人口迁移问题。

迁移者的选择性和特征

尽管美国和其他国家的人口流动率很高,但并非所有人都在流动。事实上,迁移活动具有高度选择性,不同的个体根据其社会人口特征或社会经济特征,在其生命周期中进行迁移的概率有大有小。也就是说,迁移率会因年龄、种族、收入、住房保有情况、教育程度和婚姻状况等个人特征而异。也许迁移最重要的决定性因素是年龄,因为不管区位、时间或者地理尺度如何,年轻人往往比老年人更容易发生迁移(图6.3)。迁移的可能性在某种程度上比这更为复杂。例如,青少年(通常定义为不到15岁的人)被认为是"关联"迁移者,他们跟随自己的父母进行迁移。即便如此,与青少年相比,更加年幼的孩子(跟随其父母)更有可能发生迁移,这说明随着孩子年龄的增长,父母自身迁移的可能性下降,同时家长希望在孩子成长时尽量减少因迁移对孩子教育和人际交往的干扰。

但当孩子的年龄增长到十几、二十几岁时,迁移率会急剧上升。每年有接近1/3的20~29岁青年发生迁移,从父母家搬到自己的房子,从父母家搬到大学所在的地方,或者大学毕业后搬到从事首份工作的地方。此后,迁移率会逐渐下降。这是因为随着年龄的增长,在当地积累的人脉关系和资产(如房屋或其余个人财产)会越来越多,迁居行为无论在生理上还是心理上都会变得越来越困难和昂贵。通常情况下,人们在刚退休的时候迁移率会有小幅度上升,这是因为刚退休的老年人对舒适物有较大的需求。当年岁更大的时候,迁移往往与健康状况相关。为了得到更好的照料,人们更倾向于搬到离子女亲属较近的地方或者养老机构。人们的迁移倾向随着年龄的增长而改变,这可以用罗西[37]的生命周期理论解释。拉里·A.斯加斯塔德(Larry A. Sjaastad)[38]的人力资本理论也能够部分解释不同年龄人口迁移率的差异,即年轻人相对于老年人而言,有更多的时间来补偿他们在职业生涯中的迁移成本。

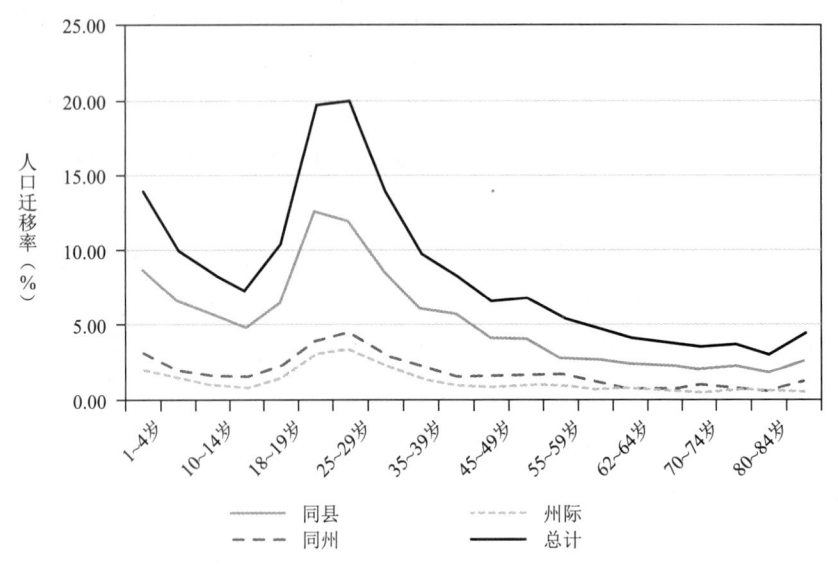

图 6.3　美国 2018—2019 年不同年龄段的迁移率

资料来源:作者根据 2018—2019 年美国人口普查局当前人口调查的地理移动数据自绘。

除了年龄和生命周期事件外,还有很多其他因素与迁移者的选择性密切相关(表 6.3)。例如,我们观察到教育水平越高的人越有可能发生迁移,并且越有可能发生长距离迁移,这是因为他们有更强的能力收集、整理和解读不同区位的信息。同样地,教育水平越高的人可能有更多的职业选择,因此他们更有可能进行长距离迁移。随着收入或职业地位的提高,长距离迁移的可能性也会增加。此外,租房的人比有房产的人更容易迁移,尤其是像发生县内迁移这种短距离的迁移。

表 6.3　美国 2014—2015 年不同人口统计特征的迁移率(%)

	迁移者占比	同县	同州	州际
教育状况(25 岁及以上)				
高中以下学历	9.4	6.9	1.6	0.9
高中毕业	8.8	6.0	1.7	1.1
专科毕业	10.3	6.6	2.1	1.6
学士学位	9.6	5.9	2.0	1.7
专业或研究生学位	9.4	5.1	1.9	2.4

续表

	迁移者占比	同县	同州	州际
婚姻状况（14岁及以上）				
已婚且与配偶相伴	7.5	4.7	1.5	1.3
已婚但与配偶不相伴	13.6	8.3	2.5	2.7
离婚/分居/丧偶	35.5	24.2	6.7	4.6
未婚	15.4	10.3	3.0	2.1
住房情况				
业主	5.1	3.2	1.0	0.8
租户	24.0	15.3	4.2	3.3
总计	11.1	7.3	2.1	1.6

资料来源：基于2014—2015年美国人口普查局当前人口调查的地理移动数据。

包括性别、婚姻状况、是否养育小孩等在内的人口学因素也与迁移者的选择性相关。在大多数发达国家中，除了某些特殊情况（如在资源开采行业工作的男性的迁移率可能更高），其余大多数情况下，男性和女性的迁移率相差无几，反映了性别平等。然而，在很多发展中国家的国际移民中，男性往往因为外出务工而有更高的迁移率，而女性常常留在家中照顾家庭。通常情况下，单身（且年轻）的人更容易发生迁移，特别是长距离迁移，因为他们不会受到配偶和子女的"羁绊"。另一方面，已婚夫妇发生迁移的可能性较低，因为重新安家意味着至少一方的职业生涯受阻[39]。类似地，有子女的家庭迁移的可能性也比较低，因为子女的学校教育和社交网络会受到干扰。

迁移过程

迁移和重新定居是多因素综合的结果，这些因素以不同的方式影响每个人，年轻人的迁移选择性就是一个例证。那么，迁移动机产生的原因是什么呢？理论上，整个迁移过程至少包括三步，第一步是作出迁移的决策，第二步是选择迁入地，第三步是把迁移的想法付诸实践。当然，这几个过程可以同时进行。或者说，只有对迁入地的选择是重要的，特别是对那些已经重新找到工作的人。然而，基于建模和理论研究的考虑，大多数研究把这三步区分开。

鉴于前文对迁移类型（如居住迁移与国内迁移）的区分，不同类型迁移的动机也会有所不同。例如，居住迁移可能与生命进程和住房服务需求的变化密切相关。住房需求和预期之间的差异可能会导致"居住压力",例如,随着家庭规模的扩大而需要更多的房间,或随着家庭规模的减少而需要缩小空间。当超过某个临界点时,居住压力超过了惯性(使个人或家庭保持原状),人们就会开始寻找新的住所[40]。

显然,生命周期理论不能解释所有的迁居行为。这是因为很大一部分(可能高达25%)的迁居是"强制"的而不是"自愿"的[41]。各种制度方面的制约进一步限制了个人或者家庭的决策,包括种族主义和歧视、住房的所有权类型、住房供应(可得住房的数量、成本和类型)以及特定代理人的作用(如地产中介),这些都可能限制住房选择。穷人和弱势群体的住宅选择余地更小,因为他们在住房的位置、可得性、质量以及成本方面的选择更少。另一方面,在受到地方或国家机构严格管控的住房市场中,住房市场的运作和住宅选择可能存在显著差异。在这种情况下,个人或家庭几乎不存在住房选择的机会,因此也降低了迁移的可能性。在长距离的迁移中,决定性因素通常是经济条件,例如,迁出地的就业前景不佳和失业率高可能会推动迁移。此外,尤其对于老年人而言,追求阳光、海滩等舒适物和远离寒冷的气候是很重要的迁移原因。

一旦作出迁移决定,迁入地选择的过程便开始了。对于远距离迁移而言,人们会搜寻能够提供更多舒适物、更高收入和更多就业机会的地方。与此同时,所有的迁移行为都会涉及在迁入地地方尺度或社区尺度上最终确定落户。在这一空间尺度下搜索目的地的过程,涉及个人需求、经济机会、社会抱负、收入以及包括房地产中介和银行在内的机构的作用。因此,在更小的空间尺度上,迁移与住房经历高度关联[42]。此外,家庭特征(即年龄、性别、婚姻状况、家庭状况)、住房单元(即大小、结构、可得性)以及迁出地和迁入地的特征(即邻里结构、种族或民族组成、住房可得性)都会影响目的地的选择。在综合考虑上述特征因素后,人们会作出最终的迁移决策。在某些情况下,搜索过程中可能因为无法找到合适的迁入地而中止迁移行为。在更多情况下,经济、住房、社会或者生活方式方面的收益会大于成本,这导致了迁移行为的发生。

选择移民还是长距离通勤?

理论解释和实践经验告诉我们,远距离迁移的代价是高昂的。人们必须远离家人和朋友,放弃原有的社会关系和工作关系,并在新的地方重建这些关系。即使是在社交媒体时代下,迁移者也必须投入时间在目的地建立新的联系。此外,搬家的实际成本可能很高。正如"方法、测量和工具"栏目所讨论的,美国的迁移率已经下降了一段时间,加拿大也出现了同样的现象。在这两个国家,尽管人口老龄化能够部分解释迁移率的下降,但我们也观察到青年人群体(应该是最可能发生迁移的群体)迁移率的下降。作为迁移的一种替代办法,长距离通勤已越来越普遍。在资源开发部门可以经常观察到,工人可能会在几个星期或几个月内循环进出工作,一段时间集中工作,然后是在家待一段时间不工作。在加拿大,这些跨省职住分离(在一个省工作并居住在另一个省的个人)的员工已成为加拿大省际流动人口的主要构成部分,他们的人数已经远远超过了传统的跨省迁移人数[43]。尽管跨省员工和迁移者有相似的特点,但不同年龄段的跨省员工数量基本一致,没有出现在大多数迁移者年龄结构中显示的随年龄增长而下降的趋势。跨省员工更有可能在资源开发、运输或建筑等行业工作,或是处于见习期,且以男性为主。重要的是,跨省员工不需要为自己和家人的永久性迁移进行投资,同时又能够满足劳动力市场的需求。类似的人口流动现象在澳大利亚(被称为"fly in-fly out"或"FIFO 迁移者")、美国和俄罗斯也同样存在[44]。

结论

上文介绍了多种迁移理论,它们都有一个共同点,即认为人们为了改善他们的处境而发生迁移,而不同的理论关注处境改善的不同方面(如经济的、社会的、环境的方面)。事实上,许多文献都强调了微观方法和宏观方法之间的区别,这一问题可能是不同学科提出的观点不同所致。虽然近年来有相当多人口迁移的跨学科研究成果出现,并且在考虑人口问题时更多地采用了定性方法,但各学科仍然保持着强烈的自身学科的特点。在过去的 20 年中,尽管有大量的关于人口迁移的研究,但引人注目的重大理论突破却较为罕见。相反,学者们把主要精力放在分析导向和政策导向的研究课题上,这意味着许多研究都建立在既有理论的基础上。因此,过去 20 年的理论发展在本质上是渐进的。总的来说,数据可获得性的提升(如新的追踪调查数据和类似公用微观数据样本的开放数据)有力地推动了这段时期理论与经验研究的发展。例如,数据可得性的改进促成了与生命周期和就业相关的回流迁移研究的理论发展[45]。

思考题

1. 本章中指出美国的国内迁移率在世界上是最高的,许多国家的国内迁移统计数据可以通过其统计机构在线查询。请对比美国和其他国家的国内迁移率。在计算迁移量的时候,空间单位的大小是否重要?

2. 利用表 6F.1 中的数据,计算迁移有效性和迁移流有效性。将结果与前(后)期数据进行比较。

3. 利用表 6F.1 中的数据,分别计算美国四个地区的人口迁入率和迁出率(表 6F.1)。

4. 针对你所在的州(或一个国家的地区),使用统计机构(如美国人口普查局、英国国家统计局)的统计数据,分析迁入流和迁出流。你能找到证据证明这些迁移流在过去几年中发生的变化(如增加或减少)吗?

5. 介绍你个人的迁移故事。想一想你和你的家人在一生中发生或可能发生的迁移行为。这可能包括你作为"关联移民"跟随你的父母进行的早期迁移;你最近的搬家行为,如上大学时的搬家;或是未来毕业后的潜在迁移。为你的过去、现在和未来的迁移画一个时间轴。当然,在某些情况下,你可能根本就没迁移过。接着,使用本章介绍的理论来讲述你某次迁移的故事。

聚焦:美国当代国内人口迁移

长期以来,美国一直被认为是发达国家中流动性最强的国家之一。在很大程度上,无论是短期流动还是永久移居,美利坚民族拥有长距离迁移和频繁搬家的文化基因。美国早先的疆土扩张和西部开发,后来的快速城镇化,以及此后出现的向邻近大城市中心的乡村和半乡村地区迁移,无不与此有关。在更大的程度上,美国人口迁移与国家历史推进和经济发展同步,遵循了泽林斯基的人口移动转变理论。例如,美国西部大开发推动了来自东部沿海地区的大规模迁移。后来,20世纪30年代的经济大萧条与美国人口从平原地区迁出并向西进入加利福尼亚州有关。1916年至1970年,由于美国南部各州的经济前景不佳以及种族隔离和歧视,大约600万非裔美国人从南部迁移到北部、中西部和西部各州。在20世纪70年代和80年代,东北部的去工业化进程促使劳动力大规模流向南部和西部各州。加利福尼亚州"淘金热"、得克萨斯州的石油工业发展以及近期在达科他州石油资源的开发,都刺激了人口的进一步迁移。

人们对美国人口迁移的认识得益于1940年人口普查的改革。该轮普查首次向受访者询问五年前的住所在哪里。自第二次世界大战以来,美国大规模人口迁移的主要动力有四个。第一,对温暖气候和舒适性的偏好促使人们向"阳光地带"移动。与此同时,以美国东北部和中西部制造业衰败,所谓"铁锈地带"(the Rust Belt)的出现,以及南方经济的兴起为特征的经济形势变化,也推动了人口迁入"阳光地带"。第二,农村地区人口持续外流,特别是在中西部农村地区、美国大平原上游和密西西比河三角洲地区[46]。第三,郊区化,或从城镇向城乡边缘地带的迁移在战后兴起,推动了大规模的短途迁移,并对美国城市结构产生了深远的影响。第四,20世纪70年代出现的"逆城市化"标志着净迁移向非大都市区的转变,这种迁移与长期存在的向高等级城市迁移和向大都市地区迁移的模式形成鲜明对比。虽然"逆城市化"在20世纪80年代有所减弱,但在20世纪90年代和21世纪初,城市向农村的迁移运动再次出现。

尽管20多岁的年轻人仍然是最具流动性的群体,他们常因为教育或就业而发生迁移,但美国人对迁移的偏好似乎在不断减弱。2010年人口普查数据和正在进行的美国社区调查数据显示,美国的人口流动模式在不断变化。与长期变化相一致,迁移率和流动率在持续下降(图6F.1),自1948年有记录以来,2018年至2019年的迁居人口比例是有史以来最低的。在20世纪80年代中期,约有18%的美国在人口普查时点前的一年内发生迁居,但这一比例在2018—2019年下降到9.4%。长期分析表明,过去40年中,长距离州际迁移的频率有所下降,这一比例从1950年的3.5%下降到2019年的1.5%左右[47]。迁移率的下降部分是因为女性劳动参与率提升,导致家庭长距离迁移行为减少。此外,人口老龄化也导致了迁移率的降低,因为老年人及其家庭进行长距离迁移的可能性较低。

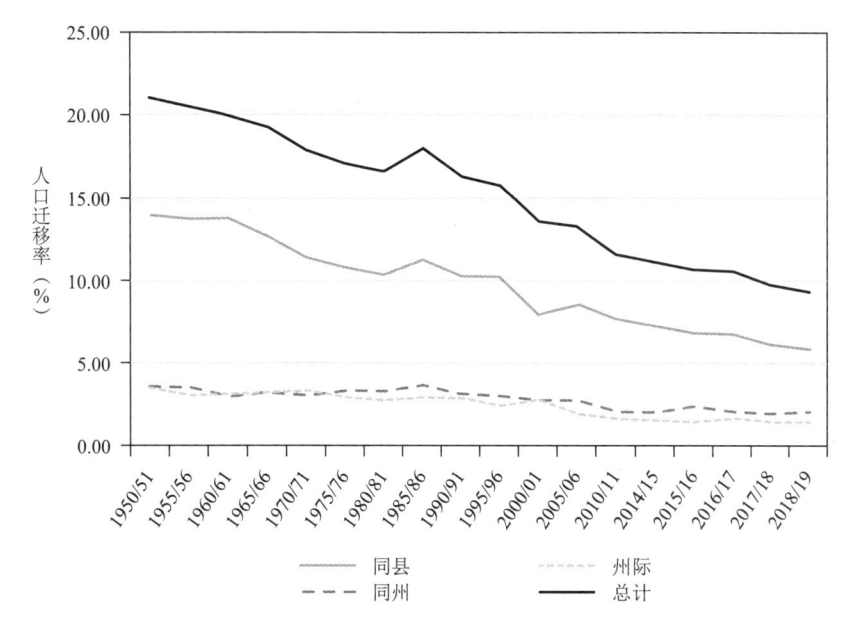

图6F.1 美国1950/1951年—2018/2019年不同迁移类型的人口迁移率

资料来源:基于美国人口普查局美国社区调查的数据自绘。

人口迁移和流动持续重塑美国的人口分布。美国东北部和中西部的人口向南部和西部各州流失延续数十年,2018—2019年仍在继续流失,这一过程从去工业化开始,一直持续到现在[48]。在更广泛的区域尺度,如2018—2019年,美国东北部和西部都流失了大量人口,其中东北部流失高达20.6万人。南部地区仍然是移民的主要目的地,2018—2019年的净迁入量达96.6万(表6F.1)。南部和西部之间的迁移目前在美国的移民潮中占主导地位[49]。

表 6F.1　2018—2019 年美国 16 岁以上人口区域间迁移流（以千人计）

2018 年居住地	2019 年居住目的地				
	东北部	中西部	南部	西部	总计
东北部	−206	65	311	111	282
中西部	44	−27	226	186	429
南部	120	210	222	192	744
西部	117	155	206	11	489
总计	75	402	966	500	1 944

资料来源：基于美国人口普查局美国社区调查的数据。

注：单元格代表这一时期人口的净迁入/流失量。在 2018—2019 年，约 1 944 000 名美国人在区域间迁移。在更小的空间尺度下有更多的人进行迁移。

　　从美国东北部和"铁锈地带"迁出反映的是一个长期进程，近年来这一进程在加速，并且在较小的地理尺度上也得到了反映，这可以从许多方面加以说明。第一，2017 年美国社区调查的数据显示，从其他州流入佛罗里达州的迁移者最多，其中，迁移者来自纽约州的最多。迁入得克萨斯州和加利福尼亚州的迁移者数量也很大，同时加利福尼亚州也是人口迁出数量最多的州。第二，在过去的 20 年里，沿海地区的人口增长迅速，其增长速度超过了整个美国人口的增长速度[50]。这些人口也往往比美国整体人口的年龄更大，在种族和民族上也更为多样化。第三，横跨五个州[加利福尼亚州、内华达州、亚利桑那州、新墨西哥州和得克萨斯州，包括凤凰城（Phoenix）、图森（Tucson）和埃尔帕索（El Paso）等城市]的西南沙漠，该地区的人口增长速度大约是美国人口增长率的两倍，这也进一步证实了前文所提到的美国人更喜欢温暖的气候。第四，与南部地区的总体增长相呼应，得克萨斯州达拉斯—沃思堡（Dallas-Fort Worth）大都会地区、得克萨斯州休斯敦（Houston）、亚利桑那州凤凰城、得克萨斯州奥斯汀市、佛罗里达州奥兰多（Orlando）都会区是美国人口增长最快的地区之一，奥斯汀和奥兰多在其中分别列居前二[51]。人口在城镇体系中的向上迁移导致最大的"大都会"地区（人口超过 250 万）从其他大都会地区吸引人口，但前者由此导致的人口增长为人口向城镇体系中较小的"小型都市区"（micropolitan，与一个城市核心联系紧密的、人口数量在 10 000 到 49 999 之间的都市）和非城镇地区的下行迁移所抵消[52]。向低等级的城镇甚至是一些农村地区的迁移在很大程度上与 20 世纪 70 年代首次出现的与区位偏好、舒适物需求和人口老龄化相关的逆城市化趋势相呼应。

　　尽管之前讨论了人口向较低等级城镇流动这一现象，但重要的是要认识到这些农村和大都市区的人口增长是有选择的。自 20 世纪 30 年代的经济大萧条时期以来,对包括大平原与中西部乡村地区在内的偏远的美国乡村地区来说,与迁移相关的人口流失基本上没有减弱趋势。这些乡村地区的人口损失可归因于贫困、失业、缺乏教育等服务,在某些情况下,还缺乏诸如温暖的冬天或休闲设施等基础设施[53]。当然,那些受益于石油开发及与资源开发相关产业的地区例外,这些地区通常吸引了年轻的移民[54]。2000 年至 2010 年间,北达科他州的法戈市(Fargo)的人口以 16.5% 的速度增长,而在该州西部且石油产业繁荣的核心地区威利斯顿市(Williston),人口以 17.6% 的惊人速度增长(相比之下,该州总体上人口仅增长了 4.7%),这与该州其他人口持续下降的地区形成了鲜明的对比[55]。人口如此快速的增长伴随着一定的代价,包括犯罪率的增加、有限的住房选择和昂贵的房价。

与年轻的、处于工作年龄的美国人相比,"婴儿潮"一代人表现出不同的、更多是在城镇等级体系中向下移动的迁移模式。尽管包括东北部和中西部地区在内的许多乡村农业社区已经流失了较年长的成年人口,但西部和"阳光地带"一些舒适物丰富的县却出现了老年人口的大规模增长[56]。对于这些社区,老年人的迁入可能可以促进经济繁荣发展,因为他们纳税并将增加对住房和服务的需求。但与此同时,老年人的迁入对这些乡村地区来说也是一把双刃剑,因为社区还必须为人口老龄化制订计划,包括提供医疗保健服务。

经济发展同样会对国家的人口迁移规模产生影响,2008 年的经济危机放缓了美国人口迁移的步伐。在此之前,13.2% 的人口在普查时点前的一年内发生了迁移行为,这一比例在 2008 年降至 11.9%,然后于 2009 年又上升至 12.5%。此后,美国迁移人口的比例持续下降[57]。对于一些人来说,迁移比例的下降反映出了全国各地求职难的现象,通过迁移寻找工作并不是一个好的选择。对于资产净值为负的业主(即房贷高于其价值),他们的选择权甚至受到进一步限制,到其他地方找工作的意愿会更低[58]。美国当前人口调查的结果也反映了经济衰退的影响,1.2% 的受访者表明,他们因为房屋止赎或受到驱逐而在 2010—2011 年进行了迁移[59]。而随着 2020 年的新冠疫情带来的经济衰退,我们很有可能会观察到相似的结果[60]。

方法、测量和工具:测量迁移

人口迁移的测量并不简单,学者们在计算迁移量时必须考虑时间和空间因素。有许多工具和方法可以让我们量化迁移流。

迁移倾向

迁移倾向(migration propensity, P_{ij})是衡量人口迁移的基本指标,它表示在某一地区(i),在某一时期结束时迁移至其他地区的人口与这一时期开始时的人口的相对比例,公式如下:

$$P_{ij} = \frac{m_{ij}}{P_i}$$

式中,P_i是$t-1$时期(即人口普查间隔的开始)初始地的人口,m_{ij}是其中从i到每个目的地j的迁移者数量。

总迁移量和比率

人口地理学者经常对人们迁移的倾向性感兴趣,不管人们迁移到哪里或从哪里来。就人口普查而言,迁移和迁移者是根据人口普查间隔开始时(普查日前五年)的居住地与普查时的居住地进行比较进而确认的。如此界定之后,便可计算离开迁出地的迁移者数量(O_i)、进入迁入地的迁移者数量(I_j),以及两点之间迁移的数量(m_{ij})。例如,来自区域i的外迁者数量(O_i)可以通过以下公式定义:

$$O_i = \sum_{i \neq j} m_{ij}$$

同样地,将所有迁入流累加,便可得到区域j(I_j)的总迁入量。

虽然迁移者数量具有指导意义,但它又具有误导性。像得克萨斯州或加利福尼亚州这样的人口规模较大地区,既有大量迁移者迁出,同时也吸引了迁移者迁入。较小的地区或州会遇到相反的情况,由于人口基数较小,迁入和迁出者数量都相对较少。因此,迁移率便基于具有迁移潜在风险的人口而构建。例如,地区i的人口迁出率(OR_i)定义如下:

$$OR_i = \left(\frac{O_i}{P_i}\right) \times 1\,000$$

式中,O_i是区域i的外迁者数量,P_i是区域i的总人口。

相似地,地区j的人口迁入率(IR_j)定义如下:

$$IR_j = \left(\frac{I_j}{P_j}\right) \times 1\,000$$

式中,I_j是区域j的迁入人口数量,P_j是区域j的总人口。严格地说,本公式并没有准确地表达具有迁移到区域j风险的人口。相反,它将具有迁移到区域j风险的人口定义为目的地区域的总人口[61]。但如果迁移者已经在区域j居住,就不能说他们是迁移到区域j的,因此更精确的迁入率定义是:

$$IR_j = \left(\frac{I_j}{\sum_{j \neq k} P_k}\right) \times 1\,000 \;^{①}$$

式中,分母代表迁移系统中除区域 j 外的总人口。

净迁移流和净迁移率

人口地理学者往往想测度人口迁移对地区人口的总体影响。例如,一段时间内发生的迁移是否会使地区人口增长或减少(以及增加或减少了多少),这可以通过净迁移量(net migration, N_i)来确定。净迁移量被定义为区域 i 的人口迁入量与迁出量的差值。

$$N_i = I_i - O_i$$

类似地,净迁移率被定义为人口迁入率和迁出率的差值。虽然净迁移量有助于确定迁移对区域整体人口的影响,但在大多数情况下使用净迁移量是有问题的,因为它在本质上是一个建构的数值,而不是一个真实的迁移量[62]。因此,学者们很少基于这个统计量构建模型。

迁移效率

移民研究人员可能对迁入者和迁出者的相对比例感兴趣。迁移有效性[63](migration effectiveness, E_i)被定义为净迁移量(迁入量−迁出量)与总迁移量(迁入量+迁出量)之比,公式如下:

$$E_i = 100 \times \left(\frac{I_i - O_i}{I_i + O_i}\right)$$

E_i 是指人口"周转"(turnover)中产生人口分布变化的百分比,而与所选区域的人口规模无关。迁移效率越大(而非接近0),人口迁移流越"有效",即越集中于一个方向。相关的指标还有迁移流效率(stream effectiveness),用来测度两个特定区域之间的迁移流是单向还是双向的。

$$e_{ij} = 100 \times \left(\frac{m_{ij} - m_{ji}}{m_{ij} + m_{ji}}\right)^{②}$$

注释

[1] Steven G. Wilson and Thomas R. Fischetti, "Coastline Population Trends in the United States: 1960 to 2008", 302 US Census Bureau, Current Population Reports, https://www.census.gov/prod/2010pubs/p25-1139.pdf(2020年7月8日查阅)。

---

① 原著中分母写作 "$\sum_{j \neq k} m_{ij}$",根据上下文,应改为 "$\sum_{j \neq k} P_k$"。——译者注

② 原著公式写作 "$e_{ij} = 100 \times \left(\frac{m_{ij} - m_{ij}}{m_{ij} + m_{ij}}\right)$",其中部分下标有误,对之进行了修改。——译者注

[2] K. Bruce Newbold, "Counting Migrants and Migrations: Comparing Lifetime and Fixed-Interval Return and Onward Migration", *Economic Geography* 77, no. 1 (2001), 23-40.

[3] Wilbur Zelinsky, "The Hypothesis of the Mobility Transition", *Geographical Review* 61, no. 2 (1971), 1-31.

[4] 美国人口普查局,基于美国社区调查的数据。

[5] US Census Bureau, "Geographical Mobility, 2018 to 2019", https://www.census.gov/data/tables/2019/demo/geographic-mobility/cps-2019.html(2020 年 4 月 1 日查阅)。

[6] Andrei Rogers, James Raymer, and K. Bruce Newbold, "Reconciling and Translating Migration Data Collected over Time Intervals of Differing Widths", *Annals of Regional Science* 37 (2003), 581-601.

[7] 1950 年的人口普查是个例外,这一年询问了前一年的居住地。因为在此五年前,许多美国人还会被动员参加战争。

[8] 加拿大从 1991 年开始,在人口普查中还询问了一年期的迁移问题。

[9] Larry Long, *Migration and Residential Mobility in the United States* (New York: Russell Sage Foundation, 1988). 亦可参见 K. Bruce Newbold and Kao-Lee Liaw, "Characterization of Primary, Return, and Onward Interprovincial Migration in Canada: Overall and Age-Specific Patterns", *Canadian Journal of Regional Science* 13, no.1 (1990), 17-34。

[10] K. Bruce Newbold, "Spatial Scale, Return, and Onward Migration, and the Long-Boertlein Index of Repeat Migration", *Papers in Regional Science* 84, no. 2 (2005), 281-290.

[11] Elspeth Graham, "What Kind of Theory for What Kind of Population Geography?", *International Journal of Population Geography* 6 (2000), 257-272.

[12] Ernest George Ravenstein, "The Laws of Migration", *Journal of the Royal Statistical Society* 52 (1889), 241-301.

[13] Everet S. Lee, "A Theory of Migration", *Demography* 3 (1966), 47-57.

[14] Zelinsky, "The Hypothesis of the Mobility Transition".

[15] John Richard Hicks, *The Theory of Wages* (London: Macmillan, 1932).

[16] 请参见 George H. Borts and Jerome L. Stein, *Economic Growth in a Free Market* (New York: Columbia University Press, 1965),亦可参见 Michael J. Greenwood, "Research on Internal Migration in the United States: A Survey", *Journal of Economic Literature* 13 (1975), 397-433。

[17] Thomas J. Courchene, "Interprovincial Migration and Economic Adjustment", *Canadian Journal of Economics* 3, no. 4 (1970), 550-576.

[18] Courchene, "Interprovincial Migration and Economic Adjustment",亦可参见 R. Paul Shaw, *Intermetropolitan Migration in Canada: Changing Determinants over Three Decades* (Toronto: New Canadian Publications, 1985)。

[19] 请参见 Brian Cushing, "Migration and Persistent Poverty in Rural America", In: *Migration and Restructuring in the United States: A Geographic Perspective*, ed. Kavita Pandit and Suzanne Davies-Whithers (Lanham, MD: Rowman & Littlefield, 1999)。

[20] Shaw, *Intermetropolitan Migration in Canada*,亦可参见 William P. Anderson and Yorgos Y. Papageorgiou, "Metropolitan and Non-Metropolitan Population Trends in Canada, 1966–1982", *Canadian Geographer* 36, no. 2 (1992), 124-143;还可参见 Kao-Lee Liaw, "Joint Effects of Personal Factors and Ecological Variables on the Interprovincial Migration Patterns of Young Adults in Canada", *Geographical Analysis* 22 (1990),

189-208。

[21] Andrei Rogers, "Requiem for the Net Migrant", *Geographical Analysis* 22, no. 4 (1990), 283-300.

[22] Jacques Ledent and Kao-Lee Liaw, "Interprovincial Migration Outflows in Canada, 1961–1983: Characterization and Explanation", QSEP Research Report 141 (Hamilton, ON: McMaster University, 1985).

[23] Long, *Migration and Residential Mobility in the United States*, 亦可参见 K. Bruce Newbold, "The Role of Race in Primary, Return, and Onward Migration", *Professional Geographer* 49, no. 1 (1997), 1-14。

[24] Mark Ellis, Richard Wright, and Matthew Townley, "State-Scale Immigration Enforcement and Latino Interstate Migration in the United States", *Annals of the American Association of Geographers* 106, no. 4 (2016), 891-908.

[25] Larry A. Sjaastad, "The Costs and Returns of Human Migration", *Journal of Political Economy* 70 (1962), 80-93.

[26] Ian Molho, "Theories of Migration: A Review", *Scottish Journal of Political Economy* 33, no. 4 (1986), 396-419.

[27] Peter Rossi, *Why Families Move*, 2nd ed. (Beverly Hills, CA: Sage, 1980).

[28] 请参见 William A. V. Clark and Jun L. Onaka, "Life Cycle and Housing Adjustment as Explanations of Residential Mobility", *Urban Studies* 20 (1983), 47-57, 亦可参见 William A. V. Clark and Jun L. Onaka, "An Empirical Test of a Joint Model of Residential Mobility and Housing Choice", *Environment and Planning A* 17 (1985), 915-930; Patricia Gober, "Urban Housing Demography", *Progress in Human Geography* 16, no. 2 (1992), 171-189; Kevin E. McHugh, Patricia Gober, and Neil Reid, "Determinants of Short- and Long-Term Mobility Expectations for Home Owners and Renters", *Demography* 27, no. 1 (1990), 81-95。

[29] 请参见 Larry A. Brown and Eric G. Moore, "The Intra-Urban Migration Process: A Perspective", *Geografiska Annaler* 52, no. 1 (1970), 1-13, 亦可参见 Eric Moore, *Residential Mobility in the City* (Washington, DC: Commission on College Geography, 1972)。

[30] Charles F. Longino, "From Sunbelt to Sunspot", *American Demographics* 16 (1994), 22-31. 亦可参见 Charles F. Longino and William J. Serow, "Regional Differences in the Characteristics of Elderly Return Migrants", *Journal of Gerontology: Social Sciences* 47, no. 1 (1992), S38-S43; Robert F. Wiseman, "Why Older People Move: Theoretical Issues", *Research on Aging* 2, no. 2 (1980), 141-154。

[31] Elspeth Graham, "Breaking Out: The Opportunities and Challenges of Multi-Method Research in Population Geography", *Professional Geographer* 51 (1999), 76-89. 亦可参见 Kenneth H. Halfacree and Paul J. Boyle, "The Challenge Facing Migration Research: The Case for a Biographical Approach", *Progress in Human Geography* 17 (1993), 333-348; James H. McKendrick, "Multi-Method Research: An Introduction to Its Application in Population Geography", *Professional Geographer* 51 (1999), 40-50。

[32] Keven E. McHugh, "Inside, Outside, Upside Down, Backward, Forward, Round and Round: Migration in the Modern World", paper presented at the Roundtable Symposium on Migration and Restructuring in the US: Towards the Next Millennium, Athens, GA, 1997, 15.

[33] 请参见如 Douglas S. Massey, Luin Goldring, and Jorge Durand, "Continuities in Transnational Migration: An Analysis of Nineteen Mexican Communities", *American Journal of Sociology* 99, no. 6 (1994), 1492-1533。

[34] Keven E. McHugh and Robert C. Mings, "The Circles of Migration: Attachment to Place and Aging", *Annals of the Association of American Geographers* 86, no. 3 (1996), 530-550. 亦可参见 Keven E. McHugh, Timothy D. Hogan, and Stephen K. Happel, "Multiple Residence and Cyclical Migration: A Life Course Perspective",

Professional Geographer 47, no. 3 (1995), 251-267。

[35] Anthony Fielding, "Migration and Culture", In: *Migration Processes and Patterns*, vol. 1, *Research Progress and Prospects*, ed. Tony Champion and Anthony Fielding (London: Belhaven Press, 1992), 201-212.

[36] Alejandro Portes and Ruben G. Rumbaut, *Immigrant America: A Portrait* (Berkeley: University of California Press, 1990). 亦可参见 Alejandro Portes and Min Zhou, "The New Second Generation: Segmented Assimilation and Its Variants", *Annals of the Academy of Political and Social Science* 530 (1993), 74-96。

[37] Peter H. Rossi, *Why Families Move: A Study of the Social Psychology of Urban Residential Mobility* (Glencoe, IL: Free Press, 1955).

[38] Sjaastad, "Costs and Returns of Human Migration".

[39] Paul Boyle, Thomas J. Cooke, Keith Halfacree, and Darren Smith, "The Effect of Long-Distance Family Migration and Motherhood on Partnered Women's Labour Market Activity Rates in GB and the US", *Environment and Planning A* 35 (2003), 2097-2114.

[40] Jim Huff and William A. V. Clark, "Cumulative Stress and Cumulative Inertia: A Behavioral Model of the Decision to Move", *Environment and Planning A* 10 (1978), 1101-1119. 亦可参见 John Miron, "Demography, Living Arrangements, and Residential Geography", In: The *Changing Social Geography of Canadian Cities*, ed. Larry S. Bourne and David F. Ley (Montreal: Queens University Press, 1993)。

[41] Larry A. Brown and Eric G. Moore, "The Intra-Urban Migration Process: A Perspective", *Geografiska Annaler* 52, no. 1 (1970), 1-13.

[42] 请参见如 William A. V. Clark and Jun L. Onaka, "Life Cycle and Housing Adjustment as Explanations of Residential Mobility", *Urban Studies* 20 (1983), 47-57, 亦可参见 Patricia Gober, "Urban Housing Demography", *Progress in Human Geography* 16, no. 2 (1992), 171-189; Dowell Myers, S. Simon Choi, and Seong Woo Lee, "Constraints of Housing Age and Migration on Residential Mobility", *Professional Geographer* 49, no. 1 (1997), 14-28。

[43] 请参见 Christine Laporte and Yuqian Lu, "Inter-provincial Employees in Canada", *Economic Insights*, no. 29 (2013), Statistics Canada, Catalogue no. 11-626-X, 以及 K. Bruce Newbold, "Short-Term Relocation versus Long-Term Migration: Implications for Economic Growth and Human Capital Change", *Population Space & Place* 25, no.4 (2019), e2211, https://doi.org/1002/psp.2211。

[44] 请参见如 Christopher Nicholas and Riccardo Welters, "Exploring Determinants of the Extent of Long-Distance Commuting in Australia: Accounting for Space", *Australian Geographer* 47, no. 1 (2015), 103-120; Hema de Silva, Leanne Johnson, and Karen Wade, "Long Distance Commuters in Australia: A Socio-economic and Demographic Profile", *Australasian Transport Research Forum 2011 Proceedings*, 2011, http://www.patrec.org/atrf.aspx(2020年7月8日查阅)。

[45] Long, *Migration and Residential Mobility in the United States*, 亦可参见 K. Bruce Newbold and Martin Bell, "Return and Onwards Migration in Canada and Australia: Evidence from Fixed Interval Data", *International Migration Review* 35, no. 4 (2001), 1157-1184。

[46] Mark Mather, "Population Losses Mount in US Rural Areas", press release, Population Reference Bureau, March 2008, https://www.prb.org/populationlosses/(2020年4月1日查阅)。

[47] 关于早期的分析,请参见 Allison Fields, "A Nation Still on the Move but Less Transient Than Before", US

Census Bureau, 15 November 2011。

[48] Robert Lalasz, "Americans Flocking to Outer Suburbs in Record Numbers", press release, Population Reference Bureau, May 2006, https://www.prb.org/americansflockingtooutersuburbsinrecordnumbers/(2020年4月1日查阅)。

[49] Kristin Kerns and L. Slagan Locklea, "Three New Census Bureau Products Show Domestic Migration at Regional, State, and County Levels", US Census Bureau, 29 April 2019, https://www.census.gov/library/stories/2019/04/moves-from-south-west-dominate-recent-migration-flows.html(2020年4月3日查阅)。

[50] Darryl T. Cohen, "60 Million Live in the Path of Hurricanes", US Census Bureau, 6 August 2018, https://www.census.gov/library/stories/2018/08/coastal-county-population-rises.html(2020年4月3日查阅)。

[51] Kristie Wilder, "Dallas and Houston Are Now Fourth and Fifth Most Populous in the Nation", US Census Bureau, 18 April 2019, https://www.census.gov/library/stories/2019/04/two-texas-metropolitan-areas-gain-one-million-people.html.

[52] David A. Plane, C. J. Henrie, and M. J. Perry. "Migration up and down the Urban Hierarchy and Across the Life Course", *Proceedings of the National Academy of Sciences* 102, no. 43 (2005), 15313-15318, https://doi.org/10.1073/pnas.0507312102.

[53] David A. McGranahan and Calvin L. Beale, "Understanding Rural Population Loss", *Rural America* 17, no. 4 (2002), 2-11.

[54] Mark Mather and Beth Jarosz, "U.S. Energy Boom Fuels Population Growth in Many Rural Counties", Population Reference Bureau, March 2014, http://www.prb.org/Publications/Articles/2014/us-oil-rich-counties.aspx (2020年4月1日查阅)。

[55] 基于2010年的人口普查。由于在本书撰写期间美国人口普查局开展了2020年人口普查,将来本书会对信息进行及时更新。

[56] Alicia Vanorman and Mark Mather, "Baby Boomers and Millennials Boost Population in Parts of Rural America", Population Reference Bureau, 12 January 2017, https://www.prb.org/baby-boomers-and-millennials/ (2020年6月20日查阅)。

[57] Fields, "A Nation".

[58] Christopher Goetz, "Falling House Prices and Labour Mobility", *Research Matters*, US Census Bureau, 17 April 2013, https://www.census.gov/newsroom/blogs/research-matters/2013/04/falling-house-prices-and-labor-mobility.html(2020年4月1日查阅)。

[59] 当前人口调查不包括受到驱逐或止赎的类别。相反,它是一个"写入"("write-in")的选项。

[60] 在2020年春季撰写本书时,新冠疫情已经对房地产市场产生了负面影响,建筑业(包括住宅建造)开始放缓,在短短几周内失业率飙升,许多人失去了工作。住房销售量下降以及经济状况不佳导致了移民数量的减少。

[61] Long, *Migration and Residential Mobility in the United States*.

[62] Andrei Rogers, "Requiem for the Net Migrant", 283-300.

[63] 这一术语也被称作"人口学有效性"(demographic effectiveness)或"人口学效率"(demographic efficiency)。请参见 Dorothy Swaine Thomas, *Social and Economic Aspects of Swedish Population Movements: 1750-1933* (New York: MacMillan, 1941),亦可参见 Henry S. Shryock, *Population Mobility within the United States* (Chicago: University of Chicago, 1964)。

第七章　国际迁移流：移民和跨国迁移者

◎ 主要国际迁移流
◎ 移民理论
◎ 移民的影响
◎ 移民政策
◎ 结论
◎ 思考题
◎ 聚焦：民粹主义和移民
◎ 聚焦：《申根公约》和欧盟内部的人口流动
◎ 方法、测量和工具：统计流入移民、无证移民和外迁移民的人数

迁移对人口变化的影响已变得越来越重要。人口迁移研究有三大主要的内容，即一国内部的迁移（特别是从农村到城市的迁移）、国际间的劳动力流动（包括合法迁移和无证迁移[1]），以及"难民潮"。在所有可能的人口流动中，由于跨越国界进行迁移的人口数量较大[2]，国际迁移或许是引发最多与政治、经济和人口等相关讨论的话题。据估计，仅在2017年全世界就有超过2.58亿的国际移民，占世界总人口的3.4%[3]。大部分的国际移民是在发展中国家之间流动的（图7.1）。

从根本上说，移民是一种经济过程。其动力源于人口输出地的多种"推动"因素，包括就业前景不好、人口众多和工资低等。国际移民的主要输出区域包括亚洲、北非和拉丁美洲，而发展中国家和发达国家都是国际移民的重要输入地。

本章在考虑美国背景下的政策和无证移民之前，先探讨国际迁移的理论和动因。"聚焦"栏目探讨了民粹主义的兴起，以及欧盟与劳动力流动有关的《申根公约》。"方法、测量和工具"栏目探讨了国际迁移流的测算方法。

图 7.1 在美国圣地亚哥市圣伊西德罗区的美国—墨西哥边境标志
图片来源：美国海关和边境保护局，https://www.cbp.gov/newsroom/photo-gallery。

主要国际迁移流

国际移民过去是美国、加拿大、澳大利亚和新西兰等国家创建的重要组成部分，至今仍然是其中很多国家某种意义上的神话。比如美国纽约州的埃利斯岛（Ellis Island）、加拿大哈利法克斯市的 21 号码头（Pier 21）或澳大利亚前罪犯定居点，对于这些国家都有着持久和近乎神话般的地位，是国家发展和国家精神的重要组成部分。各国政府还通过诸如"巴拉西罗劳动合同工引进"项目（Bracero Program，该项目招募墨西哥劳工在美国工作）或德国的"客工"项目（该项目旨在为德国的工业提供廉价劳动力）等来鼓励劳动力的招募。在这两个案例项目的实施过程中，两国政府都发现由于企业对移民劳工的持续性依赖，暂时性迁移得以系统化，并促进了长期的和永久的迁移。

我们可以大致将国际迁移流分为三类：在发达国家之间的流动，在发展中国家和发达国家之间的流动，以及发展中国家之间的流动。发达国家之间人口流动的主要参与者通常是一些专业人员：他们能在这些国家之间相对容易地流动，而且他们通常有迁移目的地国家所需要的技能。由于接收国的移民政策对国际迁移的限制，发达国家之间的人口流动在国际迁移流中所占的比重相对较小。同样地，从发展中国家到发达国家的流动也受到严格控制：接收国经常对迁入者的数量设置年度上限，优先考虑有高技术水平或受教育程度较高者，并允许符合人道主义或家庭团聚准则的申请者入境。目前主要的移民接收国包括美国、加拿大、澳大利亚、俄罗斯[4]，以及位于西欧和斯堪的纳维亚半岛上的国家。这些国家相对较高的工资和更多的机会是它们吸引移民的"拉力"。主要移民输出国的名单则很长。在美国，2018年有超过109.6万的移民获得永久居留权[5]。这些移民的主要来源国包括中国（61 848人）、印度（61 691人）、墨西哥（172 726人）、萨尔瓦多（21 268人）、古巴（66 120人）、多米尼加共和国（60 613人）、越南（40 412人）、菲律宾（50 609人）。发展中国家之间的人口迁移为第三种主要的迁移流，虽然受限程度相对较少，但仍经常被移民接收国管控，其中大多数迁移者为非技术劳工。

虽与发达国家之间的人口流动有类似之处，跨国迁移（迁移者通过参与联系来源地和目的地的各项活动，创造和维持其社会、经济和政治关系）凸显了国际迁移的复杂性。在国际层面，跨国移民，如一些商人自己在一个国家工作，而他们的伴侣和子女在另一个国家生活的现象变得越来越普遍，反映了经济和个人的需求。居住情况通常是由生命周期阶段决定的。为了获得经济上的机会，跨国迁移者通常在其黄金工作年龄内选择住在一个国家，而为了教育或在退休后住在另一个国家。更普遍地说，跨国移民往往是技术工人。所谓的"太空人家庭"，即父母一方或双方主要居住在一个国家，而他们的孩子生活在另一个国家，也可以被认为是一种独特的跨国主义形式。这两个例子中，人们在不同国家间相对短暂地居留使得我们很难对跨国迁移的规模做出可靠的估计。

移民理论

正如道格拉斯·梅西（Douglas Massey）及其合作者所说，移民是一个复杂的人口和经济过程[6]，且现在已经有许多用以解释国际迁移的理论。我们通常会对引发国际迁移的因素和导致迁移持续进行的因素进行区分。已有理论是多样化的，但没有一个单一的理论观点能够概括不同的国际人口流动过程中存在的细微差别。这部分是因为国家政策在有意或是无意中创造并影响了国际移民流。因此，我们必须将国际移民放在"国家政策是促进还是阻碍了移民"这一更广泛的背景下考虑。

与国内迁移相似，新古典经济学理论侧重于考察宏观因素，如就业机会[7]。该理论在本质上认为国际迁移发生的原因是劳动力供求的不平衡：较之经济增长较慢的国家，正在经历经济增长并存在劳动力短缺的国家，两者间工资的差异会导致个人为寻求更高的工资而进行迁移。这样的流入性迁移会增加高工资国家的劳动力。随着劳动力供给的增加，接收国的工资将下降。而对于输出国来说，劳动力资源的减少将提高当地的工资。该理论认为，最终随着劳动力资源的变化，接收国和输出国的工资将趋于均等。与国内迁移讨论中提到的该理论的不足类似，国际迁移并不能自由进行，而是受到移民法规和政策的限制。对于输出国而言，由于劳动力外流而导致的劳动力市场变化的绝对规模很小，对留在本国的劳动力的工资不会有明显影响。

双重劳动力市场理论认为，国际迁移取决于输入地城市或国家（地区）经济体的劳动力需求。该理论关注接收国的劳动力市场以及不同地位的职位短缺问题，以及移民经常填充低地位且低收入职位的现象[8]。该理论认为，就业市场可以细分为两个部门：主要部门雇佣有高学历的人，并提供高工资；次要部门的特点是工资低、工作不稳定、晋升空间有限。次要部门的工作通常由年轻人、少数种族或民族群体承担。然而，随着生育率的下降和保障不同群体更平等就业的法律法规的建立，次要部门的职位也出现了空缺，而这些空缺被来自发展中国家的移民填补。

世界体系理论认为全球化是人口外流的主要原因。全球化的发展将世界分为发达国家和发展中国家两个集团，发展中国家依赖发达国家获得投资和经济增长。发达国家投资于发展中国家的过程也是发达国家在发展中国家搜寻土地、原材料和劳动力的过程。这一过程改变了发展中国家的生产方式，导致其低技能人口的失业和失地，从而迫使他们参与到国际迁移中。该理论还提出这种国际迁移流有国家特定性，即来自某一发展中国家的移民通常流向与该国接触最多的发达国家，而这种接触通常是殖民关系的结果。

社会网络理论（social network theory）是讨论国际迁移持续性的理论之一。社会网络理论关注个人决策问题，将移民与其在输出国和接收国的家人、朋友以及更大的移民社区联系起来。现有移民将目的地国家有关工作机会的信息传递回国内，并为新移民提供解决住宿问题和参与社区交往的渠道。移民网络和相关组织通过这种方式降低了迁移的成本（包括物质成本和心理成本），并提高了国际迁移成功的可能性。基于社会网络的国际移民能够解释无证移民的区位选择问题，因为有移民网络的地方迁移成本更低。

冈纳·迈达尔（Gunnar Myrdal）的累积因果关系理论认为，国际迁移改变影响个人移民决策的社会环境，并使未来的国际迁移更容易发生[9]。在目的地国家，移民进入某些特定行业可能会强化类似行业雇佣移民的需求。更普遍的情况是，移民将其收入和目的地国家的工作机会、住房等信息传递回其国家，导致输出国向接收国移民流的持续。移民向输出国的汇款是我们尤其应该关注的。汇款是输出移民家庭的收入来源之一，并可能进一步鼓励人口的国际迁移以增加收入并使收入来源多样化。

最后，制度理论（institutional theory）表明，国际迁移的持续是非正式和无证迁移，以及协助或推动迁移的组织存在的结果。不同的机构或团体可以通过提供包括保障住房、就业在内的服务来促进国际迁移。相关机构组织人员帮助偷渡可能会使无证移民的增加，皮尤拉美研究中心（Pew Hispanic Center）将无证移民定义为"居住在美国但不是美国公民，没有获得永久居留权,也没有获得特定的临时身份授权以被允许长期居住和工作的人"[10]。

移民的影响

美国长期以来一直将自己定义为一个移民国家——移民来这里寻求经济机会、政治或宗教自由,或与家人团聚。但是美国人认为移民是好是坏?在过去的20年中,皮尤拉美研究中心一直在追踪美国人对移民的态度,询问美国人是将移民视为负担,还是认为移民让美国变得更为强大[11]。总体而言,美国人对于跨国人口流入对美国社会的影响意见不一。大多数美国人(57%)将移民视为国家优势,但也有41%的受访者将移民视为对传统美国文化和价值的威胁。有趣的是,这一调查在1994年得到的结果与现在的相反。当时只有31%的受访者表示移民让国家更强大,更大比例的受访者将之视为一种负担[12]。

尽管人们对国际移民持明显的积极态度,不同世代和不同政治倾向的人们对移民的看法仍有分歧。民主党人和共和党人在看待移民的相对贡献上存在本质上的分歧:同样源于上述的皮尤研究,在2019年,近78%的民主党人认为移民强健了美国社会,但只有31%的共和党人赞同该观点。民主党和共和党在关于移民是强化了美国社会还是成为国家的一种负担这两种观点间的差距不断扩大,在一定程度上反映了特朗普政府在限制美国入境移民数量并公开质疑美国是否应该继续接收移民上的举措。

对移民成本和收益的讨论反映了在大多数接收了大量移民的国家长期进行的辩论,其回答涉及经济、社会、世代、政治和人口等方面[13]。毫无疑问,在主要的移民流入地,如加利福尼亚州、纽约州、伊利诺伊州、佛罗里达州和新泽西州,移民的公众认知度更高。但是,对移民的影响和数量的担忧不仅限于这些地区。人口普查和美国社区调查发现,出生于美国以外国家的人在非传统移民目的地地区的数量不断增加[14]。例如,我们很难说像艾奥瓦这样的州对移民有很强的吸引力,但这些州现在的移民数量不断增加。新移民通常从事低薪或非技术性的工作。他们的到来迫使其所在社区面对此前美国小镇闻所未闻的国际人口流入和融合等问题。

经济影响

总体来看,大量证据表明移民对福利、经济增长[15]和工资[16]方面均有小但积极的影响[17]。对接收国而言,移民增加了劳动力的供应,促进了生产和对商品的需求,且通常被视为一种可以迅速缓解劳动力中的技能短缺问题的有效的短期政策工具。对移民的经济影响的大致论证,可以将一个国家的移民简化分为低技能工人和高技能工人两个群体。高技能工人具有高学历,他们将技能和知识带到移民目的地——这些技能通常在硅谷等高科技聚集地被使用。移民,特别是高技能移民所具有的创新性[18]和创业精神,能够促进目的地国家的经济增长。研究发现在美国,拉美裔移民促进了其自雇佣就业的增长[19]。

第二个群体(低技能工人)受教育程度相对较低,但其对接收国经济也很重要。例如,该群体通常从事体力劳动,并承担着很少有人愿意做的低薪、低技能工作,如对体力要求较高的农业、建筑业和清洁行业的工作[20]。根据布鲁金斯学会(Brookings Institute)的数据,在美国,移民约占酒店行业从业人员的1/3,食品服务行业从业人员的1/5,在农业领域占比甚至更高[21]。

不论移民的技能水平如何,我们都可能反复听到一个熟悉的说法,即"但是移民正在抢走我们(目的地国家)的工作!"然而,现有的证据表明国际人口流入对就业的影响有限,因为经济对移民工人的吸收主要是通过扩大就业机会,而不是移民从国内工人处抢走工作。回到高技能移民和低技能移民的例子,低技能移民从事本国人不想从事的工作。而在高科技领域,工作岗位往往多于潜在雇员人数[这也部分反映了学生攻读STEM(科学、技术、工程和数学)学位的可能性较低]。在这一情况下,雇主们又一次被迫通过国际人口流入来获得雇员。

国际迁移对工资的影响小却积极。移民通过迁移而直接受益:他们在接收国的经济状况会好于其在输出国时的状况,尽管他们的平均收入往往低于接收国家本土出生的人,且主要从事低薪、低技能的工作。对所有工人而言,正规就业部门的最低工资法、工会和低失业率确保了"工资黏性",但处于非正规经济中的工人或处在接收了大量移民的地区的工人,他们的利益可能会因移民流入而受损。

移民的影响在更小的地理尺度层面表现得不如在国家层面上清晰。例如,在新泽西州和加利福尼亚州等接收移民较多的州,观察到了净财政负担,即在这两个州中,移民获得的服务多于其缴纳的税款[22]。但是,这两个州财政负担的加重是因为它们是重要的移民目的地,拥有大量的移民。而移民家庭往往有更多的学龄儿童,因此获得了更多的政府转移支付补贴。同样地,移民家庭的收入往往较低,财产较少,因此他们缴纳的税额较低。然而,经过几代人,移民的后代缴纳的税款可能远远超过其父母获得的财政补贴。移民导致的财政负担在地方层面可能特别严重。在亚利桑那州凤凰城的拉美裔人口,其中很多可能是无证移民,已经给当地的一些公共机构,如本地学校董事会、医院和图书馆等带来了很大的财政上的压力,虽然他们的存在同样也被认为维持了这些州经济的运转[23]。如果州政府或联邦政府不补偿当地在补贴移民上的开销,这一财政负担将落在当地纳税人身上,会使控制国际人口流入的呼吁增加。

对国际人口流入的财政成本和收益的长期预测显示这两者会在移民的居住期内达到平衡。与本土出生的美国人一样,移民在童年和老年由于需要教育和医疗保健,会给政府带来较大的财政负担,但在劳动年龄阶段他们一般会做出净财政贡献。移民的财政影响也随着其来源国和受教育程度的不同而有所差别。来自欧洲和北美的移民是财政净贡献者,而来自中美洲和南美洲的移民由于收入、受教育水平较低，以及家庭内有更多的学龄儿童，其流入会增加财政负担。必须注意的是，为受教育水平低或收入低的本土出生的美国人提供教育和服务，也会形成类似的财政负担。换句话说，财政负担问题不仅仅是一个"移民"问题。

当然，到目前为止我们的讨论都集中在国外移民对接收国的经济影响上。对移民输出国的影响又是怎样的？作为全球化的结果之一，国际迁移提供了劳动力。工人由于在本国缺乏经济机会而被推出，并被其他国家的机会拉入。但是，当各国竞争最优秀、最聪明的移民，即那些受过高等教育、年轻、拥有对目的地国家有益的特殊技能和人力资本的移民时，输出国就会遭受损失，因为失去了最优秀、最聪明的人。

移民收入作为经济命脉，通常被汇回家中用于消费和建（购）新房。这些进入发展中国家的汇款在经济上的重要性日益提高。2019 年，国际移民向输出国汇款约 7 066 亿美元。其中，印度（822 亿美元）、中国（703 亿美元）、菲律宾（351 亿美元）、墨西哥（387 亿美元）、尼日利亚（254 亿美元），是这些资本流动的主要受益国[24]。通过家人、朋友，或通过不受监管的转账代理人等非正式渠道完成的汇款总额可能比以上的官方数字还要大。相对而言，小国通过国际汇款获得的受益最大。有些国家的国民收入因为汇款增加了 20% 以上，例如，埃及通过输出劳动力而获得的境外汇款比其收取苏伊士运河过境船只获得的钱还要多[25]。美国是最大的汇款输出地（2018 年汇出该国的资金估计有 685 亿美元）[26]，其他主要的汇款输出国为除美国以外的发达国家，以及中东石油生产国。

人口影响

从人口学角度看，移民经常被视为解决人口老龄化的方法。如前所述，大多数发达国家已进入生育率低于更替水平生育率的阶段。城市化、工业化、经济不确定性和福利国家体制带来的经济发展使得人们对孩子的需求或欲望下降，这导致老年人口的比例增加和 15 岁及以下人口的比例下降。实际上，我们可以发现人口年龄分布的根本性变化，即从传统的大部分人口集中在较年轻年龄组的金字塔型结构，转变为在各年龄组较平均分布的矩形结构（请参阅第三章中有关人口金字塔的讨论）。因此，如果将年轻移民作为最理想的入境者，国际移民可以用来抵消人口老龄化的影响。

国际人口流入可能通过改变总体人口规模和移民相对高的生育率来影响输入国的人口状况。例如，在美国，低生育率和更高的预期寿命导致了人口老龄化，并终将导致劳动力人数的减少和 65 岁及以上的老年人口的增加。鉴于生育率不可能大幅上升，促进美国劳动力增长最有保证（也是最快）的方式是移民。2017 年皮尤研究中心的一份报告指出，移民将在未来几年的劳动力增长中发挥主要作用[27]。在过去 20 年里，25～64 岁人口（即劳工）的增长有 50% 以上归功于移民。相反,如果美国停止移民(比如关闭边境和限制所有新移民),其劳动力人口将会减少,经济增长也会降低。其他国家也认识到了减缓人口老龄化的必要性,并通过引入移民来保持人口增长。

移民虽然能够带来总人口数的增长,但在减缓人口老龄化上的贡献有限。尽管移民的生育率通常比本国人高(2017 年,在美国的移民和美国本土出生人口的生育率分别为 2.18 和 1.76)[28],移民的生育情况对总体出生率的影响很小。此外,由于移民的生育率也会下降,移民与美国本土出生人口在生育率上的差异正在减小[29],国际移民仅能推迟或缓解人口老龄化。在一定程度上,年轻移民为其父母提供担保而实现的移民家庭团聚,抵消了人口流入对老龄化的积极影响。鉴于发达国家内部的人口变化动态,未来几十年其人口将继续老龄化。

国际人口流入最明显的影响是由移民占总人口的比重不断增加导致的移民输入国在文化、种族或族裔组成上的变化,这是大多数发达国家在不断努力解决的一个重要问题。亚洲、中美洲和南美洲以及其他国家的移民的到来意味着到 2060 年,非拉丁裔白人的比例预计从 2016 年的 61% 下降到 44%,而拉丁裔、亚裔和其他群体占比将上升,这标志着美国社会将从"白人占多数"的国家转变为"少数族裔占多数"的国家[30]。在社会上,对国际移民的反对意见往往集中于人们认为的移民与本土出生人口在文化和种族上的差异,而该差异是否存在,在美国社会仍存有重大分歧。虽然大多数人认为转变为一个少数族裔占多数的国家既无好处也无坏处,共和党人却不大可能说这种变化是好的,这也回应了其对国际移民的感受[31]。

由此也引发了接收国应该拥有一种文化还是多种文化的争论。欧洲和加拿大针对这个问题的回答都很简单但近乎两极分化。大多数欧洲国家,不管是不是欧盟成员国,都或多或少认为其国界内应仅有单一民族,因此对移民人口的不断增加以及自身民族身份的被"稀释"感到担忧。相反地,加拿大是一个多元文化的社会。在过去的 50 年中,加拿大联邦政府一直在促成和积极推广这一文化多元化进程。美国对这一问题的回答不是很明晰但同样重要。一致的"熔炉"观点与面对移民的现实形成强烈对比。国际移民进入美国可能改变了美国文化的表象,但并不必然压制对移民的文化认同,这也使美国成为事实上的多元文化社会。即使是长期居住在美国的群体(如德国人或斯堪的纳维亚人),他们的文化继承也得到了包容,且这些群体的身份认同长期存在于文化和经济景观中[32]。同时,多元化的概念在美国政治体系中也受到了挑战。

移民政策

低生育率和老龄化的人口现实状况意味着许多国家面临着劳动力危机。鉴于第四章讨论的生育政策相关难题和局限性,增加移民可能是满足雇佣需求的唯一选择,但这一过程也可能充满政治、社会和文化问题。欧美日益增长的本土主义和反移民暴力行为,以及右翼政党的出现都培育了人们对外国人的恐惧,这给我们敲响了警钟(见"聚焦:民粹主义与移民"栏目对民粹主义的讨论)。作为回应,欧洲已采取措施限制移民,但限制移民的尝试通常会导致由家庭团聚政策、无证迁移或季节性雇工许可入境等"后门"移民的途径而增加流入。欧洲社会在控制移民,特别是难民流动上的困难,意味着其已经转变成了移民的目的地,尽管这种转变很可能是不情愿的,因为移民在融入接收国的社会、经济和政治架构过程中存在着种种问题。这些欧洲国家面对的问题是必须定义谁"属于"这个国家。在欧洲,国际移民并没有像其在北美那样的根基,并且从劳动力输出国转向劳动力输入国的文化转型是巨大的。在美国和加拿大,直到20世纪60年代,国际迁移都被白种盎格鲁-撒克逊人的社会形象塑造。20世纪60年代移民政策的自由化扩大了移民的范围,但也为关于移民的讨论注入了新的种族和民族紧张关系。因此,针对移民的讨论是更广泛的,涵盖经济、社会、政治和文化等各方面关于国家身份认同讨论的一部分。

　　当政府设法控制谁能进入国境以及移民的数量时,各种因素已经限制了国际迁移政策的成功[33]①。例如,德国的"客工"项目或美国的"巴拉西罗劳动合同工引进"项目,原本计划只是短期项目,工人可以根据用工需要往复进出这些目的地国家。然而,正是这些项目的存在使工人跨越国界线的流动合法化并具体化,将地区联系起来,并通过传播有关就业和接收地区的信息为未来的移民创造途径。接收地区内现有的移民社区已成为新移民的落脚点,这减轻了其安顿下来的压力。当各国试图限制移民时,这些社会网络通过无证移民和家庭团聚来维持移民的流动。同样,旨在关闭边境的政策促使临时工人变成了永久居民。一方面,由于担心劳动力短缺,雇主们继续雇佣着现有的移民工人;另一方面,由于担心一旦离开就将无法返回,移民工人们选择继续定居下来。法国和德国都曾在不同的时间点宣布关闭边境,禁止更多的移民流入,结果却因为家庭团聚或其他"后门"移民途径(包括无证移民),本土外籍人口继续增加。美国国内的政策同样未能阻止无证移民。1986年的《移民改革与管控法》(Immigration Reform and Control Act,IRCA)最能说明政策在阻止无证移民方面的无能为力,该法案在要求其他雇主核实工人就业资格的同时,允许加州的农业种植者免责继续使用无证工人。

　　全球化也强化了移民流动,因为全球化让经济体向规模更大的贸易和资本流动开放,并扩大了工业化国家内部对廉价劳动力的需求。对廉价劳动力的基础性需求使得阻止或控制国际

---

　　① 如按原著应译为"各种因素已经限制了国际迁移的成功",但从后文看应是作者笔误,其意应是"各种因素已经限制了国际迁移政策的成功"。——译者注

移民变得越来越困难。随着全球化的发展,雇主们对经济波动越来越不敏感了。也就是说,即使在失业率相对较高的情况下,雇主对廉价劳动力的需求依然强劲,而且雇主在成功招募工人和协调对其有利的国家政策上一直是成功的。同时,劳动力输出国的人口增长和经济结构调整使其国内的经济和社会不平等加剧,制造了一个促使人口外迁的劳动力蓄水池。第二个外生因素是移民越来越容易获取并使用通信和交通技术,这有助于扩大国际移民网络和维持持续的移民流动。

虽然存在着促进国际移民的因素,但各国政府越来越多地试图通过各种措施来控制国际移民,包括取消移民在政治和社会福利上的权利。包括法国、德国和美国在内的大多数国家已经推进了一系列议程,以消除或减少移民获得包括教育和医疗保健在内的福利服务的机会,减少移民的就业选择,并执行旨在阻止移民融入或阻止其永久定居的项目。例如,德国的公共机构必须向外国人办公室(Foreigners' Office)报告无证移民的信息,然后外国人办公室必须根据德国法律对被报告的无证移民开启驱逐出境程序[34]。在荷兰,自1998年起,无证移民已被排除在福利、社会住房、教育和大多数医疗保健服务之外[35]。同时法国最近也在采取行动,剥夺寻求庇护者获得医疗保健的机会[36]。

美国的政策变化也凸显了这一趋势,联邦政府和州政府在过去30年都在限制移民。加利福尼亚州的187号提案(禁止移民获得各种社会和医疗服务),亚利桑那州的200号提案(禁止无证移民投票或寻求公共援助),电子核实系统(the E-Verify program,一个能让雇主确认员工在美国工作合法性的在线程序),在美墨边境建墙的计划,以及特朗普总统关于阻止来自穆斯林国家的移民流动和减少接收难民数量的提议,都是更具限制主义的政策的体现。

尽管诸如电子核实系统或州一级的一些项目影响了移民获得服务,但它们不太可能阻止无证移民进入美国[37]。限制移民的权利不可能减少无证移民,因为很少有证据表明获得公共服务是迁移的重要原因[38]。相反,就业、收入以及个人发展是国际迁移的主要决定因素:只要国家有劳动力需求,该国的人口流入就会持续。其中有很大比例的移民,包括低技能的和无证件的劳工填补了本土出生人口不会从事的职位。以美国为例,据估计,无证移民劳工约占美国劳动力的4.6%[39],且50%~80%的美国农场工人是无证移民。此外,基于地下经济、自雇佣和无证移民在发达国家扮演的重要角色,即使取消无证移民的工作权也很难阻止其进入。鉴于美国和其他国家的经验,受来源国和目的地国家的推拉因素的强度决定,关闭移民大门不太可能阻止国际人口流动。这最终导致各国各级政府在移民政策上的可操作空间相对缺乏。

美国移民政策简史

在美国独立后的第一个百年的大部分时间里,国际移民在美国基本上是不受限制的。直到1875年,最高法院才裁定联邦政府对移民拥有管辖权[40]。在随后的几年中,美国移民人数逐渐增加,并在第一次世界大战发生前的那个十年里达到顶峰(图7.2)。虽然20世纪30年代的经济大萧条和之后第二次世界大战导致来美移民逐年减少,但战后移民数量增加,在90年代初和2000年以后都超过了100万。

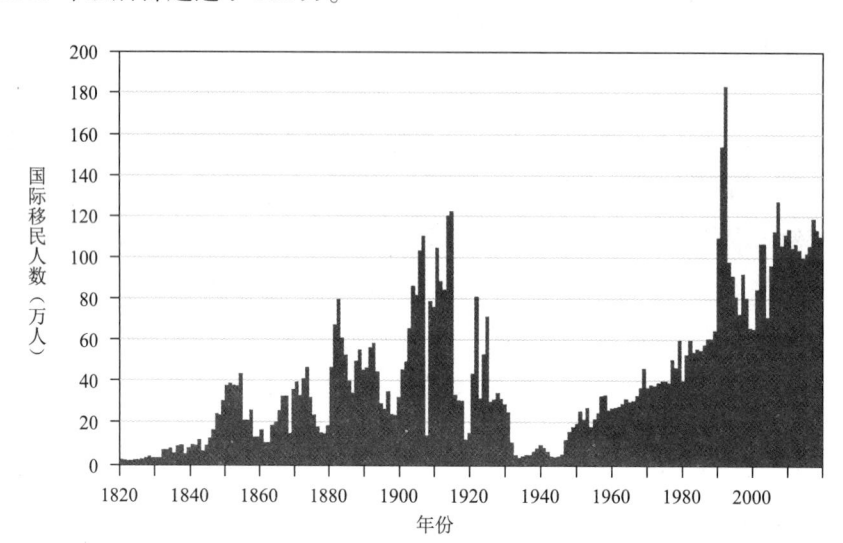

图 7.2 1820—2018 年获得美国合法永久居民身份的人数

资料来源:作者基于美国国土安全部移民数据办公室公布的《2018年移民统计年鉴》计算。

多年来,移民人数的变化在很大程度上反映了经济状况和移民政策的不断变化。在1875年至1920年间,美国的入境管理日益严格,有犯罪记录、疾病或道德污点的人,无政府主义者以及来自特定地区或有特定国籍的人都被法律禁止入境。1882年的《排华法案》(Chinese Exclusion Act)是限制亚洲移民进入美国的几项法案中的第一个;日本移民于1907年被禁止入境;所有亚洲人在1917年都被禁止入境。20世纪20年代,移民配额制(national quotas)建立,来自北欧和西欧的移民享有配额上的优待,以维持美国的种族和族群结构。1921年的《紧急移民法》(Emergency Immigration Act)第一次对移民人数实行了限制:每年从某个国家来美国的移民的数量被规定不得超过出生于该国,并于1910年居住在美国的人口数的3%,而在1910年,美国的大部分人口来源于北欧和西欧。该法律实际上限制了从不受欢迎的地区(包括南欧和东欧)来的移民,并强调了盎格鲁-撒克逊人的移民进程(Anglo-Saxon immigration agenda)。有趣的是,配额制并没有对来自西半球的移民设限。人们认为加拿大人与美国现有人口没有什么不同,从中美洲和南美洲来的移民也不被认为是个问题。在随后的几年中,配额量变得越来越紧张。或是移民占比变化,或是基准年前推,导致允许入境的移民数量进一步减少。但是,对移民的限制导致了无证移民的出现。对无证移民的回应促进美国国会于1924年成立了边境巡逻队,其最初的任务是羁押无证入境者。

直到1952年,随着《移民与国籍法》(Immigration and Nationality Act)的通过,美国移民政策中公然的种族限制才被取消。该法案引入了对拥有美国所需技能的移民的优先制度,首次对来自西半球的移民人数设限,并建立了优先考虑批准美国公民及永久居民的家庭成员,以及具有美国所需工作技能的申请者的移民制度。配额制度最终在1965年对《移民与国籍法》的修订过程中被取消,并为"半球限制"所取代,这对美国社会的性质产生了重大影响。尽管不在政策计划之内,移民申请中对家庭的优先使美国移民的来源地急速地从欧洲等传统来源地转变为中美洲、南美洲和亚洲等新来源地。1965年之前,来美国的大多数移民是欧洲人,到2018年,来源国为欧洲的移民比例下降到7.8%。墨西哥是2018年最大的移民来源国,有172 726名移民进入美国(14.6%)[41],来自亚洲的移民占所有移民的34.9%。

《移民与国籍法》在20世纪70、80和90年代都经历了较小的调整,这也是人们对无证移民规模的关注持续增加的年代。尽管家庭团聚移民仍然是移民的重要组成部分,但该法案增加了年度准入移民人数,并增加了基于经济理由而签发的签证数量(表7.1和7.2)。然而,更大规模的移民政策改革就没那么成功了。在制定美国移民政策时,美国立法者试图平衡相互竞争的经济、社会和人道主义目标,同时力图阻止无证移民,但是不同利益间的冲突引发政策僵局、政策议程的碎片化以及不曾预料的结果,导致国家移民政策的目标与执行结果之间的差距。

美国政府在移民政策改革上的辩论还在继续,改变美国移民政策的尝试遭遇了顽强的阻力,反映出美国政治体系内部深刻的分歧,以及各种优先事项和需求间的竞争[42]。改革政策的尝试包括前总统布什2004年的"公平和安全移民改革"(Fair and Secure Immigration Reform),该改革提议将无证工人转变为在其就业证明到期后就有返回祖国的动机的客工。一项相应的民主党法案本可允许无证工人成为合法移民,该法案是2005年春在国会辩论的《农业就业机会、福利和安全法案》(Agricultural Job Opportunity, Benefits, and Security Act, Ag-JOBS),只适用于农业工人,允许符合特定标准的劳工申请临时合法身份。围绕奥巴马总统推动移民改革的讨论也包括在将短期劳工的数量限制在美国经济需要的范围内的前提下,使无证移民合法化的途径,这些措施得到了主要工会的支持。

尽管这些改革都被尝试过,但最终都没有成功,只有两项改革例外——2012年的《儿童入境暂缓遣返法案》(Deferred Action for Childhood Arrivals, DACA,又称"梦想者法案"),和2014年的《美国公民及合法永久居民父母暂缓遣返法案》(Deferred Action for Parents of Americans and Lawful Permanent Residents, DAPA),这两项法案都是通过行政命令颁布的。两项法案都有相似的议程:允许无证个人(在DACA法案中为在15岁到30岁的移民)上学,申请临时工作许可,并免于被驱逐出境。DAPA 法案还允许一些无证移民申请工作许可和免于被驱逐出境,而他们需拥有在美国出生的子女。

表 7.1 2018 财年赴美合法移民的类别

	数量(人)	占比(%)
全部移民数	1 096 611	
美国公民的直系亲属	478 961	34.6
配偶	268 149	24.5
子女	66 794	6.1
父母	144 018	13.1
家庭担保优先	216 563	19.8
第一:美国公民的未婚子女	27 351	2.5
第二:外籍居民的配偶、子女和未婚子女	109 841	10.0
第三:美国公民的已婚子女及其配偶和其子女	19 531	1.8
第四:美国公民的兄弟姐妹及其配偶和其子女	59 940	5.5
雇佣关系优先	138 171	12.6
第一:优先工作人员	39 514	3.6
第二:具有高等学位的专业人员	40 095	3.7
第三:技术工人、专业人员和非技术工人	39 228	3.6
第四:特殊移民	9 711	0.9
第五:创造就业者(投资人)	9 623	0.9
多元化移民	45 350	4.1
难民	155 734	14.2
避难者	30 175	2.8
假释犯	14	0.0
外籍居民的子女	69	0.0
被美国政府或家庭雇佣的部分伊拉克人和阿富汗人	10 297	9.4
取消递解出境	4 421	4.0
人口贩卖的受害者	1 208	0.1
违法案件受害者及其配偶和其子女	15 012	1.4
其他移民	636	0.0

资料来源:美国国土安全部《2018 年移民统计年鉴》(表 6)。

表 7.2　2018 财年被美国接收的移民数量居前十位的来源国

国家	数量(人)	百分比(%)
所有国家	1 096 611	100.0
墨西哥	161 858	14.8
古巴	76 486	7.0
中国	65 214	5.9
印度	59 821	5.5
多米尼加共和国	57 413	5.2
菲律宾	47 258	4.3
越南	33 834	3.1
萨尔瓦多	28 326	2.6
海地	21 360	1.9
牙买加	20 347	1.9

资料来源:美国国土安全部《2018 年移民统计年鉴》(表 3)。

但是 DACA 法案有一段令人难过的历史。从 2008 年开始,无人陪伴的移民儿童越境进入美国的数量急剧增长,其原籍包括墨西哥、危地马拉、萨尔瓦多和洪都拉斯。无证儿童数量的激增导致政客们呼吁暂停 DACA 法案(考虑到该法案保护儿童)。2017 年,特朗普政府暂停了该法案,导致约 80 万名年轻人面临被驱逐出境的风险。然而无人陪伴的移民儿童的数量激增不太可能是由于 DACA 法案,而大多是由于原籍国的暴力和有限的经济机会[43]。此外,这些"梦想者们"(即 DACA 法案所针对的无证移民儿童)已经做好了为美国经济和社会做出重大贡献的准备,尤其当他们获得了公民身份后。一项研究强调了"梦想者们"的生产力和技能,而且他们之中的许多人已经加入了美国劳动力大军[44]。

2001 年"9·11"恐怖袭击后,移民可能对国家安全产生的威胁被进一步强调,因此移民和边境问题都被纳入国土安全部管辖。与此同时,针对无证移民的一致且可持续的解决方案仍然难以实现。在很多方面,美国移民政策仅有的进展是将针对移民的讨论重新定义为国家安全问题,在边境(包括与加拿大的北部边境)部署了额外的资源,提出了其他旨在控制无证移民的政策,并减少移民能获得的政府福利。这些关注点已成为美国移民辩论的主导议题。

控制在美国的无证移民:州一级层面

每年,美国边境巡逻队都会逮捕数千名试图进入美国的无证移民,而更多的人成功地避开了边境巡逻队。据估计,2007 年约有 1 220 万无证劳工居住在美国,其中有些人是大无畏地直接跑过美国边境检查点入境的(图 7.3)。在"9·11"后的世界里,对恐怖主义的担忧导致国土安全部把重点放在限制移民进入美国,加强对边境口岸的执法,打击无证居民,以及为他们提供就业的行当[45]。美国国土安全部的移民与海关执法局(Immigration and Customs Enforcement,ICE)在网上强调了他们的这些成功[46]。对恐怖主义和美国境内无证移民数量的担忧引发了人们对国家已经失去对其边境的控制的恐惧,要求实施更严格的边境控制的呼声也越来越高。在欧洲,2015 年的难民危机(请参见第八章)和民粹主义政治的发展(请参见本章与民粹主义相关的"聚焦"栏目)导致了欧洲对内外边界的更严格管控,人口流动受限。同时,进一步限制移民进入该地区的呼声也愈发高涨。但一个国家(或地区,如欧盟)有可能成功关闭移民的大门吗?答案取决于情况,或者更准确地说,取决于谁被允许入境。移民管控和政策对有证件(合法)进入者的人数设限往往导致无证进入一个国家的移民人数上升。

图 7.3 "警告"(圣地亚哥的路边标志)

注:该标志警告在繁忙的 5 号州际公路上的驾驶者,包括妇女和儿童在内的人可能会出现在高速公路上。该标志的设立是对无证移民进入该地区的一种反映。

图片来源:作者拍摄。

在美国,国家和州两级的立法者都以限制移民获得政府救济和社会福利的办法来试图控制移民数量。在联邦方面,政府加强了边境保护和控制。1996 年对政府救济的修订将移民问题上升至国家层面。这项官方名称为"个人责任和工作协调法"(Personal Responsibility and Work Reconciliation Act)的法案,通过削减救济项目的资金,给予州政府更多的支出控制权,对获取救济进行工作和救济持续时间的限制等,从根本上改变了美国的救济供给。尽管这一改革对美国本土出生人口的影响同样重大,但该改革直接针对的是移民和他们对救济项目的使用。修正案禁止大多数合法移民领取补充安全收入(supplemental security income, SSI)及食品券,而移民获得这两项政府救济的比例都高于美国本土出生人口。据估计,当时有超过50万的在美移民失去了享受补充安全收入的资格,另有100万移民失去了领取食品券的资格。1996年8月22日(《个人责任和工作协调法》的生效日)之后,合法获准入境的移民在抵美后的前五年也被禁止参加联邦经济状况调查项目。各州还有资格禁止符合条件的移民获得贫困家庭临时援助(temporary assistance for needy families, TANF)、联邦医疗保险和《社会保障法》第二十条里提供的各项公共服务(包括儿童保育和老年服务等)。

在州一级层面,加利福尼亚州的立法者试图阻断流入该州的无证移民浪潮,并促成部分已成为居民的无证移民离开。受无证移民带来的实际开销和预期开销的驱动(这些开销包括福利的使用或滥用、犯罪活动和雇佣成本),加州187号提案禁止无证移民使用任何公共资助,这使州内对移民的看法两极分化,并将这种本地对移民的担忧推到了全国乃至国际的聚光灯下。187号提案被设计为旨在禁止无证移民就读于中小学和大学,拒绝为其提供非紧急医疗服务,要求警方核实所有被捕人员的合法移民身份,并要求教师和医护人员向美国移民和归化局(Immigration and Naturalization Service, INS)举报无证移民。虽然该提案中的规定不影响州内的合法移民,但它制造了一个所有有色人种(无论是合法的还是无证进入的)都是可疑的氛围。在国际上,墨西哥和萨尔瓦多都以侵犯人权为由对187号提案表示担忧。更现实地说,两国都担心该提案将导致大批移民回流,并可能引发负面的经济影响。

1994年11月,187号提案以59%的公众选票获得通过,在全州得到了广泛的支持,并反映出加州选民对无证移民的深刻沮丧。187号提案获得的广泛支持具有相当大的种族和空间差异,显示了移民争议的复杂性,并提供了关于公众对移民或反移民的情绪的洞察。不同种族在投票上的差异符合我们的预期,63%的非拉丁裔白人投票支持这一提案。提案在中高收入白人和共和党选民中获得了更多的支持,反映了他们简单的反移民情绪。非裔美国人和亚裔美国人对该提案的支持率居中,分别有56%和57%的人投了赞成票,而只有31%的拉美裔人支持187号提案。在地方层面对投票结果的分析还显示,提案在社会经济地位较高的拉丁裔社区中获得的支持率更高,表明他们控制无证移民的愿望,这与白人的情绪类似。即使在市中心的拉丁裔社区,该提案也获得了令人意想不到的高支持率。

尽管得到了选民的支持,联邦法院还是裁定187号提案违宪,理由是移民问题是联邦事务,而非州事务,而且联邦法律要求所有儿童接受免费的公共教育。加州大学地理系教授威廉·克拉克(William Clark)表示,选民对187号提案的反应不能简单地定义为本土主义或种族主义,而是反映了当地对移民的态度。尽管国家研究委员会(National Research Council, NRC)观察到移民户主的家庭对联邦税收收入做出了微小的积极贡献[47],加州居民被迫要在当地应对移民带来的实际及预期的后果,因为这些也许显著且费用高昂的财政后果更有可能发生在加州本地。因此,187号提案的通过可能仅仅是对20世纪80年代末大量移民涌入,该移民潮对地方财政的影响和1990—1991年间经济衰退的反应,这些因素都增加了州和地方政府在公共服务提供上的成本。克拉克还表示该投票行为显示出加州居民的担忧,与美国作为移民接收国的角色和企业对低成本劳动力的渴望之间的矛盾。

加州已经不是唯一对无证移民及其财政后果感到担忧的州,越来越多的州也采取行动控制移民,而这在很大程度上是对联邦政府尽管经历多次尝试,但仍然无力全面改进移民政策的反应。取而代之的是,各州利用自己的立法来阻止无证移民,而这些举动在一定程度上是基于全国电子核实系统的。该系统要求所有已注册的企业都确认其雇佣的新员工已获得了在美国的合法工作权。对于继续雇佣无证工人的企业,将会对雇主实施制裁。仅在2010年,各州立法机构就通过了总计近350项的与移民有关的立法,其中包括27项与移民就业有关的法律。例如,一些州政府(主要是南部和西南部各州)已经采取行动,禁止无证移民工作,获得救济或其他公共福利,同时对其进行羁押和遣返。亚利桑那州在2004年通过了200号提案,禁止无证移民投票,获得公共援助或获得非联邦政府授权的州或者地方的福利。2010年,亚利桑那州通过了SB1070法案,将该州的无证移民非法化,尽管该法案的大多数条款后来被美国最高法院裁定为违宪。市政当局甚至制定了限制性的移民政策。为应对其人口结构的重大变化,华盛顿特区市郊的威廉王子县(Prince William County)颁布了类似187号或200号提案的法律,旨在限制国外人口流入。这些法律包括拒绝向无法证明其合法居留身份的个人提供福利,并要求警方检查被捕人员的移民身份。

理查德·赖特(Richard Wright)和马克·埃利斯(Mark Ellis)及其同事证明,这种限制性政策对无证移民产生了一系列影响。首先,这些政策往往会改变无证移民的州际流向。在被视为对无证移民怀有敌意的州(即已经通过或试图通过类似SB1070法案的州),包括无证移民在内的拉丁裔非美国公民的迁出率更高。同样地,拉丁裔人(包括已转为公民身份的和在美国出生的拉丁裔人)也更不可能搬到这些敌对州[48]。类似地,出台法规最多的州往往无证移民的数量下降得也最快,2008年通过的《亚利桑那州合法工人法案》(Legal Arizona Workers Act)就产生了这种效果,该法案要求雇主通过全国电子核实系统来验证工人的身份,其执行的结果是,该州的无证移民人数在2008—2009年间估计下降了17%[49],并在继续下降[50]。与此同时,无证人口数量在包括路易斯安那、马里兰、马萨诸塞、北达科他和南达科他等一些州出现了增长[51]。但是这些政策对美国无证移民数量的影响可能很有限。

控制在美国的无证移民:联邦层面

多年来,无证移民一直是美国的一个重大政策问题,历届政府也从不同的角度处理这个问题。为了减少试图进入美国的无证移民数量,美国政府多年来出台了各种政策和项目。例如,美国政府与墨西哥执法官员直接合作,试图在无证越境者还离美国边境很远的地方就将其拦截并遣返。美国政府还与其他国家政府合作,强调北上之旅的危险。在边境地区,美国政府采用了新的监视方法以及物理屏障来"硬化"或"加厚"边境,使穿越国境的障碍更大。但更严格的边境巡逻执法计划也不乏批评者。在减少圣地亚哥或埃尔帕索等关键地点的越境企图次数的同时,增加监视和逮捕的威慑作用使无证外国人转向没有受到边境巡逻队同等程度关注的地区[52]。类似的问题也间接体现在美国和墨西哥于1998年开始实行的两国间"边境安全倡议"(Border Safety Initiative,BSI)中。随着在传统上是偷渡频繁地区的过境被羁押风险不断上升,无证入境的地点已经转移到沙漠或高山等危险地区。在这些地区,自1998年起,无证入境者的年平均死亡人数超过200人[53]。为了减少边境沿线的伤亡人数,特别是一些人被迫在边远地区入境但对这些地方的艰苦程度几乎毫无准备,"边境安全倡议"的主要目标之一就是对公众进行关于无证越境相关风险的教育。

为了进一步控制无证移民进入美国,特朗普总统在2016年大选期间承诺沿美墨边境修建一堵墙。虽然隔离墙(如将建成)最终会减缓移民的速度,但它不会阻止无证移民,因为人们会找到进入美国的新途径。随着边境执法力度的加强,越来越多的潜在移民将会寻求偷渡组织者(也被称为"土狼")的帮助,而这些人需要支付资金高达1万美元来获得三次尝试入境美国的机会[54]。对偷渡组织者的利用凸显了移民对离开原籍国,不顾一切入境美国的渴求——类似的情形也驱动着移民冒险穿越地中海进入欧洲。其中的大多数人是在逃离可能危及其生命的境况,然而在前往目的地的途中,他们同样面临着暴力、抢劫或死亡的危险,这种情况也突出了确保边界安全和阻止无证入境的困难。人们的另一种选择是合法入境,然后在签证过期后继续滞留。从2010年到2017年,在美国逾期停留的无证移民比合法入境者要多得多。有趣的是,滞留人口中最多的是墨西哥人,这意味着他们是合法入境的[55]。即使没有墙,美墨边境的护栏、自然地貌、监视手段和边境巡逻人员的结合已经保障了边境的高度安全(图7.4)。

美国的无证移民数量从2007年峰值的1 220万下降到2017年的大约1 050万[56],墨西哥人目前占美国无证移民总数的不到一半(表7.3)。更严格的边境安全可能已经意味着个人不再愿意承担未来跨境的风险,因为边境安保的增强,被逮捕的可能性加大了。除了边境执

图 7.4 美墨边境

注:位于圣地亚哥市的分隔美国和墨西哥的护栏。即将成为无证移民的人们在墨西哥一侧等待入夜后试图进入美国。

图片来源:作者拍摄。

法,2007 年底开始的全球经济衰退可能也产生了重大影响,随着经济衰退,无证劳工的数量也在下降。与此同时,虽然墨西哥人传统上一直是美国无证劳工的最大来源,但墨西哥的经济也在改善,人口增长放缓和老龄化的情况也在出现。经济前景的改善意味着有更少的墨西哥人需要跨国去找工作。

结论

国际迁移的两种形式,即合法迁移和无证迁移,都是国家间人口分布的主要决定因素。无论各国是对国际人口流入设限,还是推动某一特定类型人口的流入,都不能保证取得预期的结果。事实证明,面对经济结构调整和全球化,减少移民流入的努力在很大程度上是不成功的。增加人口流入本身也有问题,它威胁到族裔、种族或社会的稳定,同时创造了低薪工人阶层,而这一低薪工人群体可能会降低国家工资水平,并与本土出生人口争夺工作。当国门打开,各国政府很可能就很难以将其关上,国际人口流入数量将呈螺旋式上升而更难被政府控制。限

图7.5　沿着美墨边境的美国边境巡逻队

图片来源：美国海关和边境保护局，https://www.cbp.gov/newsroom/photo-gallery。

制和鼓励移民的措施都有传递混合信息的风险，即国家既想放宽移民，又想减少移民。归根结底，移民政策的未来形态尚不明朗。

表7.3　部分财年的年度边境巡逻队羁押人数

边境巡逻队分部	2008 财年	2013 财年	2018 财年
全部西南区	705 049	414 397	396 579
得克萨斯州，大本德	5 389	3 684	8 014
得克萨斯州，德尔里奥	20 763	23 510	15 833
得克萨斯州，埃尔森特罗	40 964	16 306	29 230
得克萨斯州，埃尔帕索	30 311	11 154	31 561
得克萨斯州，拉雷多	43 663	50 749	32 641
得克萨斯州，里奥格兰德瓦利	75 484	145 453	162 262
加利福尼亚州，圣地亚哥	162 390	27 496	38 591
亚利桑那州，图森	317 724	120 939	52 172

续表

边境巡逻队分部	2008 财年	2013 财年	2018 财年
亚利桑那州,尤马	8 361	6 106	26 244
所有其他部门	18 816	6 392	7 563
华盛顿州,布莱恩	950	360	359
纽约州,布法罗	3 338	796	384
密歇根州,底特律	960	650	1 930
北达科他州,大福克斯	542	469	461
蒙大拿州,阿弗尔	426	88	47
缅因州,霍尔顿	81	37	52
佛罗里达州,迈阿密	6 021	1 738	2 169
路易斯安那州,新奥尔良	4 303	500	798
波多黎各,拉米	572	924	280
华盛顿州,斯波坎	341	299	347
佛蒙特州,斯旺顿	1 282	531	736
合计	1 043 799	662 483	404 142

资料来源:美国国土安全部《2018 年移民统计年鉴》(表 35)。

思考题

1. 使用美国国土安全部的《移民统计年鉴》数据("按最后居住国或地区分类的获得合法永久居民身份的人数"),了解特定来源国多年以来流入美国的人口变化情况。

2. 使用美国国土安全部的《移民统计年鉴》数据("按居住州分类的获得合法永久居民身份的人数"),绘制在选定州定居的移民人数和比例图。

3. 美国经历了多次移民潮,请选择一个时期,描述流入美国的人口特征,包括移民的数量、新抵达移民的定居地、主要来源国、所选时间段的移民政策。

4. 使用联合国世界人口展望数据(https://esa.un.org/unpd/wpp/DataQuery/),选择一个发展中国家,绘制其净移民数量图。你看到了什么模式?

5. 许多人已经从欠发达国家移民到发达国家。选择一个国家,分析推动其国际迁移外流的社会和经济因素。

聚焦:民粹主义和移民

民粹主义(Populism,一种政治观点,它反对政策当局,并努力吸引那些觉得自己的关切被已掌权的精英集团忽视的普通人)在一些国家的吸引力越来越大。民粹主义的兴起有多种原因,包括2008年的经济危机和文化反弹,2015年的欧洲难民危机进一步支持了民粹主义的崛起。在整个欧洲,德国另类选择党(Alternatives for Germany,AfD)、捷克共和国的ANO党、法国的国民阵线(现在称国民联盟)、奥地利的自由党和意大利的北方联盟等政党,都抓住了人们对移民威胁国家主权和身份,但国家边境本质上缺乏管控的担忧,导致了限制或完全阻止移民流动的呼声。例如,在英国,对移民的怨恨以及对"稀释"或失去英国身份认同的恐惧推动了英国的脱欧公投。即使在长期支持社会民主的斯堪的纳维亚半岛,也出现了民粹主义政党的增强。在某种程度上,这些政党获得的支持反映了对还权于个人的承诺的呼声,同时也包含着拥抱民族主义和白种人排外视角下的身份认同。

在反对移民的过程中,民粹主义者使用排外的语言来表达他们的观点,把复杂的问题简化成"移民是坏的"这样的信息,暗示移民的到来是为了抢工作,滥用社会和福利服务,或者犯罪。我们还记得特朗普在2016年竞选总统期间的言论。他说:"(墨西哥)送来的人有很多问题,他们把这些问题带给了我们。他们带来毒品,带来犯罪,他们是强奸犯。"在民粹主义政党获得支持的地方,即使是微弱的支持,对移民政策的影响也是迅速的——边境已经关闭,移民数量的配额已经落地,或者来自特定国家的移民被直接禁止。在美国,总统候选人特朗普呼吁在美墨边境修建隔离墙,并限制来自特定穆斯林国家的个人入境,这些行动进一步巩固了民粹主义意识形态。

但民粹主义政府限制移民的企图能够成功吗?往好了说,结果将是喜忧参半。那些限制有资格入境者的移民政策确实奏效,即使是美国,在控制合法入境方面也是比较成功的。而控制移民的政策在无证移民方面却实施得不太成功,无论这些无证移民流是进入美国、欧洲还是其他地方,这些国家都不太能控制他们。这种政策在控制无证移民上的乏力在一定程度上反映了移民不顾一切的绝望和其为了入境进行的各种准备,而这些准备反映在巨大的、为了帮助潜在移民到达目的地而形成的偷渡网络上。就连特朗普的隔离墙也只能减缓(而不是阻止)无证劳工流入美国。因此,尽管反移民的言论和对移民的强硬立场不会完全解决移民问题,但它们肯定在竞选活动和投票时起到了帮助。

聚焦:《申根公约》和欧盟内部的人口流动

在欧洲国家之间的流动在很大程度上是不受限制的。这是实施《1990 年欧洲申根公约》(1990 European Schengen Convention,以下简称《申根公约》)的反映。该公约导致了国界在欧洲内部的大部分地区被取消,是对类似的(但参与国数量较少的)《1985 年申根协定》(1985 Schengen Agreement)的扩大(图 7F.1)。该公约意味着欧洲大部分地区像一个单一国家一样运作,其内部(如德国和法国之间)没有国家边界,允许无护照进出大多数欧洲国家,并对进出申根地区边境的旅行者实行边境管制。此外,该公约还规定了针对寻求庇护者和针对进入该地区的短期停留或长期居住人员的共同规则[57]。该公约的核心理念是让人员自由流动,允许欧洲人在欧盟内的任何地方旅行、工作和定居,并且便于他们为追求更高的工资或者更好的就业选择而迁移,适应劳动力市场。大多数游客一旦进入申根地区,也可以在其内部的不同国家之间自由旅行。

然而,这项独特的协议一直面临压力。由于 2015 年的难民涌入和同年 11 月的巴黎恐怖袭击事件,申根国家间的自由流动受到限制。德国在 2015 年接纳了大约 110 万名来自叙利亚和伊拉克等地的寻求庇护者。迫于其国内右翼政党的压力,德国重新实施了边境管制,以阻止难民涌入。丹麦开始扣押越境进入该国的难民的贵重物品,用来帮助支付安置他们所需的福利费用。巴黎恐怖袭击发生后,其他国家也启动了临时边境检查,还有一些国家则呼吁要连同取消免护照旅行的措施[58]。当然,这些措施的目的是阻止难民在这些国家定居,并为这些国家的公民提供更强大的安全保障。与此同时,各国关闭国境打击了《申根公约》的核心,使它成为"难民潮"和恐怖袭击现实的受害者。

尽管 2015 年实施的边境控制只是暂时的,一些国家还在 2020 年春季新冠病毒大流行期间实施了临时边境控制。恢复这些边境管制涉及欧洲一体化的核心。如果《申根公约》被完全废除,由于边境管制,整个欧洲的旅行成本和旅行时间将会增加,整个地区的劳动力流动和贸易很可能会减少。考虑到解除《申根公约》的预期成本,一些成员国公开地讨论了对个人的地区内部流动实施更严格的检查,同时保留《申根公约》的开放贸易方面的可能[59]。

在 2016 年 6 月英国脱欧公投之后,欧盟面临比边境控制和移民更大的担忧。在某种程度上,脱欧公投受到了英国人因流入英国的移民增加产生的愤怒情绪的影响,特别是在 2004 年欧盟扩大,东欧国家成为欧盟成员国之后,移民被认为压低了英国国内的工资并抢走了英国人的就业机会。脱欧公投结束后,欧洲其他国家的极右翼领导人立即呼吁进行类似的投票,呼应了其国内对移民和政治控制的类似担忧，导致人们担心危机蔓延以及欧盟可能最终会解体(图 7F.1)①。

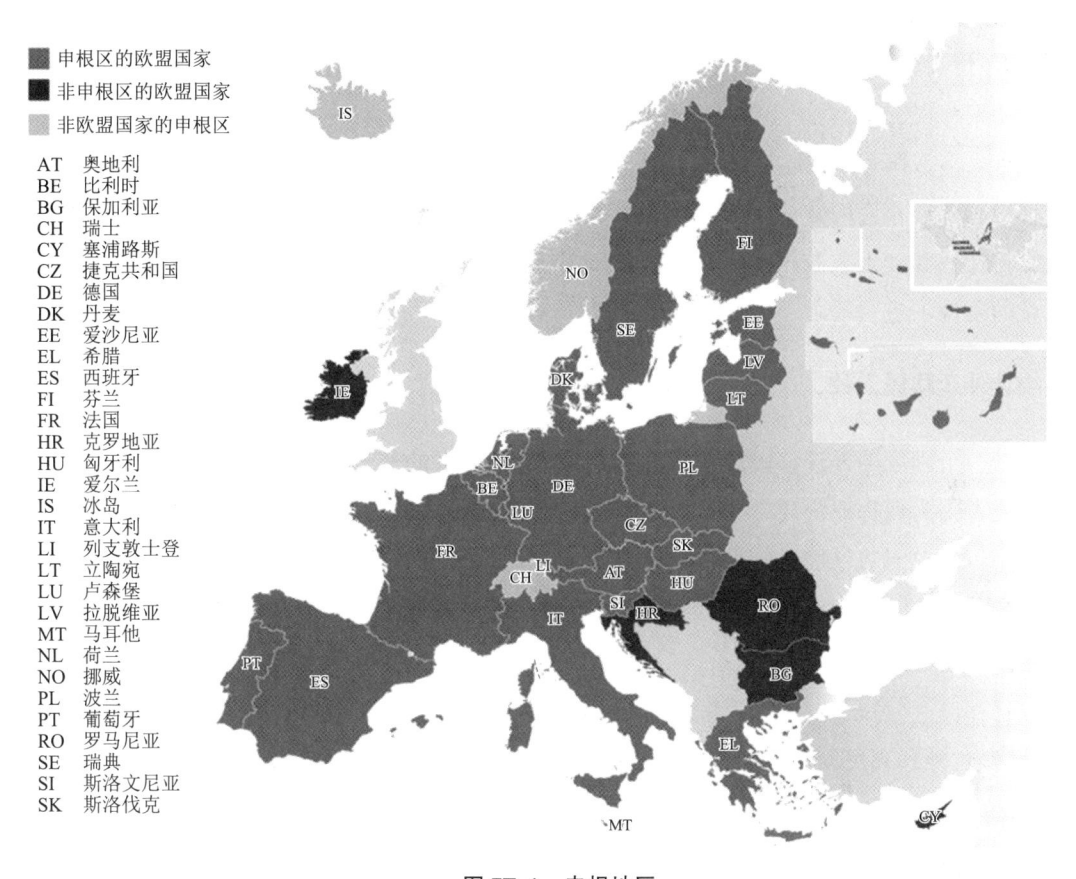

■ 申根区的欧盟国家
■ 非申根区的欧盟国家
□ 非欧盟国家的申根区

AT	奥地利
BE	比利时
BG	保加利亚
CH	瑞士
CY	塞浦路斯
CZ	捷克共和国
DE	德国
DK	丹麦
EE	爱沙尼亚
EL	希腊
ES	西班牙
FI	芬兰
FR	法国
HR	克罗地亚
HU	匈牙利
IE	爱尔兰
IS	冰岛
IT	意大利
LI	列支敦士登
LT	立陶宛
LU	卢森堡
LV	拉脱维亚
MT	马耳他
NL	荷兰
NO	挪威
PL	波兰
PT	葡萄牙
RO	罗马尼亚
SE	瑞典
SI	斯洛文尼亚
SK	斯洛伐克

图 7F.1 申根地区

图片来源：欧盟委员会，https://ec.europa.eu。

方法、测量和工具：统计流入移民、无证移民和外迁移民的人数

第六章中介绍的许多衡量和量化国内移民的方法也可以用来量化国际人口迁移。通常，国际人口迁移可以简单地用流出某个国家的人数（外迁移民）、进入某个国家的人数（流入移民）和净移民数（即流入移民数与流出移民数之差），或用在两个特定国家之间流动的人数来刻画。我们也可以探讨**流入移民率**(immigration rate，通常定义为流入移民人数与移民接收国

---

① 原著地图有误，译者根据原著提供的资料来源，替换并翻译了地图。——译者注

人口之比)、**外迁移民率**(emigration rate,外迁移民人数与输出国人口之比),等等。出于对安全和国家政策的考虑,发达国家的政府均有任何时点的合法移民的数量记录,以及诸如输出国、抵达年份、移民的人口统计数据(如年龄、教育、家庭结构)和移民类型(如他们是否是难民或家庭团聚移民,是否为了上学或工作而入境)等信息。

尽管大多数国家(特别是发达国家)都有为了长居而入境该国的移民数量统计,但我们对无证移民和外迁移民的数量所知相对有限。直到最近,各国才开始尝试统计外迁移民的数量,并最终将迁入和迁出人数相匹配。这就是试图统计迁移者人数的工作,这种工作通常是在非常困难的条件下进行的。

统计外迁移民人数

估计一个国家的外迁移民数量有其复杂性:哪些人真的离开了这个国家?他们需要离开多久?或者因为何种原因离开才可以被定义为外迁移民?外迁移民的数量通常是基于"残差法"来估计的,这种方法将外迁移民数量定义为在人口普查日,一个国家的常住总人口数与特定时段内的出生、死亡和流入移民数加总后的剩余量。时间点 t 和 $t+h$ 之间的外迁移民人数可以用以下公式来定义:

外迁移民$_{(t, t+h)}$ = 总人口$_{(t)}$ - 总人口$_{(t+h)}$ + 流入移民$_{(t, t+h)}$ + 出生人数$_{(t, t+h)}$ - 死亡人数$_{(t, t+h)}$ ①

换言之,外迁移民即过去某个时间段(时间点 t 和 $t+h$ 之间)中总人口数的变化,加上该时间段内的已知流入移民人数和出生人数,再减去该时期内的死亡人数。

对外迁移民人数有更复杂的估计方法。例如,加拿大统计局提供该国人口的季度估计数,而其中就包括对外迁人口的估计。这些估计基于许多数据来源,包括来自移民统计局、美国国土安全部和加拿大社会福利项目的数据。前两个来源的数据用于估计外流到美国的移民人数,而加拿大社会福利数据根据退出该项目的人数估计外迁到其他国家(加拿大外迁移民主要目的地)的数目。尽管如此,考虑到报告和接收数据文件通常会有延迟,而且并不是每个人都会被社会福利数据记录下来,对外迁人数的估计还需要做进一步的调整。

统计无证移民

鉴于美国的无证移民总数预计已超过 1 000 万,这将对社会服务的提供、劳动力供应和政策产生影响,联邦政府迫切希望对无证移民的人数进行可靠的估计。然而,考虑到无证移民由于担心会被驱逐出境,而不愿参与相关调查或说明自己的身份,要对他们的数量做出确切的估

---

① 原著中该公式有误,译者对其做了修改。——译者注

在美国,皮尤研究中心使用了前面描述的残差法的一种变型来估计无证移民的数量[60]。首先,合法居留的外国出生人口是根据国土安全部的移民申请批准人数以及难民、庇护批准数估计的。在考虑了合法的暂时性移民和被人口普查或当前人口调查遗漏的合法移民后,用人口普查或当前人口调查中的全部外国出生人口数减去估计的合法居留人口数,即可得出无证移民的估计人数。这一对于无证移民数量的初步估计还会被进一步放大以防漏算。使用类似的方法,基于美国经验的估计表明,在1996年获得居留权的成年新移民中,有超过30%的人在之前有过无证入境美国的经历,且其中的部分人曾在美国逗留期间进行无证工作[61]。

注释

[1] 尽管"非法移民"一词在大众媒体和其他文献中得到了广泛使用,但在本书中,我还是选择使用"无证"而不是"非法"。

[2] 例如,美国人口普查局维护有关该国外国出生人口的信息,请参见 http://www.census.gov/topics/population/foreign-born.html(2020年4月15日查阅)。

[3] 国际迁移组织(Internationl Organization for Migration)全球迁移统计数据,https://www.iom.int/global-migration-trends(2020年4月14日查阅)。

[4] 随着苏联及其附属国的解体,为了实现对其他成员国的政治和经济控制而被安置到这些成员国的俄罗斯裔人口已经迁回俄罗斯。有趣的是,为返回俄罗斯的公民提供住房和就业,给处在经济结构调整时期的俄罗斯政府带来了困难。如果政府不能满足其公民的期望,内乱就有可能产生。

[5] US Department of Homeland Security, 2018 Yearbook of Immigration Statistics, https://www.dhs.gov/immigration-statistics/yearbook/2018#(2020年4月14日查阅)。

[6] 对这些理论的总结请参见 Douglas Massey, Joaquin Arango, Graeme Hugo, Ali Kouaouci, Adela Pellegrino, and J. Edward Taylor, "Theories of International Migration: A Review and Appraisal", *Population and Development Review* 19, no. 3(1993), 431-466,亦可参见 Douglas Massey, Joaquin Arango, Graeme Hugo, Ali Kouaouci, Adela Pellegrino, and J. Edward Taylor, "An Evaluation of International Migration Theory: The North American Case", *Population and Development Review* 20, no. 4(1994), 699-752。

[7] Michael P. Todaro, "A Model of Labor Migration and Urban Unemployment in Less-Developed Countries", *American Economic Review* 59(1969), 138-148,亦可参见 Arthur W. Lewis, "Economic Development with Unlimited Supplies of Labor", *Manchester School of Economic and Social Studies* 22(1954), 139-191。

[8] Michael J. Piore, *Birds of Passage: Migrant Labor in Industrial Societies* (Cambridge: Cambridge University Press, 1979).

[9] Gunnar Myrdal, *Rich Lands and Poor* (New York: Harper and Row, 1957).

[10] Jeffery S. Passel, D'Vera Cohn, Jens Manuel Krogstad, and Ana Gonzalez-Barrera, "Appendix C: Methodology", Pew Hispanic Center, 3 September 2014, https://www.pewresearch.org/hispanic/2014/09/03/appendix-c-methodology-3/(2020年7月7日查阅)。

[11] Pew Research Center, "In a Politically Polarized Era, Sharp Divides in Both Partisan Coalitions", December 2019, https://www.people-press.org/2019/12/17/in-a-politically-polarized-era-sharp-divides-in-both-partisan-

[12] Bradley Jones, "Americans' Views of Immigrants Marked by Widening Partisan, Generational Divides", http://www.pewresearch.org/fact-tank/2016/04/15/americansviews-of-immigrants-marked-by-widening-partisan-generational-divides/(2016年4月14日查阅)。

[13] 例如,皮尤研究中心(Pew Research Center)的报告"In a Politically Polarized Era",强调了党派、年龄和种族的差异。在加拿大,在20世纪80年代后期也进行了类似的对移民的成本和收益的评估,见 *Demographic Review*, *Charting Canada's Future* (Ottawa: Health and Welfare, 1989)。

[14] 请参见 www.census.gov(2020年4月15日查阅)。

[15] Giovanni Peri, "The Effect of Immigrants on U.S. Employment and Productivity", FRBSF Economic Letter 2010-26, August 2010.

[16] Peri, "The Effect of Immigrants on U.S. Employment and Productivity".

[17] Gnanaraj Chellaraj, Keith E. Maskus, and Aaditya Mattoo, "The Contribution of Skilled Immigration and International Graudate Students to U.S. Innovation", World Bank, 2005, https://doi.org/10.1596/1813-9450-3588.

[18] Peter Vandor and Nikolaus Franke, "Why Are Immigrants More Entrepeneurial?" *Havard Business Review*, https://hbr.org/2016/10/why-are-immigrants-more-entrepreneurial(2020年4月20日查阅)。

[19] Craig Wesley Carpenter and S. Loveridge, "Immigrants, Self-Employment, and Growth", *Journal of Regional Analysis and Policy* 47, no. 2 (2017), 100-109.

[20] Vanda Felbab-Brown, "The Wall: The Real Costs of a Barrier between the United States and Mexico", Brookings Institution, 2017, https://www.brookings.edu/essay/the-wall-the-real-costs-of-a-barrier-between-the-united-states-and-mexico/(2020年4月14日查阅)。

[21] Brennan Hoban, "Do Immigrants 'Steal' Jobs from American Workers?" Brookings Institute, 24 August 2017, https://www.brookings.edu/blog/brookings-now/2017/08/24/do-immigrants-steal-jobs-from-american-workers/.

[22] James P. Smith and Barry Edmonston, *The New Americans* (Washington, DC: The National Academy Press, 1997).

[23] Michael Janofsky, "Illegal Immigration Strains Services in Arizona", *New York Times* (11 April 2001), A10.

[24] World Bank, "Migration and Remittances Data", https://www.worldbank.org/en/topic/migrationremittancesdiasporaissues/brief/migration-remittances-data(2020年4月14日查阅)。

[25] World Bank, *Migration and Remittances Factbook 2016*, *Third Edition*, https://issuu.com/world.bank.publications/docs/9781464803192(2020年4月14日查阅)。

[26] *Migration and Remittances Factbook* 2016, *Third Edition*.

[27] Jeffrey S. Passel and D'Vera Cohn, "Immigration Projected to Drive Growth in U.S. Working-Age Population through at Least 2035", Pew Research Center, 8 March 2017, https://www.pewresearch.org/fact-tank/2017/03/08/immigration-projected-to-drive-growth-in-u-s-working-age-population-through-at-least-2035/(2020年4月14日查阅)。

[28] Steven A. Camarota and Karen Zeigler, "Immigrant and Native Fertility 2008 to 2017", Center for Immigration Studies, March 2019, https://cis.org/Report/Immigrant-and-Native-Fertility-2008-2017(2020年4月14日查阅)。

[29] Camarota and Zeigler, "Immigrant and Native Fertility".

[30] Sandra Johnson, "A Changing Nation: Population Projections under Alternative Immigration Scenarios", US

Census Bureau, Current Population Reports, P25-1146, Washington, DC, 2020. 文中引用的比例是该参考文献中的"主要"预测。

[31] Pew Research Center, "In a Politically Polarized Era".

[32] Stanley Lieberson and Mary C. Waters, "The Location of Ethnic and Racial Groups in the United States", *Sociological Forum* 2, no. 4 (1987), 780-810.

[33] James F. Hollifield, Philip L. Martin, and Pia M. Orrenius, eds., *Controlling Immigration: A Global Perspective*, 3rd ed. (Palo Alto, CA: Stanford University Press, 2014).

[34] Norbert Cyrus and Dita Vogel, "Managing Access to the German Labour Market: How Polish(Im)migrants Relate to German Opportunities and Restrictions", In: *Illegal Immigration in Europe: Beyond Control?*, ed. F. Duvell (Basingstoke, UK: Palgrave Macmillan, 2005), 75-105.

[35] Joanne Van der Leun, *Looking for Loopholes: Processes of Incorporation of Illegal Immigrants in the Netherlands* (Amsterdam: Amsterdam University Press, 2003).

[36] Norimitsu Onishi, "France Announces Tough New Measures on Immigration", *New York Times* (7 November 2019), https://www.nytimes.com/2019/11/06/world/europe/france-macron-immigration.html? smid = nytcore-ios-share(2020年4月14日查阅)。

[37] Catalina Amuedo-Dorantes, Thitima Puttitanun, and Ana P. Martinez-Donate, "How Do Tougher Immigration Measures Affect Unauthorized Immigrants?", *Demography* 50 (2013), 1067-1091.

[38] Adam Isacson, Maureen Meyer, and Adeline Hite, "WOLA Report: The Zero Tolerance Policy", 16 July 2018, https://www.wola.org/analysis/wola-report-zero-tolerance-policy/(2020年5月19日查阅)。

[39] Miriam Jordan "Farmworkers, Mostly Undocumented, Become 'Essential' During Pandemic", *New York Times* (2 April 2020), https://www.nytimes.com/2020/04/02/us/coronavirus-undocumented-immigrant-farmworkers-agriculture.html(2020年4月14日查阅)。有趣的是，本文还指出，无证农场工人被视为对于美国经济是"必不可少"的，国土安全部认为他们对食品供应链至关重要。

[40] 有关美国移民的政策历史、人数和起源的详细讨论，请参见 Kitty Calavita, "US Immigration and Policy Responses: The Limits of Legislation", In: *Controlling Immigration: A Global Perspective*, ed. Wayne A. Cornelius, Philip L. Martin, and James F. Hollifield (Stanford, CA: Stanford University Press, 1994), 55-82, 亦可参见 Roger Daniels and Otis L. Graham, *Debating American Immigration, 1882-Present* (Lanham, MD: Rowman & Littlefield, 2001); John Isbister, *The Immigration Debate* (West Hartford, CT: Kumarian Press, 1996); Philip Martin and Elizabeth Midgley, "Immigration to the United States", *Population Bulletin* 50, no. 2 (June 1999); Philip Martin and Elizabeth Midgley, "Immigration: Shaping and Reshaping America", *Population Bulletin* 58, no. 2 (June 2003)。

[41] 移民流数据来源于"Annual Flow Report, 2012", Department of Homeland Security, Office of Immigration Statistics, http://www.dhs.gov/immigration-statistics-publications。加拿大历来是美国移民的主要输出国，但2012年来自加拿大的移民流量总计仅占1.2%。因此，流入美国的大部分移民来自南美洲和中美洲以及加勒比海地区。

[42] Philip Martin, "Labor and Unauthorized US Migration", Population Reference Bureau, May 2005.

[43] Catalina Amuedo-Dorantes and Thitima Puttitanun, "DACA and the Surge in Unaccompanied Minors at the US-Mexico Border", *International Migration* 54, no. 4 (2016), 102-117.

[44] Donald Kerwin and Robert Warren, "DREAM Act-Eligible Poised to Build on the Investments Made in

[45] 请参见如 Damien Cave, "States Take New Tack on Illegal Immigration", *New York Times* (9 June 2008), A7.

[46] 请参见 http://www.ice.gov(2020年4月15日查阅)。

[47] James P. Smith and Barry Edmonston, *The New Americans* (Washington, DC: National Academy Press, 1997).

[48] Mark Ellis, Richard Wright, Matthew Townley, and Kristy Copeland, "The Migration Response to the Legal Arizona Workers Act", *Political Geography* 42 (2014), 46-56. 亦可参见 Ellis, Wright, and Townley, "State-Scale Immigration Enforcement and Latino Interstate Migration in the United States", *Annals of the American Association of Geographers* 106, no. 4 (2016), 891-908.

[49] Magnus Lofstrom, Sarah Bohn, and Steven Raphael, *Lessons from the 2007 Legal Arizona Workers Act* (San Francisco: Public Policy Institute of California, 2011).

[50] J. M. Krogstad, J. S. Passel, and D. Cohn, "5 Facts about Illegal Immigration in the U.S.", Pew Research Center, 12 June 2019, https://www.pewresearch.org/fact-tank/2019/06/12/5-facts-about-illegal-immigration-in-the-u-s/ (2020年10月13日查阅)。

[51] Krogstad, Passel, and Cohn, "5 Facts about Illegal Immigration in the U.S.".

[52] 可以理解的是，羁押人数仅是对试图无证越过边界的人数的粗略估计，并且可能包括同一个人的多次尝试。请参见 Frank D. Bean, "Illegal Mexican Immigration and the United States/Mexico Border: The Effects of Operation Hold-the-Line on El Paso/Juarez", report prepared for the US Commission on Immigration Reform, July 1994.

[53] "Southwest Border Deaths by Fiscal Year", United States Border Patrol, https://www.cbp.gov/sites/default/files/assets/documents/2019-Mar/bp-southwest-border-sector-deaths-fy1998-fy2018.pdf (2020年4月14日查阅)。

[54] Nicholas Kulish, "What It Costs to Be Smuggled across the U.S. Border", *New York Times* (30 June 2018), https://www.nytimes.com/interactive/2018/06/30/world/smuggling-illegal-immigration-costs.html?smid=nytcore-ios-share(2020年4月14日查阅)。

[55] Robert Warren, "US Undocumented Population Continued to Fall from 2016 to 2017 and Visa Overstays Significantly Exceeded Illegal Crossings for the Seventh Consecutive Year", *Journal on Migration and Human Security* 1-4 (2019), https://journals.sagepub.com/doi/pdf/10.1177/2331502419830339.

[56] Krogstad, Passel, and Cohn, "5 Facts about Illegal Immigration in the U.S.".

[57] http://ec.europa.eu/dgs/home-affairs/what-we-do/policies/borders-and-visas/schengen/index_en.htm (2020年4月15日查阅)。

[58] Charlie Cooper, "Refugee Crisis: Schengen Agreement Allowing Passport-Free Travel in EU Should Be Scrapped, Says Yvette Cooper", *Independent* (20 January 2016), A6.

[59] https://www.stratfor.com/image/netherlands-and-future-schengen-agreement(2020年4月15日查阅)。

[60] Jeffery S. Passel, D'Vera Cohn, Jens Manuel Krogstad, and Ana Gonzalez-Barrera, "Appendix C: Methodology", Pew Hispanic Center, 3 September 2014, https://www.pewresearch.org/hispanic/2014/09/03/appendix-c-methodology-3/(2020年7月7日查阅)。

[61] Guillermina Jasso, Douglas S. Masey, Mark R. Rosenzweig, and James P. Smith, "From Illegal to Legal: Estimating Previous Illegal Experience among New Legal Immigrants to the United States", *International Migration Review* 42, no. 4 (2008), 803-843.

第八章　难民和境内流离失所者

◎ 难民的定义
◎ 难民的其他选择：艰辛的回家路
◎ 境内流离失所者
◎ 难民和境内流离失所者的未来
◎ 结论
◎ 思考题
◎ 聚焦：美国——欢迎难民？
◎ 聚焦：欧洲难民危机
◎ 聚焦：环境移民
◎ 方法、测量和工具：统计难民和境内流离失所者的人数

2015年，随着数以万计的个人和家庭离开非洲和中东进入欧洲，全球的难民困境凸显。很多人成功抵达了欧洲，但在他们到达时多遭受冷遇，表现在对其关闭边境、限制旅行和提供有限的照料上。其他人在前往欧洲的途中死亡，通常是在地中海溺水身亡，还有数十万人被困在黎巴嫩、约旦或土耳其等国的难民营中，或被困在自己的国家里。战争，基于种族、政治或宗教的暴力，以及摇摇欲坠的经济和不安全感促使人们试图在祖国以外寻求新的生活和自我重生。

本章并不关注导致难民（refugees）和流离失所者（displaced persons）的根源，或者他们是如何或为什么产生的，而是关注这些流离失所者的影响和选择。本章首先探讨处理难民人口的替代办法，包括将难民送回原籍国，在庇护国（country of asylum）定居，或将他们重新安置到第三国。然后，我们探讨境内流离失所者（internally displaced persons, IDPs），这是流离失所人口中增长最快的部分。在结论部分，我们将讨论与流离失所人口相关的新问题和新趋势。"聚焦"栏目关注美国难民政策和2015年欧洲的难民危机。"方法、测量和工具"栏目探讨如何统计难民和境内流离失所者的人数。

难民的定义

作为国际迁移流的一个子集,难民和流离失所者代表着一个不断增长的人群。根据1951年联合国《关于难民地位的公约》(Convention Relating to the Status of Refugees,以下简称《难民公约》)和1967年《关于难民地位的议定书》(Protocol Relating to the Status of Refugees,以下简称《议定书》)的定义[1],难民和避难者(asylees)[2]是由于种族、宗教、国籍,抑或身为某一特定社会团体或持某政治观点的成员而害怕受到迫害,不能返回本国的人[3]。2018年,超过65个国家出现了流离失所人口。这些国家中有三个主要的难民产生国——叙利亚、阿富汗和南苏丹。联合国难民事务高级专员办事处(UNHCR)是这些流离失所者的主要协调者和保护者。根据UNHCR的估计,2018年年中,全球约有难民2 590万人(表8.1)[4],加上约4 134万境内流离失所者和350万寻求庇护者,全球被迫流离失所者的总数在2018年年底已达到7 480万。

尽管联合国文件中提供了关于难民的法律定义,但能否被认定为难民,对个人获得支持和保护的程度,以及对获得解决长期身份的优先权有重大影响。难民身份被赋予的基本权利是除非自愿,难民不会被遣送回原籍国。这一安排在法律上被称为"不驱回"(non-refoulement),已批准《难民公约》和《议定书》在本国生效的国家有义务在未经正当程序的情况下不驱逐个人。将个人认定为难民后,接收国还有义务对其提供与其他合法移民相同的医疗、教育和基本公民权利。在大规模难民涌入的情况下,国际社会或UNHCR等机构将提供对难民的补充照料。

鉴于接收难民需要承担有关的经济和政治义务,各国政府可能会对难民的申请提出异议,以逃避这些义务。例如,美国和其他国家拒绝授予个人以经济难民身份,很大程度上是因为担心这将会打开难民进入现有体系的闸门,而这个体系在现存难民数量下已经不堪重负。这方面的一个例子是,有这样一种顾虑,即承认经济难民将使得从中美洲和南美洲流入美国的移民合法化,因为入境者只需申请经济难民身份就能合法入境。与之相似,国际社会因为本章"聚焦"栏目提及的原因而拒绝承认环境难民。

要证明难民申请的合法性是很困难的,特别是当其掺入了意识形态、社会或经济上的关切时,接收国可能只认可一群人的难民身份,但拒绝另一群人。20世纪80年代初,美国接受了参与了马列尔事件的古巴人为难民,而他们中的大多数不符合国际上对难民身份的定义。美国政府因此被指责为了政治上的便利而改变了对政治难民的定义。几乎在同一时间,美国政府拒绝了申请政治庇护的海地人入境,而将他们定义为自愿移民和经济移民,即便已有证据显示海地政府确实是在对这些人进行政治迫害。与此相似,"恐惧"的定义可能无法被明确界定为对个人迫害的恐惧。相反,恐惧可能是害怕被卷入交叉火力中,而这与申请者的个人特征没有什么关系。这并不是要贬低个人的恐惧,因为这种恐惧也是真实存在的。因此,难民的定义通常从受迫害的个人扩展到整个逃离危险的群体。

表8.1 2018年年中难民和境内流离失所者的主要产生国

\multicolumn{3}{c	}{境内流离失所者}	\multicolumn{3}{c}{难民来源}
排名	国家	人数(人)	排名	国家	人数(人)
1	哥伦比亚	7 748 924	1	叙利亚	6 490 950
2	叙利亚	6 202 702	2	阿富汗	2 655 055
3	刚果民主共和国	4 542 660	3	南苏丹	2 214 595
4	索马里	2 648 000	4	缅甸	1 173 772
5	也门	2 126 026	5	索马里	954 701
6	伊拉克	2 002 986	6	苏丹	719 222
7	苏丹	1 997 022	7	刚果民主共和国	686 118
8	阿富汗	1 973 384	8	中非共和国	580 594
9	尼日利亚	1 918 508	9	厄立特里亚	495 797
10	南苏丹	1 849 835	10	布隆迪	403 153[①]
11	乌克兰	1 800 000	11	伊拉克	372 304
12	埃塞俄比亚	1 204 577	12	越南	334 317
13	阿塞拜疆	612 785	13	尼日利亚	267 009
14	中非共和国	608 028	14	卢旺达	248 698
15	缅甸	368 862	15	哥伦比亚	192 438
16	格鲁吉亚	279 990	16	马里	160 213
17	喀麦隆	223 193	17	巴基斯坦	134 633
18	塞尔维亚	217 398	18	伊朗	124 783
19	利比亚	179 400	19	斯里兰卡	114 602
20	巴基斯坦	176 556	20	巴勒斯坦	101 125

资料来源:联合国难民事务高级专员办事处,http://popstats.unhcr.org/en/overview#_ga=2.228859292.1071214929.1588087460-209337024.1588087460(2020年4月28日查阅)。

---

① 原著误为403.153。——译者注

随着东欧与西欧及美国间的"冷战"的结束,冲突的性质已经从由超级大国支持的大规模对抗转变为往往反映了不同政治意识形态、宗教差异或种族差异的国家内部斗争。阿富汗和叙利亚的战争不仅反映了政治观点的差异,也体现了宗教的影响,即阿富汗的塔利班和叙利亚的"伊斯兰国"(Islamic State,ISIS,也被称为 ISIL)将其宗教信仰强加于两国民众。叙利亚内战始于 2011 年,最初是由推翻突尼斯和埃及政府的"阿拉伯之春"起义引发的。该内战也与叙利亚的干旱有关,干旱导致人们迁入城市地区,加剧了那里的贫困和动乱[5]。作为回应,叙利亚政府试图镇压起义,各种宗教团体相互结盟,导致该国陷入内战。至 2018 年,该内战已经制造了 670 多万名的注册难民以及 620 多万名的境内流离失所者[6]。在非洲的南苏丹、苏丹、索马里、布隆迪、厄立特里亚和刚果民主共和国,殖民时代的结束紧接着之后数十年的政治动荡,继续制造着似乎无穷无尽的冲突和越来越多的难民。

难民的其他选择:艰辛的回家路

对于逃离原籍国的难民和移民来说,他们的旅程往往是危险的。他们要经过难民营和拘留中心的临时住所,还要穿越沙漠和海洋。一旦难民离开祖国,国际社会在援助难民人口方面将面临三种宽泛意义上的选择,包括自愿被遣返、在第一庇护国定居或在第三国重新安置[7]。选择一即自愿返回祖国,是理想的解决办法,特别是对难民而言,这也可能是三个选择中最困难的,因为返回的最低要求是解决最初造成难民流的问题。在 2018 年,仅 60 万名难民得以返回,很明显这远远低于新难民的产生速度(2018 年产生了 280 万名新难民)[8]。返回祖国以后,难民可能还需要被提供额外的物资和财政支持,直到其能够在返回后恢复生计。自愿被遣返是困难的。如在塔利班政府被推翻后,阿富汗难民的回流严重依赖于红十字会等非政府组织(nongovernmental organizations,NGOs)的援助,其他国家的捐款和支持,以及阿富汗或国际安全部队的持续存在。与此同时,阿富汗继续产生大量难民,这反映阿富汗人民面临着塔利班的复活、糟糕的安全状况和凄凉的经济前景等问题。

难民重新安置的第二种选择是留在第一庇护国。当前大约有 80% 的难民生活在他们所逃离的国家的邻国。一个国家对难民的欢迎程度取决于对一系列复杂因素的考虑,包括该国的经济实力、政治稳定程度以及难民与接收国社会的兼容性。考虑到许多第一庇护国是发展中国家,大多难以满足难民的需求。由于基础设施差或缺乏应对难民的财政资源,这些国家在水、卫生、食物和住所等基本需求的供给上甚至也可能面临困难。毫无疑问,这些难民接收国政府必须将其本国出生人口放在首位,任何其他难民问题的处理方法都可能加剧本国出生人口和难民之间的紧张关系。因此,大多数国家在短期内都会严重依赖诸如红十字会、联合国难民事务高级专员办事处等组织提供的援助,以满足难民的基本需求。

对难民的支持不一定是短期的。从长远来看,难民人口可能会继续需要外部支持,而且他们可能无法完全融入接收国。巴勒斯坦难民就是一个例证[9]。巴勒斯坦人遍布在约旦、黎巴嫩和叙利亚,以及以色列的约旦河西岸和加沙地带。他们在1948年(以色列建国时)或之后1967年以色列与其邻国之间的六日战争期间逃离以色列时就成为了难民。联合国善后救济总署(United Nations Relief and Works Agency, UNRWA)为巴勒斯坦人提供教育、卫生、救济和社会服务。除了巴勒斯坦人占人口总数一半以上的约旦以外,其他阿拉伯国家在接纳巴勒斯坦人并协助其融入上的热情一直不高。这主要是因为接收国政府担心接收这些人并取消他们的难民身份标签会破坏重建巴勒斯坦国的机会。直到今天,巴勒斯坦人仍有难民。

难民的第三个也是最后一个选择是被重新安置在既不是原籍国也不是第一庇护国的一个国家。根据联合国难民事务高级专员办事处的数据,2018年全球被重新安置的难民不到10万名[10]。通常安置了大量难民的国家包括美国、英国、加拿大、澳大利亚、法国、瑞典和德国(表8.2)。但在任何一年内,较之难民总数,被重新安置的难民人数都是少的。此外,该数之小也反映在人均重新安置难民人数上,从中也可看出哪些国家较其他国家更愿意接受难民。然而,即使对那些已经被重新安置的人而言,生活也是不易的。难民必须适应他们的接收国,在被安置后的几个月内,他们经常遭受抑郁症或创伤后应激障碍的折磨。

表8.2　2018年接收重新安置难民最多的国家

国家	人数(人)	国家总人口数/重新安置难民人数
美国	29 026	11 300
加拿大	14 264	2 607
英国	6 286	10 563
瑞典	4 967	2 053
法国	4 926	13 215
德国	4 277	19 359
澳大利亚	4 222	5 708
荷兰	2 865	6 003
挪威	2 719	1 949
新西兰	1 302	3 763
所有其他国家	6 483	
合计	81 337	

资料来源:作者统计。数据由联合国难民事务高级专员办事处的重新安置数据查询,https://rsq.unhcr.org/en/#gmF9(2020年4月28日查阅)。

与那些为了寻求经济机会或家庭团聚的合法移民不同,难民往往是所有入境者中最不成功的。与其他持证移民相比,他们进入接收国时所具有的技能往往较差且多样化。从长期来看,大多数难民都和参与了马列尔事件的古巴人或东南亚难民一样,在他们的接收国成为合法的永久居民,并最终成为公民。尽管从技术上讲,在定居入籍后,他们将不再有难民的标签,但这引发了有趣的问题或者可能性。例如,这些原来持难民身份的人口在接收国是否能达到与合法移民类似的基准或适应水平,还是会更类似其他难民?前难民被同化的方向是什么?他们在接收国的融入和适应遵从什么样的时间规律?

现有的证据表明,难民在抵达接收国后仍会有很不同的经历,反映了其在持有的人力资本水平和抵达时期(如重新安置国的经济情况,或者该难民是否属于最早逃离的群体,因为这一群体通常具有较高的社会经济地位)等方面的不同。根据定义,难民人口的特点是人力资本(即技能或教育)比移民人口更多样化。移民人口通常是自主选择加入国际迁移过程的(即受教育程度较高或技能水平较高的人更有可能发生迁移),并经过接收国的筛选。难民所持有的人力资本或技能也将影响其在接收国的适应过程,即拥有更高技能的难民有可能获得更快的社会经济地位提升。例如,在东南亚难民中,人们注意到华裔越南难民和越南裔难民与其他东南亚难民在适应程度上的差异[11]。尽管在美国居住的时长相似,两组越南难民在经济上的融入程度往往比其他东南亚难民高[12]。新兴的越南商人阶层与其他东南亚难民(如老挝难民)形成对比。老挝难民的企业拥有率较低,更有可能依赖公共援助项目和最低工资维生[13]。

但难民融入接收国社会的过程只是部分取决于难民自身拥有的能力和经验[14]。我们应该将难民在接收国能获得的机会和能否获得相对的成功置于更广泛的背景下进行考虑。难民在目的地国家往往缺乏可以协助他们找到工作或住房的网络和关系,使他们在过渡期更有可能需要援助,这常常给接收国带来财政负担。近几十年来,政府政策在接纳难民方面发挥了关键作用,难民可以获得其他合法移民无法获得的公共援助。但是,公共援助的可获得性可能与其他特征相互作用,导致不同的结果。依赖政府或其他机构获得援助可能是有益的,但也可能阻碍难民适应接收国社会[15]。难民的来源国或来源族裔以及公开的和私下的接收水平,也影响难民群体抵达后的成功适应。匈牙利人已经成功地适应了美国和加拿大,但他们的成功不仅取决于他们的技能,还取决于这样一个现实,即他们是白人并在"冷战"高峰期逃离了一个共产主义国家。虽然由于得到了在经济和政治上都很强健的古巴裔社区的帮助,马列尔古巴人在美国过得相对较好,但人们还是注意到了古巴"白人"和"黑人"之间的差别[16]。即使是最近抵达的古巴人也被迫遵从美国对不同种族的预期(和刻板印象),以及这种预期对社会融合、居住地点和就业机会的影响。总而言之,马列尔古巴人的案例显示了从"难民"到"移民",并最终在接收国入籍的转变是一个复杂而不平等的过程。

境内流离失所者

越来越多的冲突和不断演变的政治图景也增加了难民和境内流离失所者的数量。与难民不同，境内流离失所者不能离开他们的原籍国，而且通常无法向国际机构寻求保护和援助。许多人被困在战区，无法越过国界进入更安全的地区。据估计，2018年有4 130万名境内流离失所者[17]。由于内战、族裔动乱或灾害的影响，这些人分布在叙利亚、苏丹、哥伦比亚、刚果民主共和国、伊拉克、乍得、波斯尼亚和黑塞哥维那①、阿富汗、黎巴嫩和格鲁吉亚等国。仅在叙利亚，长期内战已经制造了近620万境内流离失所者[18]。

境内流离失所者通常面对着不安全的未来。他们可能会面临持续不断的国内冲突，没有安全的住处，国内政府可能会将他们视为国家的敌人或敌人的同情者。境内流离失所者不受《国际难民法》的保护，几乎无法获得国际援助，通常处于现行人道主义法律法规的夹缝之中。在一定程度上，境内流离失所者的这种处境反映的是西方国家利益和某些冲突"占据头条"的能力，那些威胁到发达国家的国家安全或被视为"有意思"的冲突更容易获得关注。在其他情况下，人们通常对旷日持久的冲突持漠不关心的态度。世界上有三个持续时间最长的冲突，分别发生在苏丹、南苏丹和尼日利亚，它们在很大程度上属于国内冲突，基本上都被西方政府忽视了。

疏于保护境内流离失所者不仅仅是因为对其认识不足，而且反映了当前的观点，即国家主权是神圣不可侵犯的，这使得在流离失所者所在的国家里与流离失所者合作变得极其困难。例如，联合国和国际法是否可以凌驾于国家主权问题之上来提供人道主义援助？在通常情况下是不能的。唯一的例外是20世纪90年代的波斯尼亚和黑塞哥维那危机，以及科索沃危机。但是，其他许多不受关注或长期的危机，如苏丹境内达尔富尔地区的冲突，就没有得到国际援助。取而代之的是捐款或援助被用于显见的难民危机。非政府组织和其他援助组织在帮助境内流离失所者上已取得了一些成功，但他们仅是接触到了全部流离失所者中的一小部分。联合国难民事务高级专员办事处越来越多地参与到援助境内流离失所者的事宜中，但其援助的人也是微乎其微的，而且只有在联合国秘书长要求并得到有关国家或各方同意的情况下，联合国难民事务高级专员办事处才会介入。

不断变化的政治环境，独立主权国家政府与叛军的对抗和对领土的控制，使得对境内流离失所者进行援助变得复杂。为了应对境内流离失所者数量不断增加的问题，联合国制定了一

---

① 原著写为"波斯尼亚"，但查阅原著引用文献后修正为"波斯尼亚和黑塞哥维那"。——译者注

套指导原则来保护流离失所者[19]。这些指导原则呼吁保护个人基本权利,指出国家政府的责任,并为个人提供离开祖国的权力。尽管大多数流离失所者所在国家的政府对这些原则不屑一顾,这些原则还是得到一定程度的接受,并为联合国难民事务高级专员办事处和美国难民与移民委员会(United States Committee for Refugees and Immigrants, USCRI)等组织更多地参与、解决流离失所者问题铺平了道路。

难民和境内流离失所者的未来

贫困、气候变化以及宗教和政治意识形态差异将为武装冲突提供基础,并导致难民和境内流离失所者的产生。然而,如何安置这些流离失所者目前仍无定论。在美国、加拿大和其他难民重新安置国,对难民的接纳传统上是基于人道主义的。但恐怖袭击以及对难民流里可能包含恐怖分子的担忧已让接收国重新审视本国的难民和庇护政策,这些国家关闭了边境,限制了难民入境,并收紧了难民申请的筛选程序。通常,庇护申请者并没有被广大公众同情地看待,而是越来越多地被视为制度的滥用者。20世纪90年代欧洲发生的较早的难民危机迫使欧洲各国精简和协调接纳难民和寻求庇护者的政策和程序。由于越来越不愿意提供难民身份,欧盟已开始减少给予寻求庇护者的福利,并对联合国《难民公约》中的"难民"和具有约束力的"第三国政策"施加狭隘的定义,这最终导致通向欧洲的大门部分关闭。虽然欧盟对寻求庇护者做出了回应,以保持1951年《难民公约》的精神,但每个国家都希望尽可能少地接纳难民,并试图将难民问题引导到其他地方。对难民申请低且可变的认可度(即确认一个人确实是联合国难民事务高级专员办事处指导方针下的难民)引发了令人担忧的问题,显示出寻求难民身份的人受到的待遇标准不同,这可能会进一步侵蚀公众对难民的支持。尽管庇护法在欧盟内国家已经明显协调一致,但欧洲对2015年的难民危机毫无准备——超过100万难民在那里寻求庇护(见"聚焦:欧洲难民危机")。

在美国,"9·11"恐怖袭击后,纽约和其他多地也引入了新的措施来筛查难民(和移民),并收紧庇护法。为了加强边境安全,加拿大和美国都采取行动,通过实施美加《安全第三国协议》(States Safe Third Country Agreement),达到两国在移民和难民申请要求上的一致性。根据这项协议,某些在加拿大和美国的寻求庇护者被要求在他们最后一次逗留的国家内提出难民申请,这意味着从美国陆上边境入境加拿大的寻求庇护者将没有资格由加拿大政府批准他们的难民申请。同样,该协议允许美国遣回试图从加拿大进入美国的寻求庇护者[20]。然而,批评人士认为,这项法律与安全问题更为相关。它将导致更多的无证入境发生,并将减少合法难民的流动。统计数据也证实了这一观点。在该协议实施之前,每年大约有1.2万至1.3万名难民通过美国进入加拿大[21]。2005 年的前三个月,在加拿大寻求庇护的个人数量与上一年同期相比下降了 40%[22]。为了避免受协议的影响,越来越多的难民申请者通过穿越非官方边境检查点进入加拿大,因为如果他们通过官方边境检查点入境,将会立即被遣回美国。在一些案例中,寻求庇护者在冬季过境时因冻伤断肢[23]。考虑到穿越国境的风险,加拿大政府正在面对越来越多的取消协议的呼吁[24]。

除了存在于美加之间《安全第三国协议》,欧洲也实施了类似的协议,即使他们对什么才能构成一个"安全"的国家并没有明确的共识。更笼统地说,施加额外的障碍来限制难民的流动虽然合法,但问题不少。如果欧洲、加拿大和美国都不能实施慷慨的难民庇护,又怎么能指望较贫穷的国家允许大量的难民入境呢?许多较小的国家拒绝认可难民,担心这样做会带来经济、政治和社会影响。在 2015 年和 2016 年难民危机期间,一些欧洲国家向新难民关上了大门,并实际上驱逐了其他难民。我们将在后文进一步讨论这些内容。简而言之,发达国家放弃难民重新安置是在开创一个危险而目光短浅的先例,发展中国家只是简单地效仿了这个先例。取而代之的是,各国政府越来越依赖援助机构和非政府组织来保障难民和境内流离失所者的权利。富裕的发达国家有责任提供更多的援助,而不是要求公平的份额。处理流离失所者的所面对的挑战是各国需要在保护自身利益和支持难民的合法需求之间找到平衡,这本身就很难做到。

大量寻求庇护者涌入带来的恐惧使得接收国担心其对国境线的控制,国家的安全,以及可能伴随大量难民而来的经济、政治和社会上的不稳定。但这种担忧在很大程度上是没有根据的。在难民大量涌入的情况下,对难民身份申请者的同情已经转变成了厌倦,因为人们觉得难民只是在滥用制度或他们构成了安全威胁。区分真正的难民和经济难民、自愿移民的困难,被叠加在国家的政治、社会和经济问题上,更给难民问题的解决蒙上了一层阴影。因此,"难民潮"已被重新定义为对接收国的国家安全威胁。许多国家希望对寻求庇护者施加更严格的限制,并收紧难民政策,包括对其进行拘留和阻截。而这种反应随着 2015 年难民涌入欧洲和 2015 年 11 月、2016 年 3 月发生在巴黎和布鲁塞尔的恐怖袭击而变得特别激烈。

当然,限制庇护的尝试可能只能获得部分成功。就像第七章讨论的限制合法移民的尝试一样,关闭难民和寻求庇护者流动的大门只可能是短期措施,因为他们会找到流入目的地国家获得安全的其他方式。关于难民试图通过英吉利海峡隧道进入英国(他们冒着被碾压、触电或暴露而死的风险,藏在卡车上方或火车底部偷渡),或者乘坐几乎不适合海洋航行的船只穿越地中海的报道,显示了他们的绝望。在 2015 年移民危机的高峰期,据估计有近 2 000 名迁移者在试图穿越地中海时丧身。另有 3 394 名迁移者死于 2016—2019 年[25]。

难民可能越来越多地选择求助人口走私犯以到达目的地并获得安全。人口走私已成为欧洲最紧迫的政策问题之一,因为数百万难民试图通过非法跨越国际边界进入欧洲,且大多数难民至少会在他们的一部分旅程中向人口走私犯支付费用。跨越国际边界偷渡难民和其他迁移者是一项有利可图的业务。偷渡者需要为他们前往欧洲的行程支付3 200～6 500美元。有估计认为偷渡人口是一项年流入金额约60亿美元,并与武器贸易、涉毒、卖淫和虐待儿童有关的生意。大多数发达国家的政府都在努力解决与人口偷渡有关的问题,而人口偷渡是一种掠夺发展中国家贫困和绝望人群的现象。虽然单个国家及欧盟都在想方设法限制偷渡人口流动,包括加强立法、加大惩罚并对人口走私犯处以终身监禁,但相关政策一直是不系统且成效有限的。当到达相对安全的地点后,难民和寻求庇护者的磨难却还没有结束,他们中的大多数将多年挣扎在恶劣的工作条件下,以支付人口走私犯的偷渡费用,忍受着对自己或家人的暴力威胁。还有人被引诱卖淫。

虽然偷渡是难民和寻求庇护者对边境关闭的一种反应,但这并不是唯一的负面结果。关闭难民流动的大门可能只是将流动的路线转移到了别的来源国和目的地国家:希腊和土耳其之间的围栏阻止了跨越陆地上的国境的移民,但它导致穿越爱琴海过境的移民增加了一倍,且许多人在过境过程中丧生在那里[26]。在其他地方,欧洲内部各国边境的关闭只是将难民引向通过其他途径进入欧洲。类似地,试图限制难民流动可能制造出一批长期被困在难民营中的人口或境内流离失所者,而他们缺乏国际法保护,无法获得资源将会使该问题扩大化。

人们被迫流离失所也可能导致不稳定的长期存在。难民的存在可能会扰乱一国内部的政治和族群平衡,或者损害一个国家履行照料难民人口义务的能力——这一担忧已经在很多情况下变成了现实。由人口失衡引起的激进主义可能会导致其国民要求国家分裂或加剧民族主义,从而进一步压迫少数群体。在以色列,巴勒斯坦人和犹太人的人口结构使和平进程变得复杂。巴勒斯坦有世界上最多的难民人口,为370万,其特点是生育率高,而以色列犹太人的生育率和人口增长率相对较低[27]。分散的巴勒斯坦人口及其返回权使和平进程复杂化。以色列反对巴勒斯坦人返回,因为这会威胁到以色列和巴勒斯坦之间的权力平衡,而且如果巴勒斯坦难民返回,加沙和约旦河西岸现有的基础设施也将承受沉重的负担。

其他例子也值得我们注意。存在种族或民族异质性的社会有进一步的压力,即难民的涌入可能会破坏各族群体之间现有的微妙平衡。在黎巴嫩,穆斯林和基督徒之间微妙的平衡阻止了巴勒斯坦难民入籍,因为这会打破这种政治平衡。在其他情况下,战士或民兵经常将难民营作为其基地,助长了难民营内外的不稳定情况。扎伊尔的卢旺达难民营就有这种情况,这些难民营已成为反叛的胡图族战士的基地。他们在20世纪90年代卢旺达国内冲突期间对图西人控制的卢旺达地区进行了边境袭击。使情况更加复杂的是,控制着难民营的食物和其他供应的士兵们很多在卢旺达危机开始时在其国家境内犯下了种族灭绝罪。因此联合国难民事务高级专员办事处被指控为那些犯有种族灭绝罪的人提供食物和保护。难民营内的安全很难得到保证。后来,鉴于联合国相对无力的控制,占主导地位的胡图族难民成为扎伊尔境内图西族叛军的目标。图西族叛军最终推翻了扎伊尔政府,建立了刚果民主共和国,进一步加剧了流血事件。

类似的例子可见于1999年的科索沃冲突。在此期间,科索沃大约100万的阿尔巴尼亚族裔(阿族人)在邻国阿尔巴尼亚、马其顿和黑山寻求庇护。在一个政治已经不稳定的地区,难民数量的剧增本身就危及科索沃的邻国的政治稳定性,并有可能使该地区卷入一场更大规模的内战。阿尔巴尼亚是欧洲境内最贫穷的国家。在1997年国家政府垮台后,其国内政局因为武装冲突和无政府状态已摇摇欲坠。难民流入该国的偏远和经济欠发达地区,而这些地区可用于应对涌入难民的财政和经济能力都很有限。在马其顿,阿族人口占全国总人口的25%。人们担心大批科索沃阿族人(估计有239 000人)的涌入将使马其顿民族主义和阿族分离主义变得激进,破坏现有的族裔平衡,区域战争扩大的可能性增加。这些都是不小的担忧。据估计,马其顿阿族人口有50.6万,即马其顿的阿族人口总数大约会膨胀50%。自从马其顿1992年成为独立国家以来,阿族人和马其顿人(斯拉夫人)之间的内部冲突多次威胁到国家存亡。最终大多数难民返回科索沃,冲突没有扩大。

结论

鉴于全球持续的政治、种族和宗教冲突,难民和境内流离失所者仍将是国际人口流动的重要组成部分。不幸的是,全球范围内的冲突将继续迫使个人和家庭通过迁移以寻求安全。然而,挑战是多方面的。首先,政府和非政府组织需要有能力为越来越多的难民提供支持并确保他们的安全,而这些机构在这方面已经面临着重大挑战。对于境内流离失所者而言,对其提供服务的挑战更大,因为他们通常超出了难民事务高级专员办事处的管理范围,并且依赖非政府组织提供食物和安全。其次,虽然许多人出于对个人福祉的忧虑而逃离家园,但他们的行为也有经济原因。然而政府不承认难民流动的经济性,并挑战其现有的难民身份。再次,尽管政府、政策制定者和学术界都已强调环境移民的存在,但气候变化可能会显著增加因环境变化而被迫迁移的人数,并发展出环境难民。

思考题

1. 使用美国《移民统计年鉴》中的数据,绘制在过去的20年里从主要的难民来源地区来到美国的难民流量图。你能否将难民流的来源国与其国内的政治问题联系起来?

2. 选择一个最新的难民产生国(如叙利亚、伊拉克、苏丹、波斯尼亚和黑塞哥维那),确定难民流产生的原因,难民最初的安置点,难民人数,在为难民提供基本必需品时面临的困难,以及这些难民目前的状况(如他们是否仍留在他们的接收国?他们是返回祖国了,还是被重新安置到了另一个国家?)

3. 使用网络和已出版资源,选择一个已建立的难民营(可考察土耳其、约旦和黎巴嫩等国家)并描述其条件,包括营内居民获得工作、清洁的水、医疗保健和教育的情况。

聚焦:美国——欢迎难民?

虽然将难民重新安置到第三国是一个困难且不太理想的选择,但美国接纳难民永久重新安置的历史由来已久[28],包括在二战之后几年间重新安置的欧洲难民、1956 年的匈牙利难民、70 年代的越南"船民"、1999 年的科索沃人,以及最近来自缅甸、不丹、刚果民主共和国、乌克兰和厄立特里亚的难民[29]。1980 年当年,美国接收了 20 多万名难民。自此以后的 30 年中,美国年接收的难民人数逐年减少(图 8F.1),并在"9·11"恐怖袭击之后立即出现了明显的下降。例如,在 2001 年,美国接纳了将近 6.9 万难民,而这一数字在第二年下降到不足 2.7 万。这些变化反映了申请审查的收紧,申请难民身份的人数减少,以及批准率的降低。2001 年后,美国接纳难民人数增加,2004—2017 年平均每年约接收 62 000 人,但接收人数在 2018 年急剧减少,仅有 22 405 人被接收(表 8F.1)。

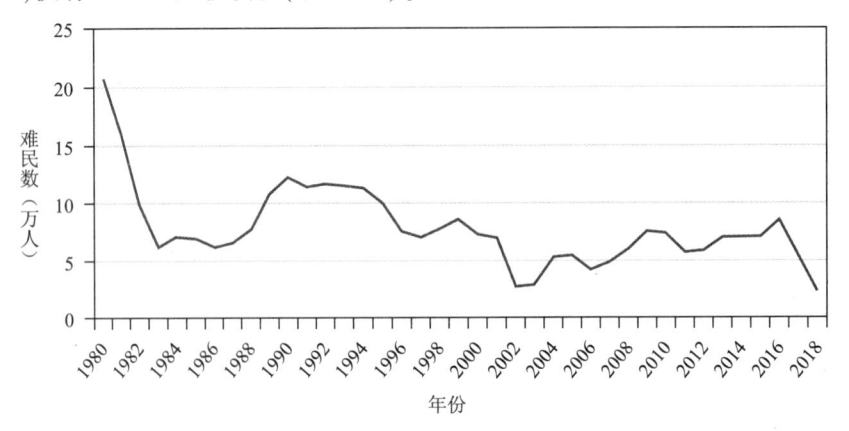

图 8F.1 1980—2018 年美国接收难民情况

"9·11"恐怖袭击之后缩紧的安全限制的影响是显而易见的,特朗普政府接收的难民数也有减少。

资料来源:作者基于美国国土安全部《2018 年移民统计年鉴》数据绘制。

表 8F.1 2018 财年入境美国难民数量前十位的难民来源国

排名	国家	数量(人)	占比(%)
—	所有国家	22 405	100.0
1	刚果民主共和国	7 878	35.2
2	缅甸	3 555	15.9
3	乌克兰	2 635	11.8
4	不丹	2 228	9.9
5	厄立特里亚	1 269	5.7
6	阿富汗	805	3.6
7	萨尔瓦多	725	3.2
8	巴基斯坦	441	2.0
9	俄罗斯	437	2.0
10	埃塞俄比亚	376	1.7
11	其他国家	2 056	9.2

资料来源：美国国土安全部《2018 年移民统计年鉴》(表 14)。

美国难民政策的演变往往是零碎的,随着国际事件和美国的优先事项而变化。因此,在战后的大部分时间里,美国经常采取临时的、特别的难民接纳政策。接纳匈牙利难民发生在"冷战"最激烈的时候,美国将接纳这一群体视为控制共产主义的外交政策工具。后来,美国在 1959 年古巴革命后接收了大约 13.2 万名古巴难民,这反映了同样的外交政策议程。事实上,直到 20 世纪 60 年代,美国才开始针对难民立法[30]。1965 年的《移民和国籍法》使美国的难民政策正式化,规定所有移民中 6%的人(所谓的"第七优先类别")只要满足某些条件,就可以作为难民入境。其中包括:①离开共产主义国家或中东地区;②因害怕种族、宗教或舆论迫害而离开的;③逃亡的;④不愿或不能返回的。从本质上讲,美国采纳了联合国对难民的定义,但附加了地理和意识形态上的限制。美国在 1968 年正式承认了联合国公约,但没有对本国的移民和难民法规进行修订,以反映其新的义务。

直到 1980 年,美国才通过了难民法案并全面批准了联合国公约,使接纳难民合法化,并使重新安置援助制度化。法案考虑了包括面临迫害的个人以及已经定居在美国的难民的亲属。尽管如此,该法案未能改变接纳和选择难民的政治考量,难民制度至今仍高度政治化。每年,总统和国会都会决定批准难民申请的人数。2019 年和 2020 年,特朗普政府通过将接收上限定为 3 万和 1.8 万来积极减少每年接收的难民人数[31]。

政策也从基于来源国的接纳改变为接收具有特殊人道主义意义的群体。这一定义可能会被操纵，以防止那些来自与美国关系友好的国家的个人入境，即使这些人受到的迫害是可被观察到的。海地入境者就属于这种情况。一些批评人士甚至认为，20世纪90年代来自苏联及其卫星国家的难民更多是为了家庭团聚，而不是真正的难民。与此同时，亟需被批准的非洲难民却被忽视了，尽管来自非洲的难民占每年被接收难民的比例越来越高，且在2018年占了流入难民总数的46%（表8F.1）。来自亚洲的难民数量占比普遍下降。

总统和国会还确定了美国该对什么样的人给予特殊人道主义关注。该群体目前包括伊拉克人和来自危地马拉、洪都拉斯和萨尔瓦多的难民。特朗普政府还出台了一项立法，允许各州和社区选择不接收难民。毫不奇怪，在美国是否应该接受难民的问题上，美国人存在着很大的政治分歧[32]。

虽然美国在第二次世界大战后接收了专门挑选的旨在重新安置的难民，但直到20世纪最后的20年，美国才开始面对大量的寻求庇护者的申请，这种情况迫使美国进行了额外的改革。在美国，1980年的难民法案提供了法定的庇护政策。重要的是，庇护条款没有指定每年可以申请或获得庇护的外国人数量的上限，这意味着任何抵达美国的外国人都可以申请庇护，而寻求庇护者可以留在美国，直到申请的审核程序结束，自己获得相关利益为止。庇护申请者可以在自己选择的时间提出申请（即所谓的"肯定请求"，affirmative request），或者在被羁押时向移民法官提出申请（即所谓的"辩护请求"，defensive request）。

寻求庇护者的数量相对较少，2018年有超2.5万人入境获准（抵达美国后申请庇护），主要来源地包括中国、委内瑞拉、埃及、危地马拉和萨尔瓦多（表8F.2）。2018年，另有1.3万人通过辩护请求申请庇护（通常是在面临被驱逐出境的情况时）。有趣的是，过去这些年里肯定请求和辩护请求的案例都增加了。庇护请求由庇护审查官审理，由其决定该请求是否有效[33]。尽管根据1990年的难民法案修正案，美国国务院理应减少对庇护案件的参与[34]，与重新安置难民一样，政治上的考虑似乎会影响庇护的授予，通常强调对边境的控制而非保护个人权利。直到1998年，庇护申请的批准率仍然存在地区差异。2016年，平均有18%的庇护申请被拒绝，批准率存在很大的区域差异，来自中美洲国家的申请获批率特别低[35]。

美国法律还规定了一些"类似难民"的情况，不仅给予政府和总统在一些情况下允许难民入境或居留的自由，而且还强调了政府对海地和古巴入境者的不同和模棱两可的反应。海地人大多由海路抵达，并要求政治庇护。美国政府将其定义为设法离开西半球最贫穷国家的经济移民[36]。然而，尽管有大量证据表明海地政府实施了迫害，但美国政府拒绝大多数海地人入境，以免削弱海地的政权。由于担心一旦大门打开，将有无法控制的海地难民涌入，美国政府还积极推行公海封锁政策，将羁押人员遣返海地。区分政治难民和经济难民往往很困难，当对意识形态的考虑模糊了定义时,情况就会变得更加复杂。

表 8F.2　2018 财年按原国籍划分的获得美国庇护的人数前十名的情况

国家	数量(人)
委内瑞拉	5 966
中国	3 844
埃及	1 427
危地马拉	1 337
萨尔瓦多	1 177
洪都拉斯	841
俄罗斯	787
墨西哥	732
叙利亚	558
土耳其	501
所有其他国家	8 269
总计	25 439

资料来源:美国国土安全部《2018 年移民统计年鉴》(表 17)。

1980 年难民法案签署后不久抵达的马列尔古巴人就得到了截然不同的对待,尽管只有一小部分人符合庇护的常规要求[37]。美国政府没有在新制度下处理马列尔人,而是绕过了难民法案,直接将古巴人"假释"到美国并最终将其身份合法化,允许他们在 1986 年转为移民[38]。美国还使用了多种举措,包括延长自愿离境(extended voluntary departure,EVD)和暂时受保护身份(temporary protected status,TPS),以保证某些如果返回原籍国就可能遭受政治或其他原因(包括自然灾害等)带来的危险的人群能继续留在美国这一"避风港"。暂时受保护身份给予外国人就业许可,但不给予其居留身份[39]。这些举措的提供通常是基于人道主义原因,并在 20 世纪 90 年代末,因国家发生了毁灭性的地震而给予了洪都拉斯和萨尔瓦多人(以及其他国籍的人)庇护。2017 年底,美国政府撤销了暂时受保护身份措施(2019 年生效),人们要么被要求回到其来源国,要么面临被驱逐出境。

美国已经采取行动收紧其难民庇护申请程序,并采取其他方法避免自己成为庇护申请者的主要目的地。1980 年的难民法案没有限制每年可以申请或获得庇护的外国人数量,使得难民人数无法确认。尽管美国长期以来一直使用阻断和拘留等措施来阻止寻求庇护者的到来,但《1996 年非法移民改革和移民责任法》(Illegal Immigration Reform and Immigrant

Responsibility Act of 1996)直接回应了被认为是滥用庇护制度的行为[40]。缺乏证件或使用假证入境美国的人会被即刻羁押并可能被遣返。如果请求庇护,筛选程序将确定他们申请的可信度以及是否应启动全面庇护程序。这项法案也是受到批评的,批评者将矛头指向阻断和拘留政策,该体系被指责虐待了那些本应受到保护的人。

对美国难民制度的最新考验是2015年的叙利亚危机。作为2015年更广泛的欧洲难民危机的一部分,美国承诺在2016年重新安置大约1万名叙利亚难民,同时增加允许进入美国的难民人数[41]。尽管联邦政府保证会仔细筛查难民,出于其可能与恐怖主义有关的担忧,多位州长反对接收的难民在美国定居。国会就一系列旨在减少或限制难民进入美国的措施进行了辩论,也反映了美国对难民(特别是在美国和欧洲发生了多起备受瞩目的恐怖袭击)、对国家安全的担忧。这些措施包括降低允许入境难民的总人数上限,允许州和地方政府禁止难民在本地被重新安置,以及要求增加额外的安全筛选[42]。

聚焦:欧洲难民危机

2015年,约有120万难民和迁移者进入欧盟以逃离发生在叙利亚、伊拉克和阿富汗等国内的迫害、战争和暴力,这是这一地区自第二次世界大战结束以来最大规模的人口涌入和流动[43]。相比之下,2014年全年只有28万名难民进入欧洲,且2015年后入境人数再次下降,部分反映了对难民进入欧盟的控制的增加[44]。

虽然许多人会认为欧洲需要移民来消除其低生育率和人口老龄化的影响,但2015年史无前例的难民流动在欧盟引发了一场危机,因为各国都在努力应对涌入的难民,并在如何最好地重新安置难民的问题上产生了分歧。从一开始欧盟就明显表现出无法应对难民的涌入,因为欧洲政界人士对关于在何处以及如何安置难民的问题争论不休。在过时的庇护和难民政策以及无法应对抵达的难民人数的综合背景下,明确的政策方向的缺乏使得欧盟产生了关于如何最好地应对危机的分歧。因此欧盟成员国经常以自己的方式作出回应,将自己与"难民潮"隔离开来。欧盟就多种选择进行了讨论,包括使用"配额",向每个成员国分配固定数量的移民。但是在德国和瑞典选择接收相对大量的移民的同时,其他国家则选择退出任何关于配额的讨论,并拒绝安置难民。相反,一些国家无视《申根协议》(见第七章"聚焦"栏目),选择关闭其国界(包括匈牙利—克罗地亚、希腊—马其顿,以及奥地利—斯洛文尼亚的边境)以阻止个人的自由流动,或启动临时边境检查以阻止难民滞留或前往其他国家。欧盟最终得以在一些问题上达成共识,包括将16万名难民从意大利和希腊(前线接收国)迁往其他欧盟国家,在欧盟边境建立移民申请处理中心,同意更好地资助联合国支持难民的计划,并付钱给土耳其以阻止叙利亚难民进入欧洲。尽管如此,这些措施的实际实施仍然缓慢。

在一定程度上,欧洲人内部在接收和安置难民数量上的分歧反映了糟糕的经济状况,以及对欧盟面临的一系列挑战的焦虑,包括英国脱欧公投和希腊不稳定的经济形势。然而,许多讨论和担忧也植根于排外和民族主义立场,这些立场旨在将非欧洲人或非基督徒排除在欧洲之外(见第七章关于"民粹主义和移民"的讨论)[45]。尽管欧洲各反移民的党派历史可以追溯到20世纪80年代,但这场危机再次引发了人们对右翼政党的兴趣,反映出人们对难民如何能被当地文化同化的担忧(或者关于他们是否能被同化的怀疑)。在整个欧洲,难民危机的风险和成本主导了讨论。反移民的强烈情绪也激化了英国脱欧的辩论。英国最终决定退出欧盟,因为选民希望脱欧能够让英国重新控制边界并减少进入该国的移民人数[46],甚至在英国脱欧辩论中站在"留欧"一方的英国前首相戴维·卡梅伦(David Cameron)也谈到,"成群结队"的移民试图"闯入英国"[47]。在其他国家,反移民情绪更加高涨,导致了移民和非移民之间的冲突。

难民的经济成本也是解释欧洲应对难民到来的极大抵触反应的原因。很多难民需要基本的医疗保健、住所和法律援助,根据联合国《难民公约》,这些服务是接收国的责任。在欧洲,过境国(难民通常在前往最终目的地的途中经过的国家,包括匈牙利、意大利和希腊)承担着满足抵达者需求的重担,而欧洲其他地区则主要是观望,很少提供财政支持。在许多情况下,难民被迫进入肮脏的拘留营。同样地,接收国(难民定居的地方)也发现自己被抵达的众多难民搞得焦头烂额,必须绞尽脑汁才可能提供基本服务。而其他国家则无视接收国提出的分担难民负担的要求。

也许最令人担忧的是,在可预见的未来,流入欧洲的难民和移民将继续。事实上,这可能会持续数年甚至数十年。中东、非洲和亚洲部分地区的战争和政局不稳定已迫使许多人放弃自己在当地的生计,进行迁移。包括叙利亚、伊拉克和阿富汗在内的国家的紧张局势和战争也将继续产生难民。除中东国家外,非洲也可能会继续输出难民。特别是考虑到至2050年,非洲人口将翻一番,而经济增长将不足以为其人口提供经济安全。最后,已移居欧洲的家人和朋友的存在,将减轻后来者的迁移成本。

聚焦:环境移民

正如我们所见,迁移使人们能够适应并满足他们的需求,并为自己和家人提供一个更安全的未来。迁移也可以作为对环境挑战或变化的回应。尽管目前将环境移民定义为环境难民未获得广泛支持,但气候变化将导致越来越多的人口被迫迁移的前景,对国家、政府和国际社会支持这些流离失所者的能力提出了重大挑战。包括新经济基金会(New Economics Foundation)在内的组织认为,国际法应该"向因失去生存环境或生存环境被毁坏而被迫离开(他们的)家园的人提供难民身份"。然而,现实的情况是政府不会在这方面迅速采取行动。

虽然本书的前一版提到了"环境难民",但人们越来越认识到这个词(或其他类似的词,如"气候难民")存在着问题[48]。主要有以下三个原因。首先,鉴于改动的负面影响,人们普遍不愿意改动联合国《难民公约》,将环境移民包括在内。因为这将大大增加难民流动的范围,但不会改变国际上处理流离失所者的方式及他们的权利。其次,环境往往是迁移的触发因素而非原因[49]。再次,许多小岛国不愿将自己视为环境移民的生产者,部分原因是人口迁移也存在主权问题[50]。

出于这个原因,我们将这些移民称为"**环境移民**"(environmental migrants),而另一位作者创造了"**气候移民**"(climigrants)一词[51]。环境移民是指因受气候变化的影响而流离失所的人。他们可能出现在某些环境已经退化的地方,干旱地区的降水模式改变和干旱加剧,低海岸地区和岛屿因海平面上升被淹没,以及恶劣天气频率的增加都可能制造出数以万计的环境难民[52]。环境移民可能进行国内或国际迁移,取决于他们所处的情况和背景。他们的流动可能是暂时的,也可能是永久的。

虽然气候变化正在影响全球,但某些地区的负担会更大。在非洲,预测表明降水减少将导致该大陆大部分地区,包括萨赫勒沙漠、苏丹沙漠和几内亚沙漠等地的荒漠化风险进一步增加。根据联合国粮食及农业组织(Food and Agricultural Organization,FAO)的预测,荒漠化的持续发展将迫使超过1.35亿人流离失所[53],由此发生的环境难民涌入邻国可能会使现有的基础设施和社会关系变得紧张。尽管政府间气候变化专门委员会(Intergovernmental Pannel on Climate Change,IPCC)的第五次评估报告[54]没有预测流离失所者的人数[55],但它确实预测了流离失所者人数的增加。迁移和流离失所可能与极端天气事件和长期气候变化有关。大多数的迁移将离开环境风险高的地区,例如,受干旱影响或因海平面上升而容易发生洪水的地区,以及缺乏资源的地区。然而,大多数这种迁移不是为了找到更安全、更能抵御气候变化影响的地点,而多为在一个国家内部发生的短距离迁移,且这种迁移对当地资源会造成额外的压力[56]。迁移的可能性还与脆弱性相关,即最易受气候变化负面影响的人其迁移的能力最差。

与气候变化相关的迁移也可以是一种有效的适应策略[57]。因环境变化造成的迁移会有不同的规模和持续时间,从暂时流动和短期搬迁,到长期迁移的差异,取决于环境事件规模的大小[58]。不同的迁移反应与环境事件的不同原因或类型相关[59]。例如,由于与天气相关的事件(如飓风)而流离失所的人通常会尝试尽快返回家园。虽然持续时间短暂,极端天气事件的发生次数或频率会因气候变化而增加。无论背井离乡的实际时间的长短,流离失所的人口都需要获得援助(如食物、水、住所)。同样,由于干旱和高温使当地森林干燥,加拿大艾伯塔省麦克默里堡(2016年)、美国加利福尼亚州(2018年)和澳大利亚(2019年)等地的森林火灾造成的临时流离失所也与气候变化有关。在这些案例中,向流离失所者提供食物、住所和其他援助,与满足环境难民的需求是相似的。

另一方面,海平面上升将导致未来持续数年或数十年的长期和永久性的流离失所。预计西太平洋或太平洋的岛国和领土将成为最严重的流离失所者来源地[60]。尽管对流离失所者的数量有多种估计,但人们发现,假如不采取相应的调适措施,到2100年,海平面上升0.5米将使全球7 200万人流离失所[61]。虽然调适措施在发达国家可能可行,但在无法负担起这些措施的小国家,尽管不予投资以保护土地和生计的代价巨大,但作出这些调适的可能性要小得多。特别是在太平洋和印度洋的一些小国,包括马绍尔群岛、基里巴斯、图瓦卢和汤加,由于海拔较低,很可能会被海平面上升完全淹没。甚至佛罗里达州的迈阿密以及美国和欧洲的其他沿海地区也受到海平面上升的威胁,飓风和气旋的频率和强度增加会导致进一步的危害。例如,美国一项估计表明到2030年,海平面上升将导致1 200万人流离失所[62]。所有上述情况都提出了如何长期安置流离失所者的问题。

特定人群将不成比例地感受到气候变化的影响,例如,发展中国家的居民更容易受到气候变化的影响[63]。随着气温持续上升,粮食和水的不安全状况将增加,经济机会将减少,已经处于脆弱状态下的人口将进一步陷入不稳定的境地[64]。

方法、测量和工具:统计难民和境内流离失所者的人数

虽然像美国这样的接收国会知道任何一年进入该国的难民人数,但流离失所者的人数统计尚不精确和科学,需要改进。联合国难民事务高级专员办事处和美国难民与移民委员会的数字说明了这一问题。难民事务高级专员办事处的数字包括"受关注的人",即难民、寻求庇护者、已返回的难民、境内流离失所者和无国籍人员[65],但它并不包括属于联合国善后救济总署任务范围的400多万巴勒斯坦难民。另一方面,美国难民与移民委员会的统计包括被承认为难民的个人、寻求庇护者和其他拥有更一般受保护形式的人[66]。

以下几个原因导致估计难民和流离失所的人口规模具有困难。首先,即使签署了1951年联合国《难民公约》,并非所有国家对谁是难民都采用相同的定义。特别值得一提的是,许多发达国家已经把庇护程序变得越来越复杂,或者个人可能会在几个国家申请庇护,以增加他们

获得入境的机会。这两种情况下都让统计难民的数量变得困难。类似地,对难民数的统计经常会受到导致难民流产生的条件和事件的阻碍,这些条件和事件导致数据在质量和规律性上的差异。此外,难民可能不会停留在指定的营地,而是渗透到更大的人口中。统计境内流离失所者可能更复杂,因为联合国难民事务高级专员办事处和其他援助组织无法或只能有限地接触到一个国家内部的人口。这些人口的流动性或暂时性增加了统计难度,而战争或冲突会让人口统计尤为困难。

然而,援助组织需要依赖人口统计数据和对流离失所人口规模的估计来确定所需的食物、住所或其他援助的数量和类型。对人口年龄和性别分布的详细估计将提供与需求有关的详细信息,如需要免疫或产前护理的人口数量等。

注释

[1] 1951 年的《难民公约》仅旨在安置欧洲难民,且他们与发生在 1951 年以前、第二次世界大战尾声的一系列事件相关。1967 年,《议定书》移除了对难民来源地理区位的限制,并不再要求仅与 1951 年前相关事件的受害者才能定义为难民。

[2] 避难者是被迫离开原籍国的人,他们正在向他们所居住的新国家寻求庇护。

[3] 请参见 www.unhcr.org(2020 年 4 月 16 日查阅)。

[4] UNHCR, *Global Trends: Forced Displacement in 2018*, https://www.unhcr.org/globaltrends2018/(2020 年 4 月 16 日查阅)。

[5] Colin P. Kelley, Shahrzad Mohtadi, Mark A. Cane, Richard Seager, and Yochanan Kushnir, "Climate Change in the Fertile Crescent and Implications of the Recent Syrian Drought", *Proceedings of the National Academy of Sciences of the United States of America* 112, no. 11 (2015), 3241-3246.

[6] 请参见 www.unhcr.org(2020 年 4 月 16 日查阅)。

[7] Kathlen Newland, "Refugees: The New International Politics of Displacement", In: *Perspectives on Population*, ed. Scott W. Menard and Elizabeth W. Moen (New York: Oxford University Press, 1987), 314.

[8] UNHCR, *Global Trends*.

[9] Farzaneh Roudi, "Final Peace in the Middle East Hinges on Refugee Population", *Population Today* 29, no. 3 (April 2001), 1. 读者还可以由联合国近东巴勒斯坦难民救济和工程处找到巴勒斯坦难民的相关信息,请参见 http://www.unrwa.org/(2020 年 4 月 21 日查阅)。

[10] UNHCR, *UNHCR Statistical Yearbook 2018*, https://www.dhs.gov/immigration-statistics/yearbook/2018 (2020 年 4 月 21 日查阅)。

[11] K. Bruce Newbold, "Refugees into Immigrants: Assessing the Adjustment of Southeast Asian Refugees in the US, 1975–1990", *Canadian Studies in Population* 29, no. 1 (2002), 151-171.

[12] David W. Haines, *Refugees as Immigrants* (Totowa, NJ: Rowman & Littlefield, 1986).

[13] Alejendro Portes and Reuben Rumbaut, *Immigrant America: A Portrait* (Berkeley: University of California Press, 1996).

[14] K. Bruce Newbold and Matthew Foulkes, "Geography and Segmented Assimilation: Examples from the New

[15] Sara Corbett, "The Long Road from Sudan to America", *New York Times Magazine* (1 April 2001), 1-6. 关于移民适应接收国社会的学术讨论，请参见 Reginald P. Baker and David S. North, *The 1975 Refugees: Their First Five Years in America* (Washington, DC: New TransCentury Foundation, 1984); 亦可参见 Haines, *Refugees*; Alejendro Portes, "Economic Sociology and the Sociology of Immigration: A Conceptual Overview", In: *The Economic Sociology of Immigration*, ed. Alejendro Portes (New York: Russell Sage, 1995), 1-41。

[16] Kelly Woltman and K. Bruce Newbold, "Of Flights and Flotillas: Assimilation and Race in the Cuban Diaspora", *Professional Geographer* 61 no. 1 (2009), 70-86. 亦可参见 Emily Skop, "Race and Place in the Adaptation of Mariel Exiles", *International Migration Review* 35, no. 1 (2001), 449-471。

[17] UNHCR, *UNHCR Statistical Yearbook 2018*.

[18] UNHCR, *Global Trends*.

[19] Ray Wilkinson, "IDPs: The Hot Issue for a New Millennium: Who's Looking After These People?" *Refugees* 117 (1999), 3-8.

[20] 每年大约有1.1万到1.2万人途经美国，在加拿大寻求庇护。相反方向的流动（经加拿大流入美国）的规模则要小得多，每年约有200名寻求庇护者。

[21] Arthur C. Helton and Eliana Jacobs, "Harmonizing Immigration and Refugee Policy Between the US and Canada", *Population Today* 30, no. 2 (2002).

[22] CBC News, "Refugee Claims Down 40% in Deal's Wake", 27 July 2005, http://www.cbc.ca/news/canada/refugee-claims-down-40-in-deal-s-wake-1.550456（2020年4月21日查阅）。

[23] https://www.cbc.ca/news/canada/manitoba/emerson-refugee-meeting-manitoba-1.3973507（2020年4月21日查阅）。

[24] https://www.amnesty.ca/blog/call-canada-end-safe-third-country-agreement（2020年4月21日查阅）。

[25] https://missingmigrants.iom.int/region/mediterranean?（2020年4月27日查阅）。

[26] "Refugees: Europe's Boat People", *The Economist* (25 April 2015), https://www.economist.com/leaders/2015/04/25/europes-boat-people（2020年4月25日查阅）。

[27] Roudi, "Final Peace in the Middle East".

[28] 我谨慎地使用"永久安置"（permanent resettlement）一词，因为美国难民政策经常是外交政策的工具，并且可能会有更多难民会被再次安置。

[29] 并非所有难民团体都被允许入境。例如，美国在20世纪30年代和40年代禁止接纳欧洲犹太人。

[30] Hania Zlotnik, "Policies and Migration Trends in the North American System", In: *International Migration, Refugee Flows, and Human Rights in North America*, ed. Alan B. Simmons (New York: Center for Migration Studies, 1996), 81-103.

[31] Jens Manuel Krogstad, "Key Facts about Refugees to the U.S.", Pew Research Center, 7 October 2019, https://www.pewresearch.org/fact-tank/2019/10/07/key-factsabout-refugees-to-the-u-s/（2020年4月21日查阅）。

[32] Krogstad, "Key Facts about Refugees".

[33] 在确定难民申请的真实性后，每年申请庇护的数量都会超过批准的数量。计算平均批准率会产生误导，因为批准率因国家或地区而异，在20世纪80和90年代，来自苏联的申请者的获批率较高，而来自中美洲的申请获批率较低。

[34] T. Alexander Aleinikoff, "United States Refugee Law and Policy: Past, Present, and Future", In: *International Migration, Refugee Flows, and Human Rights in North America*, ed. Alan B. Simmons (New York: Center for Migration Studies, 1996), 245-257.

[35] US Department of Justice, Executive Office for Immigration Review, *Asylum Statistics by Nationality, FY 2016*, https://www.justice.gov/eoir/file/asylum-statistics/download(2020年4月21日查阅)。

[36] Lucas Guttentag, "Haitian Refugees and US Policy", In: *International Migration, Refugee Flows, and Human Rights in North America*, ed. Alan B. Simmons (New York: Center for Migration Studies, 1996), 272-289.

[37] Newland, "Refugees", 314-321.

[38] Aleinikoff, "United States Refugee Law".

[39] Aleinikoff, "United States Refugee Law", 245.

[40] Ray Wilkinson, "Give Me . . . Your Huddled", *Refugees* 119, no. 2 (Summer 2000), 5-21.

[41] Nahal Toosi, "Few Syrian Refugees Reach U.S. Despite Obama's Open Arms", *Politico* (14 March 2016), http://www.politico.com/story/2016/03/few-syrian-refugeesunited-states-220720(2020年4月21日查阅)。

[42] Toosi, "Few Syrian Refugees Reach U.S. Despite Obama's Open Arms".

[43] Jonathan Clayton and Hereward Holland, "Over One Million Sea Arrivals Reach Europe in 2015", UNHCR, 30 December 2015, http://www.unhcr.org/news/latest/2015/12/5683d0b56/million-sea-arrivals-reach-europe-2015.html(2020年4月21日查阅)。

[44] 相关最新讨论请参见 UNHCR, http://www.unhcr.org/europe-emergency.html(2020年4月21日查阅)。

[45] Eric Reguly, "Against the Current", *Globe and Mail* (5 September 2015), F1.

[46] Asa Bennett, "Did Britain Really Vote Brexit to Cut Immigration?", *Telegraph* (29 June 2016), http://www.telegraph.co.uk/news/2016/06/29/did-britain-really-vote -brexit-to-cut-immigration/(2020年4月21日查阅)。

[47] Nadia Khomami, "David Cameron Says Migrants Trying to 'Break in' to UK Illegally", *The Guardian* (15 August 2015), https://www.theguardian.com/uk-news/2015/aug/15/david-cameron-says-migrants-trying-to-break-in-to-uk-illegally(2020年4月21日查阅)。

[48] 请参见如 Étienne Piguet, "From 'Primitive Migration' to 'Climate Refugees': The Curious Fate of the Natural Environment in Migration Studies", *Annals of the Association of American Geographers* 103, no. 1 (2013), 148-162。

[49] Susan Martin, "Climate Change, Migration, and Governance", *Global Governance* 16, no. 3 (2009), 397-414. 还可参见 Christel Cournil, "The Protection of Environmental Refugees in International Law", In: *Climate Change and Migration*, ed. Étienne Piguet, Antoine Pecoud, and Paul de Guchteneire (Cambridge and New York: Cambridge University Press, 2011), 359-387。

[50] Karen Elizabeth McNamara and Chris Gibson, "'We Do Not Want to Leave Our Land': Pacific Ambassadors at the United Nations Resist the Category of 'Climate Refugees'", *Geoforum* 40, no. 3 (2009), 475-483. 还可参见 Carol Farbotko, "Wishful Sinking: Disappearing Islands, Climate Refugees and Cosmopolitan Experimentation", *Asia Pacific Viewpoint* 51, no. 1 (2010), 47-60, 以及 Carol Farbotko and Heather Lazrus, "The First Climate Refugees? Contesting Global Narratives of Climate Change in Tuvalu", *Global Environmental Change* 22, no. 2 (2012), 382-390。

[51] Lawrence A. Palinkas, *Global Climate Change, Population Displacement, and Public Health: The Next Wave of*

[52] Intergovernmental Panel on Climate Change (IPCC), *Climate Change 2014*, IPCC Fifth Assessment Report (2014), http://www.ipcc.ch/index.htm(2020 年 4 月 27 日查阅)。

[53] Elisabeth Rosenthal, "Water Is a New Battleground in Spain", *New York Times* (3 June 2008), S1.

[54] IPCC, "*Climate Change 2014: Impacts, Adaptation, and Vulnerability. Part A: Global and Sectoral Aspects*", Contribution of Working Group II to the Fifth Assessment Report of the Intergovernmental Panel on Climate Change, ed. C. B. Field, V. R. Barros, D. J. Dokken, K. J. Mach, M. D. Mastrandrea, T. E. Bilir, M. Chatterjee, K. L. Ebi, Y. O. Estrada, R. C. Genova, B. Girma, E. S. Kissel, A. N. Levy, S. MacCracken, P. R. Mastrandrea, and L. L. White. Cambridge and New York: Cambridge University Press, 1132 pp.

[55] 第四次评估报告(2007 年)估计,到 2080 年气候变化将导致数以亿计的人口流离失所。

[56] Karen C. Seto, "Exploring the Dynamics of Migration to Mega-Delta Cities in Asia and Africa", *Global Environmental Change* 21 (2011), S94-S107.

[57] IPCC, "*Climate Change 2014*".

[58] Éttiene Piguet, Antoine Pecoud, and Paul De Guchteneire, eds., *Migration and Climate Change* (Cambridge: Cambridge University Press, 2011).

[59] Alan Findlay, "Migration Destinations in an Era of Global Environmental Change", *Global Environmental Change* 21S (2011), S50-S58.

[60] Palinkas, *Global Climate Change*.

[61] Robert J. Nicholls, Natasha Marinova, Jason A. Lowe, Sally Brown, Pier Vellinga, Diogo de Gusmão, Jochen Hinkel, and Richard S. J. Tol, "Sea-Level Rise and Its Possible Impacts Given a 'Beyond 4°C World' in the Twenty-First Century", *Philosophical Transactions of the Royal Society A* 369, no. 1934 (2011), 161-181.

[62] Katherine J. Curtis and Annemarie Schneider, "Understanding the Demographic Implications of Climate Change: Estimates of Localized Population Predictions under Future Scenarios of Sea-Level Rise", *Population and Environment* 33 no. 1 (2011), 28-54.

[63] Palinkas, *Global Climate Change*.

[64] Nidhi Nagabhatla, Panthea Pouramin, Rupal Brahmbhatt, Cameron Fioret, Talia Glickman, K. Bruce Newbold, and Vladimer Smakhtin, "Water and Migration: A Global Overview", UNU-INWEH Report Series, Issue 10 (2020), United Nations University Institute for Water, Environment and Health, Hamilton, Canada.

[65] 这些词汇的定义可以在 2014 年联合国难民事务高级专员办事处的统计年鉴里找到。

[66] 请参见 http://www.refugees.org(2020 年 4 月 21 日查阅)。

第九章　城市

◎ 定义城市、城镇和城镇化
◎ 城镇化简史
◎ 现代城市的增长
◎ 今日的城镇化
◎ 城镇化：前景与后果
◎ 结论
◎ 思考题
◎ 聚焦：城市空间增长的规划调控
◎ 方法、测量和工具："城镇"界定的国际比较

伴随着世界人口的增长，城镇的数量与规模也在迅速扩张。2020 年，全球 56% 的人口居住在城镇中。尽管发展中国家的城镇化水平仍落后于发达国家（总体分别为 51% 与 79%，而最不发达国家的城镇化率只有 34%），在未来几十年间，预计发展中国家的城镇人口会快速增长；预测到 2050 年，全球 68% 的人口都会居住在城镇[1]。世界上绝大多数的城镇人口（76%）都生活在人口规模小于 100 万的城镇，8% 的城镇人口生活在规模处于 500 万至 1 000 万的城市，另有 13% 的人口生活在规模超过 1 000 万的超大城市，且超大城市的数量预计将从 2018 年的 33 个增长到 2030 年的 43 个。

除了城镇人口占比（城镇化水平或城镇化率）这一指标，我们也可以讨论"城镇化速率"，也就是城镇化的进程有多快。根据 2015—2020 年的数据，发达国家的平均城镇化速率为每年增长 0.5 个百分点，反映出这些地区已经很高的城镇化水平和很低的农村人口占比。而在欠发达地区，城镇化水平同期每年提高 2.3 个百分点，其中速度最快的出现在亚洲和非洲[2]。

本章讨论城镇化这一概念，包括其定义、城市中心的增长与变化，以及城市如何对其增长进行规划。"聚焦"栏目关注如何通过规划手段实现对城市增长的调控，"方法、测量和工具"栏目则讨论城镇化的不同界定标准。

定义城市、城镇和城镇化

简单来说，我们可以把**城镇**（urban）定义为非乡村地域，而**城镇化**（urbanization）也就是乡村人口转变为城镇人口的过程。本质上而言，城镇化代表着人类社会的根本性重组，使其由乡土和农耕社会转变为以非农活动为基础的社会。尽管对于"城镇"的这一定义多少有些简单和模糊，它仍表明了围绕非农业生产组织起来的人口在空间上的集聚这一重要本质。当然，在讨论城镇时，我们实际上讨论的是那些人口规模和密度超过特定门槛的地区（详见本章"方法、测量和工具"栏目对城镇地域界定问题的讨论）。更具体而言，我们还可以将城镇化视为一种社会和政治层面的组织形式。"什么构成了城镇"这一定义问题通常涵盖了一个理念，即城镇地域是科技变革与创新的中心，并在空间上体现出政治权力与经济活动的集聚。

即使我们已经知道城市是那些有大量人口且发挥重要经济、管理、社会和文化功能的地方，定义"什么是城市"，或者更具体地，界定城市的地域范围，仍然十分困难。事实上，并没有界定城市边界范围的统一标准，且同一个城市地域可能有多重边界。在第一种地理尺度上，城市可以通过其行政边界来界定。包含城市及其邻接的城镇地域的更大区域则被定义为"城市集聚区"（urban agglomeration）。而在第三种尺度上，"都市区"（metropolitan area）①则可以通过城市与周边区域的经济社会联系来界定，且这种联系可以通过通勤联系来衡量。

显然，城市边界的选择对一地的人口规模有重要意义。例如，多伦多市在 2016 年有 270 万人口，占地 630 平方千米[3]。但是这一界定方式遗漏了那些环绕在多伦多市周边的社区及它们与多伦多的联系。将这些社区包含在内的界定方式则会带来"多伦多普查都市区"（Toronto Census Metropolitan Area）的概念，这一区域占据以多伦多市为核心的约 5 900 平方千米的土地，在 2016 年拥有约 590 万人口。最后，被称作"大金马蹄地区"（Greater Golden Horseshoe）的区域（以地区间相互的经济—交通联系为界定依据，覆盖超过 10 000 平方千米，即 3 898 平方英里的面积），在 2016 年拥有的人口则达到 780 万。

城镇化简史

城市虽已经存在了数千年，但早期城市的形态、功能和特点与现代城市有着巨大的差别。下文对城市的演变历史进行简单的讨论。

---

① metropolitan area 也被译为"都市圈"。——译者注

早期城市

城镇化可追溯至早期农业聚落的出现。尽管与今天我们所定义的"城镇"相去甚远(实际上或许称为"原始城市"更合适),早期的城镇化可追溯至公元前3500年至公元前3000年,大致在今日伊拉克和伊朗境内的底格里斯河和幼发拉底河河谷的"新月形沃土"区域,食物剩余与生产力水平催生了人们在村落定居,并提高了人口密度。在公元前2500年前后,印度河河谷已经出现了城镇,在中国则是公元前1800年左右。以今日的标准,不论是从规模还是从比例上看,这些早期城市都相对较小。以古罗马为例,估计曾容纳超过50万人口,但是其他城市如雅典,则很可能还要小得多。这两地的大多数人还是居住在乡村,依赖农业勉强糊口。

一系列的事件与过程促进了古代社会的城市增长,对于早期城镇的出现,目前大致有三种解释。其一,**过剩理论**(surplus theory)认为城市产生于农产品的剩余。在那些农业生产和灌溉得以发展的区域,如印度河谷和"新月形沃土"区域,农业生产剩余得以出现,这进一步将劳动力从农地中解放出来去从事其他专业工作,包括政府管理、手工制造或宗教事务等。这些非农业工作者聚集起来,所在地构成了第一批早期城市。其二,**将城市视为一种公共物品**(the city as a public good),认为城镇的增长是宗教与政府服务出现和发展的结果,这些公共物品将人们聚集起来。许多古代社会早期城市的组织与规划方式都体现了一个或多个"神"的角色,以及宗教对日常生活的控制和影响。同样地,城市也可能因安全和军事用途而发展,城市对人们的安全保障也是政府提供的一种公共产品。因此,城市本质上是作为一种堡垒或庇护所而发展演化的。其三,**将早期城市定义为贸易和交换中心**(the city as center for exchange and trade)。这一解释认为城市发展在先,农村则是城市发展的结果,用以为城市提供粮食。无论城市的确切起源是什么,早期城市里的死亡人数都很可能超过出生人数,因此主要依赖人口流入来维持。早期城市同样高度依赖大量城市以外人口提供的粮食与商品。许多早期城市毁于战乱、瘟疫或是所在帝国的覆灭,这些城市中的人口也就返回了他们的根源所在——农村。

中世纪城市

在中世纪早期,城镇几乎不存在。相反地,当时的欧洲主要是由各个分封王国组成,只有一些小城镇,主要作为大学的中心,或为满足军事防御和行政管理需求而存在。绝大多数人口居住在农村并从事仅能满足生存需要的农业生产,城市的增长非常缓慢。新出现的食物等基本商品的贸易交换催生了一些商业资本中心城镇的形成,但是总的来说城镇人口占比和城镇数量仍非常低。在15—17世纪,商业资本主义的发展推动城市的基本职能向贸易转变。科技进步和殖民扩张极大地刺激了城市发展,对殖民地的掠夺使得财富进一步转移到欧洲,那些得以控制贸易的城市取得了最快的发展。欧洲殖民者对非洲、美洲等地的开拓与扩张,巩固了城市作为商业贸易与政治权力中心的地位。最终,欧洲的殖民主义带动了世界其他地区的城镇化进程,并将欧洲的城镇模式带向全球。这些新城市要么与已有的定居点相联系,如德里和墨西哥城,要么位于能够满足殖民者管理或防御需求的位置,如孟买、香港和内罗毕。

工业革命与现代城市

尽管商业资本主义得到了发展,当时的城市规模依然很小。例如,在1600—1800年,生活于伦敦的人口占英格兰总人口的比例仅增加了8个百分点(从2%到10%),不过伦敦已经是当时欧洲最大的城市,其人口略少于100万[4]。直到后来的工业革命和大英帝国的全球扩张,伦敦才实现了真正的快速人口增长。据估计,截止到1800年,全球仅有不到5%的人居住在城镇。但这一情况随着工业革命对定居模式的支配与控制而迅速改变,始于欧洲并席卷全球。随着经济逐渐转型,城市中的生产活动不断增长,城市开始支配它们的腹地区域,并不断提高其经济与政治地位。

从18世纪晚期的英国开始,工业革命对人类的定居模式产生了全面而重大的影响,包括生产方式的重大转变,农业生产所需劳动力数量的明显减少,工业技术的广泛使用,以及贸易的迅速发展。随着工业革命的推进,农业生产愈发商品化,这意味着需要在农地上耕作的劳动力数量减少了。相反地,通常位于城市的制造业就业机会大量增加,这带来了英格兰第一批现代城市的出现。工业和工业革命都高度依赖于城市的交通、劳动力与基础设施,而城市中新的就业机会与工资条件也吸引着移民进入城市。不过,尽管生产和工业化不断发展,城市的增长速度仍相对较低。大多数人继续在农村地区生活,新兴城市中的死亡率也居高不下,意味着这些城市仍难以通过自然增长保持其扩张。

伴随着工业革命从英国向外扩张的还有城市这一概念,但是直到19世纪,现代意义的城镇化才真正开始快速发展。不断推进的工业化创造了城镇地区对劳动力的大量需求,而逐渐降低的死亡率也使得城镇人口快速增长。即使在美国,城镇化进程直到1820年也仍十分缓慢,当时只有7%的美国人口生活在城镇地区,此后在整个19世纪开始加速。城镇化速率在20世纪30年代的经济大萧条时期和第二次世界大战期间再一次放缓,到50年代才开始继续上升。在全球范围内,制造业发展和规模化生产为城市带来了大量劳动力,支撑了城市的持续增长,并进一步奠定了城市作为商业与贸易中心的经济地位。在经济影响力提高的同时,城市的政治影响力也不断增强,使其支配着更多的人口和更广大的区域。

如今,城市的经济和政治作用仍在延续,但却是通过不同的方式。早期,城市通过新的制造业部门提供工作岗位,并由农村剩余劳动力承担这些新工作。工业发展的用工需求带动格拉斯哥、曼彻斯特、伯明翰、谢菲尔德等英国城市的工业职能不断增强。在很大程度上,工业与工人的高度集聚带来了规模效益,降低了制造业成本并提高了其利润,城市中丰富的劳动力资源也使得雇主们总是很容易雇佣到工人。

在后工业化和全球化的当今世界,尽管城市仍是人口居住的中心,其作用和功能也在不断变迁和演化。在发展中国家,城市仍是各种工商业中心;而在发达国家,多数城市已失去了其传统的工业基础,转向服务业经济,在银行与金融业、卫生健康、知识经济等领域提供多样的就业机会。这些城市也愈发被视为文化和艺术中心,以及所谓"创意阶层"的家园[5],这些要素已成为城市的重要增长点。在发展中国家和发达国家,城市都提供着其他地方无法提供的消费与社交机会。城市继续提供着规模经济和集聚经济,以支撑经济的持续增长并吸引人口迁入[6]。此外,产业间的知识交换,公共物品与基础设施的共享,雇主与雇员间的更优匹配,多样化的就业机会,以及供求双方的关联性发展等,都进一步增强着城市的上述优势。简而言之,城市继续以其光芒吸引并留下人们。

现代城市的增长

现代城市主要有三种增长机制:自然增长(出生人口减去死亡人口)、国内人口净迁入(迁入人口多于迁出人口),以及国际迁移。在历史上的多数时间里,城镇地区人口的死亡率都高于农村地区,因为城市稠密的人口和有限的卫生设施加速了诸如霍乱和鼠疫等疾病的传播,而农村地区劳动力过剩的情况也就意味着城市需要依靠农村人口的迁入来维持其人口规模。近来,得益于清洁饮用水、公共卫生体系和卫生保健服务的保障,城镇地区人口的死亡率已低于农村地区。因此,人口迁入和城市人口自身的快速自然增长共同加速了城市发展,这一现象呼应了人口转变理论,尤其是在城市人口出生率居高不下的发展中国家。

与今天一样,大量移民被早期城市中的就业机会吸引。早在 1889 年,拉文斯坦(Ravenstein)就已注意到从农村到城镇的人口迁移(详见第六、七章)[7]。在城镇等级体系中的向上流动(up the urban hierarchy)也进一步促进了城市增长。拉文斯坦在1885 年对英国的描述中写道:

"绝大多数的迁移人口都只会迁移较短距离……这种迁移模式自然而然带来的结果就是……一个快速增长的城镇附近的农村居民会涌入这座城镇,而这些农村中留下的人口空缺则被更远地区的迁入人口补充,这一过程会一步步地持续扩散,直到那些快速增长的城市的吸引力被英国最偏远的角落觉察到。"[8]

换句话说,这种人口迁移是沿着城市等级逐步向上地"梯次"(stepwise)迁移,因此也促进了那些最大城市的增长。

泽林斯基的"人口移动转变"(mobility transition)理论[9]进一步发展了拉文斯坦的迁移理论,并根据当时新的人口流动态势增加了新的维度。从城市增长和变动的角度出发,泽林斯基认为随着一个国家的经济发展,其国内人口迁移模式会发生变化。首先,农村向城镇的人口迁移与工业化有关。而后,随着经济和城镇体系的发展,人口迁移将会以城镇间迁移为主,人口会沿着城市等级向上流入更大的中心城市。最终,在最发达的国家和地区,人口迁移将转变为以沿着城市等级向下迁移为主,更多的人口迁入小城镇或农村地区。

尽管自然增长、国内迁移和国际迁移看起来彼此独立,但实际上三者对城镇增长的促进作用有不少重叠和互动。国际移民直接地促进一些城镇区域的人口增长。实际上,美国的许多大城市如纽约、芝加哥和洛杉矶,其人口规模的保持和增长几乎完全依靠国际移民,因为这些城市中的许多人已迁出城市,流入郊区和城市边缘地区居住,而国际移民则被吸引至城市地区。另外,民族聚居区和社区的出现也有利于促进新移民的经济、社会与文化融入,尤其是在纽约、洛杉矶和伦敦等主要的国际移民目的地城市,也因此进一步增强了这些地区对国际移民的吸引力。但同样地,国内迁移依旧是城镇增长或收缩的重要原因。

毫无疑问,城市人口的净迁移状况随着年龄组别的不同而有差异。一项对英国伦敦迁入与迁出人口的分析发现,20～29岁年龄组的人口整体为城市净迁入人口,他们大多为了寻找工作或娱乐。相反地,几乎所有其他年龄组的人口均因为家庭需要而处于净迁出状态。尽管伦敦的这一人口迁移趋势与许多其他大城市一致,一些英国城市的人口迁移态势则大不相同。在利物浦、谢菲尔德、纽卡斯尔和诺丁汉等城市,因为大学年龄人口前来就学而存在净迁入,但20～29岁年龄组的人口却相应地向外迁出,其中多数在大学毕业后去往伦敦。之后,与伦敦类似,这些城市又会经历30～39、40～49岁年龄组人口向郊区或城市边缘地区的净迁出,因为人们会根据家庭需要而寻找不同的住房选择[10]。

像伦敦和利物浦这样不同的城市人口迁移现象在不同时间、不同地方都能观察到,它们显示出了城市发展演化的动态性。尽管全球范围内城镇人口的比例已经并将继续提高,一个城市的增长态势却未必始终如一,也并非是既定的事实。如下文将会讨论的,大多数城市在过去几十年已经经历了脱离城市中心的去集中化(decentralization)过程。20世纪70年代出现了一种不同的人口迁移模式,即都市区的萎缩和非都市区的增长并行。这一逆城市化现象,即一些大城市中心人口增长率降低、农村和非都市区人口增长率提高的现象,改变了数十年来乡城迁移带动的城镇化和郊区化模式。逆城市化在20世纪70年代第一次被观察到,并在90年代末再次引起注意,就业机会、舒适物的吸引力以及退休人员的空间转换都促进了这种迁移趋势。由于这一现象在许多发达国家都出现了,一些人也因此预测,这是一种全新的、后现代的人口迁移转变的维度。近些年,大量城市都经历了人口流失与"收缩"(shrunk),这一概念在下文也会进一步讨论。

今日的城镇化

2008年可能是城镇化历史上最重要的时间节点,据估计,这一年全球已有一半的人口生活在城镇地区。考虑到50年之前,该比例还不到30%,在如此短的时间内世界城镇人口以如此大的规模增长,着实令人印象深刻。不过,世界各地的城镇化水平仍有很大差异,接下来我们将分别讨论发达国家和发展中国家的城镇化状况,以及不同城镇化地区的特点、模式和相应影响。

发达国家

发达国家基本上已完全实现了城镇化,其城镇化速率已经很慢(每年提高0.5个百分点)。如果运用泽林斯基的人口移动转变理论,发达国家几乎都已经过了城镇化阶段。向边远地区迁移或农村向城市迁移已成为历史。尽管发达国家已经高度城镇化,其城镇地区也仍处在转变与增长中,并以四大趋势为主要特点。第一,与泽林斯基的理论一致,城—城迁移是人口迁移的主要力量。这一趋势使人口在城镇间流动迁移,而不是由乡村向城市迁移,这也意味着人口的城镇间迁移已经成为人口变化的主要原因。第二,城镇地区的人口比例持续提高,预计到2050年,90%的北美、拉美及加勒比海地区人口,85%的欧洲人口都将生活在城镇地区。第三,大多数发达国家都经历了一定程度的"去集中化",即人口和工作从城市中心流向郊区、城镇化地区和城乡边缘带。由于众多社会、政治与经济因素的影响,包括种族冲突、更优的教育与休闲设施、高速公路的发展(及随之而来的可达性改善),以及更低的居住支出等,去集中化已使得许多城市密度降低但是在空间上进一步蔓延。尽管较低的汽油价格和长距离通勤使得去集中化成为可能,但最近油价上涨的现实则可能再一次改变人们的居住区位选择,促使人们回归更密集以及邻近就业地点的居住模式。

发展中国家

尽管发展中国家生活在城镇地区的人口比例较发达国家要低得多,但其城镇化进程却十分迅速,其中尤以非洲和亚洲的城镇化速率最快。与发达国家的情况类似,发展中国家的城镇化趋势可以主要总结为四点。

第一,发展中国家的城镇地区将会经历持续的快速增长。发展中国家大规模且快速的人口增长意味着城镇人口有巨大的增长潜力,包括人口向城镇的大规模迁移(人口的净迁入),以及城镇人口的自然增长(出生人数超过死亡人数)。

第二,人口将继续集聚,发展中国家的人口愈发向人口规模超过百万的大城市集聚。随着更多人迁入大城市寻找工作,人口规模超过千万的超大城市也会变得越来越多且在经济上发挥更加重要的作用。大多数超大城市分布在亚洲,如班加罗尔、曼谷和雅加达。

第三,发展中国家的城镇地区发展将愈发多样化。也就是说,发展中国家的城镇化与城镇转变并不遵循统一的规律。在相对发达的地区以及拉丁美洲和加勒比海地区,城镇人口占比达到79%,但在非洲,城镇人口占比还不到43%,其中包括布隆迪、马拉维、尼日尔、卢旺达在内的国家2020年城镇人口占比甚至低于20%。即使在有着几个全球最大城市的亚洲,城镇化率也仅51%。印度的城镇化率为35%,中国则是61%。鉴于1985年中国的城镇化率还不到30%,同时户籍制度限制了国内人口迁移并对城镇化形成了束缚(详见第十章),在市场化转型的过程中,中国的城镇化速度是相当快的。在意识到了对城镇的需求之后,中国新设立了200多座城市。但由于急于推进人口城镇化并促进经济增长由沿海地区向内陆地区转移,中国的许多城市平地而起并配备了完善的城市路灯、购物设施以至公共艺术,现实中一些却沦为"空城",其中住宅的建设常常远超实际需要,一份报告指出2019年中国存在近50座"鬼城"[11-12]。

在亚洲的其他地区,如孟加拉国、印度和巴基斯坦,城市则面临着巨大的挑战。例如,印度农村人口占比仍达到约65%,但是到2050年,印度的城镇化率预计将超过52%[13]。许多欠发达国家的城市都缺乏投资,整个国家也大多被某个规模上远超其他城市的"首位城市"(primate city,特点是在城市规模等级体系中远大于其他城市)高度主导,而没有形成一个完整的城市体系。

第四,由于基础设施落后而来自农村的移民规模巨大,许多发展中国家的城镇化带来大量缺乏规划的违建物,区域发展不平等加剧,城市基础设施不足,健康状况堪忧,以及资源退化等问题。快速的城镇化通常意味着政府无力提供充足的清洁水等基本卫生服务和基础设施,环境污染、营养不良以及住房条件差等因素也导致城镇贫困地区糟糕的健康状况[14]。同时,医疗卫生及其他资源大多位于城镇地区的现实又意味着农村地区的健康状况更加不容乐观[15]。

超大城市

尽管全球生活在城镇地区的人口占比已经达到了56%,实际上大多数人都居住在小城镇或农村中,只有24%的人口居住在人口规模超过100万的城市之中。居住在超大城市(megacity,人口超过1 000万)的人口占全球人口的比例较小(6.9%),但超大城市的数量还是从

1985年的8个增长到了2018年的33个[16],且预计将在2030年达到43个。世界上最大的城市的规模正在快速增长,且越来越多地出现在发展中国家(表9.1)。在1950年,世界上最大的三座城市都位于发达国家,纽约以约有1 200万人口居首位,伦敦与东京紧随其后,巴黎、莫斯科、芝加哥也位列前十。到2018年,只有东京(人口3 740万)仍在十座规模最大的城市之列,而其他九席都被发展中国家的城市占据。根据预测,德里(2018年人口为2 850万)将在2030年前取代东京成为全球最大的城市。正如我们在其他地区所见,德里在内的这些超大城市增长的原因,是城镇化进程中的经济吸引力和良好的就业前景等。来自农村地区和小城镇的迁入人口和较高的自然增长率共同带来了人口规模的不断扩张,保障了这些超大城市的增长。

表9.1　1950年和2018年规模最大的十座城市

1950年		2018年	
城市	人口数(百万)	城市	人口数(百万)
美国纽约—纽瓦克	12.3	日本东京	37.5
日本东京	11.3	印度德里	28.5
英国伦敦	8.4	中国上海	25.6
中国上海	6.1	巴西圣保罗	21.6
法国巴黎	5.4	墨西哥墨西哥城	21.5
苏联莫斯科	5.4	埃及开罗	20.1
阿根廷布宜诺斯艾利斯	5.1	印度孟买	20.1
美国芝加哥	4.9	中国北京	19.6
印度加尔各答	4.5	孟加拉国达卡	19.6
中国北京	4.3	日本大阪	19.3

数据来源:联合国经济和社会事务部"世界城镇化展望"(2018年修订版,2018 Revision of the World Urbanization Prospects)。

在城市产生的负外部性超过其正外部性之前,我们并未看到明确的城市规模上限,而且可以看到纽约、伦敦和东京这些超大城市具有正常运行的能力,这些都是位于发达国家的城市。而新出现的超大城市绝大多数都在发展中国家,我们无法得知这些城市及其政府是否能为不断膨胀的城镇人口提供充足的基础设施和就业机会。

大都市带

大都市带(megapolitan cities)反映了多个城市向单一大城市或城市网络的发展,使得城镇地域间无缝衔接。在美国,这一现象以波士顿—纽约—费城—巴尔的摩—华盛顿大都市带为标志(所谓的"BosNYWash region")。其他大都市带包括卡斯凯迪亚(Cascadia),即加拿大英属哥伦比亚省的温哥华—维多利亚;俄勒冈州和华盛顿州的波特兰—西雅图—塔科马;中西部的芝加哥—加里—密尔沃基;加州南部的洛杉矶—圣地亚哥;加州北部的旧金山—圣何塞—萨克拉门托等[17]。尽管"大都市带"至少在美国并不适用美国人口普查局当前使用的城镇定义(详见第九章"方法、测量和工具"栏目),但大都市带仍通过交通网络、通勤流以及一些共有历史整合并覆盖了广阔的土地。

大都市带的概念不仅表明内部各城市相互邻近的地理事实,也明确了现代城市并非孤立的城市个体,而更应被视为"城市体系"(city-systems)的一部分,是一个围绕着不断扩展的轨道运行的"城市网络"(urban networks)的一分子[18]。因此,越来越多的人认为一个城市的经济职能实际上远超其都市区边界,向外部扩散甚至影响全球。以纽约地区为例,考虑到其金融部门的关键地位(吸取2008年国际金融危机的惨烈教训),基本没有人不认为纽约对全球经济有影响。西雅图、洛杉矶、伦敦、巴黎及大量的其他城市也通过其银行、政府和产业影响着全球事务。

城镇化:前景与后果

城市的社会、经济和政治等方面仍在不断演化。例如,城市驱动着国民经济的发展。在美国,纽约州本身如果算作一个国家,其经济体量将位列全球前20,纽约市则是该国的经济和金融中心[19]。在英国,伦敦都市区贡献了全国近1/3的GDP[20]。而在加拿大,全国72%的经济活动集中在城镇地区,仅六大都市区就贡献了全国过半的经济产出[21]。城市在人力资本驱动中也有重要作用。人们仍不断地涌入城市,希望在那里找到与自身人力资本相匹配的工作或实现自身人力资本的提升[22]。城镇化进程还与更低的贫困率相联系,因为随着国家的发展,更多人口从乡村迁入城镇,贫困率将会相应下降[23]。作为一种有机组织,城市也面临着许多重要问题,下文将进行简要讨论。

隔离

城市居民长期以来因其收入、职业或种族等因素而被隔离开来。隔离(segregation)已成为一种跨地域、跨文化的普遍现象。在欧洲,隔离通常是基于宗教或移民身份的[24],而在世界其他地区则多基于种族或民族差异,其中美国的黑人与白人的隔离就是一个典型例子。在美国的城市中,隔离总是与迁移、郊区化以及绅士化等过程紧密联系[25]。自第二次世界大战以来，郊区化一直是城市演变的前沿。新的城市郊区被白人与高收入阶层占据,他们通勤到市中心工作。与白人的郊区化同时进行的,是非裔美国人从南部农村迁入城市中心生活的趋势,这两种趋势使得美国成为世界上隔离程度最高的国家之一。贷款歧视、住房成本、种族暴力以及其他形式的歧视等因素也使得隔离变得更加严重。隔离还会影响被隔离群体的各种机会,这反映在他们显著不同的收入、就业机会和健康状况等方面[26]。

随着美国城市的进一步演化,绅士化(gentrification)过程重新激活了老城区,不过也使得城区住房的成本变得更高、更不可负担。与过去几十年的郊区化模式相反,老城市的郊区也愈发多样化。尽管一些证据表明美国城市的平均隔离程度有所降低[27],但白人与黑人之间的隔离程度实际上还是很高,尤其在非裔美国人占比较大的城市中,该现象最为严重[28]。类似地,白人与西班牙裔和白人与亚裔之间的隔离程度也仍很高[29]。即使是在美国的小城镇和农村地区,西班牙裔相对于白人的隔离程度也比较高[30]。

收缩城市

尽管我们见证了以亚洲、非洲地区为主的许多城市的持续增长,但在世界范围内也同样存在一些经历了人口衰减的城市。这些城市大多位于拥有低生育率和高预期寿命的国家。自然灾害和经济衰退也是导致城市人口收缩的重要原因。底特律这座基于汽车工业发展的城市可能是收缩城市的最典型例子,它经历了人口流失、经济衰败,以及来自海外制造业和美国其他地区的竞争。自1950年以来,底特律的人口从180万人减少到2010年的713 777人[31],其中2000—2010年十年间减少了25%的人口[32]。底特律的这种持续性人口衰减在2010年也远未停止,在2010年人口普查之后的几年,底特律的人口还是在持续减少,美国人口普查局据此预测,到2020年底特律的人口将进一步减少至67.2万人。这座城市的人口流失反映了制造业尤其是汽车工业的衰败。20世纪60年代,在人口流失的同时,底特律的白人也陆续迁往郊区,黑人亦紧随其后,而很少有人迁入城区。2008年经济大萧条带来的房地产市场暴跌又进一步加剧了底特律的人口流失。

在人口流失方面,底特律并非特例。"铁锈地带"(Rust Belt)的芝加哥、代顿、匹兹堡、布法罗等城市在2000—2010年间也经历了经济衰退和就业向外转移带来的人口流失。人口减少的趋势也不限于"铁锈地带",其他美国城市,如亚拉巴马州的伯明翰在这一时期也经历了人口减少。在美国之外,雅典、那不勒斯、釜山、东京等城市同样经历了低生育率和人口外流带来的人口规模下降。而波兰、罗马尼亚、乌克兰等国城市由于低生育率和人口外流等,也同样经历了人口收缩。

城市人口萎缩带来的挑战十分明显。随着人口的减少,城市会损失税收基础而不得不削减向市民提供的公共服务,后者又会进一步加剧人口流失,同时还会带来更严重的犯罪问题,这就会形成一种恶性循环。这种人口流出同样具有一定的选择性,如受教育程度更高(人力资本水平更高)的群体通常更先离开。与人口流失相对应的问题就是,城市如何能够适应其人口流失趋势,并关注"精明衰退"(smart decline)的规划实践,或城市及其基础设施、公共服务与住房的"适宜规模"(right sizing)等新问题[33]。

结论

考虑到未来几十年间世界城市人口将快速增长,大规模城镇地区的扩张还会带来许多相关的重大影响。贫困、污染、犯罪、阶级冲突以及交通拥堵等问题也会达到空前的规模。在人口快速增长但投资不足、政府无能的城市中,这些问题通常会更加严重[34]。由于政府无法满足来自农村和小城镇的人口持续迁入带来的巨大需求,许多城市的水、道路和电力等基础设施系统已迅速恶化。发展中国家的城市人口增长已引发持续性的激烈讨论:发展中国家能否承受预期的这种大规模城市增长?在资源匮乏、经济发展缓慢的地区,是否有出现社会冲突的风险[35]?乐观主义者们认为良好的治理、更恰当的管理以及投资能够突破这些城市人口的限制,尽管这些条件在发展中国家通常是缺失的。其他人则忧心忡忡。高死亡率、低生活水平、糟糕的生活环境、资源枯竭以及不断加剧的贫困与不平等问题正是城市病的症结,而所有这些问题都将危害国家的发展。

思考题

1. 分别选择一个发达国家和发展中国家的超大城市,画出两座城市人口随时间变化的曲线。你能从中发现什么趋势?
2. 2013年7月,底特律市宣布破产。查阅资料了解底特律从1950年以来的人口变化。对于一个大城市而言,破产意味着什么?
3. 在历史上驱动城市增长的哪些因素对于今天的城市增长仍是不可忽视的?
4. 基于种族、民族和收入的隔离现象背后有多重原因。导致隔离的因素包括哪些?
5. 选取一个城市并探索促进其人口增长的因素。

聚焦：城市空间增长的规划调控

城镇地域的增长通常意味着城市边缘地区新的基础设施建设（城市蔓延，urban sprawl）。城市蔓延就其自身而言是昂贵的，因为它会加大城市资源与纳税人的压力，同时它还意味着老城区或内城被抛弃。例如，城市蔓延会增加通勤时长，并导致城市开放空间的萎缩；也意味着税收被用来建设新的给排水设施、学校，提供治安与消防等服务，在财政上补贴新的开发区，而新居民的纳税通常并不能完全覆盖这些成本。因此，发达国家城镇地区，尤其是大城市或大都市带地区的持续性增长已愈发使人们认识到，需要通过合理规划来解决人口增长带来的城市无序蔓延、交通拥堵与农地损失等负面效应。

近期北美关于最有效地规划城市增长的讨论频繁提及"精明增长"（smart growth）政策[36]。精明增长意在创造可持续的城市社区，追求在充分保留城市开放空间的同时，通过更完善的交通，在土地和资源的集约高效利用基础上，提高人口密度来保障人口增长。精明增长政策包含着十条规划原则，如提高城市可步行性，发展各收入群体混合居住的社区，混合土地利用（如居住用地和商业用地混合利用），紧凑住宅等。通过强调填充式开发和增加人口，精明增长实际上是对第二次世界大战以前自给自足的城镇街区的某种回归和再造，力求在步行范围内布局城市中心、居住区、教育以及就业等多元城市功能。不过，精明增长也绝不仅仅是对过往小镇生活的现代再现，因为它充分考虑到城市社区建设的多尺度性。在区域尺度上，精明增长充分考虑城市扩张、农地保持与环境保护等问题；在地方与街区尺度上，精明增长更关心宜居性、社区特色、交通以及住房选择。

简而言之，精明增长追求抑制城市蔓延，对城市增长实现有效管理，创造宜居社区，促进经济增长和环境保护。虽然"精明增长"的理念几乎无人反对，但其具体政策选项及这些指导原则带来的现实结果却是十分多样的。开发者、规划者、政客以及政府部门大多只会贯彻那些他们自己认为合适的理念，或仅选择精明增长规划原则的一部分来实行。不过无论怎样，精明增长的原则确实已经被广泛实践，以下将会对其中两个例子进行讨论。

城镇增长边界：波特兰案例

城镇增长边界（urban growth boundaries，UGBs）是城乡空间边界的划定方式，是城镇空间的终止线和农村空间的起始线。划定城镇增长边界的主要目的在于减少蔓延，保护耕地与开放空间，这两者通常都是通过限制特定区域的开发来实现。已采用城镇增长边界的区域或城市包括大多伦多地区、华盛顿州的西雅图、科罗拉多州的博尔德、宾夕法尼亚州的兰卡斯特县、明尼苏达州的明尼阿波利斯—圣保罗等。通常,城镇增长边界在规划中被用来抑制城市蔓延以及提高现有城市空间的集约度,保护耕地或生态脆弱区,实现城市增长效益的最大化。

俄勒冈州的波特兰可能是采用城镇增长边界的最著名案例,其在20世纪70年代通过一系列的再开发、交通与土地利用政策贯彻了城镇增长边界,并成功控制了城市蔓延。早在1973年[37],俄勒冈州议会通过了一项土地利用规划法案,要求该州的每个城市和每个县都要有针对人口增长的长期规划,其中最重要的内容就是对城镇增长边界的划定。城镇增长边界并不是静态的,而要基于需求进行动态调整。规划文件同样呼吁对自然资源的保护。同该州其他城市一样,波特兰也需要划定其城镇增长边界,这一过程涉及华盛顿、马尔特诺玛与克拉克默斯3个县、24座城市,以及超过60个特别区。同时还要为未来的人口与产业发展做好充分的空间预留。城镇增长边界一经确定,就将保护农村地域免遭城市蔓延的吞噬。在城镇增长边界内部,土地被用于住宅、商业、道路、公园以及其他城市设施的建设。这种限制在城镇增长边界内部的开发模式主要包括填充式开发(如开发空置土地)、提高密度(如提高住宅密度)、城市中心再开发,以及改善公共交通等方式,有效地提高了城市土地利用效率。

对通过规划管控和城镇增长边界划定来应对人口增长和城市蔓延问题的需求是显而易见的,但是执行的现实情况却相当不同。并不意外的是,精明增长看起来对不同的群体有着不同的意义,这就意味着不同的利益团体之间在精明增长的具体内容上常常会有分歧。一方面,各种公共部门都代表着不同的利益,包括众多的市政部门和教育、公园与休闲、水等地方政府部门。另一方面,私人团体则代表着另外一系列利益需求,包括土地开发商、建筑公司、地产行业等。这就意味着把所有这些不同的团体聚在一起并达成规划共识必然是十分艰难且耗时的工作。

波特兰的案例充分体现了精明增长的政策要素。无论是否使用精明增长政策、城市增长边界划定、城市绿化带供给等规划工具,它们带来的正面和负面结果都是并存的。例如,城镇增长边界提高了人口密度(或者说其本身就是被设计为满足更高密度的),促进了不同功能需求和不同收入群体的居住混合,可以说有利于建成更友善与更有活力的社区。这些政策的效果或许在城市中心表现最为明显,将老旧、破败的城市中心重新激活为居住、购物与商业场所。对私家车依赖的降低,交通拥堵与污染水平的降低也都可归功于精明增长政策的引入,尤其是公共交通的发展。

另一方面,这些政策在抑制城市蔓延上的作用又很难衡量,因为我们不知道如果没有这些政策,一座城市会变成什么样——如果没有划定城镇增长边界,波特兰市今天会是什么样子?在许多情况下,城市开发就直接跳过了城镇边界或绿化带(环绕地方社区的开放空间),进一步加大社区的开发压力并导致超越城镇增长边界的城市蔓延。在波特兰,有研究认为城镇增长边界实际上并没有减缓郊区化的步伐,也没有减少人们对汽车的使用[38]。另外,在波特兰的周边县市出现了显著的城市开发,这意味着波特兰划定的城市增长边界只是把城镇增长需求转移到了周边地区。批评者们还表达了对城镇增长边界以内不断提高的人口密度的担忧,并进一步指出,土地的有限性导致了住宅供给的有限性,而人口密度的不断提高就必然导致房价上涨。低收入群体处于双重劣势的地位,导致其租房的开支攀升,或者被挤出当地住房市场而增加通勤成本[39]。

方法、测量和工具:"城镇"界定的国际比较

相对而言,城镇地区(urban area)是一个比较直接明了的概念,但其具体界定却并非如此。对于"什么算是城镇"这一问题,各地政府往往采用不同的界定标准[40]。这种具体界定标准从"超过 100 人居住的人口中心",到"仅指居住在首都和省会的人口",再到"基于最低人口数量或人口密度门槛的统计界定"等,不一而足。在欠发达国家,结合了土地利用、人口密度、就业非农化等多指标的界定方法被广泛采用。在澳大利亚,"城镇地区"被界定为规模在 1 000 人以上、人口密度高于每平方千米 200 人的居民点;在意大利,人口规模门槛是 10 000 人;而其他欧洲国家则普遍基于城镇类型的土地利用界定城镇地区。加拿大统计局基于过往普查数据,对城镇地区的统计标准是人口规模超过 1 000,密度不低于每平方千米 400 人。无论如何界定城镇地区,城镇地区之外的区域都视为乡村地区。

在 2020 年人口普查中,美国人口调查局将城镇人口界定为城镇化地区(urbanized area,UA)或城镇簇群(urban cluster, UC)内的人口,其中 UA 与 UC 的范围内是连续的密集居住区,具体包括:①核心普查小区的人口密度应不低于每平方英里 1 000 人;②与之连接的外围普查小区的总人口,总计人口密度不低于每平方英里 500 人[41]。

美国根据人口规模进一步将城镇地区划分为大都市统计区(metropolitan statistical areas)与小都市统计区(micropolitan statistical areas),二者都是用于统计报告的地理实体。大都市区包含一个超过 5 万人口的中心市(urban core)。而小都市区的中心市人口规模则介于 1 万和 5 万之间。每个大都市统计区或小都市统计区都包含其中心市所在的一个或多个县,同时包括任何空间邻接且与中心市经济社会联系(以通勤衡量)密切的外围县。

除了城镇和农村的区别,美国人口普查局还认识到美国的发展模式因空间尺度而异,因此建立了不同规模的城市概念。根据管理和预算办公室(Office of Management and Budget,OMB)的定义,基于核心区的统计区(core-based statistical area,CBSA)一词包括大都市统计区

和小都市统计区。大都市统计区必须至少有一个人口超过 5 万的城镇化地区；小都市区必须至少有一个人口在 1 万至 5 万的城镇簇群。在这两种情况下，最大的城市被指定为"主要城市"（principal city）。

城镇地区的界定方式如此多样，带来了以下两点启示。第一，多样化的城镇界定标准使得城镇化水平的跨国比较十分困难。因此，美国人口咨询局在发布年度世界人口数据资料（World Population Data Sheet）时，使用的是总人口中居住在各国各自界定的城镇地区的人口占比，以便于判定各国数据的可比性。第二，多样化的城镇界定标准也表明了这样一个事实：城镇化是一个相对现象，在人口稀疏或人口规模小的国家，城镇地区的界定门槛通常也会比较低；而人口密度大的国家采用的标准则普遍更高，如在美国，外围普查小区总计人口密度设定为不低于每平方英里 500 人[42]。

注释

[1] 请参见 UN Department of Economic and Social Affairs, "2018 Revision of the World Urbanization Prospects, Percentage of Population at Mid-Year Residing in Urban Areas by Region, Subregion and Country, 1950-2050", https://population.un.org/wup/Download/（2020 年 4 月 29 日查阅）。

[2] 请参见 UN Department of Economic and Social Affairs, "2018 Revision of the World Urbanization Prospects, Average Annual Rate of Change of the Urban Population by Region, Subregion and Country, 1950－2050(Percent)", https://population.un.org/wup/Download/（2020 年 4 月 29 日查阅）。

[3] 人口总数和区域数据来自加拿大社区资料，https://www12.statcan.gc.ca/censusrecensement/2016/dp-pd/prof/index.cfm? Lang＝E(2020 年 4 月 29 日查阅)。

[4] 2020 年，伦敦人口为 930 万人。

[5] Richard Florida, *The Rise of the Creative Class: And How It Is Transforming Work, Leisure, and Everyday Life* (New York: Basic Books, 2002).

[6] Jane Jacobs, *The Economy of Cities* (New York: Random House, 1969).

[7] Ernest George Ravenstein, "The Laws of Migration", *Journal of the Royal Statistical Society* 52 (1889), 241-301.

[8] Ravenstine, "The Laws of Migration".

[9] Wilbur Zelinsky, "The Hypothesis of the Mobility Transition", *Geographical Review* 61, no. 2 (1971): 1-31.

[10] Paul Swinney and Andrew Carter, "London Population: Why So Many People Leave the UK's Capital", BBC News, 18 March 2019, https://www.bbc.com/news/uk-47529562(2020 年 4 月 29 日查阅)。

[11] 请参见如 ABC News, "Why Are There Dozens of 'Ghost Cities' in China?" https://www.youtube.com/watch? v=TiTDU8MZRYw(2020 年 4 月 30 日查阅)。

[12] Natasha Ishak, "34 Unforgettable Photos of China's Massive, Uninhabited Ghost Cities", 28 April 2019, https://allthatsinteresting.com/chinese-ghost-cities(2020 年 4 月 30 日查阅)。

[13] UN department of Economic and Social Affairs, "2018 Revision of the World Urbanization Prospects".

[14] Sophie Eckert and Stefan Kohler, "Urbanization and Health in Developing Countries: A Systematic Review",

World Health & Population 15, no. 1（2014）, 7-20, https://doi.org/10.12927/whp.2014.23722. 另请参见 Md Abdul Kuddus, Elizabeth Tynan, and Emma McBryde, "Urbanization: A Problem for the Rich and the Poor?" *BMC Public Health* 41, no. 1（2020）, https://doi.org/10.1186/s40985-019-0116-0。

[15] Ellen Van de Poel, Owen O'Donnell, and Eddy Van Doorslaer, "What Explains the Rural-Urban Gap in Infant Mortality: Household or Community Characteristics?" *Demography* 46, no. 4（2009）, 827-850, https://doi.org/10.1353/dem.0.0074.

[16] UN department of Economic and Social Affairs, "2018 Revision of the World Urbanization Prospects".

[17] Robert E. Lang and Dawn Dhavale, "Beyond Megalopolis: Exploring America's New 'Megapolitan' Geography", Metropolitan Institute Census Report Series, census report 05:01（Blacksburg, VA: Virginia Tech, 2005）.

[18] Jean Gottmann, *Megalopolis Revisited: Twenty-Five Years Later*（College Park: University of Maryland Institute for Urban Studies, 1987）, 52.

[19] Sean Ross, "New York's Economy: The 6 Industries Driving GDP Growth", 25 June 2019, https://www.investopedia.com/articles/investing/011516/new-yorks-economy-6-industries-driving-gdp-growth.asp（2020年4月30日查阅）。

[20] UK ONS, "Regional Economic Activity by Gross Domestic Product, UK: 1998 to 2018", 19 December 2019.

[21] W. Mark Brown and Luke Rispoli, "Metropolitan Gross Domestic Product: Experimental Estimates, 2001 to 2009", Statistics Canada, 11-626-x no. 042, 10 November 2014, https://www150.statcan.gc.ca/n1/en/daily-quotidien/141110/dq141110a-eng.pdf?st=ohtJCUoP（2020年4月30日查阅）。

[22] W. Mark Brown and Darren M. Scott, "Human Capital Location Choice: Accounting for Amenities and Thick Labor Markets", *Journal of Regional Science* 52（2012）, 787-808.

[23] World Bank, "As Countries Urbanize, Poverty Falls", 9 August 2018, https://datatopics.worldbank.org/world-development-indicators/stories/as-countries-urbanize-poverty-falls.html（2020年4月30日查阅）。

[24] Nancy Foner, "Is Islam in Western Europe Like Race in the United States?" *Sociological Forum* 30 no. 4（2015）, 885-899.

[25] 关于隔离这一主题的研究已经非常丰富, 感兴趣的读者可以对这一主题深入探讨。

[26] Miranda. R Jones, Ana V. Diez-Roux, Anjum Hajat, Kiarri N. Kershaw, Maries S. O'Neil, Eliseo Gualler, Wendy S. Post, Joel D. Kaufman, and Ana Navas-Acien. "Race/Ethnicity, Residential Segregation and Exposure to Ambient Air Pollution: The Multiple Ethnic Study of Atherosclerosis（MESA）", *American Journal of Public Health* 104, no.11（2014）, 2130-2137. 另请参见 Kiarri N. Kershaw and Sandra L. Albrecht, "Racial/Ethnic Residential Segregation and Cardiovascular Disease Risk", *Current Cardiovascular Risk Reports* 9, no. 3（2015）, 10。

[27] Edward Glaeser and Jacob Vigdor, *The End of the Segregated Century: Racial Segregation in American Neighborhood 1890 – 2010*（New York: Manhattan Institute for Policy Research, 2012）, https://www.manhattaninstitute.org/html/end-segregatedcentury-racial-separation-americas-neighborhoods-1890-2010-5848.html（2020年4月29日查阅）。

[28] Douglas S. Massey and Jonathan Tannen, "A Research Note on Trends in Black Hypersegregation", *Demography* 52, no. 3（2015）, 1025-1034.

[29] Douglas S. Massey, "The Legacy of the 1968 Fair Housing Act", *Sociological Forum* 30（2015）, 571-588.

[30] Daniel T. Lichter, Domenico Parisi, and Michael C. Taquino, "Emerging Patterns of Hispanic Residential Segregation: Lessons from Rural and Small-Town America", *Rural Sociology* (2016), http://doi.org/10.1111/ruso.12108.

[31] US Census Bureau, "Quick Facts, Detroit City Michigan", https://www.census.gov/quickfacts/fact/table/US/PST045219(2020年4月29日查阅)。

[32] Katharine Q. Seely, "Detroit Census Confirms a Desertion Like No Other", *New York Times* (22 March 2011), A1.

[33] Rachel Franklin, "The Demographic Burden of Population Loss in US Cities, 2000-2010", *Journal of Geographical Systems* (2019), https://doi.org/10.1007/s10109-019-00303-4.

[34] 更多讨论,请参见 Blair Badcock, *Making Sense of Cities:A Geographical Survey* (London: Arnold, 2002)。

[35] 详请参见 Richard E. Bilsborrow, *Migration, Urbanization, and Development:New Directions and Issues* (New York: United Nations Population Fund and Kluwer Academic Publishers, 1998),亦可参见 Martin P. Brockerhoff, "An Urbanizing World", *Population Bulletin* 55, no. 3 (September 2000), 23; Gavin W. Jones and Pravin M. Visaria, *Urbanization in Large Developing Countries:China, Indonesia, Brazil, and India* (Oxford: Clarendon Press, 1997); Josef Gugler, *The Urban Transformation of the Developing World* (Oxford: Oxford University Press, 1996); Eugene Linden, "Megacities", *Time*, 11 January 1993, 28-38。

[36] 关于精明增长,详请参见 http://www.smartgrowth.org/(2020年4月29日查阅)。

[37] 详请参见 Oregon Metro, https://www.oregonmetro.gov/(2020年4月29日查阅)。

[38] Jun Myung-Jin, "The Effects of Portland's Urban Growth Boundary on Urban Development Patterns and Commuting", *Urban Studies* 41, no. 7 (2004): 1333-1348.

[39] Deborah Howe, "The Reality of Portland's Housing Markets", In: *The Portland Edge:Challenges and Successes in Growing Communities*, ed. Connie P. Ozawa (Portland, OR: Portland State University, Island Press, 2004), 184-205.

[40] 请参见一项由国际地球科学信息网络研究中心(Center for International Earth Science Information Network, CIESIN)运用 GIS 进行的有趣研究,http://sedac.ciesin.columbia.edu/gpw/。

[41] 详请参见美国人口调查局,https://www.census.gov/glossary/(2020年4月29日查阅)。

[42] 详请参见美国人口调查局,https://www.census.gov/glossary/(2020年4月29日查阅)。

第十章 人口政策

◎ 国际移民政策
◎ 国内迁移
◎ 生育政策
◎ 老龄化政策
◎ 作为人口政策的经济政策
◎ 国际社会的作用:矛盾的信息
◎ 结论
◎ 思考题
◎ 聚焦:若干地区的计划生育政策
◎ 方法、测量和工具:人口政策评估——成功还是失败?

世界各地的政府对人口的规模、分布和构成的调控都有兴趣或需求。一些地方的政府可能基于降低生育水平的目的推进相应的政策,而另外一些地区则设法提高生育水平。一些国家试图控制移民群体的数量和质量,如通过选择性的移民政策来达到控制移民"质量"的目的。尽管形式与效果各不相同,大多数发达国家均已采用了多种多样的人口政策。对于希望控制人口规模的政府[1],政策杠杆可以被用来调控死亡率、生育率、国内迁移与国际迁移。而作为人口政策第五个维度的经济政策,也可能对人口规模与结构产生影响。国际移民政策、国内迁移政策和生育政策是政府实现特定人口目标的最直接政策手段。相比于"死亡政策",政府实际上更关注人口健康、健康服务供给以及健康老龄化问题,以求促进老年人口在需要照料或进入机构养老之前,能够维持更长期的积极、生产性的生活。发达国家的人口预期寿命普遍在过去几十年间不断提升,直接反映了这些人口政策的影响。

本章考察了各种人口政策,尤其强调兼顾政策的得失,重点关注生育政策、国际移民政策与国内迁移政策。"聚焦"栏目重点关注中国具有争议性的独生子女政策;"方法、测量和工具"栏目对一些人口政策的效果进行了评估。

国际移民政策

一般认为,发达国家的生育率将保持在低水平,死亡率也不会产生明显变化,因此国际移民已成为加拿大、美国等许多发达国家人口增长的主要来源,而国际移民政策也已成为这些国家事实上的人口政策[2]。在各类人口政策中,设定一定时期内的移民入境数量、规定移民来源国家,以及认定移民资质等方式的国际移民政策能够对人口增长和劳动力市场产生最即时、最直接的影响。实际上,相关预测表明,到2065年,国际移民及其子女的增长将占美国人口增长的88%,由此将显著改变美国人口的民族和种族构成[3]。在加拿大,国际移民增长已经在全国人口增长中占据了超过50%的比例,且预计在21世纪中期将成为加拿大人口增长的唯一来源[4]。不过,尽管传统上国际移民群体的生育率要比本国居民高(尤其是在美国),但近年来国际移民的生育率也在下降,意味着国际移民对接收国总体生育率水平的影响变得十分有限[5]。

不同于美国和加拿大,欧洲并不是国际移民的主要接收地(短期工作项目和"难民潮"的情况除外),且面临着人口衰减。而国际移民的规模水平通常也不足以扭转欧洲人口老龄化的趋势。而当前的"难民潮"也在影响欧洲大陆对外来移民的接纳[6],大多数欧洲国家都已制定更加严格的国际移民政策,部分国家还积极鼓励其外国出生人口离开该国。因此,看起来欧洲不太可能诉诸国际移民来应对人口减少问题。

尽管国际移民可以支持一个国家的人口和经济增长,但从人口政策的角度,它并不是一种有效的手段。政府可能出于国家安全等各种考虑而随时改变国际移民的政策导向,如美国在2001年9月的那场恐怖袭击后改变了移民政策,以及最近在特朗普执政下减少了难民数量并限制特定国家的国民入境。类似地,政府也可能限制国际移民以应对经济下行,如美国政府为应对新冠疫情而呼吁减少国际移民数量。在2015年难民危机和欧洲经济衰退与停滞的背景下,相对欠发达的欧洲国家的劳动力具有在欧洲无限制流动的机会,使得欧洲各国政府表达出对国际移民问题的担忧[7]。相应地,一些国家政府出台了限制国际移民政策和劳动力市场准入政策,包括限制《申根公约》所保证的欧盟成员国内部的劳动力流动。例如,瑞士引入工作执照配额以限制国际移民数量,丹麦重新开始实施边境管控这一被欧盟成员国普遍放弃的措施,以及西班牙要求所有罗马尼亚移民在入境前必须已签订劳动合同等。所有这些政策、措施都违背了欧盟劳动力自由流动的理念。简单来说,国际移民政策是政府可以用来比较容易地限制劳动力空间流动的政策工具。

国际移民政策也暴露出了预期和实际结果之间的差异。美国正面临着国际移民限制政策与国内政治的不匹配问题,在雇主对廉价劳动力的渴望与本国工人生计受到威胁之间进退两难。美国政策的这种固有矛盾在使美国—墨西哥劳动力迁移合法化的"巴拉西罗劳动合同工引进"项目(1942—1964年)中体现得尤为突出。在国际迁移合法化方面,该项目塑造了两国之间的长期关联,实质上纵容了非法国际移民。1986年的《移民改革与管控法》则进一步加深了这种矛盾。为了解决非法移民问题,该法案对雇佣未登记的无证移民的雇主进行处罚。但同时,法案又对加州的农业种植者提供了豁免,允许他们在"特别农业工人"项目(Special Agricultural Workers,SAW)下继续雇佣未登记的无证移民。由于《移民改革与管控法》无法要求雇主来检查相关法律文件的真实性,移民管控又被进一步削弱。《移民改革与管控法》还通过允许在1982年1月之前已定居在美国的无证国际移民申请合法许可的方式,对一批无证移民进行了赦免。伴随着约300万国际移民被合法化,该赦免项目并没有在长期意义上实现减少无证国际移民的目标。相反地,在接下来的三年间,逮捕的无证入境人数急速上升,表明又一批无证移民开始涌入以填补美国对劳工的需求。后续的研究也指出《移民改革与管控法》并没有对无证移民起到持续的抑制作用[8]。

国内迁移

在多数发达国家,国内人口流动并不受限制。美国、澳大利亚、加拿大等国家允许且通常鼓励国内人口的自由流动,个人可以自由迁移以追求有利的经济条件以及其他个人选择,并在他们选择的地点定居。例外的情况包括来自欧洲的定居者们将原住民的土地据为己用,将这些人强行迁到非传统保留地,以及针对面临自然灾害威胁社区的强制性迁移等。然而,在一些发展中国家,国内迁移由政府通过政策得以推行或限制。例如,印度尼西亚的国内人口转移政策是一项通过提供经济与土地激励将人口从爪哇岛向其他人口稀疏地区转移的长期政府项目。但是强制性的区域人口转移工程也引发了2000年与2001年基督徒与穆斯林之间的冲突,因为这两个群体在很大程度上相互排斥,但却因为政府强制性的人口转移政策而聚居在一起[9]。

中国则曾遵循一条"受限制的城镇化"(restrained urbanization)路径。因为担心过多农民涌入少数大城市,中国实行**户籍制度**(Hukou system)对国内迁移进行控制[10]。户籍对人口的地区分布与乡城迁移有重要影响。在户籍制度下,户籍身份又赋予当地人一些特定的地方福利,如医疗保健、免费的公立教育、合法住房、获取工作的便利等,而外来人口则很难同等享受这些福利。希望到城市从事非农业工作的农村人口还需要向有关的政府部门进行相应的申请,而允许从农村前往城市的劳动力总量则被严格控制①。

人们可以通过两种方式从农村迁移到城市。第一种是合法的身份转换者可获批永久迁移。在20世纪80年代初至90年代末,中国政府每年批准了大约1 800万人的身份转换申请,其中绝大多数是申请由农村向城市的永久迁移。第二种是通过持有许可证暂时迁移到城市,但个人享受迁入地福利的资格受到限制。尽管存在风险且无法享受城市当地的福利,中国仍有成千上万的农村人口迁移到城镇寻找工作②。

尽管对国内迁移的管控成功地限制了中国几座最大城市的人口增长[11],但这种管控并没有成功限制住农村向城市的人口迁移。相反,经济发展需求依旧驱动着暂时的或永久的国内迁移③。另外,迁移人口实际上不全是城市居民中最贫困的群体,而限制乡城迁移的政策也未必都能奏效,反而对贫困群体的伤害最大[12]。

对于人口流动的限制还进一步加大了经济和社会的不平等,并催生了中国城市中"贫民窟"(slums)的增长,因为流动人口通常都居住在生活状况很差的宿舍和城中村中。自20世纪90年代以来,户籍制度随着经济改革而被逐渐放松,中国开始鼓励农村向城市的人口迁移,并努力保障流动人口的合法就业。尽管如此,对部分公共服务的享有权限依旧取决于户籍身份,这依然被严格限制,由此引发当下人们对于户籍制度限制了中国经济增长的担忧。

生育政策

减少生育:生育抑制政策

正如我们所见,生育水平在全球各地存在着非常显著的差异。从绝大多数发达国家(尤其在欧洲)极低的生育率到包括撒哈拉以南的非洲在内的部分发展中国家的极高生育率。这种差异的确部分反映了发达国家与发展中国家之间的一种差别,但这仅是部分图景。应当看到许多发展中国家和地区已经达到了相对较低的生育率。中国的低生育率(1.5)是通过国家控制实现的(详见本章"聚焦"栏目),一些其他国家和地区(如韩国和中国台湾地区)则在没有国家干预的情况下自发地实现了生育率降低。

---

① 这些限制曾在户籍制度建立之初被严格执行,而在改革开放后逐渐放松,如今已被取消。——译者注
② 在户籍制度严格执行时期,不符合相关规定的迁移被认为是"非法"的。本书作者将其看作第三种迁移方式,即"illegal migration"(非法迁移),这类迁移者不能享受当地的医疗保健等福利且面临随时被遣回户籍地的风险。但随着户籍制度和人口流动管理的改革,这一情况已经成为历史,故而译者未在此处译出。——译者注
③ 对国内人口迁移的制度管控在城镇化水平较高、经济社会基础较好的发达国家已不多见,但在发展中国家中仍有重要意义。中国人口迁移的活跃也与户籍制度改革紧密相关。——译者注

生育选择一般被认为是私人事务。联合国已经申明了夫妻有决定生育的子女数量与生育间隔的权利。尽管如此，由于生育率预示着长期的人口增长或衰减趋势，绝大多数政府都直接或间接地表现出对生育率的兴趣，许多国家试图影响人们的生育选择。例如，在印度等国，政府认为生育率过高，试图通过推行计划生育（family-planning）等政策向人们宣传小规模家庭的优势，以及通过提高避孕用具可得性等方式来降低生育率。

在沙特阿拉伯、印度、斯里兰卡、巴基斯坦、尼日利亚以及秘鲁等许多国家，尽管生育水平已经出现了下降的趋势，政府依然认为本国的人口增长率过高。自20世纪80年代以来，越来越多的发展中国家已经认识到控制人口增长的必要性，虽然真正实行起来非常复杂。相应地，各国政府已经广泛采取了从自由放任型到主动干预型的各种措施，旨在通过控制生育行为来降低人口增长率。在前文的案例中，印度最初并未强调生育行为的直接改变，而是希望通过总体上改善经济发展前景来最终实现生育水平的降低。为减少生育，提供经济激励或强调少生子女对提高生活质量的帮助等做法也被印度采用，但总体效果有限。在1952年，印度成为全球第一个正式出台减缓人口增长相关官方政策的国家，但这一政策受到大家庭传统、难以在占据国家人口最大比例的农村人口中推行等因素的影响，最终还是失败了[13]。

强制性和主动干预性的政策包括推行绝育。伴随着计划生育项目和通过经济发展带动生育水平降低的计划走向失败，对于这些失败措施的沮丧情绪不断高涨，印度政府在1976年设立强制性的绝育项目。根据正式的官方文件，参与这一项目并不是强制性的，但是每名政府人员要指定两名绝育手术备选人的要求导致广泛的贿赂，同时一系列包括取消营业执照等惩罚性措施的实施，意味着绝育手术实际上得到了强制执行。而尽管约有2 200万人被绝育，其中大多数实际上是已经实现了理想家庭规模的年长男性，说明该项目同样没有达到降低总体生育率的目标。

迫于国民对于强制的计划生育项目的强烈抗议，印度政府提出"生殖健康与权利"（reproductive health and rights），以确保生育行为的个人选择属性，而不受强制干预。但是在印度政府推行的"两孩政策"的影响下，所谓"生殖健康与权利"的前景在现实中也并不清晰。尽管政府声称通过分发避孕用具的项目已使避孕选择成为可能，贫困与低文化水平的妇女仍经常是结扎手术的对象，即使她们本身并不了解这一过程的意义和后果。强制性的完全绝育也仍然十分普遍，例如，社区的健康服务人员常在政府的资助下动员妇女进行绝育手术，而事实上她们本来的主要任务是向人们普及所有可选的生育控制手段。对于他们来说，无法完成目标通常意味着被罚款，甚至有失业等无法承受的后果。如果家庭的子女数超过两个，家庭成员将无法享受学校的助学金和校餐、清洁用水项目，甚至无法成为公务员。相反地，印度政府通过提供奖励来鼓励绝育，如定期向已经堕胎或参与鼓励堕胎的家庭发放全新的洗衣机等家庭用品[14]。

2000年印度出台了第一项全国人口政策(National Population Policy)。该政策包括降低新生儿和产妇死亡率、提倡晚婚以及自愿的计生服务等主题,旨在于2010年之前将生育率降低到人口更替水平[15]。然而尽管这些降低生育率的政策已经实施了数十年,印度2020年的生育率(2.2)仍然高于更替水平,且使用现代节育措施的人口仍然不到一半。在人口增长惯性的影响下,印度的人口仍在快速增长,因此降低生育率的需求依然很强。

尽管声称支持生殖健康与权利,印度生育政策的实际含义和影响与友好和善的口号相去甚远。第一,在"两孩政策"的部分影响下,数以百万计的女孩在印度"消失"。由于男孩更能养家与承担土地耕种,人们对于生育男孩的渴望仍然十分强烈,尤其是在新生儿与儿童死亡率居高不下的背景下。对男孩的强烈偏好导致了大量杀害女婴的做法。在印度部分地区,男女性别比惊人的高(110.6)[16],如印度西部的达曼和迪乌(Daman and Diu)地区,性别比达到162(2011年印度人口普查数据)[17]。尽管在印度堕胎是合法的,但基于性别选择的堕胎在1994年已经被禁止,政府也发起了"拯救女童"(Save the Girl Child)运动,使得该国出生性别比略有降低[18]。第二,对绝育的紧逼已经导致印度年轻妇女很早就生育两个子女,而不是推迟生育或延长生育间隔。早育趋势使得更多的年轻人选择生育,反而显著增强了人口增长的态势。第三,绝育手术(作为一种有创的外科手术)常常在非理想的情况下进行,大量的感染与并发症由此成为常态。

计划生育项目介于"生殖健康与权利"和强制节育两个极端之间。该项目的实行通常取决于个人和家庭接受该类服务的意愿,以及地方政府提供相应服务以降低生育率的积极性。该项目的一个附带好处是向人们普及了艾滋病等性传播疾病(sexually transmitted diseases, STDs)的风险。尽管避孕方法在全球范围被更广泛地使用,它们在发展中国家更多是被用来控制生育间隔,或在达到理想家庭规模后终止生育,而非用来对家庭规模进行限制。另外,在许多非洲国家,只有约32%的已婚育龄期妇女使用了某些现代的生育控制手段,而在美国这一比例达到68%。通常来说,避孕方法的使用会遭到一些政治、文化乃至宗教因素的反对。在某些情况下,使用避孕套甚至会损害伴侣间的关系,因为有些人会将使用避孕套与艾滋病、危险性行为等联系在一起。因此可以预料到,各种减少生育的项目取得的效果不尽相同,这种差异并非来自项目本身,而更多是反映了不同的社会认识。

促进生育:鼓励生育政策

在大多数情况下生育都是个人选择,但在面对新生人口过少,生育率长期降低带来的人口老龄化、人口萎缩等情况时,相关国家或地方政府仍在努力鼓励生育。自20世纪70年代以来,许多工业化国家的人口总和生育率(TFR)已经低于人口的自然更替水平。在加拿大、澳大利亚等国,低生育率意味人口增长缓慢,而在乌克兰、俄罗斯、德国、匈牙利等一些国家,人口负增长已经出现,出生人口已经少于死亡人口。在一些欧洲国家,老年人口(65岁及以上)占总人口的比例已经超过或接近20%,如瑞典为20%、芬兰为22%、葡萄牙为22%、意大利为23%、希腊为22%,且这一比例还在继续增长。在低生育率的作用下,欧洲正在经历人口老龄化与人口增长来源的转换:2018年和2019年连续两年均未实现人口自然增长,国际移民成为欧洲人口增长的唯一动力[19]。假定国际移民保持在当前水平,欧洲的总人口将在21世纪中叶开始减少,加拿大也有同样趋势。

美国尽管拥有西方国家中最高的总和生育率,其老年人口的比例也同样显现出增长趋势:从1900年的仅占4.1%增长至2020年的16%,且预测在2030年略微超过20%[20]。即使是在中国,政府主要的担忧也不再是过去过快的人口增长,而开始转向老龄化的人口结构及相应的支持体系。随着老年人口增加以及作为老年人口赡养者的劳动力规模萎缩,人们对此的焦虑和不安情绪已经引发了对社会福利项目存续、经济发展受限和政治权力损失的担忧,这促使中国政府在2014年放弃了"独生子女"政策(详见"聚焦"栏目),转而探索提高生育水平的方法。伊朗也在很大程度上抛弃了计划生育项目并停止提供绝育手术或节育服务,除非妇女的身体健康受到危害[21]。在上述国家,合法堕胎、生育税收减免或日间照料服务等政策也间接影响了人们的生育行为。

在绝大多数西方国家,出生率降至低于人口更替水平这一现象与深层的社会和经济转变密切相关[22],包括性别平等、教育及妇女劳动参与率的提高等。不断提高的就业地位和职业追求使得女性拥有更多的经济自主性,女性寻求家庭之外的职业发展,进一步促进了生育率的降低。对于失业、裁员以及未来国家福利发展不确定性的担忧降低了人们对经济发展的预期,同时不断增长的消费欲望也进一步提高了生育孩子的机会成本。上述因素共同促使很多人推迟生育时间或减少生育数量,对关于婚姻和生育时机的诸多长期共识构成了挑战。

低出生率和人口增长率的下降会带来一系列问题。尽管老龄化社会带来的后果还不明晰,许多评论家却已得出低生育率是一个严重问题的结论,认为它带来的劣势多于优势,是一种政治意义上不可持续的状况[23]。因为惧怕这种"人口上的自我灭亡"(demographic suicide)和人口老龄化带来的经济影响,许多国家出台政策直接鼓励生育或降低生育子女的机会成本,以求提高生育水平。自20世纪70年代以来就面临人口增长缓慢乃至负增长的东欧国家,有着最悠久的推行鼓励生育政策的历史[24]。

绝大多数此类项目并不被宣传为生育政策,也非针对政府的特定家庭规模目标而制定,而是被包装成针对生育决策并降低生育机会成本相关的经济社会问题,以反贫困、扶助妇女、扶持家庭的名义出现,并常伴随着对避孕和堕胎服务的限制。匈牙利为夫妻提供三年产假,根据子女数量发放住房补贴以及子女养育补贴,还为有生育困难的夫妇提供最多达五个周期的免费试管婴儿服务,所有这些政策旨在于2030年前将该国的总和生育率提高至2.1。在法国,政府为有两个及以上子女的家庭提供津贴,还有十分慷慨的产假安排(最多达三年)和儿童照顾服务,这些积极的生育政策帮助该国达到了全欧洲生育率的最高点(2020年为1.8)。而在澳大利亚,不断降低的生育率(总和生育率在2001年低至1.73)促使政府为每一个有子女的家庭提供一笔3 000美元的津贴(后来又被提高到5 000美元)。尽管该政策被普遍认为取得了成效(总和生育率在2008年提高到2.02)[25],但还是在2014年被取消了,因为相应的批评认为这不过是生育时机选择的改变,并不会真正增加人们希望生育子女的数量。另外这也可能只是20世纪70年代初期出生的一批规模较大的人口队列恰好开始生育子女的缘故[26]。此后,澳大利亚的总和生育率又下降到1.7。

一些证据表明经济激励在短期确实能够提高生育水平。2008年的一份报告指出,瑞典、俄罗斯等一些国家的总和生育率出现显著上升的趋势[27]。俄罗斯的总和生育率在20世纪90年代末一度跌至1.2。此后俄罗斯出台了一项慷慨的政策,对生育二孩的家庭每户奖励约9 600美元,该国总和生育率也在2007年提高至1.44,并在2020年达到1.6。但从长期来看,这种生育率的提高并不可持续,反映出生育行为及塑造生育行为的力量是不能轻易改变的。

在那些生育率较高的国家,为工作的父母提供经济社会支持已被长期嵌入文化中。其他一些国家则采取了一些别出心裁的激进措施来提升生育率。在丹麦,"为丹麦而做"的运动要求夫妻在假期进行更多性行为从而更可能怀孕,这一运动还得到了旅行社的支持;波兰卫生部则呼吁波兰人民"像兔子一样做"[28]。然而,并不是所有的生育促进运动都是这样轻松随意。在许多国家,积极的生育政策被民族主义者和极右翼分子劫持[29],鼓励生育与种族主义、歧视性语言等联系起来。

亚洲"消失的女性"

尽管很多国家仍在同生育率做激烈斗争并已经采用了限制生育的政策,人们对于生育男孩以满足个人和社会期待的愿望依旧十分强烈,这导致人们越发倾向于进行性别选择以保证能够拥有一个男孩[30]。对于男婴的偏好反映出一种根植在文化中的观念:儿子通常被寄望为家庭提供支持、养老并继承农场或商业家产,而女儿则没有继承权,这就意味着出于经济考虑必须要生育儿子。同时,家庭规模的缩小(即总和生育率下降),不论是通过立法(如中国的独生子女政策)还是通过个人选择,都意味着人们更加需要保证至少有一个儿子。自然状态下的男女出生性别比应约为105个男性比100个女性,但印度和中国的出生性别比则明显高得多,"官方"数字分别为112和115,而一些证据表明实际的数字比之还要高[31],这说明两国的出生性别比高度偏向男性。根据一项计算结果,仅仅在亚洲就已有约1.63亿的女性"消失"[32]。

在抵制生育政策的影响下,超声检查和允许堕胎进一步助长了性别选择,前者能够确认婴儿性别,而后者使得想要男孩的母亲能够打掉女胎。亚洲大部分地区都存在对男婴的性别偏好和选择,而这一现象在北美与欧洲地区也已出现,在一些国际移民社区性别比已经出现明显偏斜[33]。无论在什么地区,男性的这种地位都会带来相应的社会影响。除了相关的道德伦理问题之外,性别选择及相应的男性占多数的社会还会导致"婚姻挤压"(marriage squeeze)的现象,适婚年龄的男性将面临择偶的困难,导致男性要与更加年轻的女性结婚,迫使更年轻的男性在寻找配偶的竞争中,不仅要面对同年龄队列的其他男性,也要面对年龄队列更大的其他男性。同时,女性也变得商品化,被她们所在的家庭"售卖"给"出价最高"的求婚者。另外,男女性别比过高的地区通常也报告出更高的犯罪率和更多的暴力现象,不论是男性针对女性的还是男性之间的。

老龄化政策

已有许多政策应对人口的逐步老龄化,我们在此重点关注"就地养老"(aging in place)和"老年友好型社区"(age-friendly communities,AFC)这两个概念。许多老年人都渴望能够就地养老,即继续在他们的家和社区中安稳度过老年,但是这样的计划常常因为老年人行动(步行或驾驶能力)、基本日常活动(如穿衣、做饭、购物等)、定位社区等能力的降低而变得困难重重。

在某种程度上,成功地进行就地养老受到邻里社区特点的影响。越来越多的证据表明,生活在底层贫困社区的人通常健康状况更糟、行动力受限、精神压力更大、社会资本更加有限。邻里社区的自身特点和周边环境,如人行道、舒适物的数量或犯罪行为的多少,同样会影响就地养老,而且会影响老年人对身体健康情况的自我认知,影响慢性疾病的出现等。例如,相比生活在富裕社区的老年人,生活在贫困社区的老年人更可能面临糟糕的健康状况。生活在贫困社区的老年人还有更高的心脏病风险(这一结果在考虑了个人和物质环境条件的影响的情况下仍然成立)。相反地,生活在富裕社区还与更低的肥胖率相联系[34]。

地方需要积极应对社区老龄化带来的各种挑战,才能成功地为老龄化做好规划和准备,无论该地方是否期望容纳退休老人或成为一个重要的退休目的地。世界卫生组织提出了"老年友好型社区"的概念[35],这一概念包括各类"积极老龄化实践"(active aging practices),涉及交通、建成环境,以及有利于健康生活和社区参与的可及性等。例如,老年友好型社区拥有更加合理的人行道设置、更好的个人安全保障、更加便利可得的交通与各类空间(建筑、公园等),并且老人有机会参加各类社区活动。重要的是,尽管老年友好型社区以服务老年人为主要目标,其实践与政策规划同时也是为了让全年龄段的人能生活在一个更加安全、便利的社会和物质环境中。

建设老年友好型社区可能十分具有挑战性且耗费时间,尤其是在那些条件较差、缺乏有利于更健康生活条件的地区。对于规划者和其他对这一政策感兴趣的人而言,已有一些可在社区层面实施的具体方法和实践经验,它们往往始于对地方资源的充分调查[36]。

作为人口政策的经济政策

全国性或区域性的经济政策通常都带有人口的成分,或者会对人口政策及人口结构产生影响。在美国,随着人口增长放缓,"婴儿潮"一代逐渐老去,以及劳动参与率下降,劳动力规模的增长逐渐放缓。20世纪70年代,"婴儿潮"一代进入劳动力市场,年均经济增长率高至约2.6%,而后在80年代降至约1.6%,再到90年代为1.2%,这也引发了政策制定者和商业领袖们的担忧。在2015—2025年,随着"婴儿潮"一代开始退休,预测美国劳动力规模的年均增长率将仅为0.5%[37]。此外,也有人担心,随着"婴儿潮"一代退休,这一批大规模的经验丰富的劳动力会被缺乏经验的新劳动力取代,美国的劳动生产率也会相应下降。

一些其他政策,包括那些促进性别平等或提升女性受教育水平等的政策,也与生育偏好的变化存在联系,因为更多的受教育机会通常与更少的生育紧密相关。显然,卫生健康服务的提供是一项经济政策。而一般来说,那些投资于卫生健康和计划生育项目的国家相比不在这些方面进行投资的国家,通常有更低的人口增长率与更高的经济发展水平。不过,卫生健康服务系统也会受到高人口增长率和经济萧条等因素的负面影响,因为这些因素会阻碍社会发展和现代化,以及减少对基本卫生服务的投资。在这样的情况下,许多卫生健康服务系统得不到充分的资助,甚至处于荒废状态,导致人们无法享受绝大多数的基本卫生服务。

对人口老龄化,劳动力规模和经验水平的降低,以及老年人口供养等问题的担忧已经促使很多发达国家的政府对劳动参与率进行调整。例如,一些国家取消了强制退休年龄的规定,降低或延迟了退休福利的发放,并鼓励老年人口参与劳动。美国将提供退休福利的年龄从65岁延迟至67岁,取消强制退休年龄规定之后,该国55岁以上人口的劳动参与率从1995年开始上升。1985年到2017年,65~69岁年龄组的男性劳动参与率从24%提升至37%,女性劳动参与率则从18%提升至28%;70~75岁年龄组的男性和女性劳动参与率也都有一定的提高[38]。

其他一些采取了此类措施的国家也收获了类似的效果。这些政策希望老年人口这一通常被社会认为是已经退休了的群体能够继续参与劳动，自给自足，继续纳税并缴纳养老金。尽管选择延迟退休（通常是 65 岁及以前退休）的人数依旧较少，但这一数字正在增加，尤其是许多"婴儿潮"一代的老人希望能够在传统的退休年龄之后继续工作[39]。预期寿命的延长、有更好的健康状况、非强制退休、社会福利改革等因素确实使人们在 65 岁以后继续工作的倡议受到鼓励并成为可能，但实际上在很多时候这也是必须的选择，因为一些老年人缺乏积蓄并负有债务。相比前几代人，如今的老年人普遍有更多的债务，这成为迫使他们延迟退休的重要因素[40]。

国际社会的作用：矛盾的信息

早期的努力：20 世纪 50—70 年代

尽管我们通常认为生育选择是完全私人的事情，国家与政府实际上经常有意或无意地扮演着促进生育的角色。发达国家对于第二次世界大战后人口快速增长的不断加深的担忧促使了一批政府和国际组织设法影响生育政策[41]。最初，发展中国家大多对于促进减少生育项目的反应迟缓，坚称"发展是最好的避孕药"。人口政策也常被发展中国家认为是前殖民国或霸权力量对其国家主权的侵犯。但随着经济发展的停滞、过高的婴儿死亡率现象的出现，以及政府愈发认识到女性自身也希望能够限制生育等，发展中国家的政府对于人口增长需要放缓这一理念愈发热心。通过主办 1954 年的第一届全球人口大会，联合国成为这一理念的主要推动力量。其他联合国机构，包括世界卫生组织（WHO）和联合国儿童基金会（United Nations Children's Fund, UNICEF）等，也已在联合国人口基金会（United Nations Population Fund, UNFPA）的赞助下将生育健康纳入它们的项目之中。

美国政府采取了一种更加自主的方式，选择通过本国的国际开发署（United States Agency for International Development, USAID）管理相应资金，这反映出美国自身的一些关切与政策目标[42]。在认为过快的人口增长通过贸易、政治冲突、移民问题、环境破坏等问题危害美国国家安全这一理念的驱使下，美国国际开发署成为全球最大的计划生育项目的资助者。最初，这些项目强调计划生育的实践与具体的人口目标，但自 20 世纪 70 年代开始更多地变为提供避孕信息和儿童及母婴健康支持服务。相关的批评长期以来认为这些项目过于狭隘，并没有充分尊重宗教信仰且缺乏对经济社会发展机会的相应投资。尤为重要的是，堕胎反对者们批评美国政府的计划生育项目促进了堕胎。实际上，自 20 世纪 70 年代以来，美国法律已经禁止利用这些项目的资金来支持堕胎。

优先事项的转变：20 世纪 80 年代至今

里根政府时期的 20 世纪 80 年代见证了美国人口政策的显著转变。在朱利安·西蒙（Julian Simon）等声称世界人口增长是"好事"的经济乐观主义者的支持下，里根政府在 1984 年举办于墨西哥城的国际人口大会上宣称"人口增长对于经济发展的影响实际上是中性的"。堕胎与宗教权利的关联还促使里根政府反对将相关资助用于堕胎服务，并撤销了对所有提供堕胎服务机构的财政支持，即使是那些花费自身的资金提供合法堕胎服务的机构。尽管美国扭转了其在人口增长问题上的立场，发展中国家则大多逐渐远离早期对于计划生育项目的反对态度。相反地，小家庭的好处和减缓人口增长的理念在发展中国家得到提倡。尽管美国表示反对，1984 年的国际人口大会最终还是决定支持计划生育这一提议，并敦促各国政府提供此类服务。

在 1993 年克林顿入主白宫后，克林顿政府取消了前共和党政府设定的一系列计划生育资金的使用限制，并增加了对计划生育项目的资助。八年后，布什政府在执政后几天之内就马上重新确立了那些美国在墨西哥会议时期就已出台的对计划生育项目的限制措施[43]，而奥巴马政府又再次取消了这些限制措施[44]。紧接着，特朗普政府又一次取消了对提供或被视为推动堕胎服务的国际组织的财政支持，并撤销了对联合国人口基金会的赞助[45]。

不幸的是，对堕胎服务的限制和取消对联合国人口基金会的赞助削弱了计划生育项目的成效，因为它妨碍了阻止意外怀孕和改善母婴健康目标的实现。例如，联合国人口基金会为旨在减少贫困、阻止意外怀孕并保证安全生育的政策项目提供着重要支持。堕胎的普遍存在说明人们对于计划生育项目的需求并没有被充分满足，因为计划生育项目可以通过提供更多的有效咨询和忠告或其他方法来避免堕胎服务的大量使用。在合法堕胎不被允许的情况下，妇女们可能选择非法堕胎，这会显著提高女性面对意外怀孕时非法堕胎最终致死或致残的风险。计划生育项目还可以通过帮助控制生育间隔来降低生育水平，并促进提高妇女与婴儿存活率，制止不安全的堕胎，减少艾滋病等性疾病的传播等。相关研究已经清楚地表明，随着计划生育措施使用率的提高和对计划生育项目资助的增加，堕胎率会出现相应下降[46]。

在 1994 年于开罗举办的第五届联合国人口大会上，讨论再次聚焦人口增长与经济发展的关系。尽管计划生育项目在发展中国家取得了普遍成功，针对这些项目的批评仍将计划生育视为对个人自由的侵犯。还有观点认为，计划生育项目需要更好地与更广泛意义上的妇女健康结合在一起，而妇女的健康和幸福也应该是计划生育项目中最重要的部分。作为对相关批评的回应，大会重新定义了看待人口增长及应对相关问题的角度，将人口增长与可持续发展相联系。相比于过度关注国家利益，大会强调了对人的发展的投资，尤其是对女性境况的改善与关切。计划生育项目需要与更广泛的健康议程结合起来,包括产前和产后照料、性传播疾病预防、相关癌症检查等。要重点关注婴儿、儿童和产妇的死亡率,以及对贫困群体的帮扶,应实现计生服务、小学教育的全民普及,以及应提升女童就学和女性接受高等教育的机会。不过,堕胎并未被提倡作为计划生育项目的手段,这明显是认识到不同国家和社会堕胎的法律、道德与宗教观点的多样性。

对于1994年开罗会议的评价比较复杂。许多国家制定并执行了新的人口政策,推进了一系列生殖健康项目。然而,来自美国等发达国家的资助资金缺口限制了这些项目的实行范围和实际效果。对于开罗会议成果的评价还应当在普遍的卫生健康改革与经济自由化的情境下进行。许多发展中国家已经开始改变它们的政策和制度,并推动了包括生殖健康和性别平等在内的更加广泛的健康议程。例如,世界卫生组织启动的"全民健康2000"项目(Health for All by 2000, HFA2000)即是旨在促进社会健康的一个早期项目[47]。该项目启动于1977年,强调通过提供综合性的、面向全体人民而非少数群体的基本卫生健康服务来促进和保障健康。基本卫生健康服务由此成为了世界卫生组织促进健康的基本策略,这一策略关注清洁水供应、公共卫生设施、教育、食品供应等影响基本健康的因素,同时注重促进儿童与母婴健康和计划生育相关项目的发展。发展中国家的儿童、青少年和妇女群体的健康与教育问题也得到了更多的强调。人们愈发认识到儿童时期的健康与成年后的健康生活之间存在着重要联系。因此,改善儿童营养、提高疫苗接种率、改善卫生条件、保障更多教育机会以及安全的水供应等都受到了更多的重视。针对妇女这一常常因社会与文化规则受到愈发不公对待的群体,相关项目主要围绕性别平等问题,从提高妇女识字率、教育水平和收入方面着手进行。

几十年前,人口增长曾是全球首要议题,而随着全球范围内的人口持续增长情况不复存在,如今人口增长也已不再是经常被讨论的全球性议题。相反地,对于人口老龄化的担忧成为了更重要的全球性议题。联合国可持续发展目标(Sustainable Development Goals, SDGs)部分触及人口议题,其在很大程度上暗含"即使人口增长可能会削弱大部分的可持续发展目标,也不再需要努力减缓和抑制全球人口增长"这一信息。可持续发展目标3(良好的健康与福祉)和目标5(性别平等)中提到了计划生育和生殖权利,但都不再将抑制人口增长作为直接目标。当前的可持续发展目标体系认为,控制全球人口增长不再有必要。如此看来,它的很多既定目标都将很难实现,尤其是在生育率持续偏高的国家[48]。

结论

人口政策受到包括宗教、社会期待、经济需求与个人决策等多重因素的影响。以中国为例,尽管国家制定了严格的独生子女政策,部分群体施加的希望允许生育更多子女的压力,体现了他们对大家庭的持续渴望。快速老龄化带来的相关问题也促使政府放弃了独生子女政策。而在印度,即使限制生育的措施已经执行了半个世纪,该国的生育率依然在更替水平之上(2020年为2.2)。

人口政策尤其是生育政策,不论是旨在促进还是限制人口增长,都会在推行过程中面临困难,取得的成效也各不相同,这不足为奇。在所有可被用来影响人口变动的政策手段中,国际移民政策通过控制多少人以及哪些人能够进入本国,进而对一国的人口产生最直接的影响。尽管国际移民可能与移民适应、民族和种族分隔、国家安全等问题相联系,它还是被认为是人口增长的一个重要来源。旨在促进或限制生育的措施同样在全世界广泛存在并传播,但它们取得的成果则大相径庭。中国成功的生育抑制很大程度上归功于独生子女政策,通过国家对人口的严格控制,中国成功地降低了生育率,但是独生子女政策也带来了一些日益明显的问题,包括出生性别比失衡和供养老龄人口的劳动力人口队列迅速萎缩等。印度等其他地方的生育控制案例则远没有那么成功。同样地,各国政府鼓励生育的政策也只有部分取得了成功。因为鼓励生育政策的这种有限成效,加之其他原因,美国等许多国家已经尝试探索其他的替代性政策,包括延迟退休以保持老年人口继续作为劳动力,或延迟享受老年社会福利项目的起始年龄等。

思考题

1. 你所在的国家(或选择一个国家)有正式或非正式的人口政策吗?你所在的国家可能通过哪些非正式的方式促进或抑制人口增长?

2. 社会福利项目(如产假、日托补贴、税收优惠、学前儿童教育等)作为促进人口变动的相关政策,你的看法是什么?

3. 选择一个国家,考察该国的国际移民政策在过去几十年间是如何变化的。它是允许更多的国际移民进入,还是对国际移民进行了限制?哪些因素(如果有的话)导致国际移民政策的变动?

4. 你所在的社区是老年友好型社区的吗?记录下体现社区对老年人友好的地方,并找出那些可以进一步改善以更好地服务老年人的地方。

5. 回顾本章讨论的那些限制生育或鼓励生育的政策,政府是否应当干预国民的生育决定?

聚焦：若干地区的计划生育政策

中国的独生子女政策

中国的计划生育政策被认为是此类政策中最成功却也是极具争议的，因此受到了学界内外的广泛关注[49]。起初，中国政府对计划生育和生育控制持怀疑态度，认为社会主义的发展能够保证全社会公平的资源分配。但是在20世纪60年代末，中国政府开始认识到增长的有限性和控制人口的必要性。在当时总和生育率达到7.0的情况下，人们开始承认过快的人口增长会阻碍经济的改善和生活水平的提高。1971年，中国转向降低生育率，提出"晚稀少"的宣传标语，为男性和女性设置了最小结婚年龄，要求在生育一孩后至少应隔四年才能生育二孩，并在城市限定每个家庭只能生育两个孩子。从1980年开始，中国政府开始提倡独生子女政策，希望通过一系列措施实现将总人口规模稳定在12亿左右的目标，具体措施包括依靠积极的（社会宣传）和地方政府强制的（包括强制绝育）社会压力，提高避孕用具和各类计生用品的可得性，以及一系列的经济激励与惩罚手段等。计生工作人员会收到现金奖励，城市地区只生育一孩的家庭能够享受在子女入学、住房、申请工作等方面的优先权。农村地区的政策则略有不同：只生育一孩的家庭能够享有与二孩家庭同等数量的口粮和自留地，而生育子女数量超过一个的家庭还必须将收到过的所有福利退还给国家。

到20世纪90年代末，中国的总和生育率已下降到人口更替水平以下；尽管此后独生子女政策逐渐放松并最终取消，但生育率仍保持在低位。在上海等城市地区，在生育的高成本的影响下，生育率甚至已低于1.0[50]。这一政策明显的成功效果似乎归功于中国政府控制人口、限制生育的能力，这也被认为是中国社会主义社会的一个重要特点。计生政策的成功也部分归因于其对个人和国家利益的促进，以及同更广泛的卫生健康议题的联系，这些因素共同塑造了人们对于缩小家庭规模的意愿。

独生子女政策尽管成功降低了生育率并减缓了人口增长，但还是受到了相应的批评。在中国，相当一部分人对独生子女政策持抵制态度，这反映出更深层次的文化因素，人们的经济需求，以及对生育男孩的重视。政府虽会对贯彻独生子女政策且生育女孩的家庭提供经济补贴，部分农村地区还被允许一个家庭生育不止一个孩子，但该政策仍意味着约有50%的家庭不会有儿子。而贫困又进一步加强了男性对于家庭福祉的重要性，结果就是人们经常选择不顾独生子女政策的规定而努力生育男孩，或转向产前性别鉴定和堕胎来阻止女孩的出生，从而进一步导致出现男女性别比失衡的问题和"消失的女性"这一现象[51]。2017年，中国的出生性别比达到112[52],而在部分地区这一数字甚至约为135。一般而言性别比应约为105,因此这种超高性别比可能导致潜在的社会不稳定和男性求偶困难等问题[53]。此外,杀死女婴、对女婴母亲施暴等的相关报道也并不罕见[54]。另外,对生育二胎和多胎的惩罚也制约了妇女寻求更加恰当有效的产前和生产护理,加大了母婴的死亡风险[55]。如果出现超生,那么超生子女并不会被政府承认且没有正式身份(没有户口,见第九章)。据估计,这些"黑户"儿童的数量在2010年达到1 300万[56]。

独生子女政策的实际成效还受到一种质疑:考虑到中国出生率的下降可以回溯至20世纪60年代,且在70年代晚婚、加大生育间隔、减少生育子女数量等政策的影响下进一步下降,到80年代初,中国的总和生育率就已经下降至3.0以下,也就是说中国人口生育率的显著下降在计划生育政策实施初期的70年代中期已经基本实现。与其他地方一样,收入水平的提高和经济发展很可能也促进了生育水平的下降。因此,独生子女政策很可能并没有带来生育率的显著下降,而是仅仅强化或加速了人们对于小规模家庭的偏好,同时通过提供一系列奖惩措施使得小家庭成为中国全国性的目标。

尽管中国政府过去对于独生子女政策的态度十分强硬,但转机已经出现。中国政府已然开始放松对于婚龄和独生子女政策的限制,开始允许在特定条件下生育两个孩子,尤其是在农村地区,这是因为经济自由化加大了人们通过生育孩子来支撑家庭和生产的压力。中国政府还意识到短短25年间快速的生育下降已经导致青少年(15岁及以下)人口远小于前几代的人口,这会导致非常沉重的老龄化负担(图10F.1)。像许多发达国家一样,中国政府正在努力应对老龄化问题,以及能够供养老龄人口的劳动力规模不断缩减的问题。另外,传统家庭结构的瓦解意味着子女们不再直接照料他们年老的父母,因此引发了一些额外的问题。这些促成了独生子女政策的进一步放松,以应对人口老龄化。

尽管中国政府在2002年再次明确了其独生子女政策,在2014年这一政策最终还是被取消了,政府已允许许多家庭生育二孩。不过,这一政策的转变并不彻底,因为只有父母其中一方是独生子女(或双方都是)的家庭才被允许生育二孩(先前的政策是父母双方均为独生子女才能生育二孩),且获取生育二孩许可的手续非常复杂[57]。尽管政策已有转变(虽还处于早期),受制于妇女劳动参与率高、养育子女成本高、经济自由化以及获得生育二孩许可困难等因素,中国的生育行为与生育率还是没有出现明显改变(图10F.2)。因此,中国可能很快就要采取各种鼓励生育的措施,以避免人口萎缩的出现。

加拿大魁北克的鼓励生育政策

加拿大的法语省份魁北克为我们提供了生育和人口规模问题的一个地区性案例。在历史

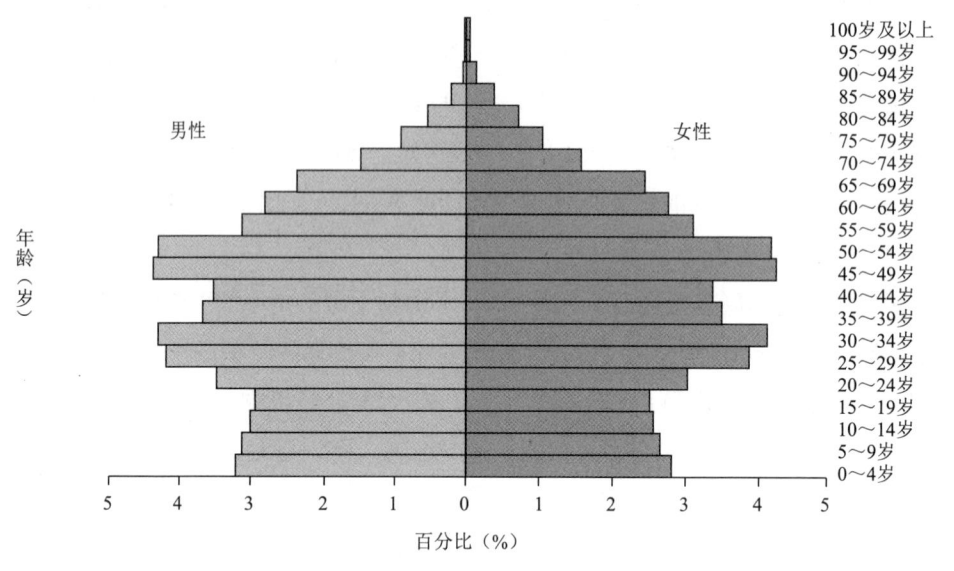

图 10F.1　2019 年中国的年龄金字塔

资料来源：根据美国国际数据库（US International Database）数据绘制。

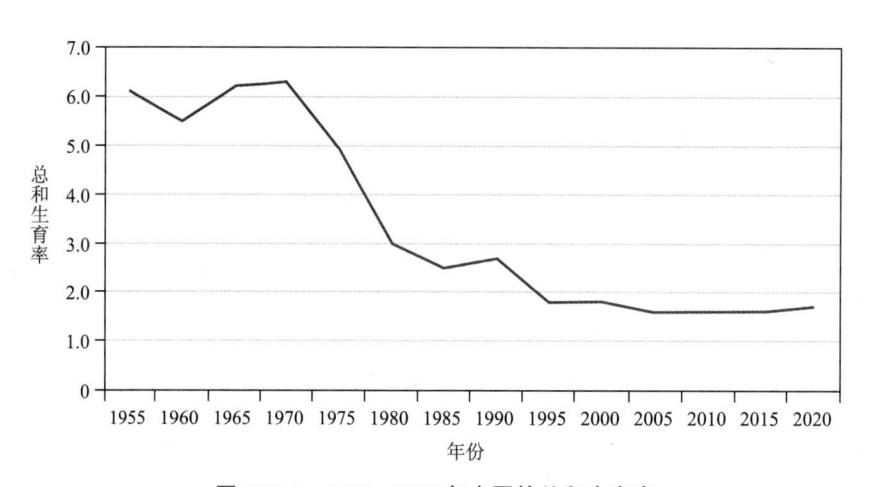

图 10F.2　1955—2020 年中国的总和生育率

资料来源：根据美国国际数据库数据绘制。

上，魁北克的生育率要高于加拿大的全国平均水平，因为魁北克省的天主教徒居民对避孕措施和生育行为的改变持抵制态度。在 20 世纪 50 年代末期（也是"婴儿潮"的高峰时期），魁北克的总和生育率超过 4.0，这使其成为工业化世界中生育率最高的地区之一。较晚接受新的生育规范和避孕技术反映了罗马天主教会的控制力及其反对避孕的传统立场。在魁北克，教会还鼓励人们通过大家庭来进行"人口投资"，从而保障法语区在加拿大联邦中的生存[58]。

魁北克在20世纪60年代丧失了其人口优势。教会自由化和快速的女性解放使得生育率不断下降,甚至跌至全国平均水平以下。到80年代中期,魁北克已成为当时全世界具有最低生育水平的国家之一(1.37)[59],而魁北克占全国总人口的比例也从1867年加拿大建国时的32.3%下降至2020年的23%。针对这一明显的危机,魁北克文化委员会在1985年的报告称该省必须采取行动来扭转这一已经威胁到魁北克作为一个"独特的社会"的危险人口趋势,而作为"独特的社会"的存在自魁北克建省以来就是占据重要地位的政治议题。该委员会及其他评论家指出这一人口情况威胁到了魁北克的政治力量与文化自主性,并会带来严峻的老年人口赡养问题。当时的魁北克省长罗伯特·布拉萨(Robert Bourassa)响应委员会的主张,宣布"提高生育水平是魁北克最大的挑战"[60]。相应地,魁北克提出了一系列生育政策和项目,包括根据子女数量提供税收减免,提供更多的家庭津贴、更长的产假以及更多的日托服务等。自1988年开始,魁北克还进一步根据家庭规模提供儿童津贴:生育第一个孩子奖励500美元,第二个1 000美元,第三个及以上6 000美元,同时还有更长的产假和家庭津贴等。这项政策在后续几年间又进行了修订,继续小幅地提高了补贴水平[61]。而在1997年,这套政策又被大量修订,变为根据18岁以下子女的数量与家庭收入水平制定相应的津贴标准,同时进一步提高了产假的福利和高额补助的日托服务[62]。总体上,这些政策的成效比较有限。加拿大统计局的数据显示,在出台这些鼓励生育政策之后几年间,魁北克的生育率出现了小幅回升,但从长期来看成效仍然十分有限,该省的总和生育率也仍然低于人口更替水平(图10F.3)。

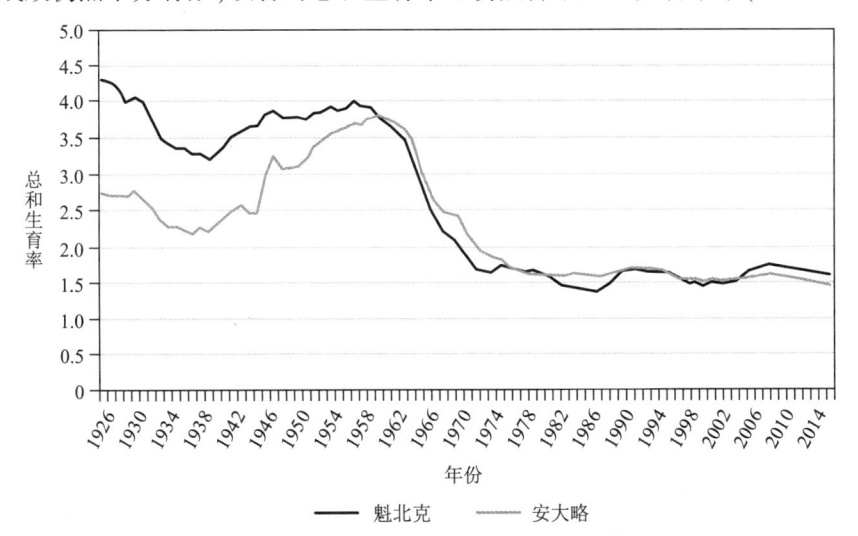

图10F.3　1926—2016年加拿大魁北克省和安大略省的总和生育率

安大略省经历了明显的"婴儿潮",而魁北克省历史上较高的生育率从20世纪60年代开始下降并保持较低的水平至今。

资料来源:加拿大统计局,https://www150.statcan.gc.ca/n1/pub/75006x/2018001/article/54976-eng.htm。

方法、测量和工具：人口政策评估——成功还是失败？

我们在本章的讨论显示，人口政策会带来非常复杂的结果。例如，印度通过各种计划生育项目，控制生育的努力已经持续了数十年，但其实际成效却比较有限，反而引发了其他问题。围绕印度政策的批评意见认为其缺乏连贯性和方向性，且在用以促进人口目标的奖励与惩罚措施中摇摆不定。印度的计划生育项目也没有提供更加灵活的生育控制方式，如提供避孕药和避孕环等。相反地，在这个历史上都极少使用避孕措施的国家，却重点推行绝育手术，除此之外其他避孕措施在印度的使用比例还很低。相比缺乏连贯性的、狭隘的政策目标，印度政策的不成功还有着更为深层的原因，即没有充分考虑生育行为所处的更广泛的社会情境，如女性地位、阶层关系、生育政策的政治后果等[63]。

像印度一样，生育政策实施失败在全球范围内远非个例，而是普遍现象，且这些失败更多是反映了不断更替的政府当局及其关注重点的变化。即使中国在降低生育水平和控制人口增长方面取得了相对成功，我们也必须看到其剧烈的年龄结构转变——迅速向老年人口倾斜，以及失衡的男女出生性别比。这两个问题都可能在今后给社会稳定和经济发展带来阻碍。更广泛地看，包括计划生育项目的不连贯，计划生育项目带来的不良后果，以及不能充分提供多种避孕措施等各种问题在世界各地都普遍存在。政策不应是一刀切的，也不能忽视不同地区在避孕和性观念上的差异性，直接进行政策移植。相反地，现实表明对于不同的地区及相应的不同偏好需要运用不同的政策。

鼓励生育的政策和项目同样带来了复杂后果[64]。相关证据显示，鼓励生育政策的效果通常是短暂且有限的。短期来看，生育水平通常会有所提升，但长期来看，这些政策则不那么成功。如果说有什么实际效果的话，观察者们通常认为这些政策激励只是加速或提前了第一个孩子的出生，而不是通过鼓励生育第二个或更多个孩子改变夫妇期望的家庭规模。长期来看，政府提供的经济激励同其他影响生育的态度因素之间的关系也并不明确。一些人口学因素也会产生影响，如育龄期妇女规模较小也会导致较低的出生人口数。限制堕胎服务的可及性也会对生育率产生短期的影响，因为夫妻会迅速调整他们的行为，或者寻求非法堕胎。

国际移民政策的成效也参差不齐，因为不断变化的国际移民目标和准入规定会导致国际移民的模式和规模随时间不断波动。变化的全球经济形势也会影响国际移民数量，使得这一问题更加复杂。同时，限制移民的政策又常常带来无证国际移民的增长，各国政府也慢慢开始认识到国际移民政策会带来许多问题。不论政府选择限制国际移民还是促进特定群体的国际迁移，都不能保证得到预期的效果。在经济重构和全球化的影响下，那些尝试减少国际移民（比如 2015 年欧洲的大规模难民流入）的政策很大程度上并不成功。促进国际移民的政策也有相应的问题，它会威胁民族、种族和社会稳定，同时带来一支外来的廉价劳动力队伍，而他们会拉低本地工资水平并与本地工人形成竞争。对于政府而言，开放国际移民的大门往往也会导致难以挽回的错误，因为国际移民可能脱离政府的控制并不断加速增长。两种做法都可能带来既纵容国际移民，又试图缩减其规模的矛盾信息，国际移民政策的未来也因此仍不明朗。

注释

[1] Lori S. Ashford, "New Population Policies: Advancing Women's Health and Rights", *Population Bulletin* 56, no. 1 (March 2001).

[2] Jynnah Radford, "Key Findings about U.S. Immigrants", Pew Research Center, 17 June 2019, https://www.pewresearch.org/fact-tank/2019/06/17/key-findings-about-u-s-immigrants/（2020 年 5 月 11 日查阅）。

[3] Radford, Key Findings about U.S. Immigrants.

[4] Alain Bélanger, Laurent Martel, and Éric Caron-Malenfant, *Population Projections for Canada, Provinces and Territories, 2005–2031*, catalogue 91-520-XIE (Ottawa: Statistics Canada, 2005).

[5] Steven A. Camarota and Karen Zeigler, "Immigrant and Native Fertility 2008 to 2017", Center for Immigration Studies, 14 March 2019, https://cis.org/Report/Immigrant-and-Native-Fertility-2008-2017（2020 年 5 月 11 日查阅）。

[6] 请参见讨论 James F. Hollifield, Phillip L. Martin, Rogers Brubaker, Elmar Honekopp, and Marcelo M. Suarex-Orozco, In: *Controlling Immigration: A Global Perspective*, ed. Wayne A. Cornelius, Philip L. Martin, and James F. Hollifield (Stanford, CA: Stanford University Press, 1992).

[7] Raphael Minder, "Immigration Tests Prospects for a Borderless Europe", *New York Times*, 28 May 2013, A4.

[8] Keith Crane, Beth Asch, Joanna Zorn Heilbrunn, and Danielle C. Cullinane, *The Effect of Employer Sanctions on the Flow of Undocumented Immigrants to the United States* (Lanham, MD: University Press of America, 1990).

[9] Jana Mason, *Shadow Plays: The Crisis of Refugees and IDPs in Indonesia* (Washington, DC: United States Committee for Refugees, 2001).

[10] Tiejun Cheng and Mark Selden, "The Origins and Social Consequences of China's Hukou System", *China Quarterly* 139 (1994), 644-668.

[11] Chun-Chung Au and J. Vernon Henderson, "Are Chinese Cities Too Small?", *Review of Economic Studies* 73 (2006): 549-576.

[12] Arjan de Haan, "Livelihoods and Poverty: The Role of Migration—A Critical Review of the Migration Literature", *Journal of Development Studies* 36, no. 2 (2000): 1-23.

[13] Carl Haub and O. P. Sharma, "India Approaches Replacement Fertility", Population Bulletin, Reference Bureau, 70, no. 1 (2015).

[14] Stephanie Nolen, "Why India's Acclaim for Protecting Reproductive Rights Rings Hollow", *Globe and Mail* (8 April 2013), F1, https://www.theglobeandmail.com/news/world/why-indias-acclaim-for-protecting-reproductive-rights-rings-hollow/article12429763/（2020 年 5 月 12 日查阅）。

[15] Haub and Sharma, "India Approaches Replacement Fertility".

[16] Kate Gilles and Charlotte Feldman-Jacobs, "When Technology and Tradition Collide: From Gender Bias to Sex Selection", Population Reference Bureau Policy Brief, September 2012.

[17] India Census 2011, "Female Sex Ratio in India", http://www.mapsofindia.com/census2011/female-sex-ratio.html(2020年5月11日查阅)。

[18] Haub and Sharma, "India Approaches Replacement Fertility".

[19] Eurostat, "Population and Population Change Statistics", http://ec.europa.eu/eurostat/statistics-explained/index.php/Population_and_population_change_statistics(2020年5月11日查阅)。

[20] Sandra Johnson, "A Changing Nation: Population Projections under Alternative Immigration Scenarios", *Current Population Reports*, P25-1146, US Census Bureau, Washington, DC, 2020.

[21] BBC News, "Iran Reins in Family Planning as Population Ages", 15 June 2020, https://www.bbc.com/news/world-middle-east-5304871(2020年7月21日查阅)。

[22] Jean-Claude Chesnais, "The Demographic Sunset of the West", *Population Today* 25, no. 1 (January 1997): 4-5.

[23] *Demographic Review*, *Charting Canada's Future* (Ottawa: Health and Welfare, 1989). 另参见 Peter McDonald, "Low Fertility Not Politically Sustainable", *Population Today*, August/September 2001。

[24] Henry P. David, "Eastern Europe: Pronatalist Policies and Private Behavior", In: *Perspectives on Population*, ed. Scott W. Menard and Elizabeth W. Moen (New York: Oxford University Press, 1987), 250-258.

[25] Robert Drago, Katina Sawyer, Karina M. Shreffler, Diana Warren, and Mark Wooden, "Did Australia's Baby Bonus Increase Fertility Intentions and Births?" *Population Research and Policy Review* 30 (2011), 381-397. 另请参见 Sarah Sinclair, Jonathan Boymal, and Ashton de Silva, "A Heterogeneous Fertility Response to a Cash Transfer Policy: The Australian Experience", 2015, https://papers.ssrn.com/sol3/papers.cfm?abstract_id=2722977(2020年5月12日查阅)。

[26] 自2005年7月1日起，生育每个孩子的奖金增加到4 000美元。Robert Lalasz, "Baby Bonus Credited with Boosting Australia's Fertility Rate", Population Reference Bureau, 2005。

[27] Carl Haub, "Tracking Trends in Low Fertility Countries: An Uptick in Europe?", Population Reference Bureau, 2008, http://www.prb.org/Publications/Articles/2008/tfrtrendsept08.aspx(2020年5月12日查阅)。

[28] 请参见如 https://www.youtube.com/watch?v=vrO3TfJc9Qw(丹麦), 以及 https://www.youtube.com/watch?v=9gwHzej1reo(波兰)(2020年5月12日查阅)。

[29] Charlotte McDonald-Gibson, "The Far-Right Has Capitalized on the West's Population Problem. These Policies Could Help", *Time* (5 June 2018), https://time.com/5291439/west-population-problem-white-nationalists-policies/(2020年5月12日查阅)。

[30] Mara Hvistendahl, *Unnatural Selection: Choosing Boys Over Girls, and the Consequences of a World Full of Men* (Philadelphia: Public Affairs, 2011).

[31] Hvistendahl, *Unnatural Selection*.

[32] Hvistendahl, *Unnatural Selection*.

[33] 详请参见第三章中对于性别选择的讨论。另请参见 Marcelo L. Urquia et al., "Sex Ratios at Birth after Induced Abortion", *Journal of the Canadian Medical Association*, https://doi.org/10.1503/cmaj.151074; Lauren Vogel, "Sex Selection Migrates to Canada", *Canadian Medical Association Journal* 184, no. 3

（2012）：E163-E164.

［34］一个精彩的概括请参见 Mark Mather and Paola Scommegna, "How Neighborhoods Affect the Health and Well-Being of Older Americans", Population Reference Bureau, 13 February 2017, https://www.prb.org/todays-research-aging-neighborhoods-health/（2020 年 6 月 12 日查阅）。

［35］World Health Organization, *Global Age Friendly Cities: A Guide* (Geneva: World Health Organization, 2007).

［36］请参见如 https://agefriendlyontario.ca/age-friendly-communities, 和 https://www.who.int/ageing/age-friendly-world/en/（2020 年 6 月 12 日查阅）。

［37］Bureau of Labor Statistics, "Labor Force Projections to 2024: The Labor Force Is Growing, but Slowly", US Department of Labor, https://www.bls.gov/opub/mlr/2015/article/labor-force-projections-to-2024.htm（2020 年 5 月 20 日查阅）。

［38］Paola Scommegna, "Will More Baby Boomers Delay Retirement?" Population Reference Bureau, 23 April 2018, https://www.prb.org/will-more-baby-boomers-delay-retirement/（2020 年 6 月 12 日查阅）。

［39］Bureau of Labor Statistics, "Labor Force Projections to 2024". 亦可参见 Marlene A. Lee and Mark Mather, "US Labor Force Trends", *Population Bulletin* 63, no. 2 (June 2008).

［40］Scommegna, "Will More Baby Boomers Delay Retirement?"

［41］Alene Gelbard, Carl Haub, and Mary M. Kent, "World Population beyond Six Billion", *Population Bulletin* 54, no. 1 (March 1999).

［42］Gelbard, Haub, and Kent, "World Population".

［43］Peter H. Kostmayer, "Bush 'Gags' the World on Family Planning", *Chicago Tribune*, 25 January 2001, A2. 需要注意 Kostmayer 在写作这篇文章时担任了"人口零增长"（Zero Population Growth）组织（现名为"人口连接", Population Connections）的主席。详参见 Population Connections 的网页 www.population-connection.org（2020 年 5 月 10 日查阅）。另可参见 Liz Creel and Lori Ashford, "Bush Reinstates Policy Restricting Support for International Family Planning Programs", Population Reference Bureau, 2001, http://www.prb.org/Articles/2001/BushReinstatesPolicyRestrictingSupportforInternationalFamilyPlanningPrograms.aspx（2020 年 5 月 10 日查阅）。

［44］Peter Baker, "Obama Reverses Rules on US Abortion Aid", *New York Times*, 23 January 2009, A13.

［45］Carol Morello, "Trump Administration to Eliminate Its Funding for U.N. Population Fund over Abortion", *Washington Post*（4 April 2017）, https://www.washingtonpost.com/world/national-security/trump-administration-to-eliminate-its-funding-forun-population-fund-over-abortion/2017/04/04/d8014bc0-1936-11e7-bcc2-7d1a0973e7b2_story.html（2020 年 5 月 12 日查阅）。

［46］Barbara Shane, "Family Planning Saves Lives, Prevents Abortion", *Population Today* 25, no. 3 (March 1997), 1.

［47］请参见 https://www.who.int/dg/priorities/health-for-all/en/（2020 年 5 月 10 日查阅）。

［48］Population Matters, "The World and the UN Must Reduce Population Growth", 12 September 2019, https://populationmatters.org/news/2019/09/12/world-and-un-must-reduce-population-growth（2020 年 5 月 13 日查阅）。

［49］更多关于中国独生子女政策的内容，请参见 Jim P. Doherty, Edward C. Norton, and James E. Veney, "China's One-Child Policy: The Economic Choices and Consequences Faced by Pregnant Women", *Social Science and Medicine* 52 (2001): 745-61; Johns Hopkins University Population Information Program, "Population and Birth Planning in the People's Republic of China", *Population Reports* 1, no. 25 (1982); Jeffrey Wasserstrom, "Resistance to the One-Child Family", In: *Perspectives on Population*, ed. Scott W. Menard and Elizabeth W. Moen (New York: Oxford University Press, 1987), 269-276。关于中国人口政策的更广泛讨论,详请参见 Nancy E. Riley, "China's Population: New Trends and Challenges", *Population Bulletin* 59, no. 2 (June 2004)。

[50] Yu Mei, "The One Baby Generation", *The Globe and Mail* (15 January 2015), A9.

[51] Simon Denyer and Annie Gowen, "Too Many Men", *Washington Post* (18 April 2018), https://www.washingtonpost.com/graphics/2018/world/too-many-men/ (2020年5月10日查阅)。

[52] https://www.unicef.cn/en/figure-19-sex-ratio-birth-19822017 (2020年5月10日查阅)。

[53] Dudley L. Poston Jr., Eugenia Conde, and Bethany DeSalvo, "China's Unbalanced Sex Ratio at Birth, Millions of Excess Bachelors and Societal Implications", *Vulnerable Children and Youth Studies* 6, no. 4 (2011), 314-320.

[54] Wasserstrom, "Resistance to the One-Child Family", 269.

[55] Doherty, Norton, and Veney, "China's One-Child Policy", 745.

[56] Nathan VanderKlippe, "The Ghost Children of China", *The Globe and Mail* (14 March 2015), F1.

[57] Yu Mei, "The One Baby Generation".

[58] Gary Caldwell and Daniel Fournier, "The Quebec Question: A Matter of Population", *Canadian Journal of Sociology* 12, nos. 1-2 (1987): 16-41; Roderic Beaujot, *Population Change in Canada* (Toronto: McClelland and Stewart, 1991).

[59] Caldwell and Fournier, "The Quebec Question", 16.

[60] Beaujot, *Population Change in Canada*.

[61] Jean Dumas, *Report on the Demographic Situation in Canada 1990*, cat. no. 91-209 (Ottawa: Statistics Canada).

[62] Catherine Krull, "Quebec's Alternative to Pronatalism", *Population Today*, https://www.prb.org/quebecsalternativetopronatalism/ (2020年5月12日查阅)。

[63] 关于人口政策的综述,详请参见 Vinod Mishra, Victor Gaigbe-Togbe, Yumiko Kamiya, and Julia Ferre, "World Population Policies 2013", United Nations Department of Economic and Social Affairs, Population Division, 2013。

[64] 请参见如 Doherty et al., "China's One-Child Policy", 745-761; Johns Hopkins University Population Information Program, "Population and Birth Planning in the People's Republic of China"; Wasserstrom, "Resistance to the One-Child Family", 269-276; Caldwell and Fournier, "The Quebec Question", 16-41。

第十一章　人口增长：与经济发展、资源匮乏和粮食安全的联系

◎ 托马斯·马尔萨斯及其《人口原理》
◎ 相关争议与当前观点
◎ 与经济发展、资源匮乏和粮食安全的关联
◎ 结论：冲突的潜在可能性？
◎ 思考题
◎ 聚焦：资源冲突
◎ 方法、测量和工具：地理学者在这场争论中有何贡献？

尽管有评论者注意到生育率的急剧下降以及一些国家到2100年人口将减半的可能性，但至少在未来几十年，人口的持续增长是不可避免的。即使人口的转型带来了更低的生育率和增长率，人口增长的趋势也将确保到2035年年中全球人口达到89亿，从而带来重大的社会经济影响。然而，仍然存在的一个问题是，不断增长的人口是否会对经济发展、资源消耗和粮食安全产生积极或消极的影响，而这也是本章的主题。

本章首先介绍了托马斯·马尔萨斯(Thomas Malthus)的工作成果，马尔萨斯是18世纪最先将人口和食物资源联系起来的学者。然后，我们介绍与马尔萨斯观点针锋相对的卡尔·马克思(Karl Marx)和弗里德里希·恩格斯(Friedrich Engels)的观点。接着，我们将审视人口增长、经济发展、资源稀缺和粮食安全之间的关系。最后，本章以讨论冲突和不稳定的可能性结尾。"聚焦"栏目考虑了人口增长以及因资源稀缺而导致冲突的可能性，"方法、测量和工具"栏目则介绍了地理学家在上述领域的贡献。

托马斯·马尔萨斯及其《人口原理》

长期以来，包括人口学家在内，人们一直为人类能否养活自己这一问题所困扰。在20世

纪60年代,保罗·埃利希(Paul Ehrlich)的《人口炸弹》(The Population Bomb)使公众意识到了人口危机,并带来了紧迫感[1]。但埃利希的警告并不鲜见,关于人口—食物(资源)的辩论历史悠久,可追溯到1798年马尔萨斯发表的《人口原理》(An Essay on the Principle of Population)以及后来马克思和恩格斯的著作。由于论文写于收成不佳和粮食短缺的时期,马尔萨斯认为食物供应将以线性方式增加(1、2、3……),然而人口会以几何级数倍增(2、4、8……)[2]。最终,除非以某种方式"抑制"人口增长,否则人口数量将会超过农业产出承载力。从历史上看,马尔萨斯认为包括饥荒、瘟疫和战争在内的所谓的"积极抑制"(positive checks)使得人口减少。或者人口增长可以通过"预防性抑制"(preventative checks)得到控制,即个体对其自身的生育施加限制。由于马尔萨斯对人类能控制其性行为和生育需求几乎不抱希望,他预测了一个由战争或食物短缺导致的人口数量下降和普遍贫困的惨淡未来。与马尔萨斯相反,马克思和恩格斯则认为穷人之所以贫穷是因为资本主义的社会经济组织方式使穷人永远没有翻身的机会。受工业革命期间欧洲社会经济局势的影响,他们呼吁开展社会和政治变革(通常是通过革命),并认为在新技术的支撑下,通过公正公平的资源分配,人口可以无限增长。

相关争议与当前观点

马尔萨斯的悲观预测仍然是关于人口增长争论的一个焦点,地球究竟能养活多少人仍然是一个有重大争议性的话题[3]。时间已经检验了马尔萨斯和马克思理论的基本观点的正误——仅仅是人类仍然生存于这个星球的现实就证明了马尔萨斯核心论点的失败。由于生活水平的提升和新思想在社会中的传播,人类生育率主要因个人选择的改变而降低。同时,科技、"绿色革命"(化肥与农药的使用使作物产量提高)和生物技术使得地球可以容纳比马尔萨斯所预测的多得多的人口。尽管人口持续增长,但农产品产量的大幅增长使得人均粮食供应仍在增加。另一方面,马克思的立场似乎在中国得到了证实。尽管拥有超过14亿的人口,中国已经证明她能满足庞大且快速增长的人口的基本需求。与此同时,中国政府也已经认识到了增长是有极限的,因此采用独生子女政策试图降低生育率。

然而,即便在现在,联合国粮食及农业组织估计2019年仍有8.2亿人营养不良(未能饱腹),且这一数字自2015年以来一直在增加[4]。这些人中的大多数生活于发展中国家,但约有2900万人(根据2019年的统计数据)生活在发达国家[5]。数百万人虽然摄入了足够的卡路里,但未能获得必要的营养。因此,无论是在现在还是在未来,世界仍需继续努力解决人的自身饱腹这一基本问题。在农业产量增加的同时,土壤侵蚀、荒漠化、盐碱化和城镇化等导致农业用地数量减少[6]。由落后的耕作方式、森林砍伐和生态边缘地的使用带来的土壤侵蚀,可通过降低土壤保水能力,带走营养物质和降低土地的物理性能降低平均产量。同样地,耕地的盐碱化使土壤由于盐水的渗透而含盐量越来越高,最终导致无法进行耕种。气候变化的预期影响,以及由于国家内部和国家之间的分配困难、冲突或政治纷争导致的粮食分配不均,使问题变得更加复杂。

近年来,三种观点继承了马尔萨斯主义/马克思主义(Malthusian/Marxian)的分野,成为当前争论的基础,并影响了公共政策和舆论[7]。针对二氧化碳浓度增加、海洋健康状况下降、生物多样性减少和土地退化的现象,新马尔萨斯主义者(neo-Malthusians)认为,有限的资源严格限制了人口和消费的增长[8]。如果超过限制,社会就会发生崩溃[9]。由供应有限和成本迅速增加而造成的粮食骚乱可能被视为未来崩溃事件的预兆,尤其是在气候变化导致农业收成减少,农业格局被重新塑造的情况下。

以朱利安·西蒙(Julian Simon)为代表的经济乐观主义者(economic optimists)认为,只要经济体系和市场机制正常运作,人口增长和繁荣几乎不会受到限制[10]。依据他们的理论,很少有社会会面临人口增长或消费的严格限制,并以人类健康的改善、预期寿命的增长和粮食产量的增加来支持他们的观点。最后,马克思主义者青睐分配主义(distributionist)的观点,他们关注的是社会中财富和权力分配的不平等,并认为资源分配不善、贫困和不平等是人口增长与资源枯竭之间存在矛盾的原因,而不是结果。

尽管在研究中仍存在新马尔萨斯主义者、经济乐观主义者和分配主义者三种不同流派,但相关争论在本质上可归为两个阵营,即新马尔萨斯主义者与乐观主义者。他们各自的论点均有言之成理之处,但也都有失偏颇。那么,问题出在哪里?我们目前的认识是什么?首先,回到新马尔萨斯主义的观点,经验和轶事证据都不能支持人口增长受资源障碍限制的假设。总体而言,人口增长已经超越了新马尔萨斯主义者所假设的大多数障碍。在过去的两个世纪里,农业技术和资本极大地提高了农业生产力,农业产量也随之增加。同样地,新马尔萨斯主义者预测能源短缺,能源价格将在1973年(第一次石油危机)和2000年之间增长五倍。尽管20世纪90年代和21世纪初是能源价格相对低廉的时期,但由于人们担心储量下降,无法找到新的石油和天然气储备,以及发展中国家特别是中国和印度的能源使用量迅速增加,能源价格在2007年和2008年年初飙升,直到经济危机开始时才下降。自那以后,由于对石油需求的变化,储量的增加以及受新型冠状病毒的影响,价格已降至历史低点。

经济乐观主义者在解释世界适应这些障碍时的能力方面做得更好。对他们而言,经济制度,特别是自由市场的运作才是关键。运作良好的制度可以促进货物的保存、替代、创新和全球贸易。例如,诱导创新理论认为,土地或劳动力禀赋的变化反映在市场价格信号中[11]。通过其产生利润的能力,市场诱发创新并刺激技术革新,进而放松或消除对人口增长的限制,并通过改变价格来鼓励人们利用新资源或替代品。埃斯特·博塞拉普(Ester Boserup)表明,耕地的稀缺促进了劳动力专业化程度的提高,生产力的提升以及耕种方式的改变[12]。

同样地,人们可以开垦新的土地用于农业,刺激耕地质量保育,同时资源替代品可以促进肥料的使用以增加农业产出。类似地,通过资源替代和保护,提高生产效率以及改进资源开发技术,可以克服非可再生资源稀缺带来的问题。经济乐观主义者还认为,人口增长的一个关键有益之处在于能产生更多有识之士,以为社会提供解决稀缺性的方法。对朱利安·西蒙来说,资源仅仅受人类发明能力的限制。因此,创新和技术手段使社会能够超越人口增长的限制。因此,资源稀缺和退化不是由人口增长或消费增加造成的,而是市场失灵所致。

然而,就像新马尔萨斯主义的观点一样,经济乐观主义的观点也存在着一定的缺陷。更多的人口并不一定意味着有更多的发现,或产生更多的像爱因斯坦一样的科学家,可能仅仅是更多的人做着同样的发现。相反,科学家和其他思想家的出现受到教育水平和教育可及性、有限的资本、贫穷和无能的官僚机构、腐败和软弱的政府的制约。从发展中国家向发达国家的人才流失(受过高等教育的移民)可能会产生特别致命的影响,因为发达国家的移民政策往往是为了吸引受过良好教育和具有专业技能的人才而专门制定的。这种制度化的人才流失给发展中国家维持人力资本造成进一步且长期的困难,破坏了这些国家培养、留下和利用人才的能力,而这些人才对于发展中国家解决迫在眉睫的社会经济问题是非常必要的。

此外,经济乐观主义的论据依赖于市场的自由运作,这种假设在很多情况下都被夸大了。自由市场并非普遍存在的。即使是在具有典型自由市场经济的美国,各级政府(州、国家)和跨国组织的监管条例也会干扰其自由运行。而在发展中国家,自由市场的建设更不尽如人意。制度上的局限性,包括与界定不清的共同产权相关的市场失灵,以及对稀缺资源的不恰当定价(即低估资源),限制了选择的创造或替代。此外,市场中可能存在制度上的偏见,以至于存在着制度更偏袒某些行为主体的倾向,进而导致部分群体的边缘化。因此,经济乐观主义观点的一个关键条件在于社会内在的制度、政策和技术的性质。市场运行受到的这些影响在整体上又受制于文化、历史和生态因素的改变,进而直接关系到应对资源短缺的能力。如果市场无法识别或有效地吸纳稀缺成本,导致资源或商品的价值被低估,那么资源将被耗竭,针对稀缺情况的解决方案将不会出现。与之相关地,人口增长不太可能促进农业产出的增长,使其与非洲和亚洲部分地区的人口增长保持同步。

在大多数情况下,这三个派别之间的争论到这里就已经停止了,托马斯·霍默-迪克森(Thomas Homer-Dixon)将这场争论描述为一场乏味枯燥并且毫无进展的争论[13]。然而,科学更好地揭示了生态系统的复杂性和相互联系性,这对世界人口具有重要意义。在过去,地球的环境系统被认为是稳定的,且可以在受到人类干扰后迅速恢复。然而,从洋流、臭氧耗竭和鱼类资源的观察中得到越来越多的证据表明,在有人类活动的情况下,环境系统并不稳定。"非线性"可能是对之前被认为是缓慢或渐进的系统变化的更好描述;当系统超过某个阈值时会迅速改变其特征,使得"混乱"和"无序"成为环境系统更贴切的描述[14]。人们已经逐步达成共识——由于人口增长以及气候变化,人类对地球资源的掠夺达到了使复杂生态系统逐步消失的程度。全球变暖和生物多样性的丧失在某种程度上可能会产生一连串的巨大变化,人类最终将无法应对。而一个低生育率和人口下降的未来并没有减少人们在这方面的担忧。

与经济发展、资源匮乏和粮食安全的关联

在未来几十年,人口增长、人均资源消耗上升、粮食需求增加以及资源获取不平等必然使得可再生资源的短缺成为一个问题。如果人口增长对生态系统造成负担,那么我们对于经济发展、粮食安全和资源能作出什么预测呢?

人口增长与经济发展

由于发展中国家的经济发展(特别是最贫穷的撒哈拉以南的非洲国家)在 20 世纪 80 年代停滞不前,社会科学家们仓促上阵,试图揭示人口的快速增长与经济发展之间的联系[15]。毕竟,发展中国家吸引外国投资和援助已有多年,但并没有展现出什么成效,相反人均收入却下降,越来越多的人生活在贫困之中。争论的焦点是人口增长是否能够促进或阻碍经济的发展,而现有数据可以支持多种解读。从表面上看,显而易见的是,最富裕的国家也是人口增长缓慢,以低生育率和低死亡率为特征的国家,而一些最贫穷的国家的人口增长率很高。然而,这种关系并不是绝对的,例如,中东的石油生产国的人口增长率较高(沙特阿拉伯和其他海湾国家的生育率通常保持在 2.1 以上),同时经济增长十分快速。与之相反,人口较少且经济增长率较低的情况也同样真实存在,这正是日本面临的情况,2020 年其生育率为 1.3,同时经济增长缓慢,部分原因是人口老龄化[16]。

人口增长促进经济发展的相反论点使这场争论更为混乱[17]。乐观主义者长期以来认为人口增长促进经济发展,人口增长是包括新技术的发明使用以及经济改革在内的社会适应的动力。事实上,人口增长对经济发展有利的观点是有根据的。在欧洲和北美,人们认为人口增长和死亡率下降刺激了经济发展和工业革命。但是,人们从发展中国家中得出不同的观点。与欧洲或美国相似的经济发展阶段相比,发展中国家的生活水平要低得多,同时人口增长率要高得多,这些国家一般不会走上发达国家的发展路径。事实上,它们正进一步陷入经济危机中,而艾滋病的流行及其次生的社会经济影响,以及经济衰退的压力使得形势更为严峻。

虽然人口与经济发展之间的联系是复杂的,但新出现的证据再次证明了人口迅速增长与经济发展之间的负相关关系。美国国家研究委员会(US National Research Council)强调人口对经济增长具有负面影响这一观点,认为人口的快速增长会破坏经济增长[18]。为了实现经济发展,必须将资本投入教育、卫生或基础设施等领域,这对于世界上许多国家而言都是一个难题,因为贫困阻碍了政府和个人对这些领域的投资。为了实现经济增长,资本投资量也必须增长,因为更高的人口增长率使更高的资本投资率成为必要。按照马尔萨斯主义者的推理思路,如果人口增长率超过投资率,国家将陷入贫困,无法自我投资并提供基本的基础设施。虽然在这些情况下仍会出现经济增长,但人口增长如此之快,导致经济增长带来的财富被"摊薄",这意味着个人将获得更小的比例份额。

负相关关系可以通过将快速的人口增长和高生育率与经济增长联系起来的许多关系来理解[19]。其一,快速的人口增长往往抑制人均国内生产总值的增长,这一关系在20世纪80年代最先被观察到,且在最贫穷的国家中表现最为明显[20]。国内生产总值的增长可能受到高儿童抚养比的限制,而一国的高抚养比与高生育率相关。随着大量的儿童出生,与儿童健康和教育相关的花费越来越多,家庭储蓄减少和政府支出增加。反过来,由于投资只能提供长期的经济回报,GDP增长速度也会放缓[21]。在创造新岗位方面也可以看到人口增长对经济增长的影响。在人口迅速增长的国家,劳动力市场往往无法为年轻人提供足够的就业机会,导致就业不足或失业。这种人口增长与经济增长的负相关关系的持续,使得发达国家和发展中国家之间的不平等现象一直存在,且使得境况迅速改善的希望变得渺茫。

其二,人口增长和高生育率往往会加剧贫困,并导致贫困以代际传递形成固化。特别是,人口增长可能会减少或减缓那些技术水平和收入最低的群体的工资增长。例如,印度已经适应了人口的高速增长,但经济发展政策只改善了15%~20%的人口的生存状态。印度的贫困人口为该国的高人口增长率付出了惨重的代价。印度的大部分主要面向较低社会阶层的公共教育系统,面临着资金匮乏且资源不充分的问题。由于健康状况不佳、营养不良或为文盲,穷人越来越被边缘化,无法参与经济活动[22]。此外,大规模低技能和低收入的劳动力可能会阻碍该国产业技术升级的步伐。

其三,高生育率使得家庭储蓄减少,迫使家庭为家庭成员的基本商品和服务需求的支出增多,而对教育的储蓄或支出则被推迟或忽视。相反地,人口增长的下降和儿童数量的减少意味着家庭能够投资于教育并将更多的收入用于储蓄,这是经济增长的必要条件。例如,大量的经济学研究将20世纪80年代韩国等亚洲经济体经济增长的原因归结为生育率下降和收入增长带来的家庭储蓄上升[23]。随着家庭储蓄的增加,国内储蓄也随之增加并可以在国内和其他地区进行投资。

其四,依据理查德·伊斯特林(Richard Easterlin)的理论,较高的生育率意味着相比规模较小的家庭,父母对每个孩子的投资更少。同样地,来自规模较大家庭的儿童平均受教育程度低于规模较小家庭里的儿童。在人口迅速增长的国家,教育和卫生保健系统面临的压力越来越大,这要求政府增大财政投入。除非政府财政收入快速增长,或政府愿意改变财政支出的优先顺序,否则教育和健康方面的支出将会下降[24]。相似的证据同样可以在亚洲国家找到。在韩国,生育率和少儿抚养比的下降意味着,即使政府在教育方面的支出占国家预算的比例大致相同,1970—1989年政府仍能够将每名学生实际的教育支出增加四倍。如果韩国学龄儿童比例的增长速度与同一时期的肯尼亚相当,那么它将需要花费超过两倍的支出[25]。

其五,无论资源使用是与人均消费增加相关(即通过增加收入和需求),还是与在人均需求保持不变情况下人口增长所产生的需求增加相关,人口增长都对各种资源造成更大的压力。林业、渔业、农田和淡水资源都容易受到人口增长压力的影响。

人口迅速增长和高生育率似乎对那些国家治理能力薄弱的最贫穷国家的负面影响最大[26]。在这些国家,人口增长加剧了经济的螺旋式下降,典型的例子是撒哈拉以南的非洲国家,那里生育率高,且人均收入水平比20年前更低[27]。不发达的市场以及无效的政府计划和领导,未能保护、投资或建设所需的基础设施。如果没有强有力的机构推动教育、计划生育和基础设施建设方面的国家计划,人口的快速增长会减少创造力的供应,加剧资源稀缺和环境退化。反过来,投资基础设施的失败和资产退化可能会严重削弱相关机构和市场。此外,发展中国家的政府往往缺乏足够的财政能力和政治动员力,来投资推动该国劳动力素质提升的制度建设。

人口红利

作为总结经济增长和生育水平之间联系的一种方式,我们可以考虑**人口红利**(demographic dividend)[28],它结合了人口转变理论、抚养比和基础经济学的观点。人口红利是指由一个国家年龄结构的改变所带来的经济增长,而年龄结构的改变与国家向低生育率和低死亡率转变有关,这一转变意味着劳动力的增长速度比被抚养人口的增长速度更快,是一种抚养需求低的情况。由于年龄分布的变化,国家在满足最年轻年龄组需求方面减少了资源投入,从而释放资源用于其他经济领域的投资,这种新的投资推动了经济增长。

经济红利的收益有四种传递方式(从人口咨询局提供的资料可以获得一个很好的视觉演示[29])。首先,劳动力供给增加,潜在地提高了生产力和产出,当然这取决于经济吸收和雇佣额外增加劳动力的能力。其次,随着受抚养人数的减少,个人和家庭的储蓄可能会增加,从而可以增加在其他地方的可用资金。再次,生育率降低使妇女更加健康,对每个孩子的投资也会随之增加,从而进一步改善儿童的健康和教育状况。最后,收入增加和生育率下降会产生对商品和服务的更多需求。

从理论上讲,这种转变可以增加就业和促进经济增长。但是,生育水平下降所带来的人口红利未必会自动来临。相反,伴随人口红利而来的经济增长是建立在适当的社会、政治和经济政策到位的基础上的。为了实现这种收效,各国需要聚焦于计划生育、生殖健康、教育、创造就业、对妇女和女童的投资以及善治的政策和方案。

但受益于人口红利的窗口期相对较小,各国需要在其人口尚处年轻时以及人口进入劳动力市场之前做好规划。在此期间,各国可以推动对年轻人群体的投资,以使他们一旦就业就有更高的劳动生产率。相反,若未能为年轻人提供充足的机会(即无法将他们纳入劳动力市场),可能导致失业率的增加和社会动荡的发生。由于各国将在人口红利期过后进入老龄化阶段,随着一批人步入退休年龄,抚养比将再次上升,对此也应及时未雨绸缪。

人口增长与资源匮乏

2020 年,一份联合国报告对全球水资源和人口迁移情况进行了概述,并更深入地讨论了资源、人口增长和迁移之间的关系[30]。关于人口增长和资源之间关系的争论与人口和经济发展的争论相似,新马尔萨斯主义者与经济乐观主义者相对立,且两个群体都声称有证据支持自己的立场。有一点似乎很直观:以资源使用、能源消耗或污染排放来衡量,超过 70 亿的人口数量对地球生态系统的影响是巨大的。目前的资源消耗率是否可持续尚不得而知,但人们怀疑以目前的消费模式和人类影响,从长远来看是不可持续的。许多地区已经面临农田、水和森林资源的匮乏。

资源匮乏的来源主要有三个:供应诱导、需求诱导和结构性匮乏[31]。供应诱导的匮乏源自过度开发或过度污染导致的资源数量减少或质量下降。需求诱导的匮乏出现在当人口增长及其消费模式的转变导致对资源有更大需求的时候。而这种匮乏只有在资源具有竞争性时才会发生,也就是说一个经济体对资源的使用会降低其他经济体对资源(包括渔业、水或森林资源)的可获得性。当社会中资源分配或权力和财富不平衡以至于某些群体会得到更大的资源份额时,就会出现结构性稀缺。如果一个资源是具有排他性的(如农田),那么通过产权或其他制度,可能会限制或阻止某些群体使用该资源。

不足为奇的是,人口增长是推动上述三类资源匮乏的关键因素。各种资源的匮乏机制并不是相互独立的,在资源占有(resource capture)或生态边缘化(ecological marginalization)的作用下,它们相互作用和相互促进[32]。资源占有发生在某种资源匮乏迫使行动者(即政府或种族群体)通过立法或其他手段宣称对该资源拥有控制权的时候。贫困、处于绝望和保护资源知识的匮乏将使该问题更为严重。

无论是在全球性层面还是在国家层面的讨论都不仅仅事关养活大量人口的问题,它还涉及为人们提供充足的卫生保健、教育和基础设施,还有以可持续的方式长期提供充足就业、确保生活质量。人口增长会带来能源消耗增加、全球变暖、臭氧消耗、森林砍伐、农田减少、生物多样性丧失以及淡水资源减少等诸多问题。总之,或许只有在有限资源上付出巨大代价才能满足人类不断增长的需求,而这会削弱未来的可持续性,且这种情况会因资源获取的不平等和各类人口的边缘化而更加恶化。

人口增长与粮食安全

资源匮乏与粮食安全关系密切。即使人口增长立即停止,一些国家(如中国、埃及和印度)是否拥有无限期的维持其人口的资源和经济能力,是值得怀疑的。在发展中国家,粮食和资源匮乏尤成问题,人们严重依赖当地资源来维持日常生存。由于大规模人口和环境、经济、社会的压力,许多发展中国家的发展前景不容乐观[33]。粮食供需关系十分复杂[34],粮食供给受到土地和水资源、农业投资、贸易、天气以及肥料和灌溉的约束。另一方面,粮食需求又受到诸如能源价格上涨、人口增长、粮食市场全球化、饮食习惯变化,以及农田用于生物燃料生产等因素的影响。从2000年开始,食品价格开始大幅上涨,其中一些最大幅度的价格上涨与2007—2008年的粮食危机有关,2005—2008年小麦和玉米的价格上涨了三倍,而大米的价格则上涨了五倍[35]。价格上涨反映了部分发展中国家地区作物歉收,粮食需求的快速增长以及粮食供应的减少[36];燃料价格上涨,干旱减少了收成,农田从生产粮食转向生产生物燃料。这一系列现象的结果是没有足够的食物,而世界上最贫困的人最容易受此影响。联合国粮食及农业组织(United Nations Food and Agricultural Organization, UNFAO)估计,食品价格上涨使该阶段营养不良的人数增加了7 500万[37],其中海地、印度尼西亚、科特迪瓦、泰国和其他国家发生了粮食骚乱[38]。2009—2012年世界经济危机进一步破坏了各国的稳定,据联合国估计有27个国家的粮食安全受到威胁,正在走向不稳定状态。随着经济危机的到来,捐助国的粮食援助计划崩溃。尽管燃料成本下降但粮食价格依然居高不下,农业投资急剧下降。发展中国家的失业率提升,从其他国家获得的移民汇款减少,导致国民购买粮食的支出迅速减少。

两个进程引起人们对未来全球粮食安全的关注。首先,随着降水模式的转变和全球温度上升,气候变化可能进一步危及粮食可获取性和安全性。海平面的上升、更强的风暴、更大规模的洪水、干旱和减少的淡水供应等问题也与气候变化和人口迁移有关。世界各地的多个例子都说明了这一点。曾为玻利维亚第二大湖泊的波波湖(Lake Poopó)已经基本消失,它是气候变化导致的降水模式变化和农业灌溉分流的受害者[39]。对于传统上以捕鱼为生计和食物来源的当地土著民而言,适应这一环境变化十分困难,他们传统生活方式的丧失也威胁到其身份认同,迫使许多人搬家并成为环境难民。基里巴斯共和国是一个分散在南太平洋多个低洼岛屿上的国家,由于担心海平面上升最终会淹没整个国家,它已经向其国民发出"有尊严地迁移"的号召,并在斐济购买了土地作为潜在的避难所[40]。虽然在人们的预期中,发展中国家在气候变化的冲击中首当其冲[41],但美国联邦政府也已通过新的"气候适应力"(climate resilience)计划的拨款,以重新安置路易斯安那州密西西比河三角洲简·查尔斯岛(Isle de Jean Charles)的居民[42]。在这里,气候变化导致洪水泛滥,经常将岛屿与陆地切断。在更大的尺度上,佛罗里达州也面临气候变化的威胁,例如洪水泛滥可能导致数百万居民在未来搬迁。

在所有这些例子中,这些环境或气候问题造成的移民都面临着包括他们搬到哪里,留下什么,如何适应新社区的问题。与环境移民相关的危险是,人与各地文化的冲突和生计丧失可能导致暴力和无政府状态,或许会使2008年的骚乱成为发展中国家未来动荡的开端。2015年的一篇研究文章将气候变化、干旱和农业崩溃,同叙利亚内战和2015年开始的"难民潮"联系起来,强调了气候变化可能有引发冲突的风险[43]。仅气候变化一项,就估计导致全球营养不良的人数增加4 000万到1.7亿。哪怕全球的温度略微上升,预计也会降低农作物的产量,尤其是在包括撒哈拉以南的非洲在内的热带地区[44]。由于降水减少和荒漠化,农业用地可能会减少,导致粮食减产。而发展中国家农业集约程度普遍较低,农业资本的可得性下降,以及用于进口日益昂贵的粮食的资金有限,将使问题更加复杂。在非洲,到2030年气候变化可能使粮食产量减少2%～3%[45],而联合国粮食及农业组织估计印度可能损失其粮食总产量的18%。由于适应气候变化的能力有限,贫困和小规模自给的农民将特别容易受到气候变化导致的收入或粮食供应中断的影响。就美国而言,内布拉斯加州奥加拉拉(Ogallala)的含水层位于美国大平原的大部分地区的地表下,为饮用水、灌溉和工业用水提供着水源,而它的枯竭一直是一个令人关注的问题,尤其是在降水量减少的情况下。同样,加利福尼亚州的长期干旱也产生了波及范围远超该州边界的连锁反应,包括通过扰乱农产品市场对贸易的影响,以及由水力发电的损失导致的对能源安全问题的影响[46]。因此,各国或将更加依赖于粮食进口,或被迫耕种边际土地(marginal land),或使用不可持续的耕作和灌溉方式,而这些又会增加土地退化的可能性。

其次,人口数量的增长意味着需要养活更多的人。2012年,世界人口超过70亿。到2030年,对食物的需求预计将翻一番,其中约20%的增长是由人口增长引起的[47]。使问题更加复杂化的有以下几项:土地破碎问题(小农场不可持续发展);在发展中国家的许多地区利用边际土地进行农业生产;城镇化进程加快,伴随而来的是农业用地的减少;上涨的能源成本增加了化肥和农药的成本,并增加了对生物燃料的需求,而这导致了土地从农业生产转向生物燃料的生产；食物消费习惯的变化，在传统饮食中肉类的消费增多。

结论：冲突的潜在可能性？

记者罗伯特·卡普兰（Robert Kaplan）在他的文章《无政府时代的来临》（The Coming Anarchy）中描绘了对世界未来的可怕预测[48]。由于全球化、低能的领导力和环境衰退，边缘国家将分裂为由族群或文化界定的较小单元，并由军阀和私人军队统治。卡普兰坚持认为，非洲及其一系列貌似永远饱受战争破坏的国家象征着当前世界秩序的衰退，这些国家已经屈服于环境和人口的困境，导致传统国民政府的崩溃。卡普兰认为，暴力和冲突已成为这些地方的常态。

虽然可能是耸人听闻，但卡普兰文章中的基本问题就是资源匮乏是否会引发冲突。一个简短的回答是"是的"，因为冲突可能是由农田、水、森林或其他资源的匮乏和争议引起的。正如我们所看到的，人口问题是这些资源匮乏和争端的基础。资源匮乏可能会产生有害的社会影响，包括经济或农业生产受到限制，人口迁移，按族群或宗教划分的社会分裂，以及社会制度的瓦解。所有这些因素都可能导致冲突[49]。而影响通常是与原因相关的，其中经常存在一些会加剧最初负面影响的反馈措施，从而使因匮乏而起的夺取资源行为进一步导致环境退化，或使资源更加匮乏。

虽然研究人员仍在继续关注资源匮乏的含义，但越来越多的证据表明资源匮乏很有可能影响社会稳定，并最终成为诸如2008年因食物产生的暴动或干旱引发的冲突的导火索。虽然这是一个直观的假设，但它们确切的关系以及是如何运作的仍然是一个问题。例如，资源匮乏是如何导致冲突？最有可能的是，它通过一系列复杂的相互作用产生冲突。鉴于未来几十年人口将继续增长，且由气候变化、消耗或退化造成的可再生资源匮乏的情况很有可能发生，因此可以合理地预设供应、需求或结构性匮乏会产生负面的社会影响，包括农业和经济产出的减少，人口迁移乃至流离失所，社会分裂以及制度破坏，而这些结果中的每一个都可能独立或协同地引发冲突[50]，政府间气候变化专门委员会在其2014年的报告中已经确认这一可能[51]。此外，当行为者由于资源的质量或数量下降而试图使资源分配朝着有利于他们的方向改变时，资源匮乏可能引起资源占有，这将导致弱势群体被边缘化。气候变化还会给获取淡水、关键性基础设施和领土完整方面带来更多挑战[52]。随着不同群体试图控制资源或解决资源分配不平衡的问题，上述两个过程都会进一步导致环境恶化、贫困加剧并增加发生冲突的可能性。

新马尔萨斯主义者和经济乐观主义者都在考虑的一个不容忽视的问题是，面对持续的人口增长，世界能否提供足够的粮食、水和其他资源。直观上，我们可以找到人口增长、资源利用和环境匮乏之间的关系。例如,在人口增长较高的地区,食物、燃料和水等资源往往较为稀缺,环境恶化的风险也会增加。但这并不是这一关系的全貌。事实上,人们对人口增长、环境和资源之间联系的了解充其量也是粗略的[53]。然而,即使忽略最危言耸听的预测,人们也已达成共识,即人口增长会减缓经济增长并使其他问题的损害成倍增加。也就是说,我们可以很容易地得出人口增长加剧了土地退化的结论,而资源枯竭促进了暴力和冲突的产生,进而给相关机构和各级政府施加了压力。当然这并不是说人口增长是导致这些问题的唯一原因。例如,环境恶化不仅取决于人数,还取决于人们消耗资源的数量和类型,以及这些消耗如何对环境产生破坏。尽管如此,人口增长仍是一个问题。

在更广泛的资源和经济问题上,情况又是怎样的呢?是否可以将相同的逻辑扩展到不断增长的人口和消费对其他资源的消耗的影响上呢?当前的资源消耗水平是否是可持续的?正在形成的共识是,人口的快速增长和相对于劳动力规模而言的高少儿人口抚养比,通过加剧贫困和失业现象,削弱对人力资本和有形资产(如教育、机构、计划生育、家庭储蓄)的投资,造成了资源的减少和退化,最终减缓了经济增长。更糟糕的是,由于许多最贫穷国家缺乏完善的治理机构和体系,人口迅速增长和经济增长缓慢似乎可以自我强化,使得国家极难摆脱这种恶性循环。

最后,发达国家受来自发展中国家前述因素诱发的人口迁移的影响,也不能幸免于环境匮乏和气候变化的后果。几乎任何一个国家的内部冲突或分裂都可能产生大量流离失所者和移民,这可能会加剧环境退化和社会隔离。于是,问题将是:最终是什么促使人们搬迁?大部分美国南部和中部的移民是由于冲突以及经济和政治的不安全,而从北非和中东向欧洲的移民可归因于资源短缺(干旱)和持续的冲突。由于在家乡几乎没有选择,移民迁移到其他地方寻求新的未来。移民改变了接收国的人口构成,因为他们最有可能定居在城镇地区。正如第七章所讨论的那样,政府被迫作出反应,限制移民或者平息更广泛社会中的反移民情绪。同样,国家的解体、政治或经济的不稳定肯定会对区域安全和贸易格局产生影响,并最终影响发达国家。某些国家及其政府可能被排除在有效谈判协议的进程之外,或被国际社会完全排斥。

思考题

1. 一个国家的发展水平如何影响其环境质量和食品供应?
2. 从发达国家、欠发达国家和最不发达国家选择同等数量、共计 30 个国家,绘制:①人均国民总收入图(一种衡量收入的计量标准,数据可获取自美国人口咨询局《人口数据一览表》)、②人口图、③总生育率图。你看到了什么趋势(如果有的话),它们的含义是什么?

3. 许多人认为人口红利是生育率下降所带来的好处,但这种人口红利的好处实际上可能有限。有什么证据支持人口红利的观点?

聚焦:资源冲突

在过去,国家和国际冲突往往取决于政府的领土野心和民族国家所遵循的观念[54]。在21世纪,冲突往往来源于资源匮乏和人口增长的事实,而在地方体制薄弱、人口增长最快、资源最稀缺的地方,发生冲突的可能性最大。因此,在未来几十年中,与资源匮乏相关的冲突数量可能会增加,其中发展中国家将面临最大的风险。由于发展中国家的农业生产和经济繁荣更加依赖当地资源,同时缺乏财政资源来缓解资源匮乏的负面影响,加上政府治理能力有限,发展中国家很难适应这种风险。

如果资源匮乏的出现可能导致冲突,那么最有可能发生什么类型的冲突?霍默-迪克森[55]曾令人信服地表示,未来几年人口或资源匮乏问题将日益成为冲突的基础。他特别指出,与环境退化直接相关的争端,由环境匮乏产生的移民和人口流离失所并造成的族群冲突,以及环境匮乏所造成的、影响经济生产力和生计的内乱和冲突,将成为发展中国家最为常见的争端。而在这些国家中,环境匮乏将与现有的经济、文化、政治或社会因素相互作用,并以这些因素为背景,甚至可能导致冲突的加剧和体制的崩溃。

资源与冲突

在最简单的情况下,资源冲突在领土、权力和国际关系的传统范式内很容易理解,因为国家或其他行为主体通常会采取行动来保护不可再生资源,如石油。与石油有关的冲突包括苏丹和安哥拉的内战,以及1990年伊拉克入侵科威特[56]。

在资源占有的情况下,某种资源的质量下降或数量减少与人口增长相互作用,可导致消费增加,并激发不同群体通过贸易或军事征服来控制资源。这种情况也可以扩展到可再生资源领域(即在某个阈值下可以被获取和使用,且不会导致其最终耗竭的资源),如农田、森林或淡水[57]。这其中的某些资源的匮乏程度在某些地方迅速增加,导致其可能通过军事或其他的手段被掠夺,使得某些群体被边缘化,并加剧资源的匮乏或退化。

水资源最终将被证明是一种关键资源,对个人和国家的生存至关重要,并且能够威胁到全球社会的安全和经济福祉。虽然水资源是一种可再生资源,但由于人类的不断消耗和受到污染和盐碱化而退化,以及进一步受到气候变化的影响,其稀缺性日益增加。水资源短缺威胁到了各国的生计和安全,被定义为"水资源脆弱性"[58]。不过,水资源短缺并不是导致冲突的直接原因,而往往是因为其限制了经济发展,导致资源掠夺和社会分割,从而引发暴力。此外,河流或地下含水层跨越国界的性质,意味着一个国家对水资源的使用行为会影响到邻国。包括联合国在内的各种观察者[59]都没有忽视水资源的战略重要性。1995年,世界银行曾警告21世纪的战争将因对水资源的争夺而起[60],这一警告与约旦国王侯赛因(Hussein)的早期预测相呼应,后者宣称只有水问题才能激起约旦和以色列之间的战争。多年前,埃及前总统安瓦尔·萨达特(Anwar Sadat)曾表示,如果埃塞俄比亚阻断或减少埃及从尼罗河取水的通道,他准备诉诸武力,而埃塞俄比亚则指责埃及在1976年埃以和平谈判期间将尼罗河的水作为谈判的筹码[61]。而在其他时候,中东地区的水被认为比从地下抽出的石油更有价值。

由水资源引发冲突的案例有很多,尽管每个案例都是以气候变化、宗教差异和历史仇恨为背景的。在非洲,南非对1986年莱索托(Lesotho)政变的支持,与该国希望将水从莱索托引到南非有关。同样在非洲,塞内加尔河、赞比西河和尼日尔河流经多个国家,其中塞内加尔河成为毛里塔尼亚和塞内加尔两国冲突的焦点。在北非,自20世纪60年代以来,乍得湖萎缩了95%,其中灌溉和干旱是萎缩的主要原因。在一个人口不断增长的地区,水资源供应减少在威胁鱼类和农作物生长的同时,还可能导致四个共同利用该湖水的国家(尼日利亚、尼日尔、喀麦隆和乍得)之间的紧张关系加剧。最后,在苏联加盟共和国乌兹别克斯坦、土库曼斯坦、哈萨克斯坦、塔吉克斯坦和吉尔吉斯斯坦之间,也存在着水资源纠纷,它们在争夺阿姆河和西尔河的有限资源。在苏联时期,政府筑坝拦截并改变了河道,将干旱的沙漠变成了一个巨大的棉花种植区。自苏联解体以来,五国之间的竞争、资本主义和浪费几乎摧毁了这个系统,导致水资源短缺和农田盐碱化加剧,而咸海由于水源的大量减少而濒临消失。

中东的水资源短缺和冲突的例子也有很多,包括以色列和黎巴嫩关于争夺利塔尼河控制权的冲突(或潜在冲突),土耳其、伊拉克和叙利亚之间争夺幼发拉底河和底格里斯河的水资源冲突,以及埃及和埃塞俄比亚争夺尼罗河水资源的冲突。在第三个例子中,尼罗河的水资源分配是基于1920年殖民时期的协议,该协议将所有的水分配给苏丹和埃及,而尼罗河沿岸的其他国家都没有得到。埃塞俄比亚建造的一座新大坝(从2011年开始建设)威胁到埃及的供水,另有一项新的潜在用水协议将使埃及失去对尼罗河的实际控制,导致两国关系进一步紧张,以至于武装冲突爆发的可能性再一次成为新闻头条[62]。土耳其、叙利亚和伊拉克之间的关系也因为控制和使用幼发拉底河和底格里斯河的水资源产生纷争而变得紧张。其中,土耳其的大安纳托利亚项目(Great Anatolia Project)是土耳其东部集大坝和灌溉系统于一体的大型综合体,完成后预计将大大减少两个河流系统的水量。这样一来,流到叙利亚的水可能带有大量的化肥、农药和盐分,水质严重恶化。

此外,稀缺资源的冲突也可能发生在一个国家内部。伊拉克境内"伊斯兰国"(ISIL 或 ISIS)的崛起威胁着该国的供水和农业生产,加剧了长期存在的水资源危机,这场危机源于多年的战争、西方的制裁以及伊朗和土耳其对上游水资源的控制。通过控制关键的水坝,"伊斯兰国"已经开始利用水资源来打击敌人,例如,灌溉自己的土地,拒绝向敌对势力供水并淹没敌对势力的农田。如果长期宣称在叙利亚、伊拉克、伊朗和土耳其拥有领土的伊拉克北部少数民族库尔德人(Kurdish)要建立一个独立的国家,控制底格里斯河流域的大部分地区,这种情况可能变得更加混乱[63]。

气候变化使局势和潜在冲突变得更加复杂。随着天气和降水模式的改变,已经很干旱的中东国家将变得更加干燥。叙利亚正在发生的内战可能源于长期干旱,这一问题由于政府未能投资灌溉系统而恶化,使农作物减产,以致迫使家庭进入城镇地区。后来,当叙利亚政府镇压异议时,民主改革的需求,同族群和宗教派别间的矛盾历史引发了新的冲突。虽然内战不能直接归咎于干旱,但气候变化可能是其中的一个原因[64]。

小结

人口增长和由此导致的资源匮乏的综合影响可能意味着世界上不同空间尺度的冲突有所增加。而冲突增加了人们在面对气候变化时的脆弱性,并产生人口流离失所的后果[65]。此外,随着资源日益匮乏和人口增长,资源冲突发生的速度将在未来有所增长,其频率将进一步提高。依赖当地资源但缺乏应对资源匮乏能力的发展中国家可能更快受到影响,并面临着环境资源匮乏导致的更频繁、更复杂和更严重的问题。如果他们没有创造力或财力来克服这些问题,那么资源的匮乏可能会使国家不堪重负,并进一步削弱其应对资源匮乏问题的能力。

资源匮乏不仅导致大规模的冲突,也有可能导致长期的、分散的暴力,且在地方或国家的尺度上冲突会越来越多。作为全球化的结果,面对环境压力、不断恶化的贫困和疾病以及社会摩擦,政府可能会无能为力。对于经济前景不明朗、人口增长过快、疾病肆虐和环境压力严重的边缘国家来说,未来是黯淡的,而不同群体之间无疑会因获取稀缺资源而产生冲突。由于最贫穷的国家在全球化中被边缘化和削弱,同时军阀、犯罪团伙、贩毒集团和游击队组织的力量得以加强,未来的冲突可能是"无国界的",它不符合现有对国际冲突或国内冲突的认知,也不为政府所影响,而是受到诸如"伊斯兰国"等宗教群体、族群或部落团体的左右[66]。

方法、测量和工具:地理学者在这场争论中有何贡献?

在整本书中,地理学和地理视角是讨论的基础。在许多情况下,地理学者及其地理视角在一些领域中发挥了重要贡献,包括市场区位和分析、医学和健康地理、土地利用规划、环境问题以及地理学家常用的分析技术。人口地理学者的贡献(特别是那些与人口流动有关的贡献),已在引言和整本书中予以讨论,而地理学者在研究死亡率和生育率方面花费的时间较少。地理学者对包括气候变化(通过政府间气候变化专门委员会)、水和其他资源、粮食供应和安全、国际关系和恐怖主义在内的问题的讨论做出了贡献。虽然远非详尽,以下内容是地理学者做出的与本书主题相关的部分贡献[67],而其他主要资源,如美国地理学家协会的《国际地理百科全书》(*International Encyclopedia of Geography*)和《牛津书目(地理学)》[*Oxford Bibliographies (geography)*]提供了地理学者曾做出贡献的多种话题的总结,这些总结对于那些对某个特定主题感兴趣的人来说是极好的"入门资源"。一些贡献特别突出或特别值得关注,但要注意不要将它们孤立地看待,例如,移民会影响健康、人口老龄化以及城镇化进程。

在当今许多国家和政府经常直接或间接地发生冲突的全球环境中,地理知识非常重要。正如哈姆·德·布利吉(Harm de Blij)在他的著作《地理学为什么重要:美国面临的三大挑战》(*Why Geography Matters: Three Challenges Facing America*)[68]中指出的,"地理素养是一个国家安全问题",并且

"在这个竞争日益激烈的世界上,我们在地理知识方面的薄弱是一个严重的,也许是至关重要的劣势。地理洞察力对解决地缘政治问题至关重要,从文化到经济等各个领域的决策制定都需要地理洞察力。"[69]

布利吉等人发现、并为《政治地理》(*Political Geography*)杂志所强调的许多问题,考虑到它们固有的地理性质,地理学者长期参与对这些问题的争论就不足为奇了。例如,科林·弗林特(Colin Flint)[70]着眼于战争的空间表现以及引发战争的政治过程,而威廉姆斯(Williams)在他的书中探讨了边界政治的作用[71]。其他地理学者,包括卡特(Cutter)、理查森(Richardson)和威尔班克斯(Wilbanks)[72]等,探讨了地理学与恐怖主义之间的联系,并利用地理工具为预防和应对恐怖袭击作准备,同时还探讨了恐怖主义分子如何跨空间活动,以及恐怖主义为何在特定的地区发展。斯顿普(Stump)[73]探索了宗教原教旨主义现象,这种现象在近几十年来迅速传播,并产生了巨大的社会和文化影响。此外,莫伊西奥(Moisio)及其同事[74]提供了关于地理学与国家力量的最新见解。

鉴于与移民相关的国际联系,以及移民与国家安全的联系,地理学者也经常参与迁移和移民的讨论。如果只简单列出少数几位地理学者,最终将会遗漏对这一领域做出贡献的不少学者。这一问题(或主题)最好从人口地理学者的工作领域来梳理。学者们越来越多地通过不同的视角探讨人口迁移流动,包括普拉内(Plane)和贝利(Bailey)使用的生命历程视角[75]、性别研究和追踪调查研究等。这些不同的视角使人们能够理解迁移动机和目的地选择的多样

性。埃利斯(Ellis)和赖特(Wright)针对无证工人的政策的影响研究也为了解迁移动机提供了更多的见解[76],米切尔(Mitchell)及其同事[77]则从批判理论角度看待迁移问题。人口地理学者越来越多地转向定性资料的使用,以深入了解迁移和迁居过程。但也不要忘记,众多学者(如众多的地理学者)在地理学的不同分支学科下开展人口研究,包括族群地理、方法研究和区域研究。

人口健康和人口老龄化也是地理学者感兴趣的内容,加特雷尔(Gatrell)和埃利奥特(Elliott)[78]以及米德(Meade)等人的早期工作打下了很多研究基础[79],而近期的工作则是由埃姆什(Emch)、鲁特(Root)以及卡雷尔(Carrel)等人延续[80]。疾病的空间扩散与流行病学紧密相关,并已成为该领域工作的基础。可视化工具和方法方面的进步,特别是地理信息系统和空间分析[见如克罗姆利(Cromley)和麦克拉弗蒂(McLafferty)[81],以及胡(Hu)和里德(Reader)[82]的研究工作]为这一领域做出了贡献,地方(place)的重要性得到了地理学者的认可。卡恩斯(Kearns)和盖斯勒(Gesler)的工作[83]揭示了"地方"作为健康的决定因素之一的重要性,而这一认识现在是健康地理学这一分支学科大部分工作的基础,包括威廉姆斯(Williams)和艾尔斯(Eyles)的研究[84]。地理学者也在其他领域做出了重要贡献,包括古尔德(Gould)[85]关于艾滋病病毒/艾滋病的研究,以及对疾病传播模式、初级卫生保健[见如克鲁克斯(Crooks)和安德鲁斯(Andrews)的工作[86]],和迁移与健康间关系的认识[见如纽伯德(Newbold)和威尔逊(Wilson)的工作[87]]。与此同时,正如芬顿(Fenton)和巴克斯特(Baxter)在其主编的著作中显示的[88],定性方法的使用展示了健康地理学的微妙之处。目前,健康地理学领域包括健康系统、健康与福祉、健康与发展以及健康不平等等研究方向。

当然,健康与人口老龄化密切相关。对研究人员、政治家和决策者而言,人口老龄化带来了包括住房、健康和服务供给等方面的挑战和关注。地理学者已经通过各种方式参与了老龄化的话题,包括护理和姑息治疗(palliative care)[见如威廉姆斯(Williams)的研究[89]]、交通[90]、人口迁移[91]、退休与迁移[92]、健康和许多其他话题[93]。诸如佩因(Pain)和霍普金斯(Hopkins)[94]等地理学者还考察了人口老龄化和地方(place)之间的关系,探索加深对老龄化理解的不同理论框架和方法。

另一个地理学者深耕的研究领域是城市和城镇过程,研究兴趣在于城市结构和空间组织、交通、老龄化和其他问题[95]。在发达国家的城镇地区受到极大关注的同时,了解发展中国家的城镇化也是一个紧迫的问题。其他的主题包括不公平和多样性、冲突、政治以及城市可持续发展等。

资源的生产和使用引发了许多问题,包括与冲突、可持续发展、区位和气候变化有关的问题。因此,该领域的研究往往跨越地理学的不同维度,融合这一学科的自然、人文和环境分支。

大量的地理学工作围绕着土地和资源的利用,包括水资源——一个自然地理学和人文地理学交叉的研究领域。因此,需要了解水循环,以及人类活动影响与水循环之间的关系,才能对该领域有深入的了解并提出相应的解决方案。例如,阿梅里(Amery)和沃尔夫(Wolf)讨论了中东地区水资源及其与地区冲突的联系[96]。在包括国家在内(如美国)的其他地理尺度下讨论水资源具有重要的意义且很有趣,特别是在大平原地区,研究与水资源相关的法律和地下水枯竭、与水资源相关的权利和水资源管理等内容[97]。这一话题涉及很多问题,包括人口增长与能源使用之间的关系,以及与全球气候变化的联系,而这也同样引起了包括自然地理学家和地球科学家在内的地理学者们的注意。

在整个地理学(和其他学科)的文献中,一个主要问题是人口与粮食供应之间的关系。粮食产量的增速可能会高于人口增长的速度,世界也将有可能养活更多的人口。但问题是世界究竟能养活多少人? 现如今它可能仍然很难养活所有人。最近许多地理研究也已聚焦到人口增长和农业转型、土地所有权、资源冲突和环境问题上,这不足为奇。例如,特纳(Turner)等人[98]探讨了非洲人口增长与农业转型之间的关系,得出的结论是,人口增长促进了变革的发生,同时也反映了环境、土地所有制、技术和政治的差异。另一位地理学家瓦茨拉夫·斯米尔(Vaclav Smil)则探究了养活全世界人口的能力,认为只有通过提高耕作效率和改变饮食习惯的方式,世界方能生产足够的粮食来继续养活其不断增长的人口[99]。埃文·弗雷泽(Evan Fraser)进一步更新了有关粮食安全的讨论,包括探讨解决粮食安全问题的可能方案[100]。与其他人一样,弗雷泽指出,正在改变的饮食习惯、不断增加的人口、气候变化、有限的清洁水和高昂的能源价格,将使得未来养活地球上的人口变得更加困难。作为全球人类安全研究的主席,弗雷泽将讨论拓展到对粮食生产的科学和技术、粮食分配系统、地方粮食系统和法规等问题的思考上,他认为可以通过对它们的改变来养活不断增长的世界人口。

最后,如果没有认识到地理学者对理论的作用,对人口地理学领域的贡献的讨论就不会完整。在大部分时间里,人口地理学一直根植于实证主义的框架,并强调数据和方法的运用,反映了形式人口学对该领域的影响。举个例子,空间选择理论和微观经济行为模型,如斯加斯塔德(Sjaastad)1962 年提出的人力资本理论(human capital theory),通常主导居住迁移研究。而经验主义的研究和数据主导了理论的形成,这意味着研究及随之而来的理论上的进展倾向于集中在数据丰富的领域,这对于理论的构建是很不利的。

尽管地理学的其他领域有理论上的发展,但人口地理学者在融入其他理论观点方面相对较慢。相反,人口地理学者经常继续依赖于其实证主义的研究框架,正如伊丽莎白·格雷厄姆(Elspeth Graham)[101]认为的,大数据的出现以及对可总结推广的政策成果的需求,推动了经验研究的快速发展。因此,人口地理学对理论的关注较少。同样地,格雷厄姆也认为空间人口学的发展在很大程度上与理论发展无关。

然而,越来越多新的理论被吸纳进人口地理学这一分支学科,如女权主义、性别研究、社会理论和跨国主义理论等,加深了我们对人口行为的理解。新理论观点的吸纳也许在人口迁移研究中最为明显[102]。特别是,反映并联系了一生中发生的事件的生命历程观点(life course perspective)已被广泛使用[103]。其他的一些研究,如格雷厄姆、贝利、哈菲克(Halfacree)和博伊尔等学者的工作则纳入了社会地理学的视角。诸如泰纳(Tyner)在2009年所著的《战争,暴力和人口:让身体有价值》(*War, Violence, and Population:Making the Body Count*),其批判人口地理学观点也将影响人口地理学领域及其未来研究;此外,该书还将生育率、迁移和死亡率与战争和冲突联系起来。另外,如凯瑟琳·格雷斯(Kathryn Grace)等学者还利用其他理论观点来研究发展中国家的一些人口问题,包括避孕工具的使用和粮食安全问题[104]。

注释

[1] Paul Ehrlich, *The Population Bomb* (New York: Ballantine Books, 1968).

[2] Thomas Robert Malthus, "An Essay on the Principle of Population", reprinted in Scott W. Menard and Elizabeth W. Moen, *Perspectives on Population* (New York: Oxford University Press, 1987).

[3] Bernard Gilland, "Nitrogen, Phosphorus, Carbon and Population", *Science Progress* 98, no. 4, (2015), 379-390. 也请参见 Paul Ehrlich, Anne Ehrlich, and Gretchen Daily, "Food Security, Population, and Environment", *Population and Development Review* 19, no. 1 (1993), 1-32。

[4] 基于世界粮农组织网站2019年的数据,"The State of Food Insecurity in the World 2019", http://www.fao.org/state-of-food-security-nutrition(2020年5月21日查阅)。

[5] UNFAO, "The State of Food Insecurity in the World 2019".

[6] William Bender and Margaret Smith, "Population, Food, and Nutrition", *Population Bulletin* 51, no. 4 (February 1997). 也请参见 Ehrlich, Ehrlich, and Daily, "Food Security, Population, and Environment", *Population and Development Review* 19, no. 1 (1993), 1-32; Robert Livernash and Eric Rodenburg, "Population Change, Resources, and the Environment", *Population Bulletin* 53, no. 1 (March 1998)。

[7] 特别的是,大众媒体和绿色运动已经采用了新马尔萨斯主义者的观点,而经济乐观主义者的观点为大部分发达国家的政府所采用,并且在世界银行的政策中出现。

[8] 马尔萨斯在他最初的著作中表示并不相信节育(birth control),现代节育方法也还不存在。新马尔萨斯主义者与真正的马尔萨斯主义者区分开来的标志就是他们相信节育可以用来抑制人口增长。

[9] 大量的作者参与了这个讨论,其中最著名的两位是保罗·埃利希和安妮·埃利希(Anne Ehrlich),他们写有《人口爆炸》(*The Population Explosion*, New York: Touchstone, 1991)。

[10] Julian L. Simon, *The Ultimate Resource* (Princeton, NJ: Princeton University Press, 1981).

[11] John Richard Hicks, *The Theory of Wages* (London: Macmillan, 1932).

[12] Ester Boserup, *The Conditions of Agricultural Growth:The Economics of Agrarian Change under Population Pressure* (Chicago: Aldine, 1965).

[13] Thomas Homer-Dixon, *Environment, Scarcity, and Violence* (Princeton, NJ: Princeton University Press, 1999).

[14] 请参见如 Wallace Broecker, "Unpleasant Surprises in the Greenhouse?" *Nature* 328, no. 6126 (9 July 1987), 123-126;亦可参见 William Clark, *On the Practical Implications of the Carbon Dioxide Question* (Laxenburg, Austria: International Institute of Applied Systems Analysis, 1985)。

[15] Jane Menken, "Demographic-Economic Relationships and Development", In: *Population—the Complex Reality: A Report of the Population Summit of the World's Scientific Academies*, ed. Francis Graham-Smith (Golden, CO: North American Press, 1994).

[16] 2019年,日本的国内生产总值(GDP)增长了0.65%。与之形成对比的是美国的GDP增长了2.3%。

[17] Ester Boserup, *Population and Technological Change: A Study of Long-Term Trends* (Chicago: University of Chicago Press, 1981);亦可参见 Boserup, *Conditions of Agricultural Growth*。

[18] National Research Council, Committee on Population, *Population Growth and Economic Development: Policy Questions* (Washington, DC: National Academy Press, 1986).

[19] Richard P. Cincotta and Robert Engelman, *Economics and Rapid Change: The Influence of Population Growth* (Washington, DC: Population Action International, 1997).

[20] Allen C. Kelley and Robert M. Schmidt, *Population and Income Change: Recent Evidence* (Washington, DC: World Bank, 1994).

[21] Edward M. Crenshaw, Ansari Z. Ameen, and Matthew Christenson, "Population Dynamics and Economic Development: Age-Specific Population Growth Rates and Economic Growth in Developing Countries, 1965 to 1990", *American Sociological Review* 62, no. 6 (1997), 974-984.

[22] Cincotta and Engelman, *Economics and Rapid Change: The Influence of Population Growth*.

[23] 请参见如 Kenneth H. Kang, "Why Did Koreans Save So 'Little' and Why Do They Now Save So 'Much'?" *International Economic Journal* 8, no. 4 (1994), 99-111,亦请参见 World Bank, *The East Asian Miracle* (Oxford: University of Oxford Press, 1993)。

[24] Allen C. Kelley, "The Consequences of Rapid Population Growth on Human Resource Development: The Case of Education", In: *The Impact of Population Growth on Well-Being in Developing Countries*, ed. Dennis Ahlburg, Allen C. Kelley, and Karen Oppenheim Mason (New York: Springer, 1996), 67-137. 亦可参见 T. Paul Schultz, "School Expenditures and Enrollments, 1960–1980: The Effects of Incomes, Prices and Population Growth", In: *Population Growth and Economic Development: Issues and Evidence*, ed. D. Gale Johnson and Ronald D. Lee (Madison: University of Wisconsin Press, 1985), 413-436。

[25] Cincotta and Engelman, *Economics and Rapid Change*.

[26] Cincotta and Engelman, *Economics and Rapid Change*.

[27] United Nations Development Program (UNDP), *Human Development Report 2000* (New York: UNDP, 2000).

[28] https://www.unfpa.org/demographic-dividend(2020年5月25日查阅),亦可参见 David E. Bloom, David Canning, and Jaypee Sevilla, "The Demographic Dividend: A New Perspective on the Economic Consequences of Population Change", RAND Corporation, 2003, https://www.rand.org/pubs/monograph_reports/MR1274.html(2020年5月25日查阅)。

[29] "The Four Dividends: How Age Structure Change Can Benefit Development", Population Reference Bureau, 7 February 2018, https://www. prb. org/the-four-dividends-how-age-structure-change-can-benefit-development/ (2020年5月25日查阅)。

[30] N. Nagabhatla, P. Pouramin, R. Brahmbhatt, C. Fioret, T. Glickman, K. B. Newbold, V. Smakhtin, "Water

and Migration: A Global Overview", UNU-INWEH Report Series, Issue 10. United Nations University Institute for Water, Environment and Health, Hamilton, Canada, 2020.

[31] Homer-Dixon, *Environment, Scarcity, and Violence*.
[32] Homer-Dixon, *Environment, Scarcity, and Violence*.
[33] Canadian Broadcasting Corporation, "The Crisis the World Forgot", 2 April 2009.
[34] Kristen Devlin and Jason Bremner, "How Changing Age Structure and Urbanization Will Affect Food Security in Sub-Saharan Africa", Population Reference Bureau, March 2012, http://www.prb.org/Publications/Articles/2012/food-security-aging-urbanization.aspx（2020年5月22日查阅）。
[35] Joel K. Bourne Jr., "The End of Plenty", *National Geographic* 215, no. 6（June 2009）, 26-59.
[36] 2009年6月的《国家地理》（*National Geographic*）杂志报道,过去十年里世界消费的粮食多于农民的产量,我们的冰箱基本上已经空了。
[37] UNFAO, *The State of Food Insecurity in the World*, 2008（Rome: UNFAO, 2008）.
[38] Keith Bradsher, "A Drought in Australia, a Global Shortage of Rice", *New York Times*（17 April 2008）, A4.
[39] Nicholas Casey, "Climate Change Claims a Lake, and an Identity", *New York Times*（7 July 2016）.
[40] Mike Ives, "A Remote Pacific Nation, Threatened by Rising Seas", *New York Times*（3 July 2016）, A10.
[41] Monica Das Gupta, "Population, Poverty, and Climate Change", *World Bank Research Observer* 29, no. 1（2014）, 83-108.
[42] Coral Davenport and Campbell Robertson, "Resettling the First American 'Climate Refugees'", *New York Times*（3 May 2016）, A1.
[43] Colin P. Kelleya, Shahrzad Mohtadib, Mark A. Canec, Richard Seagerc, and Yochanan Kushnir, "Climate Change in the Fertile Crescent and Implications of the Recent Syrian Drought", *Proceedings of the National Academy of Sciences*, 2015, 112, no. 11（2015）, 3241-3246.
[44] Bradsher, "Drought in Australia".
[45] IPCC, *Climate Change 2007*, Fourth Assessment Report（AR4）（New York: IPCC, 2007）.
[46] Dustin Garrick, "What the California Drought Means for Canadians", *Globe and Mail*（7 April 2015）, A9.
[47] United Nations Population Fund, "Statement of the UNFPA on the Global Food Crisis, Population and Development", news release, 3 June 2008, http://www.unfpa.org/press/statement-unfpa-global-food-crisis-population-and-development（2020年5月22日查阅）。
[48] Robert D. Kaplan, "The Coming Anarchy", *Atlantic Monthly*（February 1994）, 44-76. 卡普兰的大部分文章都是基于托马斯·霍默-迪克森的成果,却用非常悲观的新闻的方式重新解释。在指出潜在冲突的同时,霍默-迪克森还指出减少匮乏和缓解潜在冲突的可能的干预措施,为人类提供了一个重要的"出路"。
[49] 本章的大部分讨论都来源于霍默-迪克森的《环境、稀缺性与暴力》（*Environment, Scarcity, and Violence*）。有关人口与资源匮乏的更多见解,另请参见尼古拉斯·波卢宁（Nicholas Polunin）的《人口和全球安全》（*Population and Global Security*, Cambridge: Cambridge University Press, 1998）一书。
[50] Homer-Dixon, *Environment, Scarcity, and Violence*.
[51] IPCC, *Climate Change 2014: Impacts, Adaptation, and Vulnerability. Part A: Global and Sectoral Aspects*, Contribution of Working Group II to the Fifth Assessment Report of the Intergovernmental Panel on Climate Change, ed. C. B. Field, V. R. Barros, D. J. Dokken, K. J. Mach, M. D. Mastrandrea, T. E. Bilir, M. Chat-

terjee, K. L. Ebi, Y. O. Estrada, R. C. Genova, B. Girma, E. S. Kissel, A. N. Levy, S. MacCracken, P. R. Mastrandrea, and L. L. White. Cambridge and New York: Cambridge University Press, pp. 1132.

[52] IPCC, *Climate Change 2014*.

[53] 请参见 Roger-Mark De Souza, John S. Williams, and Frederick A. B. Meyerson, "Critical Links: Population, Health, and the Environment", *Population Bulletin* 58, no. 3 (September 2003)。

[54] Martin Ira Glassner, *Political Geography*, 2nd ed. (New York: John Wiley, 1996).

[55] Homer-Dixon, *Environment, Scarcity, and Violence*.

[56] Daniel Yergin, "Oil: The Strategic Prize", In: *The Gulf War Reader*, ed. Micah L. Sifry and Christopher Serf (New York: Times Books, 1991). 此外,其他重要因素,包括伊拉克基于前奥斯曼帝国对科威特的历史主张和进入波斯湾的通道,都被用来"证明"入侵是正当的。

[57] 事实上,霍默-迪克森只对作为冲突源头的可再生资源的作用感兴趣。然而应该指出的是,各国也都渴望获取稀缺的不可再生资源。

[58] Shawn McCarthy, "Water Scarcity a Catalyst for Other Concerns", *Globe and Mail* (30 November 2015), A3.

[59] William J. Broad, "With a Push from the UN, Water Reveals Its Secrets", *New York Times* (25 June 2005), 1S.

[60] Ismail Serageldin, "Earth Faces Water Crisis", press release, World Bank, Washington, DC (6 August 1995).

[61] Terje Tvedt, "The Struggle for Water in the Middle East", *Canadian Journal of Development Studies* 13, no. 1 (1992), 13-33. 埃及意识到自身的供水不足问题,并最终放弃了向以色列提供尼罗河水的提议。

[62] "Egypt Fears Grow as Ethiopia Builds Giant Nile Dam", CBC News, 30 May 2013, http://www.cbc.ca/news/world/story/2013/05/30/nile-dam-egypt-ethiopia.html.

[63] Peter Schwartzstein, "Amid Terror Attacks, Iraq Faces Water Crisis", http://news.nationalgeographic.com/news/2014/11/141104-iraq-water-crisis-turkey-iran-isis/? utm_content=bufferfc24f&utm_medium=social&utm_source=twitter.com& utm_campaign=buffer(2016年6月13日查阅)。

[64] Kelleya et al., "Climate Change in the Fertile Crescent", 3241-3246.

[65] IPCC, *Climate Change 2014*.

[66] 请参见如 Robert D. Kaplan, "Countries Without Borders", *New York Times* (23 October 1996), 8A;亦请参见 Paul L. Knox and Sallie A. Marston, *Human Geography: Places and Regions in Global Context*, 2nd ed. (Upper Saddle River, NJ: Prentice Hall, 2001)。

[67] 地理学者的贡献太多以至于无法对其进行充分概括,感兴趣的读者可以参阅2017年由美国地理学家协会出版的《国际地理百科全书:人口、地球、环境和技术》(*The International Encyclopedia of Geography: People, the Earth, Environment and Technology*)。也可以参阅加里·L.盖勒(Gary L. Gaile)和科特·J.威尔莫特(Cort J. Willmott)等人所著的《21世纪黎明时的美国地理》(*Geography in America at the Dawn of the Twenty-First Century*, New York: Oxford University Press, 2003)。

[68] Harm de Blij, *Why Geography Matters: Three Challenges Facing America* (New York: Oxford University Press, 2005).

[69] de Blij, *Why Geography Matters*, x.

[70] Colin Flint, *The Geography of War and Peace: From Death Camps to Diplomats* (New York: Oxford, 2005).

[71] Nick Vaughan-Williams, *Border Politics: The Limits of Sovereign Power* (Edinburgh: Edinburgh University

[72] Susan L. Cutter, Douglas B. Richardson, and Thomas J. Wilbanks, *The Geographical Dimensions of Terrorism* (New York: Routledge, 2003).

[73] Roger W. Stump, *Boundaries of Faith: Geographical Perspectives on Religious Fundamentalism* (Lanham, MD: Rowman & Littlefield, 2000).

[74] Sami Moisio, Natalie Koch, Andrew E. G. Jonas, Christopher Lizotte, and Juho Luukkonen, *Handbook on the Changing Geographies of the State* (London: Edward Elgar, 2020).

[75] Adrian J. Bailey, "Population Geography: Lifecourse Matters", *Progress in Human Geography* 33, no. 3 (2009), 407-418. 亦可参见 David A. Plane, Christoper J. Henrie, and Marc J. Perry, "Migration Up and Down the Urban Hierarchy and Across the Life Course", *Proceedings of the National Academy of Sciences of the United States of America* 102, no. 43 (2005), 15313-15318。

[76] Mark Ellis, Richard Wright, and Matthew Townley, "State-Scale Immigration Enforcement and Latino Interstate Migration in the United States", *Annals of the American Association of Geographers* 106, no. 4 (2016), 891-908.

[77] Katharyne Mitchell, Reece Jones, and Jennifer L. Fluri, *Handbook on Critical Geographies of Migration* (London: Edward Elgar, 2020).

[78] Anthony C. Gatrell and Susan J. Elliott, *Geographies of Health: An Introduction*, 3rd ed. (Malden, MA: Wiley-Blackwell, 2014).

[79] Melinda S. Meade and Michael Emch, *Medical Geography*, 3rd ed. (New York: Guilford Press, 2010).

[80] Michael Emch, Elisabeth D. Root, and Margaret Carrel, *Health and Medical Geography* (London: Guilford, 2017).

[81] Ellen K. Cromley and Sara L. McLafferty, *GIS and Public Health*, 2nd ed. (New York: Guilford, 2011).

[82] Yujie Hu and Steven Reader, "GIS and Health", *Oxford Bibliographies*, 26 November 2019, https://doi.org/10.1093/OBO/9780199874002-0211.

[83] Robin A. Kearns and Wibert M. Gesler, eds., *Putting Health into Place: Landscape, Identity, and Well-Being* (Syracuse, NY: Syracuse University Press, 1998).

[84] John Eyles and Allison Williams, eds., *Sense of Place, Health and Quality of Life* (Bodmin, UK: Ashgate, 2008).

[85] Peter Gould, *The Slow Plague: A Geography of the AIDS Pandemic* (Oxford: Blackwell, 1993).

[86] Valorie A. Crooks and Gavin J. Andrews, *Primary Health Care: People, Practice, Place* (Burlington, VT: Ashgate, 2009).

[87] K. Bruce Newbold and Kathi Wilson, *A Research Agenda for Migration and Health* (Cheltenham UK: Edward Elgar, 2019).

[88] Nancy E. Fenton and Jamie Baxter, *Practicing Qualitative Methods in Health Geographies* (New York: Routledge, 2016).

[89] Allison Williams, Rhonda Donovan, Kelly Stajduhar, and Denise Spitzer, "Cultural Influences on Palliative Family Caregiving: Program/Policy Recommendations Specific to the Vietnamese", *BMC Research Notes* 8, no. 280 (2015).

[90] Ruben Mercado, Antonio Paez, and K. Bruce Newbold, "Transport Policy and the Provision of Mobility Op-

[91] David A. Plane and J. R. Jurjevich, "Ties That No Longer Bind? The Patterns and Repercussions of Age-Articulated Migration", *Professional Geographer* 61, no. 1 (2009), 4-20.

[92] K. Bruce Newbold and Tyler Meredith, "Where Will You Retire? Seniors' Migration within Canada and Implications for Policy", IRPP Study 36, Montreal: Institute for Research on Public Policy, 2012.

[93] Christine Milligan, "Aging", The International Encyclopaedia of Geography, 2017, https://www.rand.org/pubs/monograph_reports/MR1274.html（2020 年 5 月 25 日查阅）。

[94] Rachel Pain and Peter Hopkins, "Social Geographies of Age and Ageism", In: *The SAGE Handbook of Social Geographies*, ed. Susan J. Smith, Rachel Pain, Sallie A. Marston, and John Paul Jones III (Los Angeles and London: SAGE, 2010), 78-98.

[95] Tim Schwanen and Ronald van Kempen, *Handbook of Urban Geography* (London: Edward Elgar, 2019).

[96] Hussein Amery and Aaron T. Wolf, *Water in the Middle East: A Geography of Conflict* (Austin: University of Texas Press, 2000).

[97] James L. Wescoat Jr., "Water Resources", In: *Geography in America at the Dawn of the Twenty-First Century*, ed. Gary L. Gaile and Cort J. Willmott (New York: Oxford University Press, 2003), 283-301.

[98] Brian L. Turner II, Goran Hyden, and Robert Kates, eds., *Population Growth and Agricultural Change in Africa* (Gainesville: University of Florida Press, 1993).

[99] Vaclav Smil, *Feeding the World: A Challenge for the Twenty-First Century* (Cambridge, MA: MIT Press, 2001). 斯米尔还在《中国的过去,中国的未来》(*China's Past, China's Future*, New York: Routledge, 2003) 一书中探讨了中国的粮食安全问题。

[100] 有兴趣的读者可以浏览这一互动式网站 http://feedingninebillion.com/。

[101] Elspeth Graham, "What Kind of Theory for What Kind of Population Geography?", *International Journal of Population Geography* 6, no. 4 (2000), 257-272.

[102] Rachel Silvey, "On the Boundaries of a Subfield: Social Theory's Incorporation into Population Geography", *Population, Space and Place* 10, no. 4 (2004), 303-308.

[103] Adrian J. Bailey, "Population Geography: Lifecourse Matters", *Progress in Human Geography* 33, no. 3 (2009), 407-418. 亦可参见 Plane, Henrie, and Perry, "Migration Up and Down the Urban Hierarchy"。

[104] 请参见如 Kathryn Grace, Molly Brown, and Amy McNally, "Examining the Link between Food Prices and Food Insecurity: A Multi-level Analysis of Maize Price and Birthweight in Kenya", *Food Policy* 45 (2014), 56-65。

结论：从事人口地理研究

◎ 市场营销
◎ 人口预测：卫生保健、教育和交通
◎ 政治计划
◎ 地理信息科学
◎ 结论

　　截止到2020年年中，世界人口已超77亿，并以1.1%的速度持续增长。从理论上讲，这将使世界人口在63年多一点的时间里翻一番，意味着几乎从任何一方面来看，世界人口状况仍然至关重要。本书试图通过探究目前世界面临的主要人口问题，来提供关于人口地理学工具和方法的概貌。书中讨论了当前人口地理学的相关知识、呈现的主题和问题，以及它们之间的相互联系。例如，人口如何影响资源和使环境退化？人口增长如何与冲突相关联？低生育率和老龄化社会有何涵义？艾滋病病毒或艾滋病能产生什么影响？生育率与人口变化间有何关系？但是，要想每一个人都使用本书讨论的人口分析技术是不可能的，至少目前如此。相反，大多数人会等到进入劳动力市场后才开始使用由本书获得的一些知识。即使到那时，你也不太可能仅仅因为你对人口分析技术的了解而被聘为"人口地理学者"。

　　那么，人口地理学提供的工具在哪里（以及如何）可以得到应用呢？即你该如何进行人口地理学研究？也许最直接的方式是通过了解与人口问题相关的知识。虽然听起来多少有点儿自私，但对于个人来说，知道人口与资源利用、冲突、气候变化以及一般的人口动态等问题间的相互作用是一件很重要的事情。如果能够做到这点，你已经成为了博学的人口知识的使用者，并能够很好地参与有关人口问题的讨论。在国内，人口老龄化和移民等问题将持续影响包括社会保障、教育、培训等方面的政策和政治讨论，因此掌握这些问题的一些基本人口原理是很重要的。

　　毕业后，你不会被聘为"人口地理学者"，而是更有可能成为公司、地方政府、教育机构或者一些相关领域的从业人员。事实上，你很难看到写着"招聘：一位人口地理学者！"的广告，但是作为一名人口地理学者,你有两个重要的品质:其一,你具备了与人口问题相关的知识,以及人口与经济、金融、市场营销和政策等之间关系的相关知识;其二,你的地理背景使你能够从地理学的视角分析问题,认识到空间、尺度和地理关系的重要性。

人口地理学还可以与社会和文化地理学、交通研究、经济地理学、健康地理学以及其他学科的研究相结合。举个例子,如果不考虑改变城市的人口趋势,就很难研究城市正在变化的社会地理趋势。是否有移民迁入?本地人口是留下来了还是搬出去了?新移民的定居模式和生育行为有何特点?一个城市中是否有些区域的老年人口比较多,因而所提供的服务的布局可能与年轻人口比较多的区域不一样?显然,这些问题也会对城市的经济和政治功能产生影响。下面,将介绍一些人口地理学的基础知识在"现实世界"中应用的案例。

市场营销

也许人口知识中最有趣且最富影响力的应用之一便是市场营销。在市场营销中,人口结构的知识不仅仅是有用的,它甚至可能决定着一条生产线或一个公司的成败。比如,一个针对年轻人的新产品或服务的推销用在老年人社区里将难以见效。也就是说,关于人口结构(包括其社会人口学和社会经济学构成)的知识,能够使公司准确定位其产品的购买群体。同样,**市场细分**(segmentation of a market)是指在产品的包装或推销中直接以特定群体为对象,包括在广告或产品中使用特定的语言(如针对西班牙裔使用西班牙语)。

使用一些基本的人口数据和经济数据,可以达到通过确定人口目标细分市场、推销产品和服务的目的,这些数据可以从美国人口普查局及其相关数据来源,如劳工统计局(Bureau of Labor Statistics)或《美国统计摘要》(*Statistical Abstract of the United States*)获取(大多数资源可以通过网络得到)。由于不同群体有着不同的需求和品味,关于年龄、血统、性别、种族或民族的特征和收入等人口信息有助于为产品推销确定目标。小地理尺度(包括社区尺度)的信息能够对当地人口进行更为精准的分析,当然这些信息往往不是免费的,必须通过购买。

克拉里塔斯公司(Claritas Corporation)研发的按邮政区划分为基础的潜力市场等级指数(Potential Rating Index for Zip Markets,以下简称 PRIZM),是一种被广泛使用的人口统计工具,这一工具基于相同的人口特征、生活偏好以及消费行为,将美国划分成不同的行为群体[1]。其基本原理是生活方式相似的人倾向于生活在一起。PRIZM 把美国的人口划分为 67 个不同生活方式的群体,并对其进行描述,以便能够向特定的群体进行营销。例如,著名的邮政编码为 90210(加利福尼亚州的贝弗利山)的组成部分之一是"蓝血庄园"(blue blood eatates)。这一部分群体通常年龄较大,有子女且富裕,他们居住在草坪修剪整齐的数百万美元的房子里。

大多数住在这里的人拥有高等专业学位或者是管理人员,家庭收入的中位数为 145 915 美元[2]（基于 2010 年的人口普查资料），代表着美国一部分最富有的家庭群体。在该邮政区里,还有包括"金钱和智慧"（money and brains）、"有影响力的人"（movers and shakers）和"年轻的数字文人"（young digerati）等的社区。在美国的其他地方,还有被刻画为"富裕的亚洲人"（Asian affluence）或"工具和卡车"（tools and trucks）的社区。PRIZM 还为加拿大开发了相应的版本。

人口预测：卫生保健、教育和交通

在本书第一章的"方法、测量和工具"栏目中,已经对人口预测技术进行了讨论。这类工具已得到越来越多的应用。例如,市场营销人员可能想知道一个地区未来 10 年、20 年、30 年后的人口统计数据,以使公司为变化的人口进行市场规划。无独有偶,财务规划师可能想知道未来人口的年龄和性别结构,以及这种结构对储蓄率和商品与服务的消费产生的影响。在教育和卫生保健的规划中,也需要进行人口预测。比如,卫生保健规划人员如何确定新医院或诊所的选址？教育工作者和教育委员会如何应对当地的人口变化？他们是要关闭或是开设新学校？新学校如何选址？由谁来支付新学校的费用？

无论从何种视角或背景,关键问题都取决于人口结构和人口老龄化。例如,老龄化意味着对卫生保健服务的需求更大,耗费在照护上的时间更多,而上学的总人数会减少。同样地,老年人口与年轻人口会有不同的市场营销和财务需求。然而,人口老龄化虽已是全国性的普遍现象,但并非所有地区或社区都会经历人口老龄化或人口下降,即人口老龄化与人口增长在不同地区间是不平衡的,可能是新城区人口增加,而老城区更可能经历人口老龄化。

因此,在所有情况中,关键问题都在于对潜在人口结构及其未来特征的掌握程度。显然,学校董事会里的规划者并不想耗费大量资金,在一个无法支撑其现在和未来发展的区域建造新学校。因此,学校董事将通过预测和调查来了解人口增长的区域分布,并对入学规模做出预测。面对缩小的年轻人口群体,高校管理人员研究学校的入学率和人口变化,以凸显特定群体或地区在美国高等教育系统中是否代表性不足的问题。同样地,卫生保健产业不太可能在人口老龄化和出生率低的地区投入新的孕产设施；城市和交通规划者可能需要进行人口预测,以评估未来的交通和住房场景。

因此,人口预测提供了一种展望未来的方式,使城市规划者及其他人员能够对未来规划作出明智的决定。大多数政府部门都定期进行人口预测,并在此基础上对未来服务需求的增长作出规划。例如,作为空间增长立法的一部分（见第九章"聚焦"栏目）,安大略省省政府要求市政当局在不同的规划假设(如增加城市特定区域的人口密度)下对城市人口进行预测。在另一个案例中,对人口老龄化的担忧引发了老龄人口对交通可持续性影响的分析。研究显示,随着人口年龄的增长,对私家车的依赖度越来越强,乘坐公共交通的可能性越来越低[3]。这表明在未来的几十年里,城镇地区老年司机的数量和占比都会显著增加。尽管有了这些认识,但人口老龄化与交通系统可持续性之间的关系尚未得到充分的考虑。

在一个专门研究安大略省人口老龄化和交通需求关系的大项目中,有一部分需要在人口普查地段尺度上对汉密尔顿未来的人口年龄结构和分布进行建模[4]。例如,考虑到大都市区内部的人口迁移、人口老龄化和出生率下降,未来的老年人口将会集中在哪里？老年人口的空间集聚与服务供给和交通设施之间的关系又将如何？项目负责人基于罗杰斯模型(Rogers model)进行人口建模,通过调整通常只能在宏观层面上获得的汇总迁移数据,将其应用到了小区域(人口普查地段)。尽管不是所有的人口预测模型都如此复杂,但随着对小区域数据需求的增加,这些模型将变得越来越有价值。

政治计划

人口地理学的另一个应用是在政治计划领域。如前所述,美国人口普查被用来确定众议院(和州立法机构)的成员名额分配(即每个州的代表人数)。为使居民能被公平地代表,必须划定美国国会和州的立法选区,而这需要详细的地理数据[5]。互联网时代更需要审慎的分析。自1990年人口普查之后的席次重新分配开始,易于获得的人口数据给予个人和团体对席次重新分配发表意见和呈现自己方案的机会,相关的讨论引发了前所未有的个人参与。

地理信息科学

如果存在把地理学者与就业市场明确结合起来的角色,那就是地理信息系统(GIS),它是研究数据结构和采集、加工、分析以及呈现地理信息的计算技术的方法[6]。许多地理学者(不仅限于人口地理学者)使用GIS,它可以用于研究人口问题和人口模式,以及它们与人文或自然过程的相互作用。与卫生保健专业的人员合作,GIS可通过使用老年人口的居住地点、可能需要的降温场所或援助地点的信息,来了解老年人口在城市环境中的高温脆弱性。在交通环境研究中,GIS可用于决定人口到特定区位或设施的空间可达性、通勤行为以及相关问题。从零售业的角度看,GIS可以用来确定新业务或进入市场的最佳位置。GIS有着无限可能。

结论

人口地理学和人口学的各方面知识是更广泛的、非专业讨论的基础。在加拿大,大卫·福特(David Foot)1996 年出版的《繁荣、萧条与回声:如何从即将到来的人口转变中获利》(Boom, Bust and Echo: How to Profit from the Coming Demographic Shift)[7]一书确定了加拿大不断变化的人口特征及其对金融、房地产价值、市场营销和城市规划的影响。最近,理查德·弗洛里达(Richard Florida)将人口趋势,特别是人力资本(作为人口受教育水平和创新能力的衡量标准)[8],与城市增长和经济表现联系在一起。他的许多假设和研究都基于这样的认识,即尽管国内迁移的影响力被国际迁移和城市自身人口所产生的人力资本的影响冲淡,但迁移流仍可引发人力资本的空间差异,而所有这些都因地理尺度的不同而异[9]。在加拿大,国际移民是大都市区新人力资本的重要来源,而国内迁移则在地方尺度上发挥着更为重要作用。

本章讨论的重点是,人口地理学的知识是当今世界许多相关讨论和政策的基础。更重要的是,美国和其他国家人口和地理数据的可获得性迅速增加,以及随着处理这些数据所需的计算能力和分析技术的进步,都意味着人口地理学或人口学领域的爆发式发展。为了更好地理解当前和未来的趋势,人口是当今企业、政府、教育工作者和非政府组织在工作中必须考虑的重要因素。

注释

[1] 请参见 http://www.claritas.com(2020 年 5 月 27 日查阅)。

[2] 请参见 http://www.zipdatamaps.com/90210(2020 年 5 月 27 日查阅)。

[3] Sandra Rosenbloom, "Sustainability and Automobility among the Elderly: An International Assessment", Transportation 28 (2001), 375-408. 亦可参见 Darren M. Scott, K. Bruce Newbold, Jamie E. L. Spinney, Ruben G. Mercado, Antonio Páez, and Pavlos S. Kanaroglou, "New Insights into Senior Travel Behavior: The Canadian Experience", Growth and Change 40 (2009), 140-168。

[4] Pavlos Kanarolgou, Hanna Maoh, K. Bruce Newbold, Darren M. Scott, and Antonio Paez, "A Demographic Model for Small Area Population Projections: An Application to the Census Metropolitan Area (CMA) of Hamilton in Ontario, Canada", Environment and Planning A 41 (2009), 965-979.

[5] 请参见 http://www.census.gov/topics/public-sector/congressional-apportionment.html(2020 年 5 月 27 日查阅)。

[6] Michael Goodchild, "Twenty Years of Progress: GIScience in 2010", Journal of Spatial Information Science 1 (2010), 3-20.

[7] David Foot, Boom, Bust and Echo: How to Profit from the Coming Demographic Shift (Toronto: Macfarlane Walter and Ross, 1996).

[8] Richard Florida, *The Rise of the Creative Class: And How It's Transforming Work, Leisure, Community, and Everyday Life* (New York: Basic Books, 2002).

[9] Desmond Beckstead, Mark Brown, and K. Bruce Newbold, *Cities and Growth: In Situ versus Migratory Human Capital Growth*, catalogue #11-622-M, no. 019 (Ottawa: Statistics Canada, 2008).

关键术语和缩略语词汇表

ACS（American Community Survey）：美国社区调查。

年龄金字塔（age pyramid）：一种人口按年龄和性别分布的图示方式。

老龄化（aging）：老年人口占比的增加。

AIDS（acquired immunodeficiency syndrome）：获得性免疫缺陷综合征。

外国人（alien）：居住在一个国家但没有通过归化获得该国公民身份的人。

抑制生育者（antinatalist）：认为应当抑制人口生育或采取相关政策的人，其措施包括降低儿童福利及其他更具抑制性的办法。

抗逆转录病毒药物（antiretroviral drugs）：用于抑制人体免疫缺陷病毒（HIV），抑制 HIV 携带者发展为 HIV 感染者的一类药物，又名"鸡尾酒疗法"（triple cocktail）。

ASDR（age-specific death rate）：年龄别死亡率。

ASFR（age-specific fertility rate）：年龄别生育率，按育龄妇女年龄分别计算的生育率。

ASMR（age-specifc mortality rate）：见"ASDR"。

同化（assimilation）：移民对迁入国在经济、社会、文化及政治上适应，并转变为迁入国公民的过程。

避难者（asylees）：被迫离开原籍国并在他们居住的新国家寻求庇护的个人。

庇护（asylum）：在一个国家内寻求保护的行为。

"婴儿潮"（baby boom）：许多西方国家在 1946—1964 年出生率大幅度提升的现象。

大数据（big data）：由超大数据集表示的数据，通过对这些数据集的计算分析可以揭示人类行为的模式、趋势以及关联。

回巢子女（boomerang children）：返回父母家居住的成年子女。

bracero：巴拉西罗劳工，1942—1964 年作为合法劳动力进入美国的墨西哥人。

BSI（Border Safety Initiative）：边境安全倡议。一种边境安全行动，由边境巡逻队负责告知潜在的非法入境者过境的危险，并在需要时提供医疗援助。

承载力(carrying capacity):一个生境在无限期时段中理论上可以供养的最大生物量。其取决于社会、经济、政治和自然系统,以及消费水平。

CBR(crude birth rate):粗出生率。

人口普查(census):收集与特定时间和国家有关的人口、经济和社会数据。

CIC(Citizenship and Immigration Canada):加拿大公民和移民局。

同一批人(cohort):同一年(或相同的若干年)出生的一群人。

逆城市化(counterurbanization):净迁移流从流向大都市区中心转变为流向非都市区。

基于事实的人口普查(de facto census):根据现住地,不论该地是否为普查人口常住地的一种统计人口的普查方法。

基于法律的人口普查(de jure census):一种根据常住地或法定住地统计人口的普查方式。

人口红利(demographic dividend):在某一时期内,由于婴幼儿死亡率显著下降,生育率随之下降,进而刺激了经济增长。

人口学(Demography):对人口的统计分析。

抚养比(dependency ratio):非劳动年龄人口(0~14岁与65岁及以上人口)数与劳动年龄人口(15~64岁)数之比。少儿人口抚养比是指0~14岁的少年儿童人口数与劳动年龄人口数之比,一般与快速人口增长相联系。老年人口抚养比是指65岁及以上的老年人口数与劳动年龄人口数之比。

发达国家(developed world):根据联合国的划分标准,发达国家包括欧洲国家、北美国家、澳大利亚、日本和新西兰①。

发展中国家(developing world):除了发达国家以外的所有国家和地区。

翻倍时间(doubling time):假设自然增长率保持不变的情况下,人口规模翻倍所需的时间。

DTT(demographic transition theory):人口转变理论。一个国家由高死亡率、高出生率向低死亡率、低出生率转变,并伴随着人口快速增长的过程。

生态足迹(ecological footprint):一种基于过去和现在对地球自然资源需求的环境可持续性度量。

生态边缘化(ecological marginalization):个体或群体被迫移动到生态边缘区域。

经济乐观主义者(economic optimists):认为人口增长会促进经济发展的人。

外迁移民(emigrant):从一个国家离开,搬到另一个国家定居的人。

外迁移民率(emigration rate):外迁移民人数与其输出国人口数之比。

---

① 也请参见作者在原著第11页上关于发达国家的表述。——译者注

环境移民(environmental migrant):由于气候变化的影响而被迫离开家园和改变原有生计的人。

流行病学转变(epidemiological transition):随着死亡率由高降低,健康和疾病模式发生的转变。

FAO(United Nations Food and Agricultural Organization):联合国粮食及农业组织。

生育能力(fecundity):个体生育子女的生理能力。

生育率(fertility):生育的能力。

生育转变(fertility transition):从高生育率向低生育率的变化。

GDP(gross domestic product):国内生产总值。一国生产的商品和服务的总价值,不包括国际贸易。

GIS(geographic information systems):地理信息系统。

"绿色革命"(green revolution):20世纪40—50年代与新的高产作物品种、化肥、杀虫剂使用和灌溉方式有关的农业生产力提高。

HIV(human immunodeficiency virus):艾滋病病毒。导致获得性免疫缺陷综合征的病毒。

户籍制度(Hukou system):中国根据每个人出生时母亲所在地而赋予其市民身份的制度,该制度会影响到人们对教育、住房、就业和卫生服务的获取。

非法移民(illegal migrants):见"无证移民"。

移民(immigrant):迁入一个非其土生土长国家并居住的人。

移民缺口(immigration gap):国家移民政策与其实施结果间的差异。

流入移民率(immigration rate):流入移民人数与移民接收国人口数之比。

IMR(infant mortality rate):婴儿死亡率。每年每千名活产婴儿中不满周岁死亡的婴儿人数。

INS(US Immigration and Naturalization Service):美国移民和归化局。

阻截(interdiction):在潜在难民或寻求庇护者进入一个国家并启动难民申请程序之前阻止他们进入的政策。

国内迁移(internal migration):跨越国内行政边界,从而导致迁移者劳动力市场改变的永久迁移。

国际迁移(international migration):跨越国际边境的迁移流动。

IDPs(internally displaced persons):境内流离失所者。为躲避武装冲突、暴力、人权侵害或灾难而被迫逃离家园的个人或团体。与难民不同的是他们并不居住在其国籍所在国之外。

IPCC(Intergovernmental Panel on Climate Change):政府间气候变化专门委员会。

IRB(Immigration Review Board):(加拿大)移民审查委员会。

IRCA(Immigration Reform and Control Act)：《移民改革与管控法》(1986年)。

最不发达国家(least developed countries)：根据联合国的界定,最不发达国家是指每年人均收入低于900美元的国家。

预期寿命(life expectancy)：在当前的死亡率水平下,预计 x 岁以后的平均存活年数。通常表示为出生时预期寿命。

寿命(lifespan)：一个人可存活的最长期限。

逻辑实证主义(logical positivism)：将基于数学和逻辑结构的理性主义与经验主义相结合的哲学流派(持"观测证据是认识世界所不可或缺的"观点)。

马尔萨斯主义者(Malthusian)：推崇马尔萨斯以下观点的人,即人口会呈几何式增长,而食物供应呈线性增长,导致食物供应不足,人口会因饥荒、疾病或战争而减少(即所谓的"积极抑制")。

(墨西哥)返销型外资企业(maquiladoras)：雇佣墨西哥人的组装公司。将运送到墨西哥的部件组装后再出口销售,使公司得益于廉价劳动力。

马克思主义者(Marxist)：卡尔·马克思理论的拥护者。

MAUP(modifiable areal unit problem)：可塑性面积单元问题。由于不同的空间聚合导致的一种统计误差。

年龄中位数(median age)：用于衡量人口平均年龄的一种指标。将全体人口的年龄按照大小顺序排列,居于中间位置的那个年龄①。

超大城市(megacity)：人口数超过1 000万的城市。

大都市带(megapolitan cities)：多个城市发展或融合而成的一个大城市或城市网络,不同城市之间无缝衔接。

迁移(migration)：使个人、家庭或住户的常住地发生改变的空间移动。

人口移动转变(mobility transition)：与一国经济发展相关的国内人口迁移模式的转变。

发病(morbidity)：患病。

死亡率[mortality (death) rate]：每年每千人中的死亡人数。这一比率没有按年龄进行标准化,以考虑不同年龄组的死亡率差异。

自然增长(natural increase)：出生率减死亡率,即在不考虑迁移情况下人口的年增长率,以百分比的形式表示。

新马尔萨斯主义者(neo-Malthusian)：接受马尔萨斯主义者的基本观点,但是认为节育方法可

---

① 原著表述为"A measure of the average age of a population",显然未能完整地解释年龄中位数的含义。——译者注

以用于减缓人口增长的人。

不驱回(non-refoulement):联合国《难民公约》的基本原则,即禁止各国违背难民意愿将难民遣返原籍国。

不可再生资源(nonrenewable resources):有限的资源,如石油和矿产。

老年抚养比(old dependency ratio):见"抚养比"。

老年人口(older adults):一般是指年龄为65岁及以上的个体。

逾期停留者(overstayers):合法地进入一个国家,但在其许可到期后仍滞留在该国的个人。

人口(population):居住在某个国家、城市,或任何地区、区域的总人口数。

人口密度(population density):人口在特定区域内集聚程度的一种表达。

人口分布(population distribution):人口所处位置的地理模式,包括人口密度和居住地点。

人口爆炸(population explosion):世界人口的急剧增长。

人口地理学(Population Geography):对人口的地理研究,强调区位和空间过程。

人口惯性(population momentum):即使生育率降至更替水平时,体现在人口年龄或性别结构中的人口增长潜能。

人口预测(population projection):预测未来的人口。

人口金字塔(population pyramid):人口的年龄和性别结构的图形化描述。

人口研究(Population Studies):常指通过人口学之外的其他方法,包含非统计学方法对人口问题进行的研究。

患病率(prevalence):指某一特定时间内患病人口的比例,无论疾病开始于何时。

一手数据(primary data):研究人员自己收集的数据。

鼓励生育政策(pronatalist):有利于提高出生率的政策,比如税收激励、针对二孩或多孩的现金奖励、日托服务或育儿假。

PUMS(Public Use Microdata Sample):公用微观数据样本。

定性数据(qualitative data):近似表达或刻画,但不测量事物或现象的属性、特征、性质等的数据。

定量数据(quantitative data):可量化和验证,并可进行统计操作的数据。

定额分配制(quota system):美国移民政策根据确定的基础(北欧)人口对移民数量施加配额。

难民(refugees):出于担心种族、宗教、国籍,或身为某一特定社会、政治团体的成员而遭到迫害,在国籍所在国之外,不能或不愿意回国的个人或群体。

可再生资源(renewable resource):只要在不超过可持续发展的阈值下就可以无限使用的资源,如水资源、农田和森林。

更替生育水平(replacement fertility level):在考虑达到生育年龄前的死亡人数后,完全更替一代人所需的生育率(2.1)。

居住迁移(residential mobility):指短距离(在城市或劳动力市场内部)的住宅搬迁。

资源占有(resource capture):通过立法或其他方法控制一种稀缺资源。

竞争性资源(rivalrous resources):由一个或多个参与者使用的资源,一个或多个参与者的使用会降低其他参与者对此资源的可用性。

样本(sample):人口的一个子集。

《申根协定》(Schengen Agreement):欧盟国家之间允许跨境自由流动的协议。

季节性(暂时性)迁移[seasonal (temporary migrations)]:短期的搬迁,通常是出于教育、旅行或工作的目的。

二手数据(secondary data):由某组织、政府部门或其他人使用事先确定的问题和抽样框,在一事先确定的地理范围内收集的数据。

性别比(sex ratio):每一百名女性对应的男性的数量。

社会分割(social segmentation):社会因阶级、族群或宗教信仰的不同而产生的分割。

STDs(sexually transmitted diseases):性传播疾病,包括梅毒、淋病或艾滋病。

可持续发展(sustainable development):在一定的限制条件下,既满足当代人的需要,又不危害后代人满足其需要的能力的人类活动水平。

TFR(total fertility rate):总和生育率。如果一群妇女按照一组特定的年龄别生育率度过整个育龄期(15~49岁),平均每名妇女可能生育的子女数。

人口转移(transmigrantion):指人口从一个地方重新安置到另一个地方的空间过程,尤其被用来描述印度尼西亚将人口从爪哇岛向其他地区的转移,以及苏联将俄罗斯人口向其他加盟共和国和周边卫星国的转移。

UGB(urban growth boundary):城镇增长边界。一种旨在划定城乡空间边界的方法或政策,该边界标志着城镇空间的终止和乡村空间的起始。

UNAIDS(United Nations program on HIV/AIDS):联合国艾滋病规划署。

无证移民(undocumented migrants):未获得适当证件或未经批准就进入一个国家的人。

UNHCR(United Nations High Commissioner for Refugees):联合国难民事务高级专员办事处。

城镇(urban):用于描述以非农活动为主的人口在空间上的集聚。城镇门槛的定义在不同的国家不尽相同。

城镇地区(urban area):美国人口普查局定义的用于确定人口稠密居住的地区。

城镇化（urbanization）：农村人口转变为城镇人口的过程。

USAID（United States Agency for International Development）：美国国际开发署。

USCRI（United States Committee for Refugees and Immigrants）：美国难民与移民委员会。

生命（民事）登记[vital (civil) registration]：记录包括出生、死亡（含死亡原因）、婚姻、离婚和人口迁移流动等人口事件的系统。

WHO（World Health Organization）：世界卫生组织。

少儿人口抚养比（young dependency ratio）：见"抚养比"。

ZPG（zero population growth）：人口零增长。人口规模保持恒定不变的状况。

人口网站

网站更新至 2020 年 6 月。请注意网站不一定永久存在,因此无法保证地址的正确。

通用网站

https://populationgeographyblog.wordpress.com/blog/
本书作者博客。

http://www.population.com
Population.com 提供有关人口的世界新闻。

http://esa.un.org/unpd/wpp/Documentation/publications.htm
联合国网站,包括按国家分列的人口前景和预测,以及可下载的按国家和地区分列的人口数据。

http://www.iom.int
国际移民组织(International Organization for Migration,IOM)是一个政府间组织,旨在促进有助于经济发展的人口迁移、对迁移问题的认识,以及帮助难民和流离失所者的人道主义计划。国际移民组织出版经同行评议的季刊——《国际移民》(*International Migration*)等出版物。

http://www.cis.org
移民研究中心(Center for Immigration Studies,CIS)是一个非营利性组织,致力于移民研究和相关的政策分析。该网站包括反映各种问题和观点的近期数据、背景报告和新闻。

https://www.populationinstitute.org/
人口研究所(Population Institute)提供有关人口问题的信息,并致力于推进延缓人口增长的计划。

http://www.populationconnection.org

人口连接(Population Connection)是一个积极推进延缓人口增长的组织。该网站还包括许多主题的链接和信息。

http://www.npg.org

负人口增长(Negative Population Growth, NPG)是一个向美国公众普及人口增长风险的组织。该网站为人口问题提供了不同的观点,主张减少美国人口和降低移民水平,以创造一个可持续的未来。该网站提供了其他志同道合的组织的链接通道,这些组织包括加利福尼亚州可持续人口发展组织(Californians for a Sustainable Population),以及美国公民和移民服务局(US Citizenship and Immigration Services, USCIS)等主流机构或团体。

http://www.refugees.org

美国难民委员会(United States Committee for Refugees)是一个帮助难民的私人组织。该网站包括关于世界各地的难民和收容所的信息。

http://www.acf.hhs.gov/programs/orr/

这是美国难民安置办公室(US Office of Refugee Resettlement, ORR)的网站,提供有关美国境内难民立法和重新安置的信息。

http://www.popcouncil.org

人口理事会(Population Council)是一个国际非营利性组织,致力于与人口问题相关的生物医学、社会科学和公共卫生研究。

http://www.psi.org

国际人口服务组织(Population Services International)是一个非营利性组织,力图在世界低收入地区增加卫生和人口控制产品与服务的供应。

人口统计资料

http://www.nhgis.org

国家历史地理信息系统(National Historical GIS)网站通过明尼苏达州人口中心(Minnesota

Population Center) 提供了从 1790 年开始的历次人口普查数据及图形文件。

http://www.aecf.org
安妮·E. 凯西基金会(Annie E. Casey Foundation)致力于为美国的儿童和家庭提供机会和环境。该网站提供美国境内儿童的人口统计数据。

http://www.prb.org
这是美国人口咨询局的网站,它为了解非专业和专业的人口问题提供了便利,包括数据、信息、出版物和其他与美国和世界有关的服务。

http://www.ciesin.org
哥伦比亚大学国际地球科学信息网络中心(Center for International Earth Science Information Network, CIESIN)是一个非营利性的非政府组织。该网站提供详细的人口统计信息,来自美国人口普查局的交互式地图、人口普查数据和其他数据来源,以及环境信息和社会发展指标。

http://www.census.gov
美国人口普查局的主页。它包括 2010 年人口普查的信息,以及在各种空间尺度上可下载的信息和数据。它还包含了国际统计机构的链接通道,如墨西哥、英国和德国的统计机构。

https://www.census.gov/programs-surveys/international-programs/about/idb.html
美国人口普查局的国际数据库(International Data Base, IDB)部分对于了解其他国家的人口和社会经济数据十分有用。

http://www.statcan.ca/start.html
这是加拿大统计局的主页。该网站提供法语和英语两种版本,其信息和数据可以下载。

http://www.cic.gc.ca
加拿大公民和移民局(CIC)保存了加拿大移民和难民的入境信息,以及当前的政策信息和一些历史记录。

http://www.dhs.gov/index.shtm

美国国土安全部(Department of Homeland Security,DHS)的网站包含边境巡逻和管理(Border Patrol and Management)的链接,以及包括《移民统计年鉴》在内的关于移民来源、移民阶层和移民定居的最新统计数据。

http://www.usaid.gov

美国国际开发署(USAID)的网站提供了关于当前进行的项目、任务和统计数据的信息。

http://www.cdc.gov

疾病控制和预防中心(Center for Disease Control and Prevention,CDC)是预防疾病和促进健康的主要联邦机构。该网站包括关于美国和世界以卫生为主题的信息和统计数据。

http://www.cdc.gov/nchs

疾病控制和预防中心提供了国家卫生统计中心(National Center for Health Statistics,NCHS)的链接,后者提供生命统计数据(包括出生、死亡和婚姻数据),也提供与各州卫生单位的链接。

http://www.worldbank.org

世界银行拥有包括人口数据在内的大量可比较的世界数据。

联合国网站

http://www.unaids.org

本网站由联合国和其他卫生组织运营。它载有关于艾滋病的最新资料和其他来源的资料链接。

http://www.who.int

这是监测世界卫生状况的世界卫生组织的主页。内含世界卫生和卫生倡议的最新情况信息。世卫组织统计信息系统(WHO Statistical Information System,WHOSIS)提供最新的世界卫生数据。

http://www.unhcr.org

联合国难民事务高级专员办事处网站。包括出版物和最新的统计数据。

http://www.unrwa.org
这是联合国近东巴勒斯坦难民救济和工程处的主页。

http://www.unicef.org
联合国儿童基金会网站。内含包括与儿童健康有关的资源和统计数据。

https://ledsgp.org/resource/united-nations-population-information-net-work-popin/? loclang=en_gb
联合国人口信息网(United Nations Population Information Network)协调各种规模的人口信息活动。其内资源包括到其他网站和一个电子图书馆的链接。

https://www.un.org/en/development/desa/population/index.asp
联合国设有自己的人口司,负责提供关于人口与发展的最新数据。

http://www.unfpa.org
联合国人口基金(United Nations Population Fund)帮助解决发展中国家的人口问题。该网站包括了最新项目的信息。

http://www.fao.org
联合国粮食及农业组织的网站提供有关营养、粮食、林业、渔业和农业的信息和统计数据。

学术网站

https://ccis.ucsd.edu/
位于圣地亚哥的加利福尼亚大学比较移民研究中心(Comparative Immigration Studies),提供有关项目和研究领域的信息,以及与其他网站的链接。

http://www.cpc.unc.edu
卡罗来纳人口中心(Carolina Population Center)是一个由学者和专业人士组成的社区,他们在跨学科研究和研究方法方面进行合作。

http://www. psc. isr. umich. edu

密歇根大学的人口研究中心主要关注国内和国际上的人口问题。

http://www. iussp. org

国际人口科学研究联盟(International Union for Scientific Study in Population)致力于人口学和人口相关问题的科学研究。

http://www. ercomer. eu/

欧洲移民与种族关系研究中心(European Research Center on Migration and Ethnic Relations,ERCOMER)是一个致力于比较移民分析、族群关系和族群冲突问题的欧洲研究中心,位于荷兰乌得勒支大学。

http://opr. princeton. edu/archive/

人口研究办公室(Office of Population Research)的网站提供了与世界各地人口学中心,以及其他统计资源和组织的链接。

http://www. populationassociation. org

美国人口学会(Population Association of America)是一个从事人口领域工作的专业人士协会。链接里包含出版物。

http://gpem. uq. edu. au/image

全球国内移民项目(Internal Migration Around the Globe,IMAGE)研究全球各国间在国内移民上的差异。

http://www. migrationinformation. org/datahub/index. cfm

移民政策研究所(Migration Policy Institute)网站包含美国和国际移民数据。

精选期刊

Demography 《人口学》(美国人口学会会刊)

http://www. populationassociation. org/publications/demography/

European Journal of Population 《欧洲人口学刊》

http://www.springer.com/social+sciences/population+studies/journal/10680

Journal of Ethnic and Migration Studies 《种族与移民研究》

https://www.tandfonline.com/toc/cjms20/current

Journal of Population Research 《人口研究学刊》

http://www.springer.com/social+sciences/population+studies/journal/12546

Immigrants and Minorities 《移民与少数民族》

https://www.tandfonline.com/loi/fimm20

International Migration Review 《国际移民评论》

http://onlinelibrary.wiley.com/journal/10.1111/(ISSN)1747-7379

Population and Environment 《人口与环境》

http://www.springer.com/social+sciences/population+studies/journal/11111

Population Bulletin 《人口简报》

http://www.prb.org

Population and Development Review 《人口与发展评论》

https://onlinelibrary.wiley.com/journal/17284457

Population Research and Policy Review 《人口研究与政策评论》

http://www.springer.com/social+sciences/population+studies/journal/11113

Population, Space, and Place 《人口、空间和地方》

https://onlinelibrary.wiley.com/journal/15448452

Population Studies　《人口研究》

http://www.tandfonline.com/toc/rpst20/current

Professional Geographer and *Annals of the American Association of Geographers*　《专业地理学家》和《美国地理学家协会会刊》(虽然不是人口地理学刊物,但它们经常发表与人口相关的论文)

http://www.aag.org

Studies in Family Planning　《计划生育研究》

http://onlinelibrary.wiley.com/journal/10.1111/(ISSN)1728-4465

索　引

阿拉伯数字为原书页码，即本中文版的边码。图片的参考页面用斜体表示。

abortion　堕胎 69, 87-88, 99, 242-243
　　　sex selection　堕胎与性别选择 69, 235, 238, 247
Afghanistan　阿富汗 2, *109*, 121, 186-189, 199, 202
Afica　非洲 22-23, *24*, 217, 265-266, 270
　　　fertility　非洲的生育率 87, 89, *91*, 97-99, 104, 233, 235
　　　HIV/AIDS　非洲的艾滋病病毒/艾滋病 67
　　　mortality　非洲的死亡率 99, 110, 119
　　　refugees　非洲的难民 187-188, 200, 204-205
　　　sub-Saharan　撒哈拉以南的非洲 17-18, 96, 120
African Americans　非裔美国人 103, 111-112, 114, 118, 139, 149, 221
age pyramids　年龄金字塔,参见"人口金字塔"（population pyramids）
aging　老龄化 26, 31, 134, 150, 152, 163, 239-240, 250
　　　China　中国的老龄化 18, 79-80
　　　Europe　欧洲的老龄化 27
　　　implications of　老龄化的影响 93, 95, 97, 236-237, 273, 280
　　　in United States　美国的老龄化 31, 71, 74, 78
aging in place　就地养老 239
AIDS　艾滋病,参见"艾滋病病毒/艾滋病"（HIV/AIDS）
aliens, illegal　外国人, 非法的,参见"无证移民"（undocumented immigrants）
American Community Survey　美国社区调查 44, 46, 51-53, *54-55*, 131-132, 150-151
antiretroviral drugs　抗逆转录病毒药物 118
assimilation　同化 7, 190,另见"本土主义"（nativism）

asylees 避难者,参见"难民和避难者"(refugees and asylees)
asylum 庇护 181, 184-189, 193-195, 200-202, 206-207,另见"难民和避难者"(refugees and asylees)

baby boom "婴儿潮" 26, 31, 66, 70, 74, 86, 94, 102, 152, 241, *249*
Bangladesh 孟加拉国 25, 89, 122, 218-219
big data 大数据 48
birth control 计划生育,参见"避孕"(contraception)
Bongaarts, John 约翰·邦格特 87, 89
boomerang children 回巢子女 80-81
Border Patrol 边境巡逻队 169, 172, 177, *178*, 179
Border Safety Initiative 边境安全倡议 176
Boserup, Ester 埃斯特·博塞拉普 94, 256
Botswana 博茨瓦纳 *68*, *119*
Bracero program "巴拉西罗劳动合同工引进"项目 156, 165, 231
Brazil 巴西 25, 120, 219
Brexit 英国脱欧 95, 180, 203

Canada 加拿大 45, 52, 62, 69
    aging 加拿大的老龄化 93, 96, 102, 109, 123, 139, 147
    legal immigration to 加拿大的合法移民 156, 171, 230
    Quebec 加拿大魁北克省 102, *249*, 250
    refugees 加拿大的难民 189-190, 193-194, 226
census 人口普查 34, 36, 38, 42, 44-45, *46*, 49, 51-53, 57
child mortality rate 儿童死亡率 114, 128
China 中国 18, 218, 255
    aging in 中国的老龄化 79-80, 236
    fertility 中国的生育率 22, 248
    one child policy 中国的独生子女政策 26, 244, 246
    Hukou system 中国的户籍制度 232-233
    sex selection 中国的性别选择 69, 238

Clark, William 威廉·克拉克 174

climate change 气候变化 193, 197, 204-206, 255, 264-267, 269-271, 274

conflict 冲突 265-267, 268-271

contraception 避孕 88, 92, 100, 102, 104, 234, 237, 246, 250

counterurbanization 逆城市化 149, 152, 216

COVID-19 新型冠状病毒感染,参见"流行病"(pandemic)

Cuba 古巴 157

  rufugees 古巴难民 187, 190-191, 198, 201

data 数据 41, 51-52, 56-59

  analytical packages 数据分析包 12

  presentation 数据呈现 13, 32, 34

  quality 数据质量 49-50

  sources 数据来源 44-48

  types 数据类型 11, 43-44

death rates 死亡率,参见"死亡率"(mortality)

demographic dividend 人口红利 96, 261-262

demographic transition theory 人口转变理论 19, *20*, 21, 29, 65, 86, 89, 104, 107

Department of Homeland Security 国土安全部 47, 171-172, 184

dependency ratio 抚养比 70-72, 262, 267

determinants of health 健康的决定因素 123-124

developed world 发达国家 1, 17, 23, 25, 110, 232

  aging in 发达国家的老龄化 26, 95

  fertility 发达国家的生育率 86, 88, 90, 233

  immigration 发达国家的移民 27-28, 156-157, 183, 194-195, 230, 257

  leading causes 发达国家的主要死亡原因 111

  mortality transition 发达国家的死亡率转变 20, 108, 111, 123

  urban growth 发达国家的城镇增长 19, 209, 216-217

developing world 发展中国家 1, 22, 86, 90, 255, 258-259, 264, 274

  conflict in 发展中国家的冲突 271

  fertility 发展中国家的生育率 21, 22, 24, 86, 92, 233, 235, 241-243

immigration 发展中国家的移民 28,155-159,257

infectious and parasitic diseases 发展中国家的传染病和寄生虫病 121,123

leading causes of death in 发展中国家的主要死亡原因 111,126

mortality 发展中国家的死亡率 20,107,110

population growth in 发展中国家的人口增长 17,22,24,97,263

urban 发展中国家的城镇 19,123,209,214,217-218

doubling time 倍增时间 17,22-23

DTT,参见"人口转变理论"(demographic transition theory)

Easterlin, fertility transition 伊斯特林的生育转变理论 89,260

ecological marginalization 生态边缘化 263,267

economic development 经济发展 94,99,163,234,241-242,247,258-262,269

Egypt 埃及 17,25,97,163,188,201,263,270

elderly 老年人,参见"老年人"(older adults)

emigrants 移民 183-184

environmental degradation 环境退化 261,266-267,269,277

environmental migrants 环境移民 187,197,204-206,264

epidemiological transition 流行病学转变 110,115

Europe 欧洲

aging 欧洲的老龄化 26,94

fertility 欧洲的生育率 88,104,236

immigration to 移民至欧洲 27,230-231

migration 欧洲的移民 181-182,232

mortality 欧洲的死亡率 108,115,117

population growth 欧洲的人口增长 16-18,23,31

refugees and asylees 欧洲的难民和避难者 164-167,172,180,193,202-204,268

urban 欧洲的城镇 209,213,217,226

E-Verify program 电子验证程序 167,175

fecundity 生育力 87-88

fertility 生育率 2, 6-7, 17, 19-23, 31, 37, 65, 85, 240-241, 245, 259-262
  Afica 非洲的生育率 97-99, 104
  antinatalist policies 限制生育率的政策 233-235
  China 中国的生育率 18, 79, 246-47, *248*
  determinants of 生育率的决定因素 86-92
  Europe 欧洲的生育率 18, 27, 104, 237
  family planning programs 生育率与计划生育项目 21, 87-88, 90-92, 97-99, 233, 243
  India 印度的生育率 18, 29, 245, 251
  measuring 测量生育率 105-106
  missing women 生育率与消失的女性 235, 238-239
  pronatalist policies 生育鼓励政策 236-238, 251
  Quebec 魁北克省的生育率 249-250
  replacement level 生育率的更替水平 25-26, 28, 97, 106
  total fertility rate 总和生育率 12, 21-22, 29, 102, 105, 196, 236
  United States 美国的生育率 31, 74, 78, 102, *103*, 164
Florida, Richard 理查德·弗洛里达 282
food supply 食品供应 108, 244, 254, 263-265, 272, 274
France 法国 18, 96, 166, 180, 189, 219, 237

GDP 国内生产总值 111, 220, 259-260
geographic information system 地理信息系统 6, 34, 52, 59, 72, 273, 281
geography 地理
  perspective 地理视角 3, 5-6, 11
  professional organization 地理专业组织 4
  research themes 地理研究主题 7, 272-273
  spatial scale 地理空间尺度 9-10, 32
Germany 德国 23, 29-31
  aging 德国的老龄化 96, 236
  guest-worker program 德国的客工项目 31, 156, 165
  immigration 德国的移民 166, 180
  refugees and asylees 德国的难民和收容所 181, 189-190, 203

globalization 全球化 27-28, 158, 162, 166, 251, 264, 266, 271
green revolution "绿色革命" 254

Haiti 海地 89, 264
    refugees 海地的难民 171, 187, 200-201
    health, provision of 海地的健康和保健服务 80, 95, 121, 123-124, 152, 240, 244
Hispanic 西班牙 31, 78, *103*, 112, 114, 161, 164, 174, 221
HIV/AIDS 艾滋病病毒/艾滋病 88, 118, *119*, 121, 125, 235
    in Africa 艾滋病在非洲 67-68, 98, 126-127
    among African Americans 非裔美国人中的艾滋病 112, 113
Homer-Dixon, Thomas 霍默-迪克森·托马斯 257, 269
human capital thory of migration 人力资本理论,参见"移民"(migration)

IDP 参见"境内流离失所者"(internally displaced persons)
immigrant smuggling 走私移民 159, 176, 181, 195
immigration 移民 27-28, 156-157
    demographic impacts of 移民的人口统计学影响 16, 31, 77, 163-164, 215
    economic impacts of 移民的经济影响 159-163, 215
    nativism; measuring 本土主义;测量 183-184
    policy 移民政策 165-171, 181-182, 193, 230-231, 251
    populism 移民与民粹主义 180-181
    statistics 移民的统计 36, 47, 51
    theory 移民理论 157-159
    transnational 跨国的移民 7, 58, 156
    undocumented 无证移民 2, 172-178, 184

immigration gap 移民差距 169, 231
Immigration Reform and Control Act 《移民改革与管控法》166, 231
IMR 见"婴儿死亡率"(infant mortality rate)
India 印度 25, 29-30, 218-219, 260, 265
    fertility 印度的生育率 18, 22, 234-235, 238, 245, 250

indigenous populations 土著居民 121,126, 232, 264

infant mortality rate 婴儿死亡率 1, 108, 110-112, 114-115, 126, 128

infectious and parasitic diseases 传染病和寄生虫病 110, 117-121, 123, 126

interdiction 拦截 195, 201-202

Intergovernmental Panel on Climate Change 政府间气候变化专门委员会,见"IPCC"

international displaced persons 境内流离失所者 191-197, 207

international migration 国际移民,见"移民"(immigration)

IPD 见"传染病和寄生虫病"(infectious and parasitic diseases)

IPCC 205, 267, 272

IRCA 见"《移民改革和管控法》"(Immigration Reform and Control Act)

Israel 以色列 90, 189, 196, 270

Italty 意大利 180, 203, 226, 236

labor force 劳动力 7, 46, 70, 74, 147, 166-167, 213-214, 236
    growth 劳动力增长 93, 95, 162-163, 165, 240, 247, 261
    immigrantion 劳动力国际移民 28, 156-158, 160-162, 181, 230-231
    migrantion 劳动力迁移 130, 134, 137, 140, 150
    undocumented 无证劳动者 175, 184

Lee, Everet 伊沃里特·李 135-136

life expectancy 预期寿命 1, 16, 20, 24, 66, 108, *109*, 122-124, 126, 128
    with HIV/AIDS 艾滋病病毒携带者或艾滋病患者的预期寿命 67, 98, *118*
    Russia 俄罗斯的预期寿命 114-115
    United States 美国的预期寿命 111-112, 116

lifespan 寿命,见"预期寿命"(life expectancy)

life tables 生命表 81-84

Malthus, Thomas 托马斯·马尔萨斯 253-257, 259, 262, 267

maps 地图 12, 32-34, 64

Marxist perspective 马克思主义视角 256

Massey, Douglas 道格拉斯·梅西 157

maternal health 孕产妇健康,见"生殖健康"(reproductive health)

median age 年龄中位数 69, *70*, 74, 79

megacities 大城市 19, 209, 217-219

megapolitan 大都市 219-220, 223

Mexico 墨西哥 25, 77, *109*, 125, *126*, 127

    emigrants from 墨西哥移民 151, 157, 162, 169, 171, 174, 180, 201, 219, 231

Middle East 中东 199, 204, 258, 268, 270-271

migration 迁移 2, 4, 7, 12, 39

    data 迁移数据 51-55, 57

    defining 迁移的定义 130-132

    life-cycle 迁移与生命周期 141, 145-146

    measuring 迁移的测量 153-154

    mobility transition theory 人口移动转变理论 135, *136*, 149, 215

    residential mobility 居住迁移 141, 146, 275

    selectivity 迁移的选择性 143-144, *145*

    theory 迁移的理论 136-142

    United States 美国人口迁移 149-152

modifiable area unit problem(MAUP) 可塑性面积单元问题 9

morbidity 发病率 107, 122

mortality 死亡率 12, 98, 104

    African American 非裔美国人的死亡率 111-112

    age-specific 年龄别死亡率 *126*, 128

    causes 死亡原因 127

    infant mortality rate 婴儿死亡率 22

    impact of HIV/AIDS 艾滋病对死亡率的影响 118

    inequalities in 死亡率的不平等 116, 122, 124-127, 214

    maternal 孕产妇的死亡率 99-100, 243

    measuring 死亡率的测量 81-83, 111, 127-128

    transition 死亡率的转变 19-21, 65, 89, 108-110, 259

nativism 本土主义 165

natural increase 自然增长 21-23, 26, 31, 136

    urban 城镇的自然增长 19, 214, 219, 236

neo-Malthusian 新马尔萨斯学说 255-257, 262, 267

older adults   老年人 73, 79, 142, 152, 163, 239

Palestinians   巴勒斯坦人 189, 196, 206
pandemic   流行病 94, 118, 120, 123, 152, 231
population   人口
    centroid   人口重心 74
    composition   人口组成 65-72
    distribution   分布 24, 32, 62, 64-65, 72
    momentum   人口惯性 22, 25, 29, 97, 149, 235, 253
    policy   人口政策 229
    population growth 人口增长 1, 15, 16, 19, 86, 93, 196, 230, 234, 240
    projection and estimates   预测和估计 11, 17-18, 22, 25, 35-39, 78, 102, 162, 279
    pyramids   人口金字塔 65-68
population density   人口密度 62, *63*
population geography   人口地理学
    defined   人口地理学的定义 3-5
population growth   人口增长
    Africa   非洲的人口增长 97-99
    calcultating   人口增长的计算 36
    consequences of   人口增长的结果 22, 24-26, 79, 93-95, 152, 246
    economic development   人口增长与经济发展 258-261
    Malthus   马尔萨斯人口增长理论 254-256
    policies   人口增长的政策 223-224, 236, 241-244
    rates of   人口增长率 18, 21, 23, 107
    resources   人口增长与资源 262-264
    urban   城镇的人口增长 18-19
population pyramids   人口金字塔 65-68
populism   民粹主义 180
pronatalist policies   鼓励生育政策 236-238
Proposition 187   加州187号提案 167, 173-174

Proposition 200　亚利桑那州 200 号提案 167, 175

Quebec　魁北克 139
  fertility in　魁北克的生育率 102, *249*, 250

Ravenstein, Ernest George　恩斯特·乔治·拉文斯坦 9, 135, 214-215
refugees and asylees　难民和避难者 167, 187, 193-194, 196, 198-202, 206
  defined　难民和避难者的定义 2, 186
  environmental　难民和避难者的环境 204-206, 264
  Europe　欧洲的难民和避难者 23, 31, 172, 180-181, 196, 202-204, 251
  settlement of　难民和避难者的安置 188-191, 230
  Syria　叙利亚难民和避难者 2, 181, 186-188, 192, 201-202, 265, 270-271
  UN Convention　难民和避难者的联合国公约 186, 193, 200, 204, 207
remittances　汇款 28, 159, 162-163, 264
replacement fertility　更替生育率 18, 20, 22, 25, 31, 92-93, 98, 102, 104, 235-236, 246, 250
reproductive health　生殖健康 98-100
residential mobility　居住迁移,见"迁移"(migration)
resources, natural　自然资源 62, 224
  conflict over　有关自然资源的冲突 266, 268-271
  scarcity　资源匮乏 258-265
Russia　俄罗斯 25, 86-88, 114-115, 157, 199, 201, 236-237
  Soviet Union, former　苏联 114-115, 200, 270

Schengen Convention　《申根公约》155, 181, 182, 203, 231
September 11, 2001, terrorist attacks (9/11)　"9·11"恐怖袭击 27, 171
sex ratios　性别比 68-69, 235, 238, 247
Simon, Julian　西蒙·朱利安 242, 255, 257
social segmentation　社会隔离 266, 268-269
Soviet Union, former　苏联,见"俄罗斯"(Russia)
suburbanization　郊区城市化 149, 216, 221, 225

Taliban 塔利班 188-189

TFR 见"生育"（fertility）

total fertility rate 总和生育率，见"生育"（fertility）

transnationalism 跨国主义 7，58，157

Trewartha, Glenn T. 格伦·T. 特里瓦萨 6

Uganda 乌干达 104，*118*，120

undocumented immigrants 无证移民 114，159，162，165，167，169，170-173，175-178，184，231，251，273

UNHCR 联合国难民事务高级专员办事处 186，189，192-193，196，206

UNICEF 联合国儿童基金会 241

United States 美国

  African Americans 非裔美国人 103，111-112，114，118，139，149，221

  aging 美国的老龄化 71-72，86，93，95，236

  census 美国人口普查 45，51-53，131

  cities 美国城市 213，215，219，221-222

  Cuban refugees 居住在美国的古巴难民 187，190-191，198，201

  fertility 美国的生育率 20，26，31，94，101，*102*，164

  leading cause of death in 美国人口的主要死因 113，127

  legal immigration 美国合法移民 27，77-78，157，160，167-171，230-231

  migration in 美国的迁移 4，131，137，142，*144*，145，149-152

  mortality 美国的死亡率 111，116，118，*126*

  population 美国的人口 17，18，25，31，*64*，66，74，163-164

  refugees 美国的难民 186，189-190，193-194，198-202

  undocumented immigration 美国非法移民 184

urban 城镇

  defining 城镇的定义 210，226-227

  growth 城镇的增长 18-19

  health 城镇的健康 122，218

  migration 城镇迁移 136，138，149-151，215，217

  planning for growth　城镇增长计划，223-225

  shrinking　城镇收缩 221-222

urbanization　城镇化 89，209-210，216，226，232

  developed world　发达国家的城镇化 216-217

  developing world　发展中国家的城镇化 121，123，217-218，274

  history of　城镇化的历史 211-214

  implications　城镇化的影响 163，220，255

USAID　美国国际开发署 241

USCRI　美国难民和移民委员会 193，206

vital registration　生命登记 47，50

water, resources and scarcity　水，资源与短缺 122，124，189，218，244

  conflict over　水资源冲突 264，266-267，269-272

WHO　世界卫生组织 47，121，241，244

women　女性

  fertility, role in　女性在生育中的角色 11，21，87-89，91-92，98，102，233-234，240-241，244，249

  labor force　女性劳动力 17，20

  missing　消失的女性 235，238-239，247

  reproductive health　女性生殖健康 99-100

Zelinsky, Wilbur　威尔伯·泽林斯基 6，135，*136*，149，215

Zika　塞卡病毒 118，120

Zimbabwe　津巴布韦 98，*119*，125，126，127

关于作者

K. 布鲁斯·纽伯德是麦克马斯特大学的地理学教授。他于 1994 年在该校获得了博士学位，之后在伊利诺伊大学执教，至 2000 年又回到麦克马斯特大学任教。他曾获得《城市研究》(*Urban Studies*)杂志奖学金，在加利福尼亚大学圣地亚哥比较移民研究中心和格拉斯哥大学的社会与公共卫生科学研究所担任客座学者。他的研究方向包括人口迁移、移民、健康和老龄化，并获得了美国国家科学基金会(National Science Foundation, NSF)、加拿大社会科学与人文研究理事会(Social Science and Humanities Research Council of Canada, SSHRC)、社会科学研究委员会(Social Science Research Council, SSRC)和加拿大卫生研究院(Canadian Institutes of Health Research, CIHR)的资助。他目前是麦克马斯特大学地球、环境与社会学院(曾称为地理与地球科学学院)的院长，也是麦克马斯特大学环境与健康研究所的前任所长。同时，他撰写了大量经过同行评议的文章，以及专著《60 亿+人口》(*Six Billion Plus*)。

译后记

人口地理学是一门在我国有着深厚学术积淀和优良历史传承的学科,改革开放以来借助于人口学这一学术平台获得了巨大发展;近年来,人口地理学向人文地理学主流回归的趋势加强,相关成果不断涌现,其在地理学整体学科中的地位也在不断提高。这种可喜局面的出现既是多年来我国人口地理学者自身开拓进取的结果,也与在此过程中不断学习借鉴国外人口地理学学科发展中的经验教训是分不开的。今后中国人口地理学的发展仍离不开对国外相关学科发展中所提供的学术营养的汲取。然而令人惊讶的是,就笔者所知,改革开放迄今除了1987年重庆出版社出版过胡崇庆编译、原联邦德国库尔斯所著的《人口地理学导论》外,再未有国外人口地理学译作在我国问世。这显然与中国人口地理学日益国际化的发展趋势是不相称的,也是近期中国人口地理学教学研究工作中需要填补的一个空白。

本书的五位译者均承担"人口地理学"教学工作,在课堂上都大量使用国外文献,深知将一部好的国外教材翻译成中文能给读者,尤其是课堂上的师生带来诸多益处和方便,因此尽管手头的科研教学工作都十分繁重,我们仍决定"自讨苦吃",着手翻译一部在国际上较有影响力的人口地理学教材,以弥补国内长期没有人口地理学译作的缺憾。从拟议选取本译作原著开始,之后着手翻译,到因原著新版本问世而修改译稿,再到反复多遍审改校核,至交出译稿,前后历时已近四年,其中甘苦可谓一言难尽。如今终于看到本书将要付梓问世,作为译者倍感欣慰。

Population Geography:Tools and Issues 的第一版出版于2009年,迄今已再版三次,我们翻译的是最新的第四版。尽管如后文所述,原著和我们的翻译都存在种种不足甚至错误,但原著迄今已发行四版的事实表明,这是一部经过时间考验、广受世界各地读者欢迎的教材。全书涵盖了人口地理学所涉及的主要人口现象和人口过程,并为认识这些人口现象和人口过程提供了一套从基本理论和概念到主要数据和方法,全面而实用的分析工具。全书具有鲜明的全球视野和跨学科视角,无论是对生育率、死亡率和城市化的考察,还是对世界人口演变趋势和人口、经济、资源、环境间关系的分析,都既为读者提供了一个清晰的全球尺度下的全貌,又在此全貌下对不同地区间,尤其是发达国家与发展中国家间的差异做了深入细致的刻画。全书在

材料的组织和结构的安排上逻辑清晰、引人入胜,每章最后部分安排的"聚焦"栏目与"方法、测量和工具"栏目,以及为此精心选取的材料,使读者能够对所学到的理论知识和经验事实做更深入的思考,并通过对实际案例和问题的分析,熟悉和应用该章节介绍的方法和技术。原著最新的第四版于2021年问世,书中已用到许多2020年的材料和数据(包括2020年各国的人口普查数据),书后还附有相关人口网站,为读者了解世界各地人口的最新状况提供了一个不可多得的便捷渠道。原著在全书正文之后集中提供了各章的注释(Notes),其中包含的大量文献也是读者使用本书时可以参考的宝贵学术资源。为方便阅读,我们在译稿中将这些注释分别移到其所在章之后。书中插图均为原著原图。

当然,本书原著并非完美无缺。我们在翻译过程中发现原作有不少错误,其中多是排版、印刷时出现的错误,但也有一些是概念、方法、事实或数据上的错误,对这些问题我们在翻译过程中一一做了纠正,在问题出现的当页以译者注的形式予以说明。此外,作者在材料选取与数据分析和解读时还是难免受其个人经历和学术背景的影响。如在《国内迁移》一章中,作者很少论及发展中国家的人口迁移流动,特别是几乎未曾提及在发展中国家人口迁移流动研究中占据中心地位的循环流动,这不能不说是个十分遗憾的缺漏。作者用了整整两章的篇幅分别论述国际迁移和难民及境内流离失所者问题,这显然是由于这些问题在作者生活、工作的加拿大和美国的公共舆论与政策制定中占有重要地位。在中国,我们或许无需对这些问题予以同样程度的关注。即使国际移民问题在中国的学术研究和政策制定中也将占有越来越重要的地位,但该问题的性质和表现形式也不尽相同,需要我们根据中国的实际做出新的研究和判断。事实上,结合中国的实际做到洋为中用,这一原则在使用其他章节的材料时也同样适用。但无论如何,作者在书中提供的材料和进行的分析无疑丰富了我们对相关问题的认识,并为我们研究类似问题提供了宝贵的借鉴。

本书的译、校工作由上海大学人口研究所暨亚洲人口研究中心的朱宇、陈晨,中山大学地理科学与规划学院的刘晔,北京大学城市与环境学院的刘涛,福建师范大学地理科学学院、碳中和未来技术学院的林李月共同完成。具体分工如下:林李月、朱宇负责前言、第一至三章和结论的翻译,刘晔负责第五、六、十一章的翻译,刘涛负责第四、九、十章的翻译,陈晨负责第七、八章的翻译。朱宇还负责译稿的审校和统稿。此外,福建师范大学地理科学学院、碳中和未来技术学院的研究生王靖雯、赖程、郭卓和张丹丹,中山大学地理科学与规划学院的研究生王晓歌、叶柏麟和本科生李思思、管靖和沈杜茜茜,北京大学城市与环境学院的研究生肖雯、王德政参加了正文和图表目录、关键术语和缩略语词汇表、人口网站、索引、作者简介等内容的翻译、整理及全书各章内容的整合等工作。本次提交排版的译稿经过多轮审改,但限于译者的水平,译稿本身可能还存在一些问题;对其中一些译者难以解决的问题,我们译者间曾进行了多次的讨论,并向相关专家请教。尽管如此,相信还有一些错误和问题漏网,在此我们请求读者的谅解。不论是原著还是译稿的问题,都请读者或通过出版社或直接向我们提出,以便我们今后改正,在此谨向读者提前致谢。

本书的翻译出版工作自始至终得到商务印书馆李平总经理与地理编辑室李娟主任的支持、指导和帮助。本书责任编辑苏娴对译稿做了细致入微的编辑,为译稿的改进提出了许多宝贵意见。还有许多商务印书馆的同仁为获取原著版权和译稿的出版做了大量工作,在此谨致以衷心的感谢。

上海大学人口研究所暨亚洲人口研究中心
朱宇
2023年2月于上大宝山校区东区校园

附图

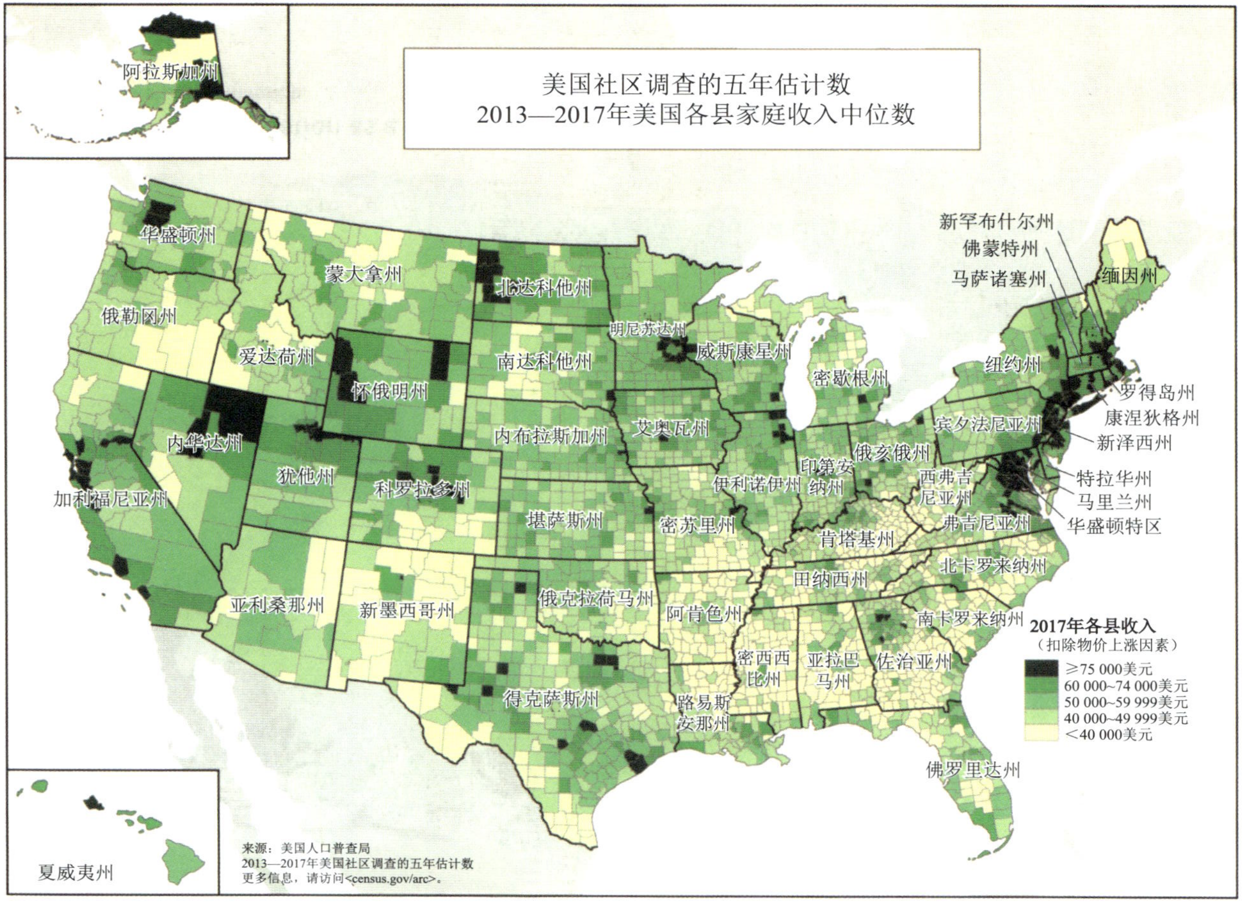

图 1MMT.1 2013—2017 年美国各县家庭收入中位数

资料来源：美国人口普查局。

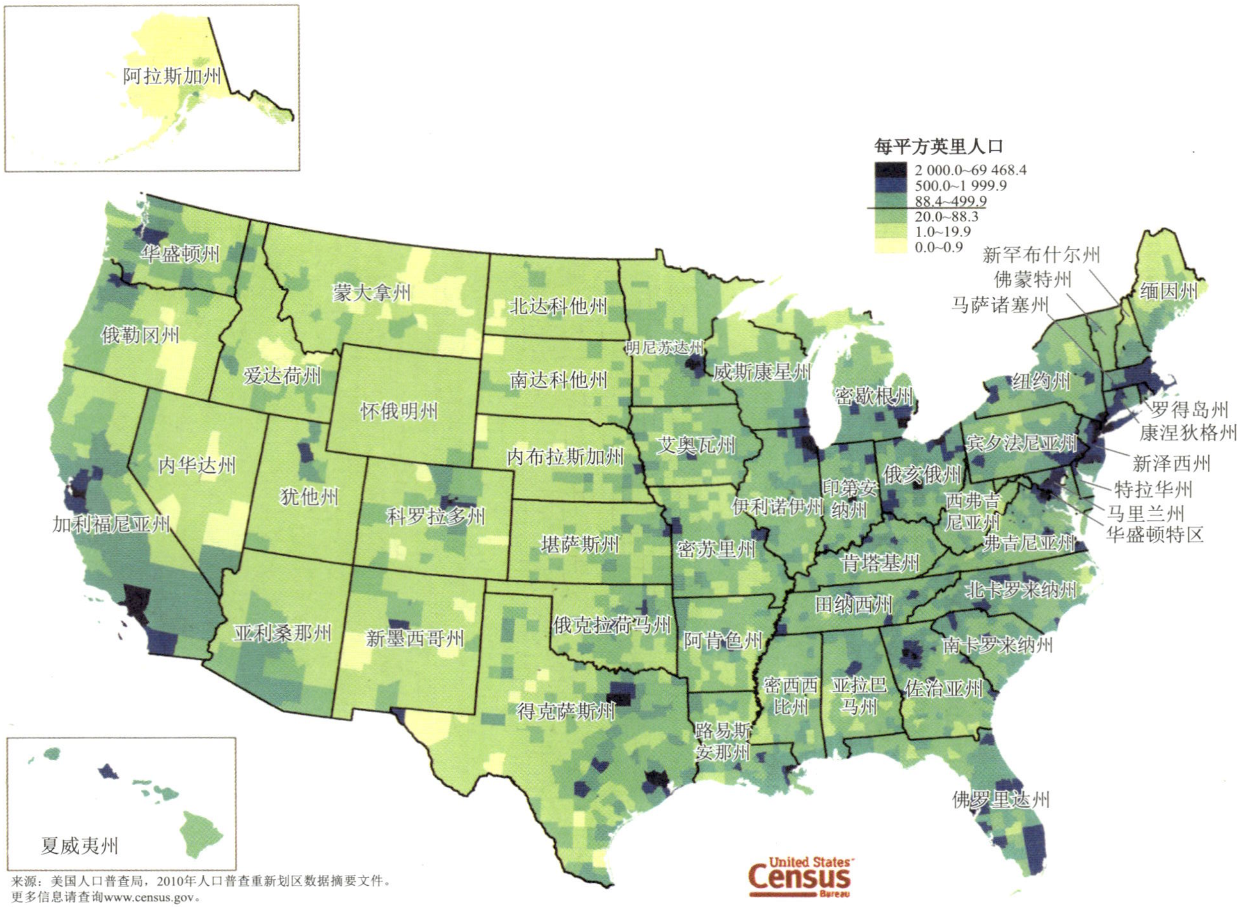

图 3.1 基于县域尺度的 2010 年美国人口密度

资料来源：美国人口普查局。

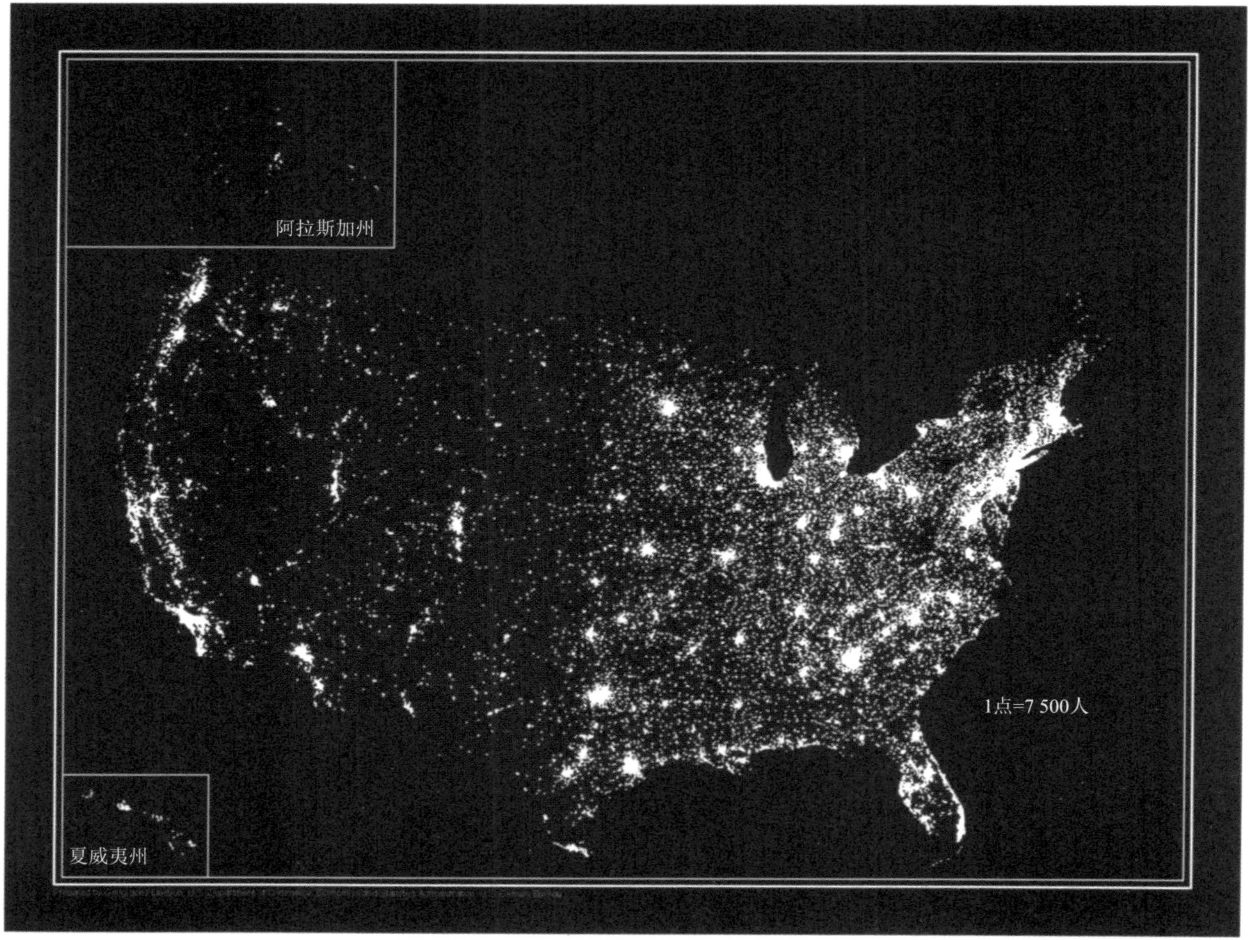

图 3.2 2010 年美国人口分布
资料来源：美国人口普查局。

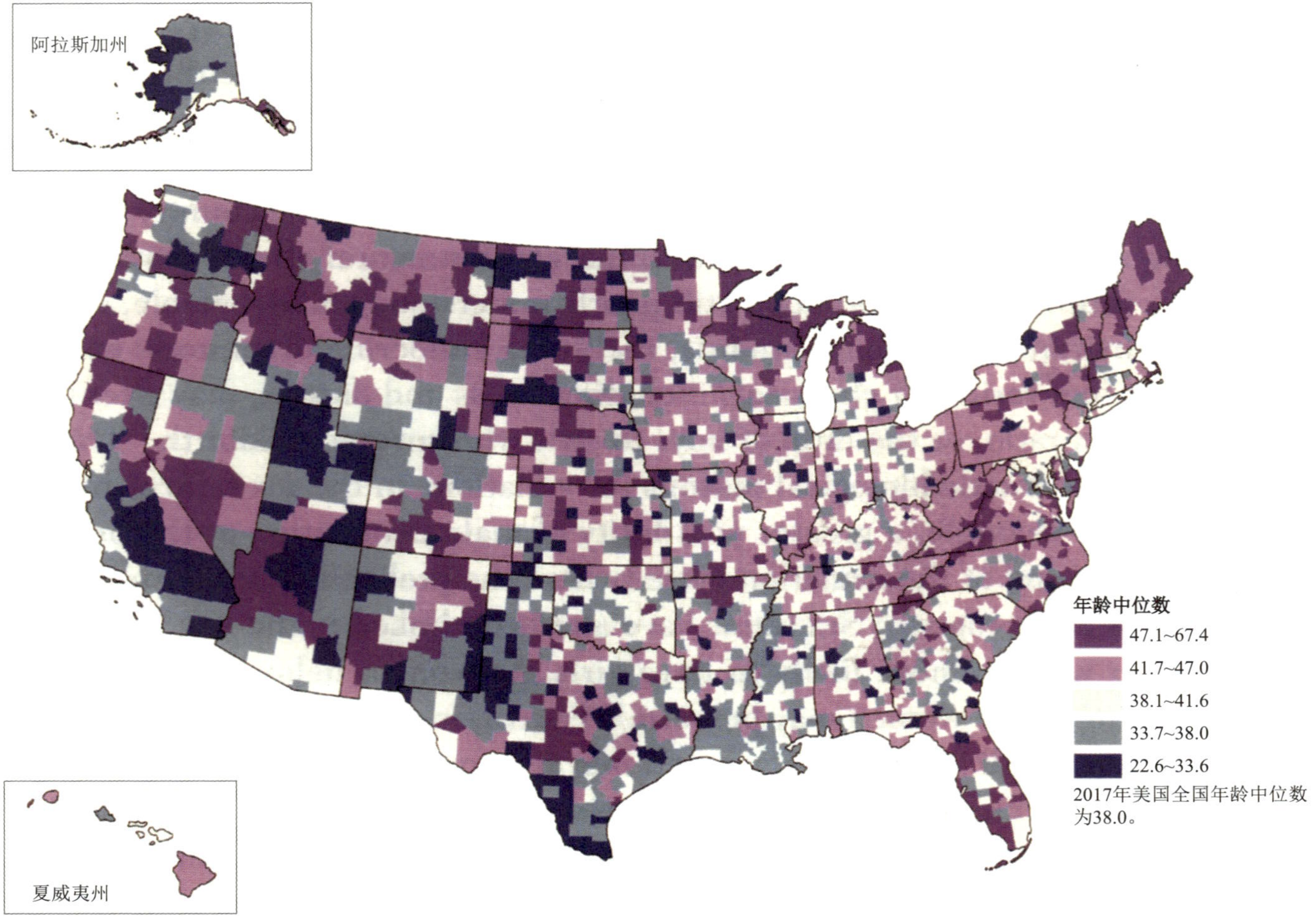

图 3.5 基于县域尺度的 2014—2018 年美国年龄中位数

资料来源：美国人口普查局。

年龄中位数
- 47.1~67.4
- 41.7~47.0
- 38.1~41.6
- 33.7~38.0
- 22.6~33.6

2017年美国全国年龄中位数为38.0。

阿拉斯加州

夏威夷州

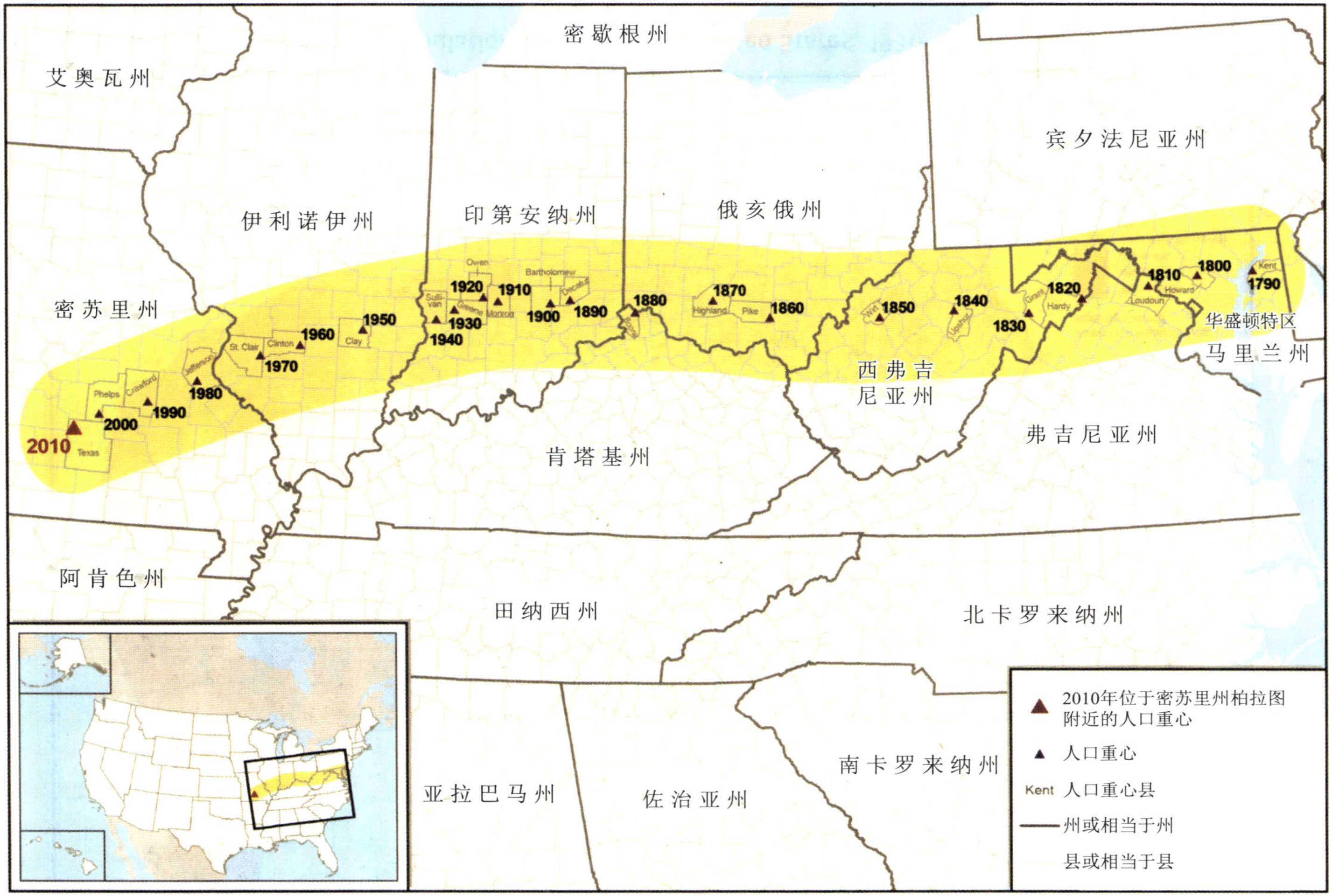

图 3F.1　1790—2010 年美国的人口重心变动轨迹

资料来源：美国人口普查局。

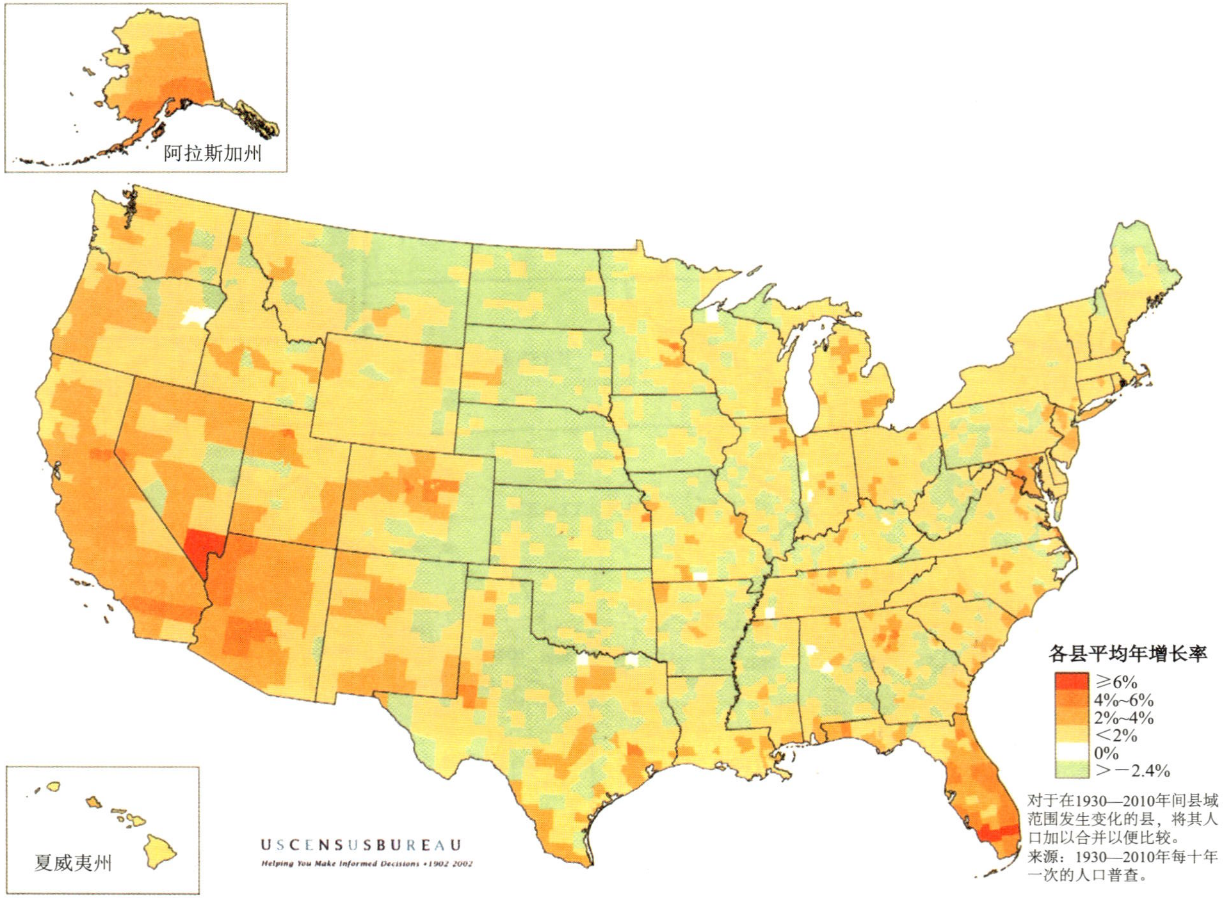

图 3F.2　1930—2010 年美国的人口平均年增长率

资料来源：美国人口普查局。

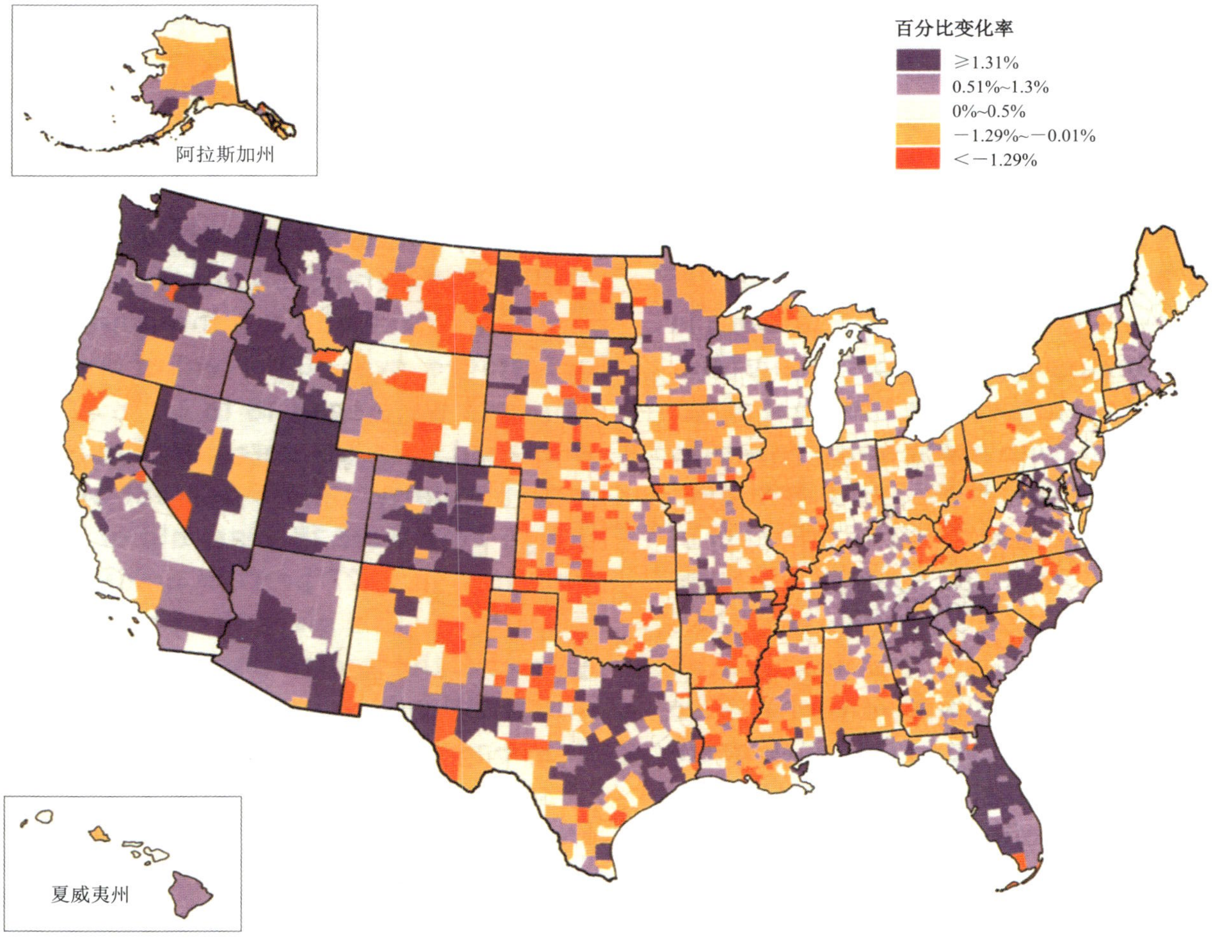

图 3F.3 2017—2018 年基于县域尺度的美国人口百分比变化率

资料来源：美国人口普查局。

百分比变化率
≥1.31%
0.51%~1.3%
0%~0.5%
−1.29%~−0.01%
<−1.29%

阿拉斯加州

夏威夷州

图书在版编目(CIP)数据

人口地理学:工具和问题:第四版/(加) K. 布鲁斯·纽伯德著；朱宇等译. —北京：商务印书馆，2023
(当代地理科学译丛·大学教材系列)
ISBN 978-7-100-22398-0

Ⅰ.①人… Ⅱ.①K…②朱… Ⅲ.①人口地理学—高等学校—教材 Ⅳ.①C922

中国国家版本馆 CIP 数据核字(2023)第 074802 号

权利保留,侵权必究。

人口地理学
——工具和问题
(第四版)

〔加拿大〕K. 布鲁斯·纽伯德 著
朱宇 刘晔 刘涛 林李月 陈晨 译

商 务 印 书 馆 出 版
(北京王府井大街36号 邮政编码100710)
商 务 印 书 馆 发 行
北京中科印刷有限公司印刷
ISBN 978-7-100-22398-0
审图号：GS京(2023)1130号

2023年9月第1版　　　开本 787×1092　1/16
2023年9月北京第1次印刷　　印张 20 插页 4
定价：98.00元